GALERIE HISTORIQUE

DES

COMÉDIENS

DE LA

TROUPE DE TALMA

NOTICES SUR LES PRINCIPAUX SOCIÉTAIRES
DE LA COMÉDIE FRANÇOISE

Depuis 1789 juſqu'aux trente premières années de ce ſiècle

(Ouvrage faiſant ſuite à la Troupe de Voltaire)

PAR E. D. DE MANNE

Conſervateur-adj. à la Bibliothèque impériale

Avec des portraits gravés à l'eau-forte
PAR FRÉDÉRIC HILLEMACHER

LYON
N. SCHEURING, ÉDITEUR

TROUPE DE TALMA

EN DÉPOT A PARIS

Chez M. A. FAURE, Editeur, 23, boulevart Saint-Martin.

LYON. — IMPRIMERIE LOUIS PERRIN.

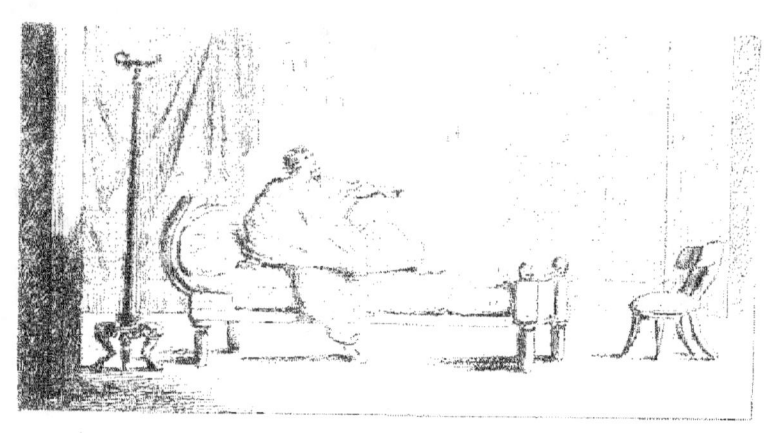

AVANT-PROPOS

Le Kain venait de mourir. Avec lui & Mlle Clairon, retirée de la scène, avait disparu cette école née des successeurs du fameux Baron, à laquelle Voltaire avait prêté l'appui de son génie dramatique. Des idées nouvelles commençaient à surgir ; les paradoxes brillants mis en avant dans le Mariage de Figaro préludaient au mouvement qui éclata en 1789.

Le Théâtre peut donc revendiquer sa part dans cette émancipation des esprits. On vit Chénier, Legouvé & quelques autres auteurs introduire dans la Tragédie les *maximes républicaines qui se faisoient jour dans la politique; & les comédiens eux-mêmes s'inspirèrent des monumens anciens pour transporter sur la scène la vérité historique, & seconder l'élan général dans la mesure de leurs attributions.*

Talma le premier, rompant avec la tradition, reprit & compléta la réforme ébauchée par son prédécesseur dans les dernières années de sa carrière : il adopta le costume antique dans toute sa sévérité, & mérita le reproche, qui fut naïvement articulé par quelques-uns, d'avoir voulu à toute force montrer réellement aux spectateurs Pompée ou César descendus de leur piédestal. L'aisance avec laquelle il sut se draper dans sa toge, son érudition consommée & sa profonde expérience firent bientôt autorité; & les anachronismes ridicules qui avoient signalé cette partie de l'art disparurent sans retour.

Cette réforme porta aussi sur le choix des sujets, qu'on emprunta à des temps plus rapprochés du nôtre. L'intérêt ne put qu'y gagner, dès que celui qui étoit chargé de représenter un personnage célèbre fut à même, en s'éclairant des chroniques, de l'étudier & de le reproduire tel qu'il avoit existé.

La diction tragique se métamorphosa également; les restes d'une déclamation ampoulée, qui s'appuyoit trop régulièrement sur le rythme alexandrin, se modifièrent peu à peu pour faire place à des inflexions plus conformes à la nature. Certains rôles du répertoire classique, tels que Manlius *et* Néron, *présentés sous un jour tout nouveau par Talma, avoient été applaudis avec transport;* Charles VI, qui fut le chant du cygne, marqua une nouvelle & dernière phase de son génie, dont la mort interrompit brusquement le développement.

La perte de cet éminent acteur porta un coup sensible au progrès de la Tragédie. Cette forte école, désormais sans chef, perdit successivement l'appui de ceux qui s'étoient inspirés de ses principes. Les chefs-d'œuvre de nos anciens auteurs étoient relégués dans les bibliothèques, où ils sommeilloient, rarement réchauffés au feu de la rampe, lorsque apparut un météore nouveau. Une jeune fille, dédaignant les formules consacrées, & ne puisant que dans soi-même les instincts du beau & du juste, sut trouver des accents inconnus pour nous rendre Camille, Phèdre ou Monime : elle sut faire tressaillir encore les cendres de Corneille & de Racine. Tout Paris accourut, & les vieux amateurs, ces Pères-conscrits de l'Orchestre, se pâmèrent d'aise dans leurs stalles curules. Mais, hélas ! cet éclat dura peu : l'éclair ne fit que scintiller, & tout disparut dans l'ombre avec Rachel. Aujourd'hui, les ouvrages dont ces acteurs hors ligne se sont faits les interprètes, sont encore une fois à peu près éclipsés de nos yeux, & cet abandon est à déplorer ; car notre première scène est un Conservatoire, & les beaux vers, récités avec intelligence à défaut de génie, sont encore le refuge où les esprits d'élite se reposent des combats de la littérature contemporaine.

Tel fut le sort de la Tragédie dans les temps modernes ; celui de la Comédie a été différent, à la suite du cataclysme qui mit tout en question. Comme elle s'étoit tou-

jours inspirée des mœurs du siècle, & que ces mœurs, bien que modifiées profondément par les innovations nées de la Révolution, étoient l'histoire d'un passé encore vivant dans la mémoire de tous, les grands ouvrages du genre comique mis à la scène depuis cinquante années ne manquèrent pas d'interprètes fidèles. Les derniers marquis s'étoient réfugiés, il est vrai, dans l'armée de Condé, ou bien promenoient dans l'Europe les habitudes de cour de l'ancien régime; mais Molé & Fleury nous les avoient conservés sur le théâtre, & des types disparus se survivoient à eux-mêmes sous l'habit brodé de ces charmants comédiens. Mlle Contat & surtout Mlle Mars, avec ce cachet d'exquise distinction dont elle a emporté le secret, avoient réalisé la perfection & fait de notre scène françoise la première scène du monde.

De nos jours, la Comédie tend à se transformer, & avec elle l'allure de ceux qui la représentent. A cette solemnité qui distinguoit nos ayeux, la génération actuelle, absorbée par le courant des affaires, a substitué tout juste ce qu'il faut de politesse à chacun pour ne pas gêner son voisin dans la poursuite du même but. La confusion des rangs a amené l'uniformité dans le costume, & enlevé à la mise en scène une partie de son intérêt; le sans-façon & la crudité dans les détails ont remplacé les belles manières & cette élévation de style qui dans le Glorieux, dans la Métromanie, dans Turcaret, caractérisoient à la fois la peinture de l'homme du grand monde & celle du valet fripon. Le Parterre, cet aréopage des temps héroïques que nous rappelons, le Parterre lui-même a disparu; il a abdiqué son droit de juge en dernier ressort.

En résumé, deux Ecoles sont en présence : les partisans du réalisme veulent que le Théâtre, miroir fidèle & impitoyable, marche à la suite de la Société, pour la prendre sur le fait & la traduire telle quelle au tribunal de l'opinion; d'autres prétendent qu'il doit la précéder, pour lui indiquer à chaque instant les règles éternelles du bon goût & du beau langage, & savoir l'y ramener au besoin. Question difficile à résoudre, & dont il ne faut pas demander la solution à ceux qui, ayant assez vécu pour se souvenir, jettent involontairement un regard sympathique sur un passé déjà loin de nous.

E. D. F. H.

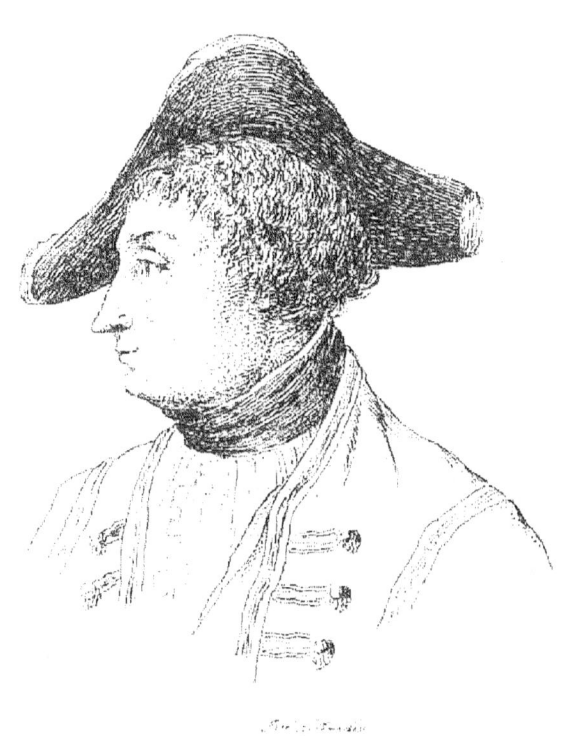

AUGÉ
Comédie-françoise
1703 - 1782

FRANÇOIS AUGÉ

1763 — 1782

AUGÉ commença de bonne heure à jouer la comédie, puisque, dès l'année 1750, il parcouroit déja les provinces en compagnie d'acteurs ambulants. Quelques années plus tard, il étoit attaché à une troupe de comédiens sédentaires, établis à Vienne en Autriche. Il revint ensuite en France, fit partie de la troupe du théâtre de Lyon, & c'est pendant son séjour dans cette ville, où la comédie floris-

---

Extrait des registres de l'église paroissiale Saint-Etienne, à la Ferté-sous-Jouarre : « FRANÇOIS, fils de JOSEPH AUGÉ, & de MARIE-LOUISE MOUSSEAU, ses père & mère, est né le dernier du mois passé & a été baptisé le deux janvier mil sept cent trente-quatre, lequel a eu pour parrain, LOUIS-FRANÇOIS SALMONT, & pour marraine, ISABELLE BELLOI, qui a déclaré ne savoir signer. »

*

foit, qu'Augé, qui y tenoit avec fuccès l'emploi de la *grande cafaque*, reçut, le 18 janvier 1763, un ordre de début pour la Comédie françoife, à laquelle Armand (1) l'avoit fignalé comme le feul comédien propre à lui fuccéder : témoignage que venoit encore appuyer celui de Mlle de Champmeflé.

Sa première apparition à Paris eut lieu, le 14 avril 1763, à la rentrée de Pâques, par les rôles de Dave dans l'*Andrienne*, & de Labranche dans *Crifpin rival de fon maître*. Un mafque excellent prévint tout d'abord le public en fa faveur. Sa voix bien timbrée, fon gefte prompt & fa repartie vive déterminèrent, dès le premier foir, une réuffite que confirmèrent fucceffivement les rôles de Mafcarille dans l'*Etourdi*; de Merlin dans les *Trois frères rivaux*, qu'il joua le 15 & le 17 avril, & enfin de Frontin, du *Muet*, par lequel il termina fes débuts le 21 du même mois. Auffi, les Gentilshommes de la Chambre l'admirent-ils aux grands appointements de 2,000 livres, qu'ils portèrent le mois fuivant à la demi-part. Un quart de part en fus (2) lui fut attribué le 4 avril 1767.

Augé juftifia la faveur particulière dont il étoit l'objet & fe fit une place honorable dans une Société qui

---

(1) François-Armand Huguet, né à Richelieu en Touraine, en 1699, débuta en 1723. Il fe retira le 7 mars 1765 & mourut le 26 novembre de la même année.

(2) « A la charge par lui de jouer l'emploi des *payfans* & de fe prêter à toutes les chofes d'utilité où nous jugerons à propos de l'employer, dans l'intérêt du fervice. Signé : MARÉCHAL DE RICHELIEU & DUC DE DURAS. »

(Archives impériales.)

comptoit alors tant de célébrités. Il étoit loin pourtant d'être sans défauts; on lui reprochoit surtout de s'affranchir trop facilement des règles d'un goût sévère & de la bienséance, & de s'adonner à la charge. Ainsi, dans le *Festin de Pierre*, où il remplissoit le rôle de Sganarelle, il ne manquoit pas, en parodiant son maître, de demander à son tour à M. Dimanche « si le petit Colin « mordait toujours aux jambes, & si le petit chien « Brusquet faisoit toujours bien du bruit avec son tam- « bour. » Dans le *Tartuffe*, on blâmoit les regards effrontés qu'il jetoit sur Dorine, ainsi que les allusions d'une crudité choquante qu'il se permettoit dans la scène principale du quatrième acte. Comme ces inconvenances excitoient, sinon l'approbation, tout au moins la gaîté du parterre, Augé ne tenoit nul compte de la critique des gens éclairés, & persistoit; il faut dire toutefois qu'à part ces quelques taches, il étoit parvenu à rendre d'une manière supérieure ce rôle difficile.

On a prétendu en outre qu'Augé étoit complétement dénué d'instruction, & le témoignage de Le Kain sembleroit le confirmer, dans un mémoire adressé au duc de Du Ras : « Il fait, disait-il, des fautes terribles « contre la langue françoise, dont il méconnoît les « principes, la prosodie & la prononciation. » Dans le même écrit il s'exprime ainsi : « M. le Maréchal ren- « droit service à la Comédie, s'il daignoit faire dire « au sieur Augé qu'il faut savoir ses rôles pour les ré- « citer. »

Or, faut-il conclure de ceci que ces imperfections devoient être attribuées à son jugement ou à sa distraction, lorsque, par exemple, dans le rôle de l'Intimé, des *Plaideurs*, il disoit, sans sourciller :

« . . . . & si, dans la province,
« Il se donnoit en tout vingt coups de nerf de bœuf,
« Mon père pour sa part en remboursoit *dix-huit*. »

ou bien lorsque, jouant Hector dans le *Joueur*, il s'écrioit :

« . . . . il est, parbleu, grand jour ! »

les yeux baissés vers la terre, & levant ensuite le nez en l'air, comme pour s'assurer de l'exactitude de sa remarque ?

Quoi qu'il en soit, cet acteur ne cessa pas d'être goûté du public, pendant les dix-neuf années qu'il passa à la Comédie françoise. Il plaisoit principalement dans les *Crispin* & les *Frontin*, & bien qu'étant le plus honnête homme du monde, il savoit se donner au théâtre l'air aussi fourbe, aussi rusé que le comportoient la plupart des rôles dont il étoit chargé.

Il joua excellemment Basile dans le *Mariage de Figaro;* le Commandeur dans le *Père de famille*, lors de la reprise de ce drame, & montra de la naïveté dans les paysans, tels que Lucas, de la *Partie de chasse de Henri IV*. En général, son jeu accusoit plutôt la franchise & le naturel que la finesse d'intention.

Augé, selon l'usage du temps, avoit également débuté dans la tragédie. Le 19 février 1768, il avoit paru dans le rôle de Hiafcar des *Illinois*; puis, successivement dans *Warwick* & dans *Rhadamiste*. Mais il n'obtint pas de succès & cette tentative lui prouva qu'il seroit sage à lui de s'en tenir à la comédie.

Augé ne s'étoit point marié. Comme il menoit une existence régulière, & étoit naturellement fort économe, il avoit amassé une certaine fortune. C'est ce qui l'engagea, sans doute, bien que peu avancé en âge, à prendre prématurément sa retraite, afin de jouir d'un repos qui étoit l'objet de ses vœux les plus chers. Il quitta le théâtre en 1782, avec une pension de 2,500 livres, qui formoit la moindre partie de son revenu. Une année s'étoit à peine écoulée depuis qu'il se livroit aux douceurs du *far niente* dans une habitation qu'il avoit acquise rue de Valois, au Roule, lorsque la ruine du prince de Guéménée, chez qui il avait placé la plus grande partie de son avoir, l'entraîna dans le même désastre. Il lui restoit néanmoins encore des ressources suffisantes pour vivre à l'abri du besoin ; mais le chagrin que lui avoit causé cette catastrophe imprévue avoit été si violent, qu'il y succomba, le 26 février 1783, après quelques jours seulement de maladie (3). Une vieille tante, qui avoit cessé de le voir depuis qu'il avoit embrassé la profession de comédien, hérita de 50,000 écus qu'Augé possédoit encore & qu'il lui laissa par tes-

---

(3) Grimm, à propos de cette mort, fait la réflexion suivante : « Un Crispin n'est pas tenu d'avoir plus de courage qu'un philosophe. »

tament, en réservant toutefois une rente viagère de 3,000 livres à une amie qui l'avoit assisté de ses soins pendant sa dernière maladie.

Rôles créés par Augé.

1763	Un Garçon. . . .	*La Manie des Arts*, de Rochon de Chabannes.
«	Le Commandeur .	*Le Père de Famille*, de Diderot.
1764	La Fleur	*L'Epreuve indiscrète*, de Bret.
1765	L'Olive.	*L'Orpheline léguée*, de Saurin.
«	Un Valet.	*Le Philosophe sans le savoir*, de Diderot.
«	Pasquin	*La Bergère des Alpes*, de Desfontaines.
1767	Drinck	*Eugénie*, de Beaumarchais.
1768	La Fleur	*Les Valets maîtres*, de Rochon de Chabannes.
«	Dubois.	*La Gageure imprévue*, de Sédaine.
1769	Un Menuisier. . .	*L'Orphelin anglois*, de Longueil.
1771	Gersac	*La Mère jalouse*, de Barthe.
1774	L'Hôte	*Les Amants généreux*, de Rochon de Chabannes.
1775	Basile	*Le Barbier de Séville*, de Beaumarchais.
1780	Saint-Germain . .	*Clémentine & Désormes*, de Monvel.

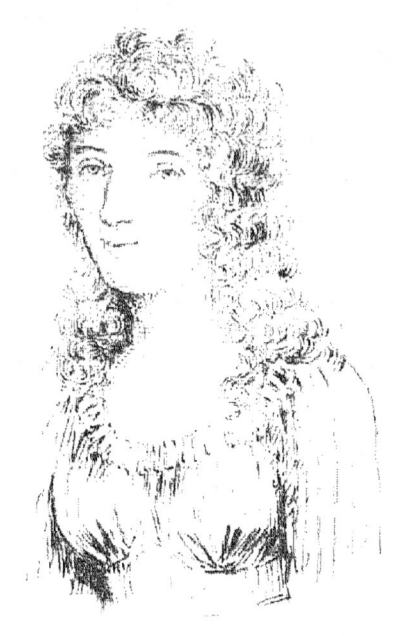

Mademoiselle De Lachassaigne
Comédie-françoise
1766 - 1803

MARIE-HÉLÈNE BROQUAIN

dite Mlle DE LA CHASSAIGNE

1766 — 1803

NIÈCE de Mlle Lamotte, ancienne actrice de la Comédie françoise, Mlle de La Chaſſaigne débuta, le 6 janvier 1766, dans *Phèdre*, ſous le nom de *Sainval*, qu'elle quitta peu après, à l'arrivée de ſon homonyme, Mlle de *Saint-Val* l'aînée.

Extrait des regiſtres de la paroiſſe de Saint-Valery, de Saint-Valery :
« MARIE-HÉLÈNE, fille légitime de MICHEL BROQUAIN, écuyer, S^r de LA CHASSAIGNE, & de dame MARIE-CATHERINE DES MOTTES, ſon épouſe, eſt née le ſeize janvier mil ſept cent quarante-ſept & a été baptiſée le lendemain. Son parrain, JEAN-BAPTISTE BROQUAIN DE LA CHASSAIGNE, ſon frère ; ſa marraine, Mlle MARIE-HÉLÈNE DES MOTTES, ſa tante, repréſentée par GENEVIÈVE LENDOUD, fille de LOUIS LENDOUD, capitaine de navire, &c., & ont ſigné avec nous, DE CAILLY, curé doyen.

**

Elle parut une seconde fois dans le même rôle le 19 janvier. Le 23 & le 26, elle joua Alzire, & le 30, Camille dans *Horace*. Ses débuts se prolongèrent jusqu'au 16 mars.

Après une interruption de quelques mois, elle les reprit en septembre, & reparut dans le rôle de Mme Lélu, des *Bourgeoises de qualité*. Admise d'abord à l'essai, on lui attribua, le 1er avril 1768, les appointements de deux mille livres ; puis, le 15 mars, elle fut enfin reçue sociétaire à demi-part (1).

Cette actrice joua simultanément les *confidentes tragiques*, les *amoureuses* & les *utilités* en tout genre. Lors de la retraite de Mme Drouin, en 1780, elle lui succéda dans l'emploi dit des *caractères*.

C'est à cette catégorie de rôles que Mlle de la Chassaigne, jusqu'alors comédienne fort ordinaire, dut de sortir de son obscurité. Elle sut discerner avec tact la nuance si difficile à saisir, qui sépare le ridicule de la bouffonnerie ; & jamais, dans son nouvel emploi, elle ne se permit une charge de mauvais goût. Elle jouoit, sinon avec entraînement, du moins avec assez de gaîté pour n'être pas vue sans plaisir. Son extérieur la secon-

---

(1) « Le mercredi 15 mars 1769, Nous, Maréchal de Richelieu..... Nous, duc de Duras... avons reçu, sous le bon plaisir du Roi, la demoiselle de La Chassaigne, dans la troupe des Comédiens françois du Roi, à demi-part, pour jouer les *premières & secondes amoureuses en double*, ainsi que les *premières & secondes confidentes*, & enfin tous les rôles nécessaires pour l'utilité du service. A Versailles, 15 mars 1769. Signé : Le maréchal de Richelieu, le duc de Duras. »

(Journ. mf. du Théâtre-François).

doit d'ailleurs utilement, & elle ajoutoit encore à ce qu'il offroit de plaifant par l'art avec lequel elle favoit fe grimer, & habiller fes perfonnages. Elle reproduifoit furtout avec une certaine vérité l'importance de ces vieilles bourgeoifes qui fe mêloient de finger les airs de la Cour.

Entièrement dévouée aux intérêts de fa Société, Mlle de La Chaffaigne ne refufa jamais un rôle, quelque infignifiant, quelque mauvais qu'il fût ; & elle mettoit à le jouer le même foin que s'il eût été propre à la faire briller. Elle joignoit à une grande habitude de la fcène une bonne tradition de la plupart de fes rôles : fon débit étoit fage : elle poffédoit une connoiffance parfaite de la langue & de la profodie ; avantages qui rendoient fa diction d'une netteté remarquable.

Comme femme, elle s'étoit fait aimer pour fes qualités fociales, fon efprit conciliant & la bonté de fon cœur.

La nature pacifique de fes goûts & fa modération auroient dû la mettre à l'abri des orages de la Révolution ; & cependant elle fut incarcérée en 1793 avec la plupart de fes camarades. Après fa fortie de prifon, cette actrice fit partie de la réunion du théâtre Feydeau, &, plus tard, de la Comédie françoife reconftituée.

Elle joua pour la dernière fois le 22 octobre 1803. Sa repréfentation de retraite, donnée fur la fcène de l'Opéra, le 19 juin 1805, fe compofoit de la tragédie d'*Olympie*, de Voltaire ; des *Mœurs du temps*, de Saurin, & du *Retour de Zéphir*, ballet dansé par Duport & Mme Gardel. Cette représentation ne produisit qu'un profond ennui & un résultat pécuniaire négatif.

Mlle de la Chassaigne avoit fixé sa résidence à Saint-Mandé, aux portes de Paris. Elle y vécut très-solitaire, & très-modestement, à l'aide de sa pension de retraite & d'une pension de six cents livres, qu'elle avoit, avant la Révolution, reçue du roi Louis XVI, & qui, sur sa demande motivée, lui fut rendue le 8 novembre 1814, par le gouvernement de la Restauration. Malgré la modicité de ses ressources, elle consacroit la majeure partie de son avoir à de bonnes œuvres, & presque tout son temps à des pratiques de dévotion.

Rappelons en passant que, lorsque Voltaire fut couronné solennellement à la Comédie françoise, après la première représentation d'*Irène*, c'est Mlle de La Chassaigne qui suggéra l'idée de cette ovation littéraire.

Les événements politiques de 1814 & l'irruption des Étrangers en 1815 frappèrent son imagination, & pendant les cinq années que son existence se prolongea encore, ses facultés intellectuelles éprouvèrent un grand affoiblissement. Elle mourut le 23 juin 1820.

Cette actrice avoit été aimée, dans sa jeunesse, par le prince de Lamballe. De ce commerce étoit née une fille qui débuta, en 1788, à la Comédie françoise, où elle ne fut pas reçue.

Rôles créés par Mlle de La Chaffaigne.

1768	Une Modifte . . .	*Les Valets maîtres*, de Rochon de Chabannes.
«	Une Nymphe . .	*Hylas & Sylvie*, du même.
1772	Flavie	*Roméo & Juliette*, de Ducis.
1777	Félime	*Muftapha & Zéangir*, de Champfort.
1783	Marceline	*Le Mariage de Figaro*, de Beaumarchais.
1784	Mme Robert . . .	*Le Bienfait anonyme*, de Pilhes.
1785	La Préfidente . . .	*L'Oncle & les Tantes*, de De Lafalle.
1786	Mme Syphon . . .	*La Phyficienne*, de La Montagne.
«	La Breffanne . . .	*Les Amours de Bayard*, de Monvel.
1787	L'Hôteffe	*Les Etourdis*, d'Andrieux.
1788	Mme de Plinville . .	*L'Optimifte*, de C. Harleville.
«	Florife	*Lanval & Vivianne*, d'André Murville.
1789	Mme Franval . . .	*Le Préfomptueux*, de F. d'Eglantine.
1791	Gertrude	*Alcefte à la campagne*, de Demouftier.
«	Urfule	*L'intrigue épiftolaire*, de F. d'Eglantine.
«	Mme Mondor . . .	*Le Conciliateur*, de Demouftier.
«	Mme Gercourt . .	*Minuit*, de Défaudras.
1793	Mme Bertrand . . .	*Le Conteur*, de Picard.
«	Mme Dorville . . .	*Les Femmes*, de Demouftier.
1795	Catherine	*Le Bon fermier*, de Ségur.
1798	Flora	*Michel Montaigne*, de Guy.
1799	Anna	*Les Deux Frères*, de Kotzbuë.
«	Jaquette	*Les Précepteurs*, de F. d'Eglantine.
«	Marinette	*L'Abbé de l'Epée*, de Bouilly.
1800	Mme Cornebois . .	*L'Intrigant dupé*, de Martelli.
«	Françoife	*Caroline*, de Roger.
1803	Clotilde	*Hermann & Verner*, de Favières.

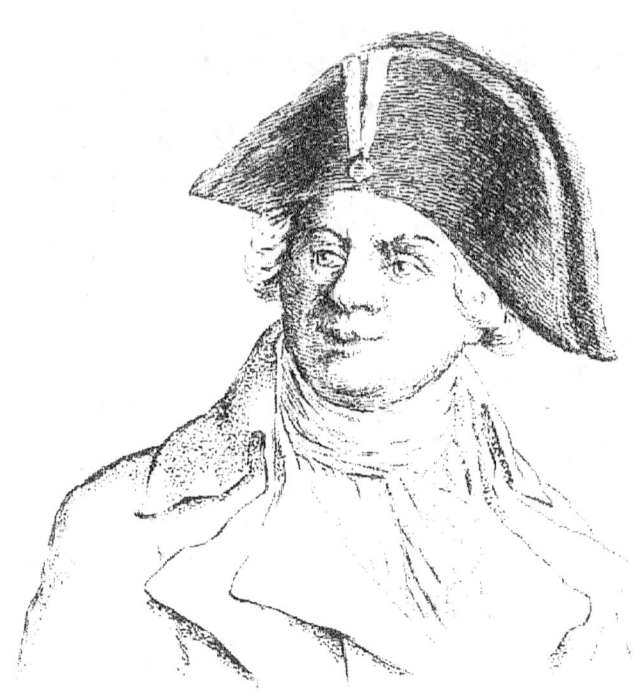

Dazincourt
Comédie-françoise
1777 - 1809

JOSEPH-JEAN-BAPTISTE ALBOUY

dit DAZINCOURT

1777 — 1809

DANS une des plus anciennes maiſons du quartier Saint-Ferréol, à Marſeille, naiſſoit, le 11 décembre 1747, un enfant qui reçut à ſon baptême les prénoms de Joſeph-Jean-Baptiſte : c'étoit le ſecond fils d'un honorable négociant de l'antique cité Phocéenne, dont les ancêtres s'étoient enrichis

---

Extrait de la paroiſſe Saint-Ferréol, à Marſeille : « JOSEPH-JEAN-BAPTISTE ALBOUY, fils naturel & légitime de ſieur JEAN-BAPTISTE ALBOUY & de dame ANNE FABRE, eſt né & a été baptiſé dans l'égliſe de cette paroiſſe, aujourd'huy onze décembre mil ſept cent quarante-ſept ; ſon parrain a été ſieur JEAN-BAPTISTE LA SALLE ; ſa marraine, dame ELISABETH FURVIN-AUDIBERT. Le père préſent. Ont ſigné, &c. »

dans le commerce des denrées coloniales. Son père ne voulut rien négliger pour son éducation, & le mit de bonne heure chez les Oratoriens. Les progrès du jeune Albouy furent si rapides, qu'à l'âge de seize ans il avoit terminé ses humanités. On lui fit alors étudier le commerce, & c'est au milieu des balles de coton & des barriques de sucre qu'il passa les deux ou trois années qui s'écoulèrent depuis sa sortie de la maison des Pères. M. La Salle, ancien consul dans le Levant, qui étoit l'ami de la famille & le parrain de Joseph, se chargea de l'initier aux éléments du droit des nations & des gens. Malgré le zèle & l'activité déployés par le jeune apprenti négociant dans le travail qu'on exigeoit de lui, rien ne lui plaisoit moins que ce genre d'occupations, si fort opposé à ses inclinations naturelles, lorsqu'une circonstance favorable vint tout-à-coup l'y soustraire pour toujours. Mme Elisabeth Furvin-Audibert, sa tante & sa marraine, que des affaires d'intérêt appeloient, en 1766, à Bordeaux, s'y fit accompagner par son neveu. Comme cette dame étoit fort connue du maréchal de Richelieu, gouverneur de la Province, elle ne manqua pas de saisir cette occasion de présenter son jeune parent à ce seigneur, auquel il plut, & qui proposa de l'attacher à sa personne en qualité de secrétaire ; il résulte même de certains renseignements que l'intention du duc auroit été de pousser son protégé dans la carrière diplomatique. Enchanté de pouvoir, par cette voie honorable, décliner les projets de son père, & fort de l'assentiment de la tante, qui se chargea de plaider sa cause auprès de celui-ci, Joseph Albouy s'empressa d'accepter cette haute protection qui flattoit ses penchants.

Jeune, vif, alerte, intelligent, le nouveau secrétaire ne tarda pas à se concilier tout-à-fait les bonnes grâces du Maréchal, à qui il sut se rendre à la fois utile & agréable. Les fonctions dont il étoit investi n'étoient pas, d'ailleurs, tellement assujétissantes, qu'elles ne lui laissassent d'assez nombreux loisirs dont il consacroit la plus grande partie à un délassement fort en vogue à cette époque dans les hautes classes: nous voulons parler de la comédie de société. Au nombre de ces associations de comédiens-amateurs, il en étoit une qui avoit son siége rue Popincourt, & qui comptoit dans son sein des jeunes gens tenant aux premières familles. Albouy, que sa position près du duc de Richelieu rapprochoit fréquemment des Sabran, des Gouffier, obtint, grâce à son intimité avec ces jeunes seigneurs, la faveur d'être admis dans cette société, où il ne se montra pas l'un des moins exercés parmi ses nouveaux compagnons de plaisir. Les applaudissements qu'il s'attiroit dans chacun des rôles dont il étoit chargé déterminèrent, sans doute, sa vocation, & ses amis, jugeant cette scène désormais trop étroite pour lui, le pressèrent vivement de solliciter ses débuts à la Comédie françoise. Toutefois, en appréciateur modeste & plus judicieux de ses forces, Albouy jugea que l'apprentissage préliminaire de la province étoit indispensable au développement de son talent. Résolu à se faire comédien, mais voulant se souftraire aux remontrances, peut-être même à l'autorité du Maréchal, le jeune fecrétaire, oublieux des égards & de la reconnaiffance qu'il lui devoit pour fes bontés, s'éloigna clandeftinement de Paris & fe rendit à Bruxelles.

Cette ville poffédoit, à cette époque, un comédien d'élite & plein d'expérience, d'Hannetaire (1), directeur du Théâtre, & dont les jeunes acteurs s'empreffoient de rechercher les confeils. Le premier foin d'Albouy fut d'aller frapper à fa porte & de lui confier le deffein qui l'amenoit. D'Hannetaire le combattit d'abord par les arguments qu'il crut les plus propres à l'en détourner; mais il dut enfin céder devant un parti irrévocablement pris, & il finit par accorder à l'afpi-

---

(1) Hannetaire (Jean-Nicolas Servandoni d'), né à Grenoble, le 4 novembre 1718, mort à Bruxelles en 1780. Il étoit fils naturel du fameux Servandoni, qui le faifoit paffer pour fon neveu. Doué de beaucoup d'efprit & d'un jugement fain, il joignoit à ces dons naturels une inftruction affez étendue. Il a compofé deux ouvrages d'une certaine importance ; l'un intitulé : *Obfervations fur l'art du comédien*, a été fouvent réimprimé ; l'autre : *Expofition d'un divertiffement nouveau de chant & de danfes, préparé par les comédiens pour la fête de S. A. & exécuté fur le théâtre de la ville, au mois de novembre 1744.* Liége, E. Kintz, petit in-4° de 11 pages.

Il faifoit facilement les vers ; mais une feule pièce de lui, en ce genre, a vu le jour. Elle avoit été inférée, fans nom d'auteur, dans l'*Evangile du jour* (T. 8, p. 65), où prefque tous les morceaux formant le recueil font de Voltaire. En 1772, d'Hannetaire en réclama la paternité. Voltaire reconnut la juftice de cette réclamation dans une lettre adreffée à La Harpe, en janvier 1773, & qui fe diftingue par un ton farcaftique qui atténue un peu le mérite de fon aveu.

D'Hannetaire, qui avoit acquis une fortune confidérable, étoit propriétaire d'un fief & feigneur de paroiffe.

rant comédien ce que celui-ci follicitoit avec inftance, . fes débuts fur le théâtre public de la ville.

Dazincourt (c'eft le nom que prit alors Albouy) parut pour la première fois fur la fcène de Bruxelles, en 1772, dans le rôle de Crifpin, des *Folies amoureufes*. Puis, il aborda fucceffivement tous les rôles de l'emploi des *comiques*. Au bout de quatre ans qu'il employa à fe perfectionner dans fon art, guidé furtout par les excellentes leçons de d'Hannetaire, le jeune acteur jugea que le moment étoit venu de tourner fes vues vers la Comédie-Françoife. Mais comment fonger à recourir à la protection du maréchal de Richelieu, de qui dépendoit l'autorifation néceffaire pour débuter fur cette fcène, objet de fon ambition, après le trait d'ingratitude dont il fe fentoit coupable à fon égard ? Dazincourt ne l'eût certes pas ofé & n'auroit jamais franchi ce pas difficile fans l'appui du prince de Ligne (2), qui fe chargea d'aplanir les obftacles & d'apaifer le jufte reffentiment du Maréchal. Celui-ci, de fon côté, fit preuve d'une véritable générofité en accordant la demande que Charles de Lorraine lui avoit adreffée, & en accompagnant fon confentement de quelques lignes de fa main propres à le raffurer. « Ce qu'on m'a dit

(2) Le prince de Ligne faifoit un cas tout particulier de d'Hannetaire, chez qui il venoit fouvent fe délaffer du cérémonial de la Cour. On a prétendu, & non fans quelque fondement, qu'il y étoit furtout attiré par les charmes d'une de fes trois filles, furnommées alors les *Trois grâces*. La chronique rapporte que Dazincourt, de fon côté, étoit un peu plus que le figisbée d'Angélique, la plus belle des trois fœurs.

« du talent de Dazincourt, écrivoit-il au prince, m'a « fait oublier l'ingratitude d'Albouy. » A cette réponse, datée du 21 octobre 1776, se trouvoit joint l'ordre de début.

Le 21 novembre suivant, Dazincourt parut donc à la Comédie-Françoise, dans ce même rôle de Crispin qui avoit naguère inauguré si brillamment, à Bruxelles, sa carrière théâtrale. Il joua ensuite les rôles de Jasmin dans l'*Enfant prodigue*; de Charlot dans le *Mari retrouvé*; de Sosie dans *Amphitryon*; de Lutin dans la *Surprise de l'Amour*; de Crispin dans *Crispin rival de son maître*; de Pasquin dans l'*Homme à bonnes fortunes* (3), & il termina ses débuts par Ménechme le bourru, dans les *Deux Ménechmes* & par Rustaut dans le *Galant coureur*. Serviteur leste & pimpant, d'une figure agréable & distinguée; donnant en général le ton juste à ce qu'il disoit; au jeu plein d'esprit, de goût & de finesse : de cette dernière qualité, trop peut-être ! En un mot,

---

(3) A une représentation de cette pièce, le 19 janvier 1803, Dazincourt, qui n'en étoit plus à ses débuts, parodiant la toilette que venoit de faire son maître, vidoit un flacon d'eau de fleur d'oranger sur son mouchoir, lorsqu'un violent coup de sifflet retentit à l'adresse de Pasquin. L'acteur, peu accoutumé à ce bruit, ne perdit pourtant pas contenance : « Messieurs, dit-il en s'adressant aux spectateurs, je vous prie de remarquer que je me conforme à la tradition de Préville. » Puis, tordant son mouchoir, comme pour en exprimer l'eau sur la tête du souffleur, il ajouta : « Je me souviens encore que Préville faisoit comme ceci, & qu'il étoit applaudi par tout ce qu'il y avoit de mieux en France. »

L'indulgence du public, à l'égard d'un artiste généralement aimé & estimé, décida du succès de cette allocution, qui fut suivie de vifs applaudissements.

valet de bonne compagnie, tel fut jugé le débutant.

A l'issue de cette première épreuve, Dazincourt retourna à Bruxelles, afin d'y terminer son engagement qui n'expiroit qu'à la clôture de 1777. Le 26 mars de cette même année il reparoissoit à la Comédie-Françoise, où, par une faveur toute spéciale, il étoit admis comme pensionnaire aux appointements de trois mille livres. L'année suivante, on le reçut sociétaire, & le 24 mars 1778, on lui attribua la part entière. Une circonstance exceptionnelle, & qui ne lui fut pas moins favorable qu'à Mlle Contat, ne contribua pas médiocrement à affermir sa position, & à le mettre au rang des membres les plus distingués de sa compagnie. Beaumarchais, d'après le conseil de Préville, lui confia, dans le *Mariage de Figaro*, le rôle destiné d'abord, dans sa pensée, au célèbre comique, mais que l'âge & la santé ne permirent pas à celui-ci d'accepter. On sait que Préville se contenta du petit rôle de Brid'oison, auquel il donna un cachet inimitable. Quant à Dazincourt, charmé d'une bonne fortune aussi inespérée, bien qu'il se montrât effrayé de la responsabilité qu'il assumoit sur sa tête, il ne recula pas devant elle, & l'auteur n'eut pas lieu, après l'événement, de regretter sa confiance. Le grand jour venu, le jeune comédien sortit avec bonheur de cette épreuve redoutable, & le plus bel éloge qu'il pût recevoir lui vint de Préville lui-même, qui lui dit : « Mon cher enfant, vous avez joué le rôle « comme je l'avais conçu. »

Dès ce moment, la réputation de Dazincourt fe trouva bien établie, & le fuccès le claffa au nombre des comiques de premier ordre, bien qu'il n'ait jamais atteint à la perfection de fon inimitable modèle ; mais, à défaut de génie & de profondeur, il s'en appropria, du moins, quelques traits, & fut fe faire un jeu fage & de bon goût.

C'eft, fans contredit, à ces qualités qu'il dut l'honneur d'être choifi par la reine Marie-Antoinette pour fon maître de déclamation. On n'ignore pas que cette augufte princeffe mettoit au nombre de fes plaifirs les plus vifs celui de jouer la comédie. Le foin de diriger les royales repréfentations étoit, en outre, dévolu à Dazincourt & l'on peut apprécier facilement les avantages particuliers réfultant pour lui d'une charge qui le mettoit en continuels rapports avec ce que la Cour comptoit de perfonnages éminents.

Malheureufement furvinrent les événements de la Révolution, & les circonftances qui promettoient d'être pour Dazincourt l'origine d'une grande fortune menacèrent, au contraire, de devenir une caufe de profcription. Auffi, lors de fon incarcération, en 1793, ne fe diffimula-t-il pas qu'il étoit un de ceux qui avoient le plus à redouter des hommes alors placés au pouvoir. Ce qui augmentoit le danger qui le menaçoit, c'eft qu'on favoit qu'indépendamment de fes opinions royaliftes, il avoit conftamment confeillé à fes camarades, prifonniers comme lui, de refufer la liberté qu'on leur offroit moyennant engagement de fe réunir aux comédiens diffidents du *Théâtre de la République*.

Cependant Dazincourt échappa à la mort; il fut, un des derniers, rendu à la liberté après onze mois de détention fubie tant aux Madelonnettes qu'à Picpus. Il va fans dire qu'il avoit perdu les penfions qu'il tenoit de la Cour; il s'étoit même vu dépouiller des reffources que lui avoient procurées fes économies.

L'ancienne Comédie-Françoife étant difperfée, Dazincourt fe réunit à ceux de fes anciens camarades enrôlés par Sageret au Théâtre Feydeau, où la Comédie alternoit fes repréfentations avec l'Opéra-Comique. Cet état de chofes fe prolongea jufqu'au 25 janvier 1799, jour où le Théâtre-François, reconftitué, vint enfin prendre poffeffion de la falle du Palais-Royal, qui fut inaugurée le 30 mai de la même année.

Le rang occupé par Dazincourt dans la nouvelle Société, dont il étoit l'un des doyens, & au rétabliffement de laquelle fon zèle & fon activité n'avoient point été étrangers, ne pouvoit qu'être des plus honorables. L'on voit, en effet, que les auteurs lui confièrent, à l'envi, des rôles dans leurs ouvrages; il eft vrai qu'il faifoit profeffion de les refpecter, & qu'il eut, fuivant un critique qui certes s'y connoiffoit (4), « le mérite de ne « rien mettre du fien dans fes rôles. » Il en a créé un grand nombre, qui tous lui réuffirent; nous mention-

(4) Geoffroy.

nerons particulièrement ceux : de Georges, dans le *Vieux célibataire ;* de l'Hôte, dans les *Deux pages ;* de Crispin, dans l'*Inconstant ;* de Plaude, dans l'*Ami des loix ;* de Longman, dans *Pamela ;* de Williams, dans le *Mariage secret ;* de Valentin, dans le *Séducteur amoureux ;* de Joseph, dans le *Politique en défaut ;* de Pedro, dans les *Projets de mariage ;* de Dominique, dans l'*Abbé de l'Epée*, & de Fabrice, dans l'*Assemblée de famille*. Le dernier qu'il a établi est celui de Dubois, dans l'*Homme aux convenances* (5). Sur la fin de sa carrière, l'embonpoint l'avoit contraint de renoncer aux rôles de *valets jeunes* pour se retrancher dans ceux des *vieux serviteurs* honnêtes & respectables.

Au nombre des comédiens formés à son école, on cite en première ligne Carline (6), actrice de l'ancien Opéra-Comique, Mlles Volnais & Rose Dupuis, qui appartiennent à la première période de ce siècle (7).

Lorsque Napoléon Ier réorganisa le Conservatoire, en 1807, Dazincourt fut un des quatre professeurs nommés ; il eut aussi la direction des spectacles particuliers. C'est en qualité de Directeur des théâtres de la

---

(5) Comédie en un acte & en vers, d'Etienne Jouy, représentée le 23 juin 1808 & jugée trop sévèrement.

(6) Marie-Gabrielle Malagrida, dite Carline, née à Paris en 1763, avoit épousé Louis-Marie Nivelon, célèbre danseur de l'Opéra. Ils s'étoient retirés à St-Martin d'Estrépagny, arrondissement des Andelys, où elle est décédée, le 19 octobre 1818.

(7) On a néanmoins prétendu dans le temps que Mlle Volnais, présentée comme son élève, l'étoit de Blin de Sainmore.

Cour impériale qu'il fit le voyage d'Erfurt (8). Mais, déjà malade lorsqu'il s'éloigna de Paris, sa santé ressentit une rude atteinte de ce déplacement & de la fatigue qui en résulta, sans qu'il fît rien, d'ailleurs, pour combattre le mal : la fièvre ne le quitta pas, pendant les six mois que dura ce service forcé. De retour en France, il songea sérieusement à recourir aux soins de la médecine, mais il étoit trop tard ; les ravages intérieurs avoient fait des progrès si graves que tous les efforts tentés furent infructueux & Dazincourt succomba, le 28 mars 1809, âgé seulement de soixante-deux ans un mois & neuf jours. Il laissa des regrets sincères parmi ses camarades & chez les personnes qui l'avoient connu en dehors des relations du théâtre. Aussi, ses obsèques célébrées à Saint-Roch avec une

(8) Les dépenses pour le voyage, le séjour de la Comédie à Erfurt & son retour à Paris, d'après le bordereau dressé par le Grand-Maréchal du Palais, & mis sous les yeux de l'Empereur, le 27 octobre 1808, se sont élevées à la somme de 71,284# 12', sur laquelle les comédiens ont reçu à titre de gratification, savoir :

Mesd. De Raucourt	3,000 fr.		MM. Saint-Prix	3,000 fr.
Talma	3,000		Talma	3,000
Duchesnois	3,000		Lafon	3,000
Bourgoin	2,500		Damas	3,000
Rose-Dupuis	2,500		Desprez	2,500
Gros	2,500		Lacave	2,500
Patrat	2,500		Varennes	2,300
	19,000 fr.			19,300 fr.

Total . . . 38,300 fr.

(Ms. de la Bibl. imp.)

certaine pompe attirèrent-elles un concours prodigieux de monde (9).

Pendant les trente-&-une années que Dazincourt paſſa à la Comédie-Françoiſe, il ſe montra, dans tous les temps, jaloux d'y maintenir les bons principes, les ſages coutumes qui avoient, dans le dernier ſiècle, élevé & ſoutenu à un auſſi haut degré la renommée de cette inſtitution. Ayant toujours pris à tâche de ſe diſtinguer par l'honnêteté de ſon caractère, il s'étoit vu recherché dans les meilleures ſociétés, où il apportoit le ton & les manières d'un homme de bonne compagnie. Sur la fin de ſa vie, cependant, une transformation bizarre s'étoit opérée dans ſon caractère, devenu défiant, méticuleux, ſarcaſtique par ſuite de la ſouffrance. « Qu'eſt-ce que « la vie? s'écrioit-il dans ſes moments de moroſité... « Le fouet... l'indigeſtion & l'apoplexie. »

On ne ſe douteroit guère que Criſpin, Maſcarille & Figaro avoient paſſé par-là !

(9) Au commencement de 1791, le bruit s'étant répandu que Dazincourt étoit mort ſubitement d'apoplexie, l'épitaphe ſuivante avoit couru ſous le manteau :

« Cy gît ce Dazincourt qu'un inſolent bonheur
Sans cesse accompagna tout le temps de sa vie;
 Sans talent pour la comédie,
 Il paſſa pour un bon acteur.
Il gagna de l'argent même à la loterie (*a*).
 Quoique vieux, jaloux & grondeur,
Il eut pourtant maîtreſſe & fidèle & jolie (*b*);
 Le ſort, pour dernière faveur,
Lui fit finir ſes jours par une apoplexie.

(*c*) 150,000 fr. lui échurent nn beau jour de cette manière.

(*b*) Mlle Eulalie Desbroſſes, à qui il rendoit la vie très-dure.

Rôles créés par Dazincourt.

1778	Brinon	*Le Chevalier françois à Londres*, de Dorat.
«	Un Notaire . . .	*L'Impatient*, de Lantier.
1779	Un Exempt . . .	*Le Chevalier françois à Turin*, de Dorat.
1780	Louis	*Clémentine & Déformes*, de Monvel.
1781	Frontin.	*Le Jaloux sans amour*, d'Imbert.
1782	Franck	*Le Journaliste anglois*, de Cailhava.
1784	Pasquin	*Le Jaloux*, de Rochon de Chabannes.
«	Figaro	*Le Mariage de Figaro*, de Beaumarchais.
1785	Pasquin	*L'Oncle & les Tantes*, de De La Salle.
1786	Saint-Fremyn . . .	*La Physicienne*, de La Montagne.
«	Williams.	*Le Mariage secret*, de Desfaucherets.
«	Crispin	*L'Inconstant*, de Colin-Harleville.
1788	Lazarille	*La Ressemblance*, de Forgeot.
«	Dumont	*La Belle-Mère*, de Vigée.
«	Germon	*La Jeune Epouse*, de Cubières.
«	Frontin	*L'Entrevue*, de Vigée.
1789	Philippe	*Les Deux Pages*, de Dezède.
1790	Gorgi	*Le Réveil d'Epiménide*, de Flins des Oliviers.
«	Picard.	*Les Dangers de l'Opinion*, de Laya.
«	Germon	*Le Présomptueux*, de F. d'Eglantine.
1792	Georges	*Le Vieux Célibataire*, de Collin-Harleville.
1793	Plaude	*L'Ami des Lois*, de Laya.
«	Dupré	*Le Conteur*, de Picard.
»	Belmont	*Le Bienfait de la loi*, de Forgeot.
1795	Dubois	*Les Femmes*, de Demoustier.
«	Lubin	*Le Bon fermier*, de Ségur.
«	Ismaël	*Le Tolérant*, de Demoustier.
«	Dubois.	*La Rupture inutile*, de Forgeot.
1797	André	*L'Heureuse erreur*, de Patrat.
«	Sélico	*Les Trois fils de la veuve*, de Demoustier.
«	Dubois	*Le Philinte de Molière*, de F. d'Eglantine.
«	Forbanti	*La Prude*, de *** (N. Lemercier).

1798	Picard	L'*Epreuve délicate*, de Roger.
«	Philippe	*Mathilde*, de Monvel.
«	Reynolf	*Trop de délicateſſe*, de Marfollier.
«	Dumont	*L'Amour & la Raiſon*, de Pigault-Lebrun.
«	Pédro	*Les Projets de mariage*, d'A. Duval.
1799	Dubois.	*La Dupe de ſoi-même*, de Roger.
«	Méac.	*Michel Montaigne*, de Guy.
«	Dubois.	*Les Tuteurs vengés*, d'A. Duval.
1800	Frontin.	*Les Deux Poètes*, de Rigaud.
«	Dominique. . . .	*L'Abbé de l'Epée*, de Bouilly.
«	François	*Les Mœurs du jour*, de Collin-Harleville.
1801	Un Comédien . .	*Le Buſte de Préville*, de Chazet & Dupaty.
«	Gérard.	*L'Aimable vieillard*, de *** (Favières).
«	Firmin	*Le Confident par Haſard*, de Faur.
1802	Momus.	*Le Double hommage*, de Chazet & Dubois.
«	Tom.	*Edouard en Ecoſſe*, d'A. Duval.
«	Comtois	*Juliette & Belcour*, de Lombard.
1803	Valentin	*Le Séducteur amoureux*, de De Longchamps.
1804	Vautier	*Richelieu*, de N. Lemercier.
«	Trenck.	*La Leçon conjugale*, de Chazet & Sewrin.
1805	Picard	*Le Tyran domeſtique*, d'A. Duval.
1806	Frontin.	*Le Parleur contrarié*, de Delaunay.
«	Joſeph.	*Le Politique en défaut*, de Chazet & Sewrin.
1807	Lafleur	*Les Projets d'enlèvement*, de *** (Pein).
1808	Fabrice	*L'Aſſemblée de famille*, de Riboutté.
«	Dubois.	*L'Homme aux convenances*, de Jouy.

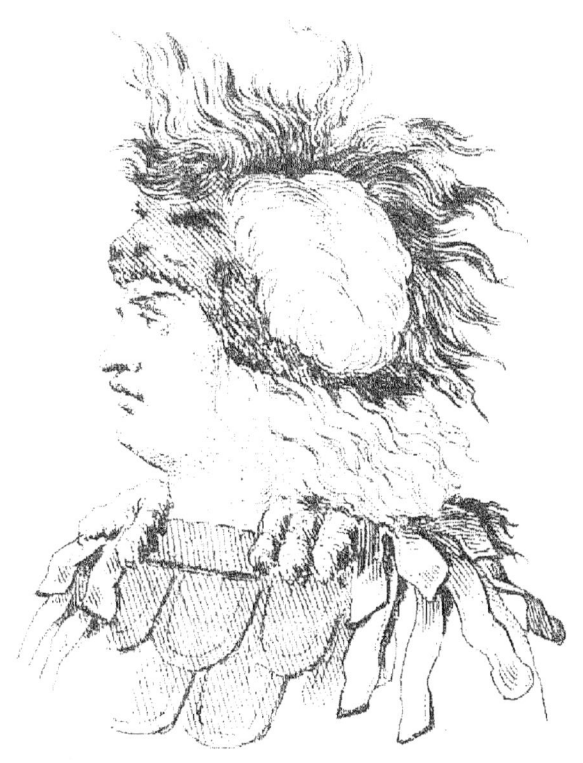

Vanhove
Comédie-françoise
1777-1803

CHARLES-JOSEPH

VANHOVE

1777 — 1803

VANHOVE naquit à Lille le 8 novembre 1739. Il embraſſa, très-jeune encore, la carrière théâtrale, & ne joua que peu de temps les rôles de *jeunes-premiers*. Il adopta, preſque dès l'origine, l'emploi des *rois* dans la tragédie & celui des *pères-nobles* dans la comédie. Après un ſéjour aſſez long en Hollande, où il ſe maria, & où il figura comme acteur attaché au théâtre françois de La Haye, il vint à Bruxelles qu'il quitta au bout de deux ans pour débuter à la Comédie-Françoiſe ; il devoit y doubler Brizard.

Extrait des regiſtres de la paroiſſe Saint-Etienne, à Lille : « Le huit de novembre mil ſept cent trente-neuf, a été baptiſé CHARLES-JOSEPH, né le même jour, fils légitime de JEAN-BAPTISTE VANHOVE, maître perruquier, & d'ELISABETH PINTE, &c. »

Le 2 juillet 1777, il y parut pour la première fois dans le rôle d'Augufte, de *Cinna;* le lendemain, il remplit dans la *Métromanie* le rôle de Baliveau ; le 4, celui d'Euphémon père dans l'*Enfant prodigue;* le 5, celui de d'Orbeffon dans le *Père de Famille.* Puis, fucceffivement ceux de Zopire, de Lycandre dans le *Glorieux* & de Danaüs dans *Hypermneftre* (1).

« Un bel organe, de l'intelligence, de la fenfibilité
« & de la vérité, telles font les qualités que nous avons
« cru apercevoir dans le fieur Vanhove ; mais il ne fuf-
« fit pas d'avoir un bel organe & une prononciation
« facile, il faut encore connoître la profodie & cet ac-
« teur pèche fouvent contre elle. Il ne fuffit pas non
« plus d'avoir l'intelligence de la fcène ; l'habitude du
« théâtre fuffit prefque toujours pour la donner : c'eft
« dans le caractère de fes rôles qu'un comédien dé-
« ploie fon intelligence, &, fur cet article, le fieur
« Vanhove n'eft pas exempt de reproche. Augufte &
« Danaüs ont perdu dans fes mains le caractère que

---

(1) Vanhove avoit défiré que fa femme débutât à Paris ; mal accueillie dans le rôle de Phèdre, Mme Vanhove voulut du moins, en fuccombant, fe venger des rigueurs du parterre à fon égard. Lorfqu'elle fut arrivée à la fcène du 4e acte, où Phèdre, s'adreffant à Minos, s'écrie :

« Pardonne ! un Dieu cruel a perdu ta famille...
« Reconnois fa vengeance aux fureurs de ta fille !

elle rifqua le tout pour le tout, & modifia ainfi le dernier vers :

« Reconnois fa vengeance aux fureurs *du parterre!*

Cette fubftitution ne fe trouva pas du goût de tout le monde, & hâta la chute de la débutante.

« Corneille & Lemierre leur ont donné. Pourquoi pleu-
« rer lorfque Augufte accorde à Cinna le pardon de
« fon crime? Pourquoi pleurer encore dans *Hyperm-*
« *neftre*, en faifant à Erox confidence de l'affreux facri-
« fice qu'on prépare?... Nous ne dirons que deux mots
« de quelques autres défauts qu'on a généralement
« remarqués. Ses geftes font affez vrais, mais ils font
« lourds & fans grâce ; fa démarche eft pefante & fon
« maintien n'eft point affez impofant, &c... »

Tel eft le jugement qui fut exprimé fur le compte de ce débutant, par un critique compétent de l'époque (2).

Après une courte abfence, motivée par quelques affaires domeftiques qui demandoient fa préfence à Bruxelles, Vanhove qui, à la fuite de fes débuts, avoit été reçu à l'effai, reparut fur la fcène françoife, le 26 août 1777, par le rôle d'Euphémon père, où il s'étoit déjà montré.

On le reçut fociétaire en 1779.

Cet acteur a été en butte à beaucoup de critiques, dont la plupart étoient fondées & quelques autres fort injuftes. Ainfi, aux défauts énoncés dans la citation qui précède, il falloit ajouter celui d'une déclamation monotone, dont il ne rompoit de temps à autre l'uniformité qu'en forçant fa voix & faifant retentir la falle de fons affourdiffants.

Vanhove avoit alors la tournure élancée, bien que

---

(2) *Le Vacher de Charnois,* journa des théâtres pour 1777.

commune; l'expreffion de fon vifage ne manquoit pas d'un certain caractère vénérable mais vulgaire, qui, s'il convenoit à quelques rôles tels que Prufias, dom Diègue ou Venceflas, étoit peu propre à reproduire ce qu'on eft convenu d'appeler la dignité antique. En général, l'enfemble de fa perfonne donnoit plutôt l'idée d'un bon bourgeois du Marais que celle d'un héros tragique.

Voilà la part de la critique, telle que nous l'ont tranf-mife les témoignages contemporains.

Comme compenfation à ces torts de la nature, on s'accorde à reconnoître que ce comédien fut doué de fenfibilité & d'une chaleur communicative qui, dans plufieurs rôles de *pères*, lui faifoient fouvent trouver le chemin du cœur. Mais, dans les dernières années de fa carrière, cette fenfibilité avoit dégénéré en affectation.

Des intentions affez fines dénotèrent parfois en lui une intelligence au-deffus de fon emploi. Par exemple, lorfque, dans le *Menteur*, Géronte trop fûr des four-beries de fon fils, les lui reproche avec indignation, Vanhove éloignoit Dorante de Cliton & le tiroit à part, pour lui dire à mi-voix :

« . . . . Tu ne meurs pas de honte
Qu'il faille que de lui je faffe plus de compte,
Et que ton père même, en doute de ta foi,
Donne plus de croyance à ton valet qu'à toi? »

voulant ainfi éviter à Dorante l'humiliation d'une apo-ftrophe auffi fanglante en préfence de fon valet.

Vanhove créa avec bonheur le rôle principal dans *Marius à Minturnes*, d'Arnault (1791). Tout en le reconnaissant, l'auteur ne s'est pas montré charitable pour son interprète : « Les défauts de ce bonhomme (dit-il dans les *Souvenirs d'un sexagénaire*), me servirent tout autant que ses qualités. Son débit souvent brutal, sa taille épaisse ne faisoient pas disparate avec le portrait, soit physique, soit moral, que Plutarque a tracé de Marius. Il n'avoit pas d'abord compris tous les détails de son rôle. Par exemple, aux premières répétitions, quand il disoit ce vers :

Hors ma gloire & ma force, ici tout m'abandonne!

il déployoit, en les brandissant, deux bras musculeux qui le faisoient ressembler à Samson défiant les Philistins. Mais, sur l'observation que ce mot *force* avoit deux acceptions différentes, qu'il se traduisoit en latin tantôt par *virtus*, tantôt par *robur*, selon qu'il se rapportoit aux qualités de l'âme ou à celles du corps ; qu'il étoit évident qu'ici *force* signifioit *courage* & non *vigueur* : comprenant cette distinction quoiqu'il ne fût pas le latin plus que le françois, Vanhove rectifia son jeu, &, portant sur son cœur cette main dont il avoit menacé le ciel, il redit le passage avec autant de justesse que d'énergie ; c'est même un de ceux où il fut applaudi » (3).

(3) Mme Talma, sa fille, a répondu à cette critique, qu'elle qualifie d'*injustice* & d'*ingratitude*, dans ses *Etudes sur l'art théâtral*, où elle se

Le drame étoit le genre où cet acteur réuffiffoit le mieux. Il s'acquittoit très-convenablement du rôle du baron Hartley, dans *Eugénie*, & celui de Courval dans l'*Ecole des pères* eft, fans contredit, un de ceux où il mérita fincèrement les fuccès qu'il y obtint.

Avec l'âge, Vanhove avoit contracté un embonpoint exceffif qui ne fit que rendre plus faillants fes défauts, que la génération nouvelle ne fupporta pas avec affez d'indulgence, par égard pour fon paffé. En mainte occafion, cet acteur émérite eut cruellement à fouffrir de la mauvaife humeur des jeunes gens (cet âge eft fans pitié!) dont il étoit devenu, pour ainfi dire, la bête noire, & qui, ne l'ayant pas vu meilleur comédien, ne pouvoient s'imaginer qu'il l'eût jamais été.

On a pu juger par ce qui précède, que Vanhove étoit dénué de toute inftruction : auffi fut-il bien loin d'approuver, parce qu'il ne les comprenoit pas, les réformes que Talma, fon gendre, apportoit dans le coftume, & qu'il qualifioit d'*infenfées*. « Il n'y a plus de tragédie en France, s'écria-t-il avec amertume la première fois qu'on lui remit, pour le rôle de Burrhus, un habillement fait fuivant les deffins pris à la Bibliothèque alors Nationale. Puis, n'y trouvant pas de poche pour fon mouchoir : « Savez-vous, dit-il avec humeur au « coftumier, favez-vous, monfieur, que depuis trente « ans que je joue la tragédie, j'ai porté des poches, & « que j'en porterai toujours ? Eft-ce que les Romains

---

livre d'ailleurs à une apologie exagérée de fon père, que le fentiment filial explique mieux qu'il ne la juftifie.

« ne fe mouchoient pas ? Ou bien prétendrez-vous
« qu'ils fe mouchoient avec les doigts (4) ? »

Que pouvoit le coftumier contre une femblable fortie ? faire une poche, & c'eft ce qu'il fit.

Il fe paffa quelque chofe d'analogue à propos de fa tabatière, le jour où il devoit repréfenter pour la première fois le roi Louis XIII dans la tragédie de *Montmorency*, de Carrion-Nifas. Il ne voulut jamais s'en départir : échauffé par le vin, ce qui lui arrivoit chaque fois qu'il vouloit *fe donner du courage*, il répondoit à toutes les obfervations qu'il falloit qu'on lui prouvât que Louis XIII ne prifoit pas, tout comme un autre (5). Ici, du moins, le bonhomme Vanhove pouvoit, à la rigueur, être dans le vraifemblable ; car rien ne démontre que le tabac, qui joue un rôle dans le *Don Juan* de Molière, repréfenté en 1665, ne fût déjà à la mode quelque vingt années auparavant.

On alloit reprendre la tragédie de *Polyeucte*, où cet acteur devoit repréfenter Félix, lorfqu'il tomba malade inopinément, à Brunoy, chez Talma où il étoit arrivé la veille. On crut d'abord à une indifpofition paffagère ; mais il fouffroit, depuis dix ans, d'une affection

---

(4) Et on l'auroit prétendu avec raifon. En effet, c'eft bien *avec les doigts* & non avec des mouchoirs que le peuple-roi procédoit en pareil cas. Qui croiroit que cet ufage au moins fingulier exiftoit encore de nos jours, en Ruffie ? M. Védel, ancien Directeur de la Comédie-Françoife, qui réfidoit à Saint-Péterfbourg, en 1808, nous a affirmé avoir vu l'empereur Alexandre Ier ufer oftenfiblement de ce mode primitif de dégagement nafal, lorfque le befoin s'en faifoit fentir.

(5) Mém. de Mme d'Abrantès.

hépathique ; le mal s'aggrava rapidement, & le 27 juin 1803, Vanhove fuccomba, après quelques jours feulement de maladie (6).

C'eſt feulement lorſqu'on l'eût perdu qu'on s'aperçut combien fon utile concours faiſoit défaut. On regretta le parfait honnête homme, d'un commerce fûr, d'un caractère toujours égal & d'une grande obligeance. En tant qu'acteur, il paſſe pour avoir été exempt de morgue & de prétention, & ne refuſa jamais d'accepter un rôle, ſi chétif qu'il fût, ayant pour principe invariable que le comédien ſe doit avant tout aux devoirs de fon état. Tout en reconnoiſſant que c'eſt là une belle ligne de conduite, digne d'être citée comme exemple à tous ceux qui fuivent la carrière du théâtre, n'héſitons pas pourtant à dire avec Horace : *Eſt modus in rebus :* ajoutons même que c'eſt à cette abnégation trop abſolue d'amour-propre, qui dénote l'abſence de ce feu ſacré qui fait non les acteurs de métier, mais les comédiens hors ligne, que Vanhove a dû peut-être de voir le public faire trop bon marché de ſa perſonne & de fon talent.

(6) Du 9 meſſidor an XI (28 juin 1803) de la République françoiſe. Acte de décès de Charles-Joſeph Vanhove, décédé audit Brunoy, le huit dudit mois, à trois heures du matin. Profeſſion d'artiſte ; âgé de 63 ans, célibataire * domicilié à Paris, &c. — Pour extrait conforme.

* Vanhove avoit divorcé ; c'eſt ce qui explique la qualification de *célibataire* qui lui eſt attribuée dans l'acte mortuaire.

Rôles créés par Vanhove.

1777	Ali.	*Muſtapha & Zéangir*, de Champfort.
1778	Saïd	*Les Barmécides*, de La Harpe.
1780	Sirven.	*Clémentine & Déſormes*, de Monvel.
1782	Léonidas	*Agis*, de Laignelot.
1783	Le comte de Kent.	*Le Roi Léar*, de Ducis.
«	Hercule.	*Philoctète*, de La Harpe.
«	Robert père. . . .	*Le Bienfait anonyme*, de Pilhes.
1784	Duncan.	*Macbeth*, de Ducis.
«	Volumnius.	*Coriolan*, de La Harpe.
«	Baſile.	*Le Mariage de Figaro*, de Beaumarchais.
1785	Soliman II	*Roxelane & Muſtapha*, de Maiſonneuve.
1786	M. Dolban	*L'Inconſtant*, de Collin-Harleville.
«	Bonivet.	*Les Amours de Bayard*, de Monvel.
1787	Melcour.	*La Fauſſe Inconſtance*, de Mme F. de Beauharnais.
«	Courval.	*L'Ecole des Pères*, de Pieyre.
«	Ferville	*Les Amis à l'Epreuve*, du même.
«	Germond.	*Roſaline & Floricour*, de N. *** (Ségur).
«	Créon	*Antigone*, de Doigny du Ponceau.
«	Domitius	*Auguſta*, de Fabre d'Eglantine.
1788	Don Pèdre	*La Reſſemblance*, de Forgeot.
«	Morinval	*L'Optimiſte*, de Collin-Harleville.
«	M. de Belfont. . .	*La Belle-Mère*, de Vigée.
1789	Franval	*Le Préſomptueux*, de Fabre d'Eglantine.
«	Dorfeuil.	*Les Châteaux en Eſpagne*, de Collin-Harleville.
«	Aurèle	*Ericie*, de Fontanelle.
1790	Rature	*Le Réveil d'Epiménide*, de Flins des Oliviers.
«	Milord	*Les Dangers de l'Opinion*, de Laya.
«	Un Avocat.	*Le Philinte de Molière*, de Fabre d'Eglantine.
«	Calas.	*Jean Calas*, de Laya.

1791	Francheville. . . .	*Les Victimes cloîtrées*, de Monvel.
«	Colonna.	*Rienzi*, de Laignelot.
«	Marius	*Marius à Minturnes*, d'Arnault.
1792	Adam.	*La Mort d'Abel*, de Legouvé.
«	Tarquin.	*Lucrèce*, d'Arnault.
1793	Verfac	*L'Ami des Lois*, de Laya.
1794	Un Turc.	*Le Tolérant*, de Demouftier.
«	Menenius Agrippa.	*Quintus Cincinnatus*, d'Arnault.
1795	Papinius	*Quintus Fabius*, de Legouvé.
«	Le Grand-Prêtre. .	*OEdipe chez Admète*, de Ducis.
1797	Gradonique. . . .	*Laurence & Orzano*, de Legouvé.
«	Pompinius.	*Géta*, de Petitot.
«	Arifte.	*Médiocre & Rampant*, de Picard.
1798	Thémiftocle. . . .	*Thémiftocle*, de Larnac.
«	Capello.	*Blanche & Montcaffin*, d'Arnault.
1799	Alexis.	*Les Précepteurs*, de Fabre-d'Eglantine.
1800	Louis XIII. . . .	*Montmorency*, de Carrion-Nifas.
«	L'Archevêque, . .	*Pinto*, de N. Lemercier.
«	Daubuffon	*Les Calviniftes*, de Dumaniant & Pigault Lebrun.
1801	Miller.	*L'Amour & l'Intrigue*, de La Martellière.
«	Don Diègue . . .	*Alhamar*, de Ducis.
1802	Don Pèdre. . . .	*Le Roi & le Laboureur*, d'Arnault.

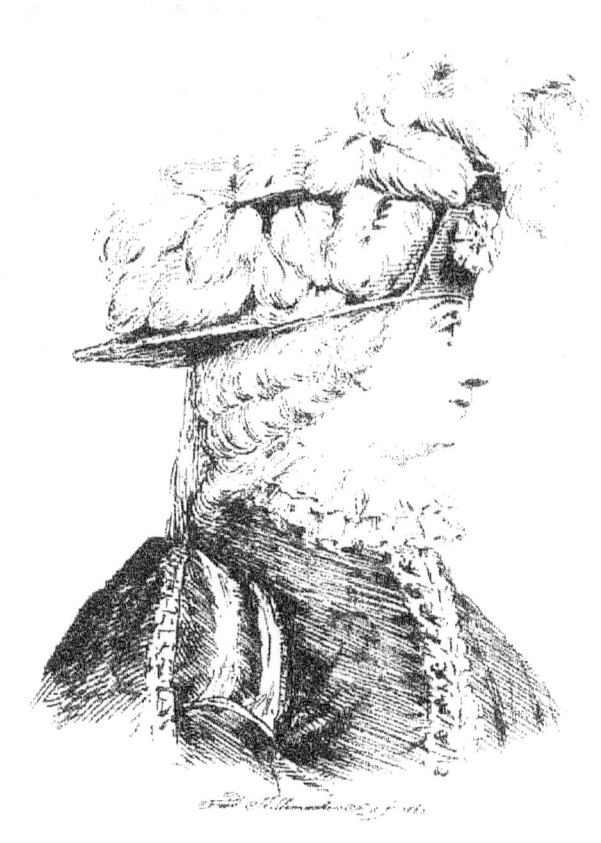

Mademoiselle Olivier
Comédie-françoise

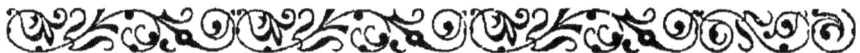

JEANNE-ADELAIDE

MADEMOISELLE OLIVIER

1780 — 1787

LE 26 septembre 1780, après quelques mois paſſés ſur les théâtres de la province, & deux ou trois eſſais tentés ſur la ſcène de Verſailles, une jeune actrice, âgée de ſeize ans, débutoit à la Comédie-Françoiſe par les rôles d'Agnès dans l'*Ecole des Femmes* & d'Angélique dans l'*Eſprit de contradiction*. Le

---

Extrait des regiſtres de l'égliſe paroiſſiale de St-Martin-des-Champs, à Londres : « Le 22 mars de l'année mil ſept cent ſoixante-quatre, a été baptiſé un enfant du ſexe féminin, JEANNE-ADÉLAÏDE, née la veille, du légitime mariage de CHARLES-SIMON OLIVIER, & de MARIE-LOUISE ROME-GASSE. »

lendemain, 27, elle paroiſſoit dans celui de Junie, de *Britannicus*; mais cette épreuve, dans le tragique, fut la ſeule qu'elle tenta; car rien, dans ſa nature, ne l'appeloit à jouer convenablement ce genre de pièces. Mlle Olivier continua ſes débuts, le 29, par les rôles de Lucile dans *la Métromanie*, & de Colette dans *le Mari retrouvé*; enfin, elle les termina le lendemain par Betty de *la Jeune Indienne*, & Victorine du *Philoſophe ſans le ſavoir*.

Elle ne révéla pas, de prime abord, les eſpérances que les amis de la bonne comédie devoient plus tard fonder ſur elle. Soit que la timidité eût alors paralyſé ſes moyens, ſoit que ſon extrême jeuneſſe n'eût point encore permis le développement de ſes talents, cette débutante ne produiſit qu'un médiocre effet; & l'on rendit ſeulement juſtice à ſa beauté, qui étoit éclatante. Blonde, avec les plus beaux cheveux du monde, elle avoit des yeux noirs pétillants de vivacité; ſa taille, des plus élégantes, étoit ſouple & déliée; en un mot, ſous le rapport des charmes de ſa perſonne, Mlle Olivier ne laiſſoit rien à déſirer.

Comme, à ces dons extérieurs, elle joignoit la qualité plus eſſentielle d'une voix touchante & ſympathique, & que ſon jeu étoit empreint d'une grande décence, ce dont elle avoit fourni la preuve dans le rôle d'Alcmène, qu'elle avoit rendu preſque chaſte, on l'admit à l'eſſai. Elle ſut mettre à profit le temps de ſon noviciat, & ſes progrès très-ſenſibles hâtèrent l'époque de ſa réception au nombre des acteurs ſociétaires.

C'est surtout dans la comédie du *Séducteur*, représentée le 8 novembre 1783, que cette actrice conquit tous les suffrages par l'abandon & la grâce charmante qu'elle apporta dans le rôle de Rosalie. Son talent s'y montra frais & naïf comme son visage, & il influa puissamment sur le succès qu'obtint le cinquième acte, « dont l'intérêt, dit La Harpe, fut augmenté par la figure virginale & la voix touchante d'une jeune actrice, Mlle Olivier, qui est beaucoup plus jolie que Mlle Doligny, & qui a quelque chose du charme de son organe. » En effet, le public voyoit en elle la seule femme en état d'adoucir les regrets que devoit laisser la retraite imminente de cette dernière, & le souvenir de la tendre Gaussin.

Vint le fameux *Mariage de Figaro*, & c'est Mlle Olivier que choisit Beaumarchais pour remplir le rôle du jeune page, *Cherubino di amore*. Il paroît que rien n'égala jamais sa grâce, pleine d'un aimable enjouement, & qu'elle y fit tourner la tête, non-seulement aux hommes, mais encore aux femmes, ce qui paroîtra plus extraordinaire.

Dans l'ancien répertoire, les rôles de Léonore dans l'*Ecole des Mères*, de Lindane dans l'*Ecossoise*, & de Sophie dans le *Préjugé à la mode*, ne lui furent pas moins favorables. Le 1er juin 1787, eut lieu la première représentation de l'*Ecole des Pères*, pièce dans laquelle cette aimable comédienne parut dans le personnage de Rosalie, qui ne lui valut pas moins de félicitations que ceux qu'elle avoit précédemment créés.

Mais là devoit s'arrêter fa trop courte carrière. Déjà, depuis trois ou quatre ans, Mlle Olivier éprouvoit des douleurs de poitrine qui, pour être combattues avec quelque chance de fuccès, auroient exigé un repos abfolu : condition bien difficile à obferver à fon âge & dans fa profeffion. Malheureufement, cette charmante actrice cédoit trop facilement aux entraînements de la jeuneffe & d'une paffion qui fe concilie peu avec les prefcriptions de la déeffe Hygie.

« La demoifelle Olivier, une des plus jolies, mais des plus médiocres actrices de la Comédie-Françoife (dit Grimm, toujours porté à dénigrer), (1) partage fes bontés entre M. de Laffonne, médecin & le fieur Dazincourt, qui double Préville dans les rôles de *Crifpins*. Elle vient d'accoucher ; ces deux meffieurs fe font difputé fort vivement l'honneur d'être père de l'enfant. Des arbitres, choifis pour examiner leurs droits & leurs titres refpectifs, ont jugé que le meilleur moyen de les concilier étoit d'appeler l'enfant *Crifpin-Médecin*. Cette décifion a paru d'une équité rare. »

Mlle Olivier fuccomba, le 21 feptembre 1787 (2), à l'âge de vingt-trois ans & demi, emportant dans la tombe les regrets de tous les amateurs éclairés du théâtre, & des nombreux amis que lui avoient faits la facilité de fon commerce & la douceur de fon caractère.

(1) Correfp. de Grimm. Juin 1783.
(2) Le 22 feptembre 1787, a été fait au cimetière le convoy & enterrement de Jeanne - Adélaïde Olivier, penfionnaire du roi, décédée hier, rue de Condé, âgée de 23 ans & demi, &c., &c.

A l'occasion de sa mort, l'écrivain que nous venons de citer, plus équitable cette fois qu'en 1783, s'exprime ainsi : « Cette jeune actrice vient d'être enlevée au théâtre, à la fleur de son âge, &, pour ainsi dire, de son talent. Depuis le rôle qu'elle joua dans le *Séducteur*, elle n'avoit pas cessé de faire des progrès sensibles. Sa figure, sans rien perdre de son éclat & de sa fraîcheur, étoit devenue plus animée par une expression plus vive & mieux sentie. Quoique très-blonde avec des yeux fort noirs, elle avoit naturellement je ne sais quoi de fade dans tout son air; Mais, grâce aux recherches d'une toilette variée avec beaucoup de goût, elle étoit parvenue à dissimuler fort adroitement ce défaut, & son jeu avoit acquis un caractère d'ingénuité, de décence & de noblesse qui la rendoit tout-à-fait intéressante. »

Les obsèques de Mlle Olivier, qui étoit morte sans recourir aux consolations de la religion, soulevèrent quelque difficulté de la part du curé de Saint-Sulpice, qui ne céda qu'à la considération, qu'on fit valoir, qu'elle avoit légué tout son bien, assez considérable, aux pauvres de la paroisse. Mais cette assertion n'étoit pas exacte, la promptitude du mal qui l'emporta ne lui ayant pas plus permis de faire ses dispositions testamentaires, que de réclamer les secours spirituels qui lui avoient fait défaut.

Rôles créés par Mlle Olivier.

1781	Mlle Dorson. . . .	Le Jaloux sans amour, de R. de Chabannes.
1782	Sophie	Le Flatteur, de Lantier.
1783	Henriette.	Le Déjeuner interrompu, de Mme de Montenclos.
«	Rosalie	Le Séducteur, de Longchamps.
1784	Chérubin.	Le Mariage de Figaro, de Beaumarchais.
«	Hortense	L'Avare cru bienfaisant, de Dubuisson.
1785	Emilie	Les Epreuves, de Forgeot.
«	Mirzane.	Abdir, de Sauvigny.
«	Lucile.	Les Deux Frères, de Rochefort.
«	Nanine.	La Comtesse Chazelles, de Mme de Montesson.
«	Henriette.	L'Oncle & les Deux Tantes, de De Lasalle.
1786	Emilie	Le Mariage secret, de Desfaucherets.
«	Eliante	L'Inconstant, de Collin Harleville.
«	Une Demoiselle. .	Les Amours de Bayard, de Monvel.
1787	Rosalie.	L'Ecole des Pères, de Pieyre.
«	Elisa	Les Amis à l'Epreuve, du même.
«	Agathe. . . . . ,	Le Prix académique, de Parifeau.

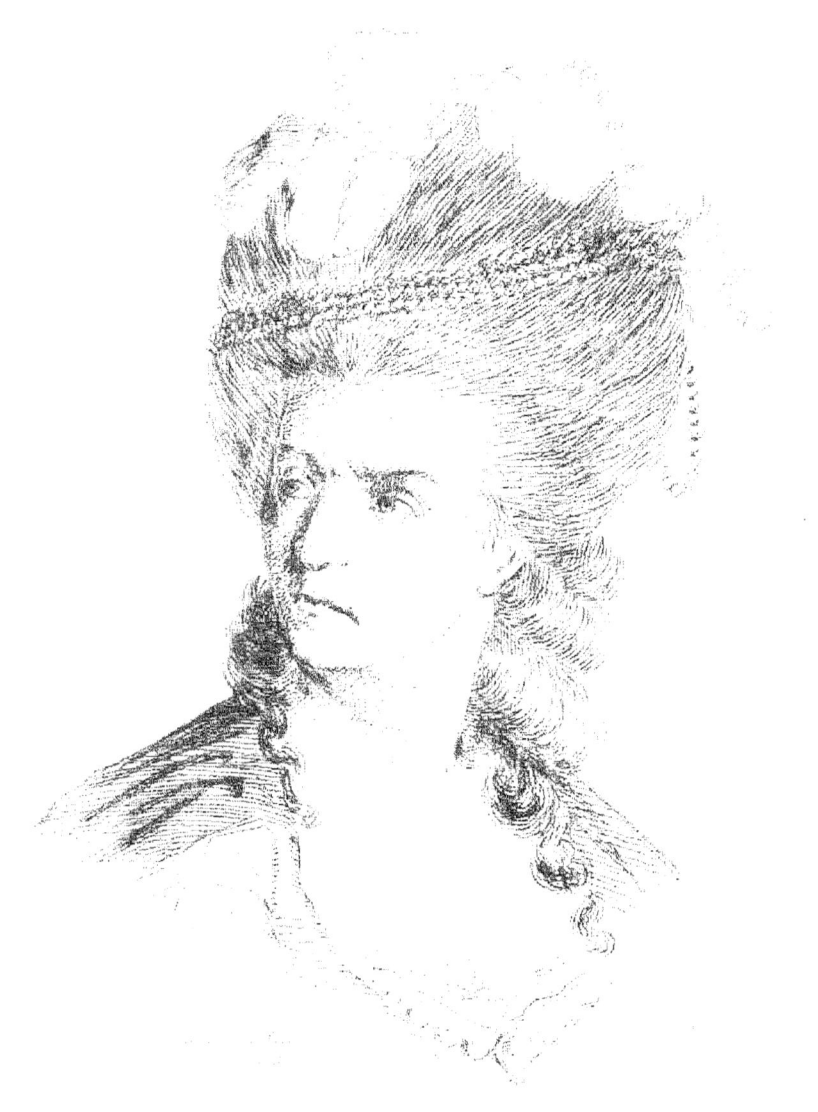

MADAME THENARD
Comédie-françoise
1781 - 1819

MAGDELEINE-CLAUDINE PERRIN

dite MADAME THÉNARD

1781 — 1819

UNE jeune femme qui n'avoit joué, jufqu'a lors, que l'opéra comique au théâtre de Marfeille, débutoit, le mercredi, 1er octobre 1776, à la Comédie-Françoife dans l'*Orphelin de la Chine*, par le rôle d'Idamé, qu'elle joua une feconde fois, le lundi fuivant. Dans cet intervalle, le famedi 5, elle avoit paru dans celui de Zaïre. Elle fit preuve de

---

Extrait des regiftres de la paroiffe St-Pierre, à Voyron (Isère) : « Le douze décembre mil fept cent cinquante-fept, fut baptifée MAGDELEINE-CLAUDINE PERRIN, née le jour précédent, fille de MICHEL & de MARIE FRIOL, mariés; fut parrain DANIEL MEYER, & marraine, MAGDELEINE BASTIER. Signé, &c. »

tant d'inexpérience, de foibleſſe, de gaucherie même, que, malgré la juſte conſidération qui s'attachoit au nom de Préville, dont elle paſſoit pour être l'élève, on jugea que le plus ſage parti qu'elle eût à prendre, étoit de retourner en province, afin d'y développer, par un travail opiniâtre & inceſſant, les diſpoſitions que ſon maître prétendoit exiſter en elle. Mme Thénard écouta ces conſeils, & revint, trois ans après cette première tentative, débuter de rechef dans les *premiers rôles* tragiques & les *jeunes amoureuſes* de la comédie. Cette nouvelle épreuve eut lieu le 23 mai 1781. Elle parut tour-à-tour, avec ſuccès, dans les rôles d'Alzire, de Mérope & de Zelmire. Cette fois, ſon admiſſion ne ſouffrit aucune difficulté, & quelque temps après, cette actrice étoit reçue ſociétaire, à quart de part.

C'étoit à ce moment même que la ſcène françoiſe préſentoit l'affligeant ſpectacle des diſſenſions ſurvenues entre Meſd. de Saint-Val & Veſtris. Cette circonſtance devint favorable à Mme Thénard qui jouoit en *double* l'emploi de ces deux actrices. Plus ſenſible, mais moins noble que Mme Veſtris; moins paſſionnée & moins expanſive que Mlle de Saint-Val, mais plus énergique & plus contenue, elle ſut, grâce à leur diviſion, ſe maintenir entre ces deux rivales qui lui étoient, toutefois, ſupérieures & que le public lui préféroit. Les partiſans de Mlle de Saint-Val étoient loin de ſe plaindre quand Mme Veſtris ſe trouvoit remplacée par ſa *doublure;* & les amis de cette dernière tragédienne ne ſe faiſoient pas faute de témoigner bruyamment leur satisfaction, lorsque Mme Thénard étoit substituée à Mlle de Saint-Val. Comme on le voit, l'hostilité des deux partis servoit à merveille les intérêts de la nouvelle venue qui, du reste, trouvoit en elle-même assez de ressources pour justifier aux yeux des spectateurs désintéressés dans la question, l'appui qu'elle rencontroit dans les camps opposés.

Lorsque Mme Suin, contrainte par l'âge (1), se démit des rôles de *grandes confidentes*, ce fut Mme Thénard qui lui succéda dans cet emploi modeste, mais plus difficile à tenir qu'on ne le croit généralement. Elle y apporta les habitudes précieuses que lui avoient données sa longue expérience & la pratique des rôles plus importants qu'elle avoit remplis pendant un si grand nombre d'années.

Toujours de plus en plus dévouée aux intérêts de sa Compagnie, à mesure qu'elle avançoit en âge, Mme Thénard prit un jour résolument congé de Melpomène, afin de se consacrer exclusivement à l'interprétation des *dames Pernelle, Abraham*, des comtesses de *Pimbêche*, des *Bélise*, & des baronnes de *Vieuxbois*. Abdiquant les honneurs & les titres de *grande princesse*, elle descendit bénévolement aux *duègnes*. Dans ce nouvel emploi, moins brillant qu'utile, cette comédienne émérite fit preuve de finesse, d'un

(1) Mme Suin avoit débuté le 23 mars 1775. Reçue en 1776, cette actrice prit sa retraite le 29 avril 1804. Née à Macon le 5 janvier 1742, Marie-Denise Vriot, femme Suin, est décédée à Paris, le 30 décembre 1817.

aplomb parfait & de mefure dans la charge ; &, bien que peut-être elle s'y montrât moins amufante que Mlle de La Chaffaigne, à qui elle fuccédoit, elle fut s'y faire de la réputation. On avoit pu, d'abord, reprocher à fa diction de n'être point affez incifive, & à fon mafque de conferver trop d'impaffibilité ; mais, à force de travail, elle parvint à acquérir ce mordant qui lui manquoit & ce jeu de phyfionomie, fi néceffaires pour donner la vie au perfonnage en fcène.

Mme Thénard, dans le cours de fa longue carrière, eut le mérite peu commun d'être exempte de caprices, de mauvais vouloir, & toujours on la trouva difpofée à paroître devant le public : « Ne me confultez pas pour faire votre répertoire, difoit-elle au femainier ; mettez-moi de toutes les pièces, fi bon vous femble, & que vous le jugiez utile au bien du fervice. Vous pouvez toujours, & quand même, compter fur moi. » En effet, il feroit impoffible de citer un feul exemple d'un fpectacle changé par fon fait.

Bien que cette comédienne fût encore en état de prolonger fa carrière théâtrale, elle penfa qu'après trente-huit années de fervices non interrompus, il étoit bien temps de livrer la place aux autres. Elle prit donc fa retraite le 1er avril 1819.

Six femaines auparavant, le 1er février, avoit eu lieu fa repréfentation à bénéfice, qui produifit feize mille francs de recette (2). C'étoit payer beaucoup trop

---

(2) Mme Thénard avoit été, à cette occafion, préfentée trois jours avant au roi Louis XVIII, qui, fe rappelant l'avoir vue jouer autrefois

cher l'ennui que cette foirée procura, dit-on. *Le Béverley* de Saurin, qui n'avoit pas été joué depuis la mort de Molé, fut remis à la fcène tout exprès pour la circonftance. Mais ce drame fut bien loin de retrouver fon fuccès d'autrefois! Talma, cependant, avoit voulu y remplir le rôle principal ; le filence glacial du public, interrompu une feule fois par les applaudiffements qu'il fut forcer, lui prouva qu'il avoit fait fauffe route. Cette pièce fut fuivie de l'opéra-comique de *Lulli & Quinault*, & des *Trois Coufines*, comédie de Dancourt, qui, tout agréable qu'elle foit, avoit ici le tort de prolonger un fpectacle déjà fort long, & dont les fpectateurs fe montroient plutôt las qu'amufés. Un feul motif put foutenir encore la patience du public ; c'étoit la curiofité de voir Mlle Duchefnois coiffée du bavolet & revêtue du cafaquin de la meunière, qu'elle avoit eu la fantaifie de repréfenter dans cette pièce : fantaifie qui ne lui réuffit pas mieux qu'à Talma, celle de fe produire en tricorne bourgeois. En fomme, la bénéficiaire fut la feule à fe féliciter du réfultat de la foirée.

Mme Thénard, retirée avec une penfion de 7,500 fr., a furvécu trente ans à fa retraite. Elle eft morte à Paris, le 20 décembre 1849, à l'âge de 92 ans (3). Quoique

à la Cour, avoit exprimé fa volonté de lui remettre lui-même fon offrande royale.

(3) L'an 1849, le 21 décembre, ont comparu devant nous. . . . . lefquels nous ont déclaré que *Magdeleine-Claudine Perrin*, dite *Thénard*, rentière, âgée de 92 ans. ...... eft décédée en fa demeure... le vingt de ce mois, à neuf heures du foir....

frappée de cécité dans les dernières années de son existence, Mme Thénard avoit conservé toute la vivacité de ses souvenirs & toute son intelligence.

Rôles créés par Madame Thénard.

1783	Imzé.	*Manco-Capac*, de Leblanc.
«	Régane.	*Le Roi Léar*, de Ducis.
1784	Idamène	*Les Brames*, de La Harpe.
«	Octavie. . , . . .	*Cléopâtre*, de Marmontel.
1785	Nouddy.	*Abdir*, de Sauvigny.
1786	Atalide.	*Scanderberg*, de Dubuisson.
1787	Ismène	*Antigone*, de Doigny du Ponceau.
«	Augusta.	*Augusta*, de Fabre d'Eglantine.
1791	Mme Calas.	*Jean Calas*, de Laya.
1792	Méhala.	*La Mort d'Abel*, de Legouvé.
1793	Mme de Courtmonde	*Les Femmes*, de Demoustier.
1799	Jocaste.	*Ethéocle & Polynice*, de Legouvé.
«	Araminte	*Les Précepteurs*, de Fabre d'Eglantine.
1800	La comt^sse de Volmar	*Camille*, de *** (Mme de Salm).
«	Mme Armand . . .	*Les Deux Poëtes*, de Rigaud.
«	Cléone.	*Thésée*, de Mazoïer.
1804	Iphise	*Polixène*, d'Aignan.
1806	Gervaise	*Le Politique en défaut*, de Sewrin & Chazet.
«	La Gouvernante. .	*Antiochus-Epiphanes*, de *** (Le Chevalier).
«	Flavie.	*Octavie*, de *** (Souriguières).
1809	Mme St-Géran. . .	*Les Capitulations de conscience*, de *** (Picard).
1810	Mme Rollin	*Le Vieux Fat*, d'Andrieux.
1811	Mme Jolly.	*Les Deux jeunes Amis*, de *** (Souques).
1812	Constance	*Mascarille*, de *** (Ch.-Maurice Descombes).
«	La b^ne de Vieuxbois	*L'Officieux*, de De Lasalle.
1813	Marguerite	*La Nièce supposée*, de Planard.
1815	Mme Dumoulin . .	*Les Deux Voisines*, de Désaugiers & Gentil.
1816	Dona Béatrix. .	*Les Deux Seigneurs*, de *** (Planard).

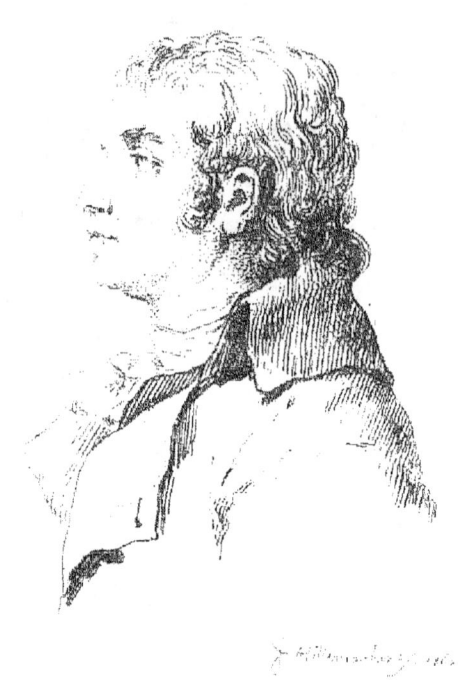

SAINT-PRIX
Comédie-françoise
1782-1818

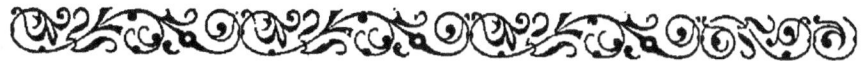

JEAN-AMABLE FOUCAULT

dit SAINT-PRIX

1782 — 1818

NÉ à Paris, le 9 juin 1758, de parents qui s'étoient acquis dans le commerce des grains une honnête aifance, il commença par étudier l'architecture. Mais un penchant inné pour le théâtre lui fit abandonner cette carrière. Le goût qui prédominoit chez lui étoit devenu une paffion fi vive & fi impérieufe qu'il le pouffoit jufqu'au fana-

---

Extrait des regiſtres de la paroiſſe St-Euſtache: « Du famedy, dixiefme de juin, mil fept cent cinquante & huit, fut baptifé JEAN-AMABLE, né d'hyer, fils d'AMABLE FOUCAULT, marchand grainier, & de MARTHE-MADELEINE BRILLIOT, fa femme, demeurant rue de Grenelle. »

tifme. Lui-même a avoué depuis que la rencontre d'un comédien, dans la rue, fuffifoit pour le détourner de fon chemin : la vue de Le Kain, notamment, exerçoit fur lui une forte de fafcination. Il alloit épier, aux alentours du théâtre, l'entrée & la fortie de l'illuftre tragédien, afin de le fuivre à la pifte, en s'étudiant à pofer le pied précifément fur l'empreinte du fien. « Il lui fembloit, difoit-il en racontant cette naïveté, il lui fembloit recueillir ainfi les émanations d'un art qu'il devoit lui-même cultiver un jour.(1). »

On comprend fans peine que les avis de fon maître, auffi bien que les représentations de fa famille aient été impuiffants à triompher d'une vocation auffi prononcée. Auffi, le jeune Foucault chercha-t-il toutes les occafions de s'introduire dans les fociétés de *comédie bourgeoife*, où s'effayoient les jeunes amateurs ; & lorfqu'il fe crut affez fûr de lui-même pour rifquer fes premiers pas fur une fcène publique, il vint propofer fes fervices à Mlle Montanfier, directrice du théâtre de Verfailles. Richaud-Martelly (2), un de fes meilleurs penfionnaires, l'avoit précifément quittée depuis peu pour débuter à Paris. Cette circonftance ne fut pas inutile au nouveau venu, que recommandoient, d'ail-

---

(1) Hiftoire anecdotique du Théatre-François, par Ch. Maurice. T. 1er.

(2) Martelly (Honoré-Antoine Richaud), né à Aix, en Provence, le 27 octobre 1751 ; mort à Marfeille, le 8 juillet 1817. Il avoit d'abord été avocat. Entraîné par fon goût pour le théâtre, il alla débuter à Bordeaux. L'honnêteté de fes mœurs & la droiture de fon caractère étoient tellement appréciées que, malgré fon changement de profeffion, fes anciens confrères maintinrent fon nom fur le tableau des avocats.

leurs, à la première vue, fes avantages extérieurs, ainfi que la beauté de fa voix, & fa réuffite juftifia les prévifions de l'habile directrice. Elle ne le compta pourtant pas longtemps parmi fes penfionnaires, car à peine l'année venoit-elle de finir, que le jeune Saint-Prix (c'eft le nom qu'il avoit adopté) recevoit un ordre de début pour la Comédie-Françoife. Il aborda enfin, pour la première fois, cette fcène qu'il ambitionnoit, le famedi 9 novembre 1782, dans le rôle principal de la tragédie de *Tancrède*. Il fut reçu à l'effai, le foir même, mais deux ans fe paffèrent avant qu'il prît rang parmi les membres de la Société.

Il n'étoit encore que le *double* de De La Rive & tant que ce tragédien, dont le talent avoit confervé fon éclat, refta au théâtre, Saint-Prix tenta de vains efforts pour attirer fur lui l'attention du public. Comme il fe trouvoit relégué, par la force des chofes, dans un cercle de rôles fecondaires, qu'il ne lui étoit permis de franchir qu'en de très-rares circonftances, on ne lui tenoit que peu de compte de fon zèle, & l'accueil froid qu'il recevoit fe reffentoit de cette fâcheufe difpofition. Ce n'eft qu'après la retraite de La Rive que, devenu chef d'emploi, il put vaincre la rigueur de fes juges, & les forcer à reconnoître qu'il y avoit en lui plus que de l'intelligence, feule qualité qu'on avoit bien voulu lui accorder jufqu'à ce jour.

Le rôle du Cimbre, dans *Marius à Minturnes* (13 mai 1791), eft le premier qui lui concilia d'unanimes fuffrages. Il y fut excellent. « Il y prit des attitudes antiques si belles & y donna une expression si vraie, qu'il mit en action le beau tableau de Drouais (3). »

L'année suivante (6 mars), Legouvé fit représenter *la Mort d'Abel*. Le rôle de Caïn, confié à Saint-Prix, fournit à cet acteur une nouvelle occasion de faire ressortir l'ensemble de ses qualités. « Sa voix grave & sombre, ses formes nerveuses & athlétiques répondirent parfaitement à l'idée que chacun se fait du premier laboureur & du premier meurtrier. » Aussi, étoit-il applaudi avec transport lorsqu'il prononçoit ce vers, d'un ton profondément mélancolique :

« Travailler & haïr, voilà donc mon partage ! »

Le rôle de Jacques Molai, dans *les Templiers* (4), qu'il créa quelques années après, ajouta encore à sa réputation.

Sous le régime de la Terreur, Saint-Prix partagea la persécution qui s'étoit attachée aux comédiens françois. Un motif le signaloit peut-être plus particulièrement que tout autre à la vindicte révolutionnaire. Après le retour de Varennes, toute communication avoit été interdite entre le Roi & la Reine, retenus captifs, pour ainsi dire, dans le château des Tuileries. Leurs appartements étoient séparés par un long couloir, occupé jour & nuit par une sentinelle dont la consigne étoit

---

(3) *Histoire du Théâtre-François pendant la Révolution*, par Etienne & Martainville.

(4) Tragédie de Raynouard, représentée avec un grand succès, le 14 mai 1805.

des plus sévères. « En sa qualité de soldat-citoyen, Saint-Prix se faisoit assigner ce poste, aussi souvent qu'il le pouvoit sans courir le risque d'éveiller les soupçons ; &, non-seulement, il facilitoit l'entrevue des augustes prisonniers, mais encore, pendant toute sa durée, il faisoit le guet, afin d'éviter les surprises. » (5).

Après une captivité de treize mois, qu'il supporta avec résignation, & pendant laquelle il s'employa activement à relever le courage moral de ses co-détenus, autant par ses discours que par son exemple, il recouvra la liberté. Il ne rentra pas immédiatement au théâtre, & exerça pendant quelque temps l'industrie de marchand de bois de chauffage. N'ayant pas réussi dans cette entreprise, il se joignit alors à ceux de ses camarades qui s'étoient réunis au théâtre Feydeau ; mais la mésintelligence, qui ne tarda pas à s'introduire entre les acteurs de la tragédie & ceux de la comédie, amena une séparation. Saint-Prix suivit Mlle de Raucourt, dont il partagea les fortunes diverses tant à Louvois qu'à l'Odéon. Enfin, des jours plus calmes parurent devoir succéder aux moments d'épreuves réservés jusqu'alors à ces malheureux débris, restes d'une institution si long-temps prospère ; & cependant, ce ne fut pas de prime-abord que l'acteur dont nous nous occupons se vit compris dans le projet de réunion générale. Il ne dut sa réintégration qu'au premier Consul qui, ayant or-

---

(5) « *Le Théâtre-François, ses monuments, ses dépendances,* » par Charles Maurice. Paris, 1859 & 1860, in-8°.

donné la fufion des trois troupes & ne trouvant pas le nom de Saint-Prix fur la lifte qui lui étoit foumife, s'en étonna. « Et Caïn? Et Caïn? » dit-il avec vivacité, faifant allufion au rôle qu'il lui avoit vu remplir dans *la Mort d'Abel*. C'eft grâce à cette infiftance que Saint-Prix dut de prendre place fur le tableau, où, foit par inadvertance, foit à deffein, on avoit d'abord omis de le faire figurer.

Ce tragédien changea alors d'emploi & prit celui des *Rois* auquel fe prêtoient fi bien fa preftance pleine de dignité, quoique un peu académique, fa belle tête & fa voix tonnante, plutôt faite pour le commandement que pour l'expreffion des fentiments tendres & chevalerefques. Tout ce qui manquoit à Monvel, fous le rapport des qualités phyfiques, Saint-Prix le poffédoit à un degré éminent : il avoit un débit fage & grave, une diction jufte, le gefte fobre & majeftueux. Mais on lui reprochoit, non fans raifon, de trop ménager fon action, & de tomber parfois dans l'uniformité & la monotonie. Vers la fin de fa carrière, fa déclamation étoit devenue molle & traînante, & il fembloit fe complaire, outre mefure, à faire valoir le rhythme des vers & le mérite des détails.

Il avoit été nommé profeffeur au Confervatoire, en 1810, & il conferva ces fonctions jufqu'au 1er janvier 1828.

Saint-Prix quitta la fcène en 1818, malgré les inftances fort vives qui furent faites auprès de lui pour l'engager à prolonger fes fervices. Depuis plufieurs années, il avoit contracté un mariage avantageux avec la veuve d'un chimiste distingué. Sa position de fortune étoit des plus convenables, & c'est à cette cause, sans doute, qu'il faut attribuer le refus qu'il fit d'user du droit que lui donnoient les règlements d'avoir une re-présentation à son bénéfice.

Entouré d'amis de son choix, Saint-Prix passa dans un doux loisir, au sein de sa famille, les dix-sept années qui s'écoulèrent entre sa retraite & sa mort, arrivée le 28 octobre 1834.

Rôles créés par Saint-Prix.

1782	Pyrrhus	*Philoctète*, de La Harpe.
1783	Cornouailles . . .	*Le Roi Léar*, de Ducis.
1784	Tullus	*Coriolan*, de La Harpe.
1785	Phocas.	*Démétrius*, de Baudouin aîné.
«	Hyrsal	*Céramis*, de Lemierre.
1786	Soliman.	*Azémire*, de Chénier.
1788	Lancelot	*Lanval & Viviane*, d'A. Murville.
1790	Macbeth	*Macbeth*, de Ducis.
1791	Rienzi	*Rienzi*, de Laignelot.
«	Le Cimbre. . . .	*Marius à Minturnes*, d'Arnault.
«	Caïn.	*La Mort d'Abel*, de Legouvé.
«	Washington . . .	*Washington*, de B. de Sauvigny.
1792	J. Brutus.	*Lucrèce*, d'Arnault.
1793	Nomophage . . .	*L'Ami des Lois*, de Laya.

1795	uintus Capitolinus	Q. Cincinnatus, d'Arnault.
«	Paufanias	Paufanias, de Trouvé.
1797	Verfeuil	Verfeuil & St-Elmont, de Ségur jeune.
«	Quirini	Laurence & Orzano, de Legouvé.
«	Antonin	Géta, de Pétitot.
«	Sophocle	Sophocle & Ariftophane, de Favié & Jolly.
«	Pharnace	Fernandez, de Luce de Lancival.
1798	Narès	Thémiftocle, de Larnac.
«	Périandre	Périandre, de Luce de Lancival.
1799	Pazzi	Laurent de Médicis, de Petitot.
«	Burrhus	Une Journée de Néron, de Laya.
1801	Almanzor	Alhamar, de *** (Ducis).
1802	D'Athol	Edouard en Ecoffe, d'Al. Duval.
«	Don Pèdre	Le Roi & le Laboureur, d'Arnault.
1803	Onuphre	La Mort du Taffe, de Cécile.
1804	Agamemnon	Polixène, d'Aignan.
«	Aftyage	Cyrus, de Chénier.
1805	Jacques Molay	Les Templiers, de Raynouard.
«	Calchas	Aftyanax, d'Halma.
1806	Un Grenadier	Les François dans le Tyrol, de Bouilly.
«	Séleucus	Antiochus-Epiphanes, de *** (Le Chevalier).
«	Sénèque	Octavie, de *** (Souriguières).
1807	Phanès	Pyrrhus, de Le Hoc.
«	Du Guefclin	La Mort de Du Guefclin, de *** (Dorvo).
1808	Artaban	Artaxerce, de Delrieu.
1809	Polydamas	Hector, de Luce de Lancival.
1810	Clodomir	Brunehaut, d'Aignan.
1811	Eurybate	Annibal, de De Normandie.
1814	Buffy le Clerc	Les Etats de Blois, de Raynouard.
1815	Northumberland	Jane Gray, de *** (Brifaut).
1816	Rutland	Arthur de Bretagne, d'Aignan.
«	Theudéric	Charlemagne, de N. Lemercier.
1817	Pifon	Germanicus, d'Arnault.
«	Phocion	Phocion, de Royou.

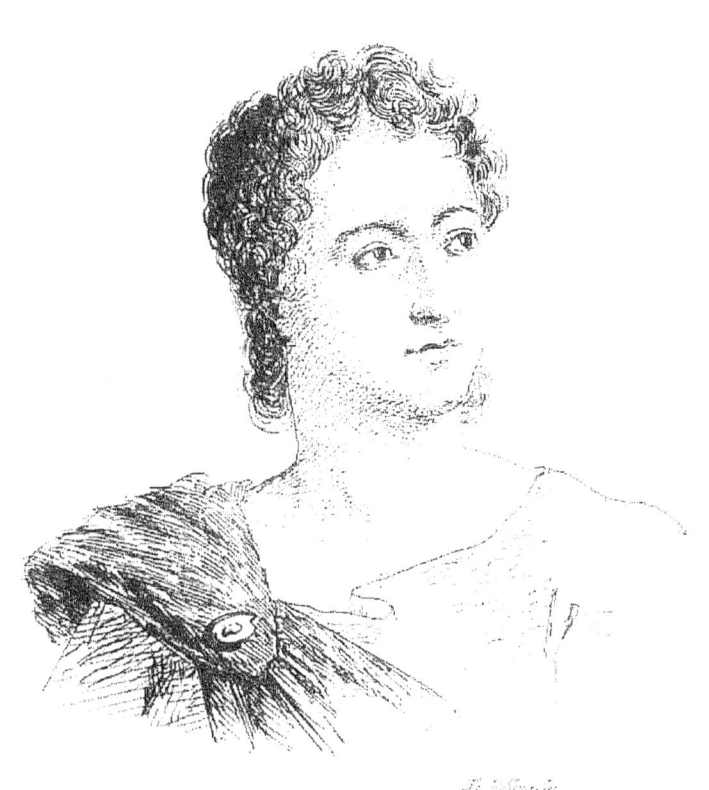

SAINT-FAL
Comédie-française
1782 - 1824

ÉTIENNE MEYNIER

dit SAINT-FAL

1782 — 1824

SAINT-FAL naquit à Paris le 10 juin 1782, dans la rue Saint-Séverin, où fa mère tenoit un modefte hôtel garni, tandis que fon père faifoit le commerce de chevaux. Comme fes parents étoient chargés d'une nombreufe famille, le petit Etienne fut placé de très-bonne heure chez un perruquier-barbier du voifinage, afin de lui faire apprendre

---

Extrait des regiftres de la paroiffe Saint-Severin : « Du douze juin mil fept cent cinquante & deux, a été baptifé Etienne, né d'avant-hier, fils de Jacques-Joseph Meynier, marchand de chevaux, & de Marie-Louise Marchand, fon époufe, de cette paroiffe, y demeurant. »

le métier, fort lucratif alors, de la poudre & du catogan. Dans les rares intervalles que lui laiſſoient la ſavonnette & la houppe, l'apprenti perruquier, dont toute la ſcience ſe bornoit à ſavoir lire à peu près couramment, recherchoit avec empreſſement la lecture des pièces de comédie, à l'achat deſquelles il conſacroit ſes modeſtes bénéfices. Cependant, ſa jeune imagination travailloit, & le goût du théâtre ſe développoit inſenſiblement chez lui avec l'âge. Enfin, il fit ce que pluſieurs avoient déjà fait avant lui : ce que beaucoup d'autres ont fait depuis; il s'affilia à une troupe de comédiens-amateurs. Mais bientôt le cadre rétréci d'une ſcène bourgeoiſe ne ſuffit plus à ſon ambition naiſſante, &, jetant un beau matin à la borne le plat à barbe, comme Figaro, & ſans s'inquiéter du mécontentement paternel, il courut s'engager dans la troupe de la Montanſier, à Verſailles. Il ne fit toutefois là qu'une étape de quelques mois, & ſe rendit en Hollande à des conditions plus avantageuſes. Après trois années de ſéjour dans ce pays, & des pérégrinations au théâtre de Lyon, où nous le trouvons en 1781, & enſuite à Bruxelles, un ordre de début appela Saint-Fal à la Comédie-Françoiſe, pour s'y eſſayer dans les ſeconds rôles tragiques & comiques. Il y parut pour la première fois, le 8 juillet 1782, dans le rôle de Gaſton, de la tragédie de *Gaſton & Bayard*. Il joua ſucceſſivement ceux de Damis, dans la *Métromanie;* du marquis, dans le *Français à Londres;* de Clarendon, dans *Eugénie;* de *Polyeucte;* du marquis, dans *Turcaret;* de Séide, dans

Mahomet; de d'Etieulette, dans la *Gageure imprévue*; d'Hippolyte, dans *Phèdre*; de Lindor, dans *Heureusement*, & il termina ses débuts par les rôles d'Egiste, dans *Mérope*, & d'Ariste, dans le *Procureur arbitre*. Sans avoir produit une grande sensation, le nouveau venu fut assez goûté pour que son admission à l'essai n'éprouvât pas de difficulté. Il accomplit un noviciat de deux ans, au bout desquels la Comédie le reçut au nombre de ses sociétaires, le 25 mars 1784.

Saint-Fal n'avoit encore eu que de rares occasions de se faire remarquer, lorsque survinrent les jours néfastes du Théâtre-François. On sait quelles pénibles épreuves cette institution eut à traverser. Saint-Fal, bien qu'un des derniers venus, ne fut pas un des moins maltraités, & il partagea le sort de la plupart de ses camarades. Rendu à la liberté après une détention de plusieurs mois, il s'enrôla dans la troupe formée par les soins de Mlle de Raucourt, & qui exploitoit la salle Louvois. Comme il ne rencontroit plus sur ce nouveau terrain le voisinage redoutable des Molé & des Fleury, considération qui, sans doute, n'avoit pas été étrangère à l'engagement contracté sur cette scène, il se montra plus fréquemment & avec plus d'avantage dans les rôles de *jeunes premiers*, qu'il tint alors en chef. A la fermeture de cette salle, il resta fidèle à la mauvaise fortune de la directrice, & la suivit à l'ancien local de la Comédie-Françoise, devenue depuis l'*Odéon*. Le drame de *Misanthropie & Repentir*, qui y fut représenté le 27 décembre 1798 (1), eut la chance d'amener la foule &, qui mieux est, de la retenir. Cette vogue fut due, en grande partie, au jeu pathétique de Saint-Fal dans le rôle de Meinau. Toutefois, ce succès ne suffit pas pour assurer la prospérité de l'entreprise, dont la chute suivit de bien près celle du *Théâtre de la République*. Sageret lui-même avoit succombé à Feydeau, & les malheureux comédiens françois, se trouvant de nouveau sans asile, dénués des moyens d'exercer leur état, auroient été réduits à se disperser, sans le projet de conciliation que le zèle du ministre de l'intérieur, François de Neufchâteau, présenta à leur acceptation. Elle n'étoit pas douteuse, dans la position précaire où ils se trouvoient. Saint-Fal fut admis, avec la plupart des membres de l'ancienne Comédie, à faire partie de la nouvelle Société ainsi reconstituée.

Depuis ce jour jusqu'à celui de sa retraite, ce comédien, entièrement dévoué à sa profession, se montra infatigable. Il étoit très-apprécié des auteurs, dont il écoutoit les avis avec déférence, sans se dépouiller néanmoins du droit d'émettre au besoin ceux que lui

---

(1) L'original de ce drame, qui est imité de l'allemand, est de Kotzebüe, & la traduction françoise, d'un comédien du théâtre de Bruxelles, nommé *Burfay*. Mme Molé d'Allainville, actrice du même théâtre, jouoit dans cette pièce, dont le succès lui suggéra l'idée d'acheter à son camarade la propriété du manuscrit. Devenue propriétaire de cette traduction, elle y introduisit quelques changements, & la fit plus tard représenter à Paris sous son nom, désormais attaché à cette pièce. *Sic vos non vobis.*

dictoit son expérience de la scène. Faisant preuve d'un talent estimable dans plusieurs genres, sans se montrer supérieur dans aucun, il resta fort au-dessous de Molé, dont il recueillit l'héritage comique, & le public put alors juger de la distance infinie qui les séparoit. Dans un seul des rôles nombreux auxquels ce comédien avoit attaché le cachet d'une perfection désespérante, celui de Dubriage, du *Vieux Célibataire*, Saint-Fal eut le bonheur d'approcher de très-près son modèle. La bonhomie touchante & la sensibilité naïve dont il donna la preuve lui fit faire un grand pas dans l'estime des connoisseurs.

Saint-Fal étoit d'une taille avantageuse; les traits de son visage, agréables dans sa jeunesse, avoient conservé dans un âge plus avancé une expression de douceur & de bonté qui prévenoit favorablement. Toutefois, il manquoit d'aisance à la scène, & ce défaut ne s'atténua pas avec le temps. Sa voix, naturellement rude, le paroissoit encore davantage, grâce à un système de déclamation gutturale qu'il s'étoit formé & qui ne laissoit pas d'affecter péniblement les oreilles de ses auditeurs. Tant qu'il joua la tragédie, son débit accusa une trop grande recherche des transitions, défaut qui disparoissoit, il est vrai, dans les scènes dialoguées simplement. Lorsqu'il ne se croyoit point obligé d'enfler le volume de sa voix, il en nuançoit l'expression avec assez de bonheur. En résumé, cet acteur n'étoit pas dépourvu d'âme : il avoit le jugement droit, & s'il n'a pas dépendu de lui de s'élever au sublime de l'art, il en a, du moins, pratiqué avec habileté les ressources connues. Il entendoit bien le pathétique, & sa manière de dire la comédie étoit pleine de justesse & de vérité.

Nous mentionnerons au nombre des rôles qu'il a établis avec succès, indépendamment de celui de Meinau, cité plus haut, ceux d'André dans *l'Honnête Criminel;* du comte de Comminges, dans la pièce de ce nom ; de Laroche, dans *Médiocre & Rampant ;* de Florval, dans *l'Homme sans Façon ;* de La Fontaine, dans *Molière & ses Amis*. Dans la dernière période de sa vie, il avoit pris l'emploi des *pères nobles*.

La représentation de retraite de Saint-Fal eut lieu le 27 décembre 1821. Elle se composoit de la première représentatation de *Sylla ;* de *La Fontaine chez ses Amis,* & des *Voitures versées,* opéra-comique. Cependant, ce doyen de la Comédie-Françoise ne se retira définitivement que trois ans plus tard, le 1er avril 1824, avec la double pension qu'il tenoit de la Comédie & du Roi, pour ses longs & utiles services. Il vécut encore onze ans dans la retraite, & s'éteignit doucement, à l'âge de 83 ans, le 22 novembre 1835, à Paris.

Saint-Fal n'a pas été le seul de sa famille qui se soit adonné à la culture des beaux-arts. Sans compter une de ses filles, très-belle personne, dont les débuts sur la scène françoise, en octobre 1816, furent, il est vrai, médiocrement accueillis & n'eurent pas de suite, un de ses frères, Charles Meynier, membre de l'Institut, a été un de nos peintres d'histoire les plus distingués.

Rôles créés par Saint-Fal.

1783	Lincourt	*Les Marins*, de Desforges.
«	Lauzun.	*Le Bienfait anonyme*, de Pilhes.
«	Akébare	*Les Brames*, de La Harpe.
1784	Gerfeuil.	*La Fauſſe Coquette*, de Vigée.
«	Malcom.	*Macbeth*, de Ducis.
«	Flavicourt.	*L'Avare cru Bienfaiſant*, de Dubuiſſon.
1785	Nangès.	*Abdir*, de Sauvigny.
«	Florville.	*Les Epreuves*, de Forgeot.
«	Perſée	*Demétrius*, de Beaudouin.
«	Zéangir	*Roxelane & Muſtapha*, de Maiſonneuve.
1786	Linval	*La Phyſicienne*, de La Montagne.
«	Icilius	*Virginie*, de La Harpe.
«	François Iᵉʳ. . . .	*Les Amours de Bayard*, de Monvel.
«	Turenne	*Azémire*, de Chénier.
1787	Hyllus	*Hercule au mont OEta*, de Lefèvre.
«	Dorſini.	*L'Ecole des Pères*, de Pieyre.
«	Floricourt	*Les Amis à l'Epreuve*, du même.
«	Hémon.	*Antigone*, de *** (Doigny du Ponceau).
«	Belmon.	*Le Prix académique*, de Pariſeau.
«	Agathocle	*Auguſta*, de Fabre d'Eglantine.
«	Floricourt.	*Roſaline & Floricourt*, de S*** (Ségur).
«	La Thorillière . .	*La Maiſon de Molière*, de *** (La Reynières).
1788	Belfort.	*L'Optimiſte*, de Collin-Harleville.
«	Le Chevalier. . .	*La Jeune Epouſe*, de Cubières.
«	Darmant.	*La Belle-Mère*, de Vigée.
«	Lanval	*Lanval & Viviane*, d'A. Murville.
1789	Le Cardinal. . . .	*Charles IX*, de Chénier.
1790	Epiménide	*Le Réveil d'Epiménide*, de Flins.
«	André	*L'Honnête Criminel*, de Fenouillot de Falbaire.

1790	Darleville.	*Les Dangers de l'Opinion*, de Laya.
«	Comminges. . . .	*Le Comte de Comminges*, d'Arnaud-Bacular.
«	Stautembourg. . .	*Barnevelt*, de Lemierre.
1791	Lavaiffe	*Jean Calas*, de Laya.
«	D'Irlac	*M. de Crac*, de Collin-Harleville.
«	Renaud des Urfins	*Rienzi*, de Laignelot.
«	Le Père Louis . .	*Les Victimes cloîtrées*, de Monvel.
«	Mutius	*Marius à Minturnes*, d'Arnault.
«	Voltaire.	*L'Innocence reconnue*, de *** (Willemain).
«	Limeuil.	*Pauline*, de Mme de Fl*** (Fleurieu).
1792	Darmancé	*La Matinée d'une jolie Femme*, de Vigée.
«	Sextus	*Lucrèce*, d'Arnault.
1793	Filto	*l'Ami des Lois*, de Laya.
«	Damis	*La Vivacité à l'Epreuve*, de Vigée.
«	Nicolas.	*L'Apothéofe de Beaurepaire*, de Lefure.
«	Mylord Arthur. .	*Paméla*, de François de Neufchâteau.
1795	Verfeuil	*Le Bon Fermier*, de Ségur J^e.
«	Léonidas	*Paufanias*, de Trouvé.
«	Dorimond fils. . .	*Le Tolérant*, de Demouftier.
«	Profper.	*Les Conjectures*, de Picard.
1797	Fabrice.	*Cécile*, de Souriguières.
«	Duval.	*St-Elmont & Verfeuil*, de Ségur J^e.
«	Orzano.	*Laurence & Orzano*, de Legouvé.
«	Ariftophane. . . .	*Sophocle & Ariftophane*, de Favié & Jolly.
«	Géta.	*Géta*, de Petitot.
«	Laroche.	*Médiocre & Rampant*, de Picard.
«	Don Sanche. . . .	*Fernandez*, de Luce De Lancival.
1798	Xerxès.	*Themiftocle*, de Larnac.
«	Florval	*L'Homme fans façon*, de Léger.
«	Agathophile . . .	*Périandre*, de Luce De Lancival.
«	Meinau.	*Mifantropie & Repentir*, de Kotzebuë.
1799	Laurent	*Laurent de Médicis*, de Petitot.
«	Néron	*Une Journée de Néron*, de Laya.
«	Ducreux	*L'Envieux*, de Dorvo.
1800	Schomberg. . . .	*Montmorency*, de Carrion-Nifas.
«	Dirval	*Les Mœurs du Jour*, de Collin-Harleville.
1801	Favières.	*L'Amour & l'Intrigue*, de *** (La Martellière).
«	Blinval	*Défiance & Malice*, de Dieulafoi.

1801	Verfac	*La Maison donnée,* de *** (Al. Duval).
1802	Edouard	*Edouard en Ecoffe,* du même.
«	Blum.	*Julliette & Belcour,* de Lombard.
1803	Dormel.	*Le Veuf Amoureux,* de *** (Collin-Harleville).
1804	Harold.	*Guillaume-le-Conquérant,* de *** (Al. Duval).
«	La Fontaine. . . .	*Molière avec ses amis,* d'Andrieux.
«	Louis XIII. . . .	*Richelieu,* de N. Lemercier.
1805	Derbain	*Le Tyran domestique,* d'Al. Duval.
1806	Duclos	*L'Avocat,* de Roger.
1809	La Fontaine. . . .	*La Fontaine chez Fouquet,* de *** (Dumolard).
1810	Dupré	*Les Deux Gendres,* d'Etienne.
1811	Valmont	*Les Pères créanciers,* de Planard.
«	Dolmont	*L'Auteur & le Critique,* de *** (Sarrazin).
1812	Milman. . . . . : .	*Le Ministre anglais,* de Riboutté.
«	Orgon	*Mascarille,* de *** (Ch-Maurice Defcombes).
«	Charles	*La Lecture de Clariffe,* de *** (Roger).
1814	La Meilleraye. . .	*Fouquet,* de *** (Guy-Montagnac).
«	Cliffon	*La Rançon de Duguefclin,* de *** (Arnault).
«	Eumée	*Ulyffe,* de Lebrun.
1816	Bérenger.	*Le Mariage de Robert de France,* de Vieillard.
«	Montfort	*L'Anniverfaire,* de Théaulon & Rancé.
1821	La Fontaine. . . .	*La Fontaine chez Mme de La Sablière,* de Naudet.
1822	La Fontaine. . . .	*Le Ménage de Molière,* de Genfoul & Naudet.

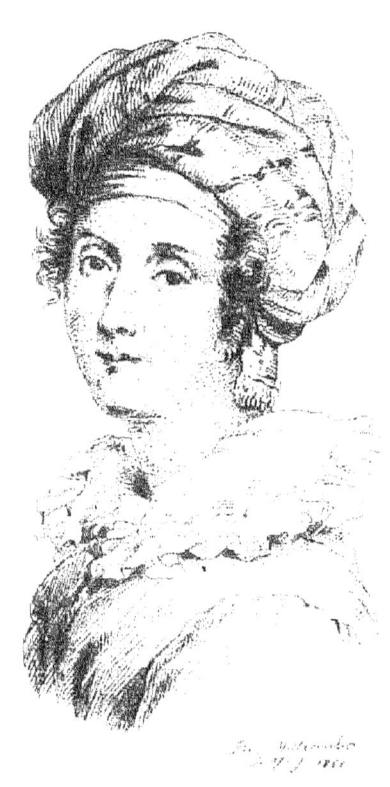

Madame Simons-Candeille
Comédie-françoise
1785 - 1795

AMÉLIE-JULIE

MADEMOISELLE CANDEILLE

1785 — 1795

JULIE CANDEILLE, fille d'un muſicien (1), fut d'abord deſtinée à la même
carrière. Elève de ſon père, elle débuta à
l'Académie-Royale de muſique, le 27 décembre 1782,

---

(1) Candeille le père, récemment attaché à l'Opéra comme coryphée, chantoit alors la baſſe-taille. Il y reſta dix-ſept ans, &, après s'en être éloigné, il y rentra, en 1810, pour remplir l'emploi de chef du chant. Il s'eſt fait connoître par diverſes œuvres muſicales qui, ſi elles ne le montrent pas comme homme de génie, lui ont du moins aſſuré un rang honorable parmi les muſiciens françois du XVIIIᵉ ſiècle. (Fétis, *Biographie des Muſiciens*.)

Extrait des regiſtre de la paroiſſe de Saint-Sulpice, à Paris : « L'an mil ſept cent ſoixante & ſept, le trente juillet, eſt née & baptiſée AMÉLIE-JULIE, fille de PIERRE-JOSEPH CANDEILLE & d'AMÉLIE-JOSEPH BRÉBART, ſon épouſe. »

dans *Iphigénie en Aulide*. Déjà, deux ans auparavant, n'étant encore âgée que de treize ans, elle avoit figuré avec avantage au Concert fpirituel.

Malgré le fuccès qu'elle obtint, & qui fut confirmé dans l'opéra d'*Atys*, de Piccini, où elle rempliffoit le rôle de Sangaride, une circonftance qui rappeloit, mais en fens inverfe, l'énigme de l'abbé Beaugénie du *Mercure galant*, lui caufa une fi grande confufion qu'elle fe refufa à pourfuivre une épreuve commencée fous de fi bruyants aufpices. Elle rentra dans la vie privée & s'adonna entièrement à la double étude de la compofition & du piano. Il y a lieu de préfumer que jamais Julie Candeille n'auroit remonté fur la fcène, fans les revers de fortune qui, enlevant à fon père & fon emploi à l'Opéra, & le fruit de fes économies, la forcèrent de revenir fur fa première réfolution. Cette fois, c'eft une autre Mufe qu'elle invoqua. Elle prit des leçons de Molé, & débuta, le lundi 19 feptembre 1785, à la Comédie-Françoife, dans Hermione de la tragédie d'*Andromaque* (2). Sa réuffite y fut des plus médiocres : elle ne fe montra pas meilleure dans Roxane

---

(2) Lors des débuts de fon élève, Molé fe plaignit amèrement du peu de cas de fes recommandations en fa faveur, quoiqu'elle eût le droit d'ancienneté fur Mlle C. Vanhove à qui la Comédie-Françoife la facrifia..... « On devoit, dit-il dans fa plainte, mieux à Molé, qui occupe une des premières places au Théâtre-François ; qui eft profeffeur de deux théâtres royaux, et qui plus que tout cela, n'afpire jamais, chers camarades, qu'à vous donner des preuves d'amitié, d'attachement tendre & véritable. »

(Colleûion d'autographes, cart. Charavay, 1855.)

& dans Aménaïde, qu'elle joua enfuite. Quoique fa taille offrît les plus belles proportions, cette jeune actrice manquoit d'expreffion tragique; elle étoit blonde; fes yeux étoient petits, & fes traits fins & délicats fe prêtoient difficilement à peindre les émotions tragiques. On lui reprochoit, en outre, de n'être pas toujours à la fcène, & d'adreffer quelquefois aux fpectateurs ce qu'elle n'auroit dû dire qu'à fon interlocuteur. Néanmoins, elle fut admife fur l'ordre du roi Louis XVI, devant qui elle avoit joué à la Cour le rôle d'Ariane, & qui, fatisfait de fon jeu, dit à l'iffue de la pièce : « Cette jeune perfonne eft charmante : .... fi elle « n'eft pas reçue, je la reçois. » Le baron de Breteuil, qui lui portoit intérêt, lui fit attribuer un quart de part.

Mlle Candeille, qui fe fentoit peu de vocation pour la tragédie, y renonça, afin de fe confacrer tout-à-fait à la comédie, qui lui étoit moins défavorable. Mais elle eut alors à lutter contre tant d'obftacles & de fourdes menées, que, trouvant peu d'occafions d'exercer fon zèle, parce qu'on fe donnoit bien de garde de les lui fournir, & qu'on ne la laiffoit aborder que les mauvais rôles, elle fe laffa, après fix années d'ennuis, de cette pofition fecondaire. Cédant aux confeils intéreffés de Monvel, elle quitta la Comédie-Françoife pour le théâtre du Palais-Royal, qui, trois ans plus tard, devenu celui de la *République*, alloit élever autel contre autel.

Elle y parut avec avantage dans les pièces de Marivaux, où, n'étant pas douée d'une senfibilité bien profonde, elle fut convenable dans les rôles de *coquettes*. Elle affura le fuccès de la *Jeune Hôteffe*, œuvre fort médiocre de Flins des Oliviers, repréfentée le 24 feptembre 1791. Elle y chantoit, en s'accompagnant fur la harpe, un morceau dont elle avoit compofé la mufique. Il en fut de même de la *Belle Fermière*, dont le fuccès, prodigieux à l'origine, fe foutint pendant longtemps : ce qui ne s'explique guères aujourd'hui, à la lecture de cette pièce romanefque. Il eft vrai que l'auteur y rempliffoit le principal rôle, & qu'en l'écrivant, Mlle Candeille avoit pris foin d'y raffembler tous les éléments les plus propres à la faire briller. « On l'appeloit à chaque inftant *la belle Catherine*, & jamais fans que le parterre galant ne fanctionnât l'épithète. » Elle réuffit également dans les rôles principaux des *Ménechmes*, de Cailhava ; du *Prodigue par bienfaifance*, & de *l'Amour & la Raifon*.

Toutefois, comme à tout prendre, cette actrice ne poffédoit pas un de ces talents qui font autorité, & que, malgré fon intelligence & des qualités de diction & de tenue, elle ne jouiffoit pas de l'heureux don de tranfmettre au fpectateur les fentiments qu'elle éprouvoit, cet engouement du parterre finit par dégénérer en indifférence. On ne lui tint même plus compte d'un talent alors peu commun chez les perfonnes de fon fexe, celui d'écrire pour le théâtre, & *la Bayadère*, pièce en cinq actes & en vers, repréfentée le 24 février 1795, & qui pourtant n'étoit pas dénuée d'un certain mérite, ne fut pas même entendue, fans égard pour l'auteur qui y jouoit le rôle principal (3).

Ces déboires, trop fréquemment renouvelés, la décidèrent à quitter une profeffion pour laquelle elle n'avoit jamais eu un goût bien vif. Elle abandonna auffitôt le féjour de Paris & partit pour la Belgique & la Hollande, qu'elle parcourut en y donnant des concerts.

Mlle Candeille avoit époufé fecrètement, le 8 novembre 1794, un homme plus jeune qu'elle, dont elle ne porta jamais le nom, qui eft refté un myftère pendant toute fon exiftence (4). Cette union, qui ne fut pas heureufe, avoit été rompue par le divorce, le 13 décembre 1797.

L'année fuivante, elle fe remaria, le 11 février, à un riche caroffier de Bruxelles, nommé Jean Simons, qui, venu à Paris pour s'oppofer au mariage de fon fils avec Mlle Lange, vit la belle Candeille, s'éprit de fes charmes, & n'eut plus qu'une penfée, qu'un but, celui d'en faire fa femme.

Il étoit dans la deftinée de Julie Candeille que le

---

(3) Cet ouvrage étoit d'une grande indigence comme contexture, & avoit le tort de n'appartenir à aucun genre : fon auteur n'avoit ofé le qualifier du titre de tragédie, ni de comédie, ni de drame. Mais ce fut peut-être moins encore fa propre faibleffe qui amena fa chute, que la réaction qui commençoit à févir contre le théâtre de la *République*, fi longtemps favorifé par le parti tombé au 9 thermidor.

(4) Du 18 brumaire an III. Mariage de *Louis-Nicolas Delaroche*, officier de fanté, né à Paris le 26 juillet 1768 ; & d'*Amélie-Julie Candeille*, âgée de 27 ans, née à Paris, le 30 juillet 1767.

mariage ne lui porteroit pas bonheur. En effet, moins de quatre ans après cette union fi bizarrement contractée, le vertige s'empara de l'efprit de fon mari : fa maifon de commerce tomba en déconfiture, & une féparation volontaire devint la conféquence de cet état de chofes. Il vécut d'une penfion que lui fit fa femme, pendant la période affez longue qui s'écoula jufqu'à fa mort, arrivée feulement en avril 1821. Ce fait fuffit pour détruire le reproche d'avidité qui fut publiquement dreffé à la veuve par les héritiers Simons.

Mme Simons-Candeille, qui étoit revenue à Paris habiter auprès de fon père, tombé dans l'infortune, & pour qui fon attachement ne fe démentit jamais, donna alors des leçons de mufique & de langue françoife, dont le produit étoit deftiné à le foutenir (5). Dans fes inftants de loifir, elle voulut encore écrire pour le théâtre. Elle fit jouer, en 1807, à l'Opéra-Comique, *Ida, ou l'Orpheline de Berlin*, dont elle avoit fait le poëme & la mufique ; puis, en 1808, *la Réconciliation*, à la Comédie-Françoife. Ces deux ouvrages n'ayant point obtenu le fuccès qu'elle avoit efpéré, leur auteur renonça définitivement à la littéra-

---

(5) Dans une lettre, en date du 25 janvier 1815, adreffée au miniftre de l'intérieur, & que nous avons en notre poffeffion, Mlle Candeille, « en réclamant pour fes fervices & fes travaux une penfion qui lui a été promife par les fonds de la Chancellerie, demande inftamment la *préférence pour fon père*, s'engageant à ne rien réclamer pour elle-même que le temps n'ait rendu au gouvernement légitime, plus de moyens d'encourager les arts. Mme Simons-Candeille efpère qu'en cette confidération fon père fera traité plus favorablement.

ture dramatique, & se consacra au roman, genre qui lui réussit mieux.

Sous la Restauration, Mme Simons-Candeille afficha des sentiments très-ardents de royalisme. Vouloit-elle par là faire oublier le triste rôle qu'on l'accusoit d'avoir accepté dans les jours néfastes de la Révolution, en se prêtant à représenter *la Déesse de la Raison?* imputation contre laquelle elle n'a cessé de protester énergiquement (6) toute sa vie, & qui, du reste, n'a pas été appuyée de preuves suffisantes. Ce qui tendroit à la faire regarder comme calomnieuse, c'est que le gouvernement de Louis XVIII lui accorda le brevet d'une pension théâtrale pour elle & pour son père; peu de temps après, le Roi lui en fit une autre de deux mille francs sur sa propre cassette. Elle eut ensuite assez de crédit pour faire nommer, en 1826, un troisième mari (7) (qu'elle avoit épousé quatre ans auparavant) directeur du Musée & de l'Ecole de dessin de Nîmes, place à laquelle étoient attachés d'assez forts émoluments.

(6) Mlle Candeille déclare dans les journaux du 6 juin 1817, « que jamais elle ne s'est chargée d'aucun personnage irréligieux dans les *Saturnales de 1793*; qu'elle n'a pas même assisté, comme spectatrice à la fête du 20 novembre, & qu'elle repousse cette accusation par tous les moyens, comme d'avance sa conduite en a démenti l'injure.

(7) Hilaire-Henri Périé de Sénovert, né à Castres, en 1780; peintre assez médiocre.

« Je n'ai jamais connu Mme Candeille que dans sa laideur, dit Grille dans un de ses ouvrages : *Autographes de Savants & d'Artistes;* je veux dire, sa vieillesse prétentieuse & grimacière. Quoi! c'étoit là cette femme qui avoit passé pour si jolie, si spirituelle! Qui étoit connue de toute la Gironde, de toute la Convention! Qui fut la maîtresse adorée de Vergniaud! Je ne le pouvois croire! »

Ce dernier mariage, plus heureux pour Mme Candeille que les précédents, malgré la différence de treize années qu'elle avoit de plus que son mari, fut rompu par la mort de ce dernier, arrivée en 1833. Ce coup, qui vint la frapper lorsqu'elle jouissoit d'un repos ardemment désiré & légitimement dû à une vie aussi agitée que la sienne, lui causa une impression si douloureuse que, frappée subitement de paralysie, on fut obligé de la ramener à Paris & de la transporter dans la maison de santé du docteur Marjolin ; elle y mourut quelques mois après, le 3 février 1834, à l'âge de soixante-sept ans environ.

Rôles créés par Mlle Candeille.

1789	Mirza........	*L'Esclavage des Nègres*, d'Olympe de Gouges.
1790	Hortense.....	*L'Amour & la Raison*, de Pigault Lebrun.
«	La Comtesse...	*Les Deux Figaro*, de Martelly.
1791	Erotie.......	*Les Menechnes grecs*, de Cailhava.
«	Lucile.......	*Les Fausses Bonnes-Fortunes*, de Sédaine.
«	Caroline.....	*La Jeune Hôtesse*, de Flins des Oliviers.
1792	Catherine.....	*La Belle Fermière*, de Mlle Candeille.
«	Mme Bagnolet...	*L'Emigrante*, de Dugazon.
«	Fanny.......	*L'Obligeant maladroit*, de Fournier.
1793	Céphise......	*La Liberté des Femmes*, de *** (Brienne).
«	Bathilde......	*Bathilde*, de Mlle Candeille.
«	Suzanne.....	*La Moitié du Chemin*, de Picard.
«	Suzanne......	*La Vraie Bravoure*, du même.
1794	Julie........	*Les Contre-Révolutionnaires*, de Dorvo.
«	Claire.......	*Les Dangers de l'Ivresse*, de Pujoulx.
«	Rose........	*Rose & Picard*, de Collin-Harleville.
1795	Alméa.......	*La Bayadère*, de Mme Candeille.
«	Rose........	*Les Conjectures*, de Picard.

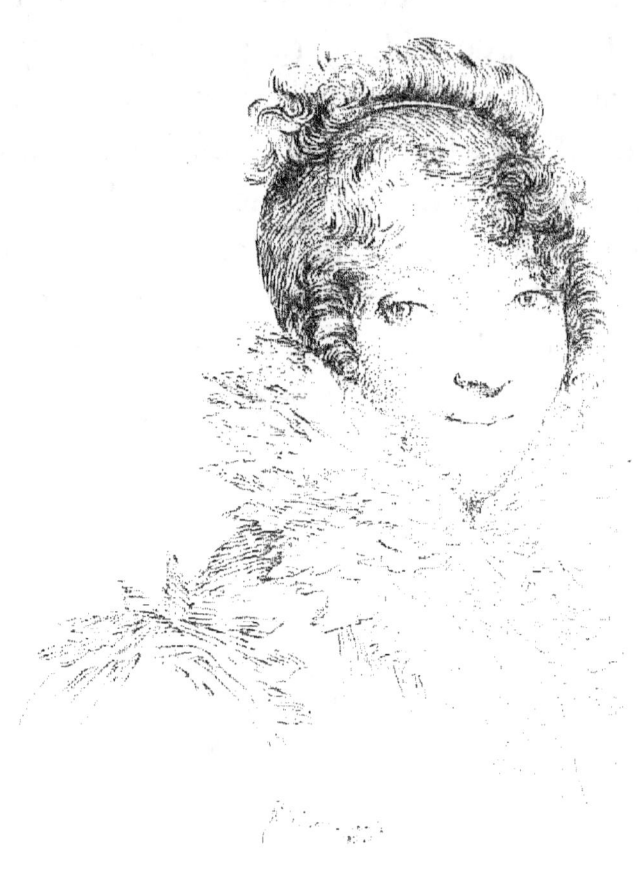

Madame Talma
Comédie-françoise
1785 - 1811

CHARLOTTE, *dite* CAROLINE VANHOVE

MADAME TALMA

1785 — 1811

NÉE à La Haye (Pays-Bas), pendant le séjour qu'y fit son père, alors acteur en cette ville, Charlotte Vanhove fut destinée au théâtre dès sa plus tendre enfance, bien qu'à l'âge de dix ans elle eût manifesté des dispositions pour le cloître, caprice enfantin que la raison fit bientôt évanouir. C'est elle-

---

Extrait des registres des baptêmes de l'église paroissiale & catholique-romaine françoise, de La Haye : « Le onze septembre mil sept cent soixante & onze, j'ai baptisé CHARLOTTE, fille d'ANDRÉE COCHE, mère de l'enfant, & de CHARLES-JOSEPH VANHOVE. Le parrain, AUGUSTE VANHOVE; la marraine, NANETTE VANDERBROOK. L'enfant est née dans la nuit du neuf au dix, à deux heures du matin. »

même qui nous apprend cette particularité (1). Les parents ne tinrent nul compte d'un défir qui n'avoit rien de férieux, & s'occupèrent activement de lui faire commencer fes études pour la profeffion à laquelle ils la deftinoient. Elle reçut des leçons de Dorival (2), acteur froid, mais aimé du public à caufe de fon excellente diction, & tira tant de fruit des confeils judicieux de ce comédien, qu'on la jugea en état de débuter à la Comédie-Françoife, avant quinze ans révolus.

Le 8 octobre 1785, elle parut donc dans le rôle d'Iphigénie, de la tragédie de Racine. Sa réuffite fut complète dès le premier foir : auffi fes débuts, favorables aux intérêts financiers de la Comédie, fe prolongèrent-ils au-delà du terme ordinaire; & pendant fix mois entiers, la jeune Vanhove joua alternativement Marianne de *l'Ecole des Mères;* Betty, de *la Jeune Indienne;* Junie, de *Britannicus;* Lucinde, de *l'Oracle;* Angélique, de *la Gouvernante;* Julie, de *la Pupille;* Aricie, de *Phèdre; Zénéide, Nanine;* Angélique, du *Bourru bienfaifant; Eugénie;* Victorine, du *Philofophe fans le favoir;* Clarice, du *Confentement forcé;* Mme de

---

(1) *Etudes fur l'Art théâtral*, par par Mme veuve Talma. Paris, H. Féret, 1836, in-8°.

(2) Jean-Louis Thierret, dit Dorival, avoit débuté le 8 juin 1776. Il quitta furtivement la Comédie-Françoife en 1791, & paffa en Amérique pour fuir fes nombreux créanciers. Rentré en France vers la fin du Confulat, il y a vécu dans la mifère & eft mort, vers 1827, à Paris, dans une maifon dépendant du paffage du Caire, dont, par fuite de fes malheurs, il étoit devenu le portier.

Sancerre, de *l'Amant bourru;* & enfin, Marianne, de *Dupuis & Desronais;* en tout quinze rôles.

Tous, à l'exception de celui de Mme de Sancerre, dont ne s'explique guères le choix, tant il convenoit peu à son extrême jeunesse, confirmèrent les espérances qu'avoit données l'intéressante débutante. Grimm, Bachaumont, le froid La Harpe lui-même s'enthousiasmèrent sur son compte, & lui prédirent le plus brillant avenir. La grâce de sa tenue, sa physionomie spirituelle, sa voix touchante, la noblesse de son geste, ne laissoient pas apercevoir l'insuffisance de sa taille. Son naturel exquis fascinoit le public dont elle ne tarda pas à devenir l'idole. On a souvent remarqué que le spectateur se passionne pour l'interprète des œuvres du génie, plus que pour l'auteur lui-même. La sympathie qu'inspire l'acteur identifié avec le personnage, sa puissance mimique, son action immédiate, sa voix pénétrante, entraînent l'auditoire & provoquent son enthousiasme. Caroline jouit longtemps de cette faveur publique, mais les talents hors ligne doivent expier leurs triomphes : les rivalités envieuses sont avides de ternir un éclat qui les obsède. Le célèbre Contat prit ombrage, non pour elle-même, il est vrai, dont la réputation de comédienne supérieure étoit trop bien assise; mais à cause de sa sœur Emilie (3) pour qui elle

---

(3) Emilie Contat, née à Paris en 1769, avoit débuté, le 5 octobre 1784, dans le petit rôle de Fanchette, du *Mariage de Figaro.* Après la mort de Mlle Jolly, elle prit possession de l'emploi des *soubrettes.* Le seul éloge mérité qu'on puisse faire de cette actrice, c'est

redoutoit, non fans raifon, les fuccès de cette dangereufe rivale. Quoique, malgré fon crédit, elle n'ait pu empêcher la réception de cette nouvelle venue, comme fociétaire, elle fit pourtant fi bien qu'elle ne prit rang fur les cadres qu'après Emilie Contat. Mais, par un revirement fingulier, auffitôt que par cette mefure l'état de fa fœur fe trouva affuré, tout fon intérêt fe reporta fur la jeune actrice à qui, dans mainte occafion, elle ne ménagea pas fes précieux confeils.

Ce feroit fe tromper groffièrement que de croire que dans fa nouvelle pofition, Mlle C. Vanhove n'ait plus eu qu'à voler de fes propres ailes.

Elle étoit loin d'avoir fini avec les mécomptes de toute efpèce & les déceptions qui lui étoient réfervées. Il lui fallut expier chèrement la renommée de fes débuts; les chefs d'emploi d'abord, les doubles enfuite femblèrent prendre à tâche de lui interdire l'accès des rôles de quelque importance, & elle dut, pendant plufieurs années, fe contenter de ceux qui étoient trop fecondaires pour qu'elle y pût porter ombrage à fes camarades.

Un moment elle efpéra que cette fituation fe modi-

---

qu'elle mettoit, dit-on, beaucoup de décence dans les propos fouvent égrillards des fuivantes de l'ancien répertoire. Menacée du même mal que celui auquel fuccomba fa fœur, Emilie Contat fe retira de la fcène, le 1er avril 1815; elle époufa un M. Amelot, de la famille de l'ancien miniftre de Louis XVI, & alla habiter une maifon que poffédoit fon mari, à Nogent-fur-Verniffon, auprès de Montargis, où elle eft morte, le 27 avril 1846, à l'âge de 77 ans, très-regrettée des pauvres, à caufe de fa bienfaifance.

fieroit : ce fut à la mort de Mlle Olivier ; on sembla alors disposé à reconnoître que C. Vanhove étoit la seule actrice propre à la remplacer. Mais Mlle Desgarcins parvint, à force d'intrigues, à la faire écarter du répertoire tragique où elle auroit pu, dès ce moment, rendre de si utiles services, & il fut décidé qu'elle devroit se borner à la comédie & au drame.

Cependant, le temps marchoit, & la jeune comédienne prenoit pied peu à peu. Mais ce n'est qu'après la retraite prématurée de la tragédienne que nous venons de citer, qu'elle put se produire de nouveau dans les rôles qu'elle avoit été forcée d'abandonner ; & bientôt, dégagée des entraves qui s'étoient opposées à son essor, elle créa avec beaucoup d'éclat les rôles d'Odéide dans *Abufar*, & surtout de Cassandre dans *Agamemnon*, dans lequel elle produisit un immense effet.

Dans le drame, elle n'obtint pas moins de succès. Déjà le rôle de Mme Michelin, de *la Jeunesse de Richelieu* (16 décembre 1796), où elle s'étoit montrée déchirante, avoit mis en évidence les ressources de son talent en ce genre ; celui de Jules, dans *l'Abbé de l'Epée* (14 décembre 1799), ajouta encore à sa réputation. Quant à la haute comédie, elle y avoit fait ses preuves depuis longtemps. Cependant, il faut dire que sa stature peu élevée laissa à désirer dans l'emploi des *grandes coquettes*.

Nous n'avons pas dit que Caroline Vanhove, peu

de temps après ſes débuts, avoit été mariée (4) à un muſicien de l'orcheſtre, nommé Petit, qui s'étoit épris d'elle. Cette union, formée à un âge auſſi tendre & ſans que le cœur y prît part, ne pouvoit être & ne fut point heureuſe : auſſi, les deux époux profitèrent-ils avec empreſſement du bénéfice de la loi du divorce. Leur ſéparation eut lieu le 26 avril 1794. Redevenue libre à vingt-trois ans, la jeune femme, entourée d'adorateurs qui ſembloient à l'envi briguer ſes bonnes grâces, n'en diſtingua qu'un ſeul, dont elle devoit plus tard porter le nom; il eſt vrai que depuis longtemps Talma & elle s'aimoient ſecrètement. La ſympathie du talent les avoit rapprochés. Si jamais alliance ſe trouva juſtifiée par la jeuneſſe, la renommée, par un amour réciproque, & dut promettre le bonheur, ce fut bien celle-ci! Et cependant ce bonheur ne ſe réaliſa pas. Le Roſcius françois avoit l'imagination trop mobile, pour goûter les douceurs du lien conjugal; &, « pourſuivi, provoqué par les femmes du plus haut monde, il voulut jouer, hors des planches, le triſte rôle d'homme à bonnes fortunes, ſi peu compatible avec la paix domeſtique » (5).

A la retraite de Louiſe Contat, Mme Talma put agrandir le cercle de ſes rôles, & ajouter un nouvel éclat à celui dont elle brilloit déjà. Douée d'une intelligence ſupérieure, joignant à la figure la plus ex-

---

(4) 8 août 1786. — (5) *Études théâtrales*, ouvrage déjà cité.

preſſive, le geſte & le maintien, elle répandoit ſur ſon jeu un charme inexprimable.

« Mais le jour du bonheur n'a pas de lendemain ! »

Cette actrice, que le public chériſſoit, & qui réuniſſoit tant de ſympathies, fut inſenſiblement amenée, par ſuite de divers incidents qui vinrent troubler ſa vie, à prendre, elle auſſi, une retraite prématurée. De baſſes jalouſies s'agitèrent autour d'elle & lui ſuſcitèrent des ennemis qu'elle dédaigna de combattre. Un journaliſte fameux, dont la plume, toute vénale qu'elle fût, faiſoit alors autorité, non content de lui oppoſer une rivale indigne d'elle (5), la pourſuivit ſans ceſſe dans ſes feuilletons, & l'accabla de ſes odieux ſarcaſmes.

Mme Talma, fatiguée de ces attaques, demanda & obtint ſa retraite.

Une autre cauſe, moins connue dans le public, influa également ſur ſa détermination. Cette actrice avoit depuis quelques années contracté un défaut inſupportable. Abuſant de ſa voix touchante, elle avoit fini par la rendre lamentable, à tel point qu'à Erfurth, pendant le Congrès des ſouverains, à l'iſſue d'une repréſentation tragique, l'Empereur dit à Talma : « Je ſuis content de vous ; mais votre femme me déplaît ; dites-lui de ne plus reparoître dans la tragédie. »

(5) Mlle Volnais.

6

Devant la manifeſtation de cette volonté impérieuſe, les princes de théâtre, comme tous les autres potentats, ſe courboient & ne répliquoient pas.

L'éminente actrice, accoutumée aux adulations d'un public éclairé, fut étonnée ; mais ſe ſentit fière de tomber ſous un coup lancé de ſi haut, & ſe conſola, du moins, par la certitude que ſa diſgrâce ajouteroit encore quelque éclat à ſa réputation.

On eſpéra vainement que Mme Talma reviendroit ſur ſa réſolution de renoncer à la ſcène ; elle réſiſta à toutes les inſtances, & rentra dans la vie privée, le 1er avril 1811, ſe conſacrant déſormais aux ſoins dont elle ſe plaiſoit à entourer l'homme célèbre dont elle portoit le nom.

La Comédie perdit en elle une excellente artiſte, « qui n'avoit beſoin que de paroître pour intéreſſer « tous les cœurs ; qui, modèle de décence & de ſenſi-« bilité, ſe diſtingua par une intelligence ſupérieure, « & dont la place reſtera marquée parmi les meilleures « actrices de ſon temps (6). »

La repréſentation à ſon bénéfice fut donnée plus de cinq ans après ſa retraite, le 20 juillet 1816. Elle ſe compoſa de la tragédie d'*Œdipe*, & d'une comédie en trois actes & en proſe, intitulée : *Laquelle des Trois?* dont la bénéficiaire étoit l'auteur. Contrairement à l'uſage, Mme Talma ne prit point de part active à cette repréſentation.

---

(6) *L'Opinion du Parterre*, 8e année.

Née pour les arts, cette femme supérieure, douée d'un esprit distingué, sut allier à l'étude de l'art dramatique la culture de divers talents. Elle s'adonna au dessin, à la peinture même, & aux lettres. Elle écrivit avec une ingénieuse facilité ses plus intéressants souvenirs, & composa un traité de déclamation, où les excellents préceptes qu'elle avoit si longtemps mis en pratique, sont développés d'une manière remarquable.

Estimée de tous les hommes d'élite, dont elle avoit recueilli les applaudissements, elle conserva de nombreux amis, retenus auprès d'elle par le souvenir de son talent & la bienveillance de son caractère. L'aisance dont elle jouissoit lui permit de choisir pour retraite, à l'extrémité du faubourg Saint-Germain, un agréable petit hôtel entouré de beaux & vastes jardins. C'est là qu'elle charmoit ses visiteurs, en leur redisant avec une verve inaltérable les passages de ses plus beaux rôles.

Devenue libre par le décès de Talma, quoique avancée en âge, sa veuve échangea ce nom si fameux contre celui très-obscur du comte de Chalot, ancien officier supérieur. Doué lui-même d'un excellent caractère, il contribua à charmer les derniers jours de sa spirituelle compagne. Celle-ci lui survécut de quelques années, & mourut à Paris, le 10 avril 1860, âgée d'à peu près 89 ans (7).

(7) Une sœur aînée de Mme Talma s'étoit aussi consacrée au théâtre. Après avoir, dans le dernier siècle, été attachée à l'Opéra, dans les chœurs du chant, sous le nom de Maizières, elle appartint, en 1797,

Elle fut inhumée au cimetière du Mont-Parnaſſe. Un buſte, extrêmement reſſemblant, ſurmonte ſa tombe, & ſur le ſocle qui le ſupporte, on lit les vers ſuivants, où le poète (8) ne l'a pas moins bien traitée que le ſculpteur :

<blockquote>
Eſprit ingénieux & fin,
Il brilloit dès l'aurore & n'eut point de déclin.
Dans plus d'un art, heureux modèle,
Déployant à ſon gré quelque talent nouveau,
Elle tint, tour à tour, la lyre & le pinceau.
Du feu des arts conſervant l'étincelle,
Son hiver reſſemble au printemps.
Son preſtige enchaîne le Temps.
A ſes ſuccès lui-même ouvre la route,
Et près d'elle attentif, il s'arrête & l'écoute.
</blockquote>

---

au théâtre Montanſier, où elle jouoit les rôles de duègne. En 1822, elle faiſoit les confidentes à l'Odéon, & plus tard on la vit remplir des rôles acceſſoires au théâtre de la Porte-Saint-Martin. Ce fut toujours une actrice plus que médiocre.

(8) M. de Pongerville, membre de l'Académie-Françoiſe.

Rôles créés par Madame Talma.

1787	Yole	Hercule au mont OEta, de Lefèvre.
«	Ifabelle.	La Maifon de Molière, de La *** (Reynière).
1788	Angélique.	L'Optimifte, de Collin-Harleville.
«	Mélite	La Jeune Epoufe, de Cubières.
«	Angélique.	La Belle-Mère, de Vigée.
1789	Henriette.	Les Châteaux en Espagne, de Collin-Harleville.
«	Cidalife.	Le Jaloux malgré lui, d'Imbert.
«	Augufte.	Les Deux Pages, de Dezède & *** (Manteuffell.)
1790	Joféphine.	Le Réveil d'Epiménide, de Flins.
«	Rofe	Jean Calas, de Laya.
1791	Agnès.	Le Mari Directeur, de Flins.
«	Euphémie.	Rienzi, de Laignelot.
«	Mme de Limeuil. .	Pauline, de Mme *** (de Fleurieu).
1792	Clarice.	Lovelace, de N. Lemercier.
1793	Mme de Volmar. .	La Matinée d'une jolie Femme, de Vigée.
1794	Adèle.	La Perruque blonde, de *** (Picard).
«	Rofe	Cange, de Gamas.
1795	Odéide.	Abufar, de Ducis.
1796	Malvina.	Ofcar, d'Arnault.
«	Mme Michelin . . .	La Jeuneffe de Richelieu, d'Al. Duval & Monvel.
1797	Conftance.	Le Mari jaloux, de Desforges.
«	Tullie.	Junius Brutus, de Monvel fils.
«	Caffandre.	Agamemnon, de N. Lemercier.
«	Antigone	OEdipe à Colonne, de Ducis.
«	Adèle.	Le Journalifte, de Lombard.
1798	Blanche.	Les Vénitiens, d'Arnault.
«	Ophis.	Ophis, de N. Lemercier.
1799	Mathilde	Mathilde, de Monvel.
«	Alexis.	Les Précepteurs, de Fabre d'Eglantine.

1789	Antigone	*Ethéocle & Polinice*, de Legouvé.
«	Jules	*L'Abbé de l'Epée*, de Bouilly.
1800	Camille	*Camille*, de *** (Mme de Salm).
«	La Duchesse	*Pinto*, de N. Lemercier.
«	La Reine	*Montmorency*, de Carrion-Nisas.
«	Mme de Clairville	*Le Mariage supposé*, de Lourdet & Santerre.
1801	Ozéphine	*Fœdor & Wladamir*, de *** (Ducis).
1802	Félicie	*Le Roi & le Laboureur*, d'Arnault.
«	Isule	*Isule & Orovèze*, de N. Lemercier.
1803	Siri-Brahé	*Siri-Brahé*, de Thuring.
1804	Clarence	*Shakespeare amoureux*, d'Al. Duval.
«	Catherine	*Pierre-le-Grand*, de Carrion-Nisas.
«	Anne d'Autriche	*Richelieu*, de N. Lemercier.
1805	Mme Valmont	*Le Tyran domestique*, d'Al. Duval.
«	Amélie	*Amélie Manfield*, de *** (Blin).
1806	Lady Clara	*La Jeunesse d'Henri V*, d'Al. Duval.
«	Orphise	*Les Faux Somnambules*, de ***(Révérony St-Cyr).
1807	Louise	*Les Projets d'enlèvement*, de *** (Th. Pein).
1808	Mme de Surville	*L'Homme aux convenances*, de Jouy.
«	Mme de Merfenne	*La Réconciliation*, de *** (Mlle Candeille).
1809	Mme Franval	*Le Chevalier d'industrie*, d'Al. Duval.

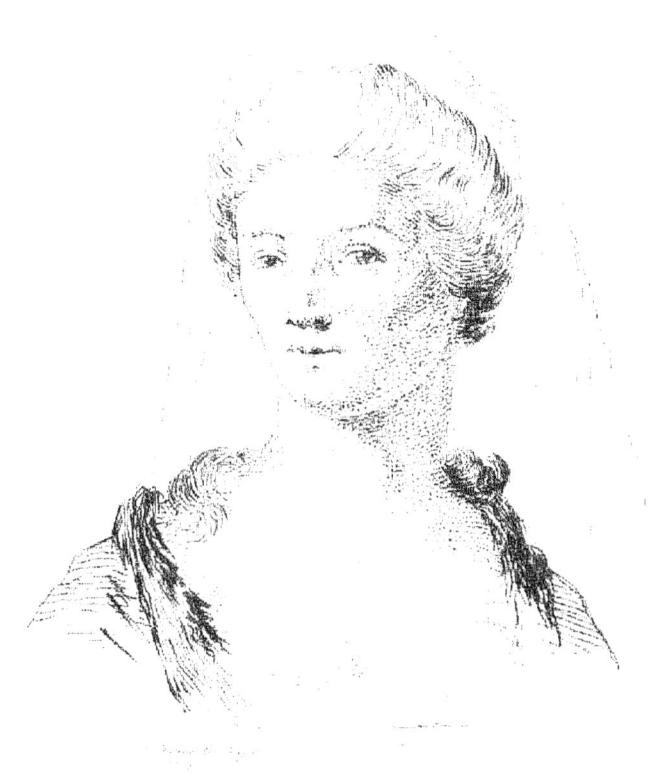

MADEMOISELLE FLEURY
Comédie-françoise
1786 – 1807

MARIE-FLORENCE NONES

dite MADEMOISELLE FLEURY

1786 — 1807

MADEMOISELLE FLEURY, qui n'eut aucun lien de parenté avec le célèbre comédien, son homonyme, étoit la fille d'un négociant d'Anvers, qui, n'ayant pas réussi dans ses entreprises commerciales, s'expatria & vint en France s'établir à Bordeaux. La fortune sembla d'abord vou-

---

Extrait des regiſtres de la paroiſſe Notre-Dame, d'Anvers *. « Décembre vingt huit, mille ſept cent ſoixante & ſix, eſt née MARIE FLORENCE, fille de LOUIS-JOSEPH NONES, âgé de vingt-deux ans, né au cap Breton, & de MARIE-ANNE BERNARD, ſa femme, âgée de vingt ans, &c. »

* L'acte eſt libellé en langue latine.

loir s'y montrer plus favorable à ses opérations; mais il est dans les affaires des chances diverses, & des circonstances fatales, dont ses efforts ne purent triompher, amenèrent sa ruine. Il fallut se créer d'autres moyens d'existence. Marie-Florence, qui, dès son enfance, avoit été instruite dans l'art du chant, songea à tirer parti de son talent, en se faisant entendre dans les concerts publics ; mais cette ressource étant insuffisante, elle s'engagea pour chanter l'opéra-comique(1) dans une troupe *roulante* (pour employer le terme usité alors).

Soit que le succès n'ait pas répondu à son attente, soit toute autre cause que nous ignorons, Mlle Fleury (elle avoit adopté ce nom d'emprunt) ne tarda pas à renoncer à ce genre, pour se consacrer désormais à la tragédie, d'après les conseils de Mlle Clairon.

Après avoir reçu, pendant quelque temps, les leçons de De La Rive, elle parut donc pour la première fois sur notre scène françoise, le 23 octobre 1786, dans le rôle d'Hypermnestre. Elle joua ensuite ceux de Zaïre, d'Andromaque, de Madame Béverley dans le drame de ce nom. La débutante fut diversement appréciée : « C'est une assez belle figure (dit Grimm,

---

(1) C'est sans doute par une réminiscence de jeunesse que, se trouvant, en 1804, en représentation à Metz, Mlle Fleury, après avoir joué *Gabrielle de Vergy*, chanta le même soir Colombine dans le *Tableau parlant* Cette singularité n'excita pas beaucoup la curiosité du public ; car le bordereau de la recette encaissée ne constata qu'un chiffre de 150 fr.

dans fa *Correfpondance*), mais peu de moyens. »
Le *Journal de Paris* s'exprime, fur fon compte, en
termes plus bienveillants : « La demoifelle Fleury
(y lit-on), qui a débuté par le rôle d'Hypermneftre,
a été très-bien accueillie en paroiffant, & juftement
applaudie dans le cours du rôle. Elle a de l'intérêt
dans la phyfionomie & dans le fon de la voix, qui fe
prête à l'expreffion de la fenfibilité, & elle dit fouvent
avec autant de grâce que d'intelligence. Soit qu'elle
ait naturellement des moyens peu fuffifants, foit que
la crainte les ait paralyfés, foit enfin qu'elle ne fache
pas encore combiner les fons de fa voix avec l'étendue
de la falle, elle a paru manquer d'énergie. Il y a eu
des moments auffi où nous aurions défiré plus d'abandon, où elle a mis plus de combinaifon que de mouvement. En général, fon talent nous a paru plus propre à la fenfibilité douce qu'aux rôles à grandes paffions. »

Un mois environ après fon premier début, Mlle Fleury
joua, le 19 novembre, le rôle de Didon, qui n'appartenoit pas à fon emploi : ce qui motiva de fa part
l'infertion d'une lettre dans ce même *Journal de
Paris* (2). Cette lettre, conçue en termes modeftes, in-

(2) « Meffieurs, je fortois d'une longue & grave maladie, lorfque je débutai par le rôle d'Hypermneftre. On parut me défirer dans le jeune emploi, plus convenable à la foibleffe actuelle de mes moyens, & c'eft pour céder au vœu du public que j'allois jouer Azéma dans *Sémiramis*. L'indifpofition d'une actrice me força de fufpendre ce projet, qui m'étoit fuggéré par la raifon autant que par ma reconnoiffance pour l'accueil encourageant que le public avoit bien voulu me faire.

téreffa le public en fa faveur, & ne fut pas inutile à fon fuccès dans le perfonnage de la Reine de Carthage. Elle rendit les moments de paffion avec plus de force qu'on n'en attendoit de fes moyens, & qu'elle ne l'avoit efpéré elle-même. Le public ne voulut pas laiffer fon zèle fans récompenfe, & la pièce finie, la rappela pour l'applaudir.

Le noviciat que fit cette actrice fe prolongea pendant cinq années, & elle ne fut reçue fociétaire qu'en 1791.

Sans avoir été une tragédienne de premier ordre, Mlle Fleury ne laiffa pas d'avoir mérité que fon nom prît place parmi ceux des artiftes dont l'utilité ne pouvoit être conteftée. Pendant plufieurs années qu'elle tint l'emploi des *grandes princeffes*, elle y fut vue avec plaifir, & fouvent même fit impreffion fur le parterre. Nous citerons les rôles de Rodogune, de Pulchérie, & notamment celui d'Eryphile, dans lequel elle déploya une énergie remarquable. Rappelons encore que lors d'une repréfentation de *Gabrielle de Vergy*, donnée le 5 juin 1803, elle produifit une fenfation tellement profonde, que la pièce ne put être achevée.

Sa diction étoit habilement calculée, fa méthode favante ; mais elle paffoit quelquefois à côté des effets qu'elle avoit le mieux préparés, parce que fes moyens

---

Permettez-moi donc, Meffieurs, de le prévenir par la voie de votre journal que fi, demain, je joue Didon, qui fait partie du grand emploi, ce n'eft pas par une orgueilleufe prétention, mais par des circonftances qu'il n'eft pas en mon pouvoir de changer. J'ai l'honneur, &c. »

ne répondoient pas toujours à ſes intentions. Son organe étoit foible, ſa voix peu accentuée, & manquoit de variété dans ſes inflexions. Ainſi, bien qu'elle fît preuve d'intelligence, de ſenſibilité & de juſteſſe dans le débit, elle n'exerça jamais d'action continue ſur la foule ; car il eſt des dons que l'art & l'étude ne ſauroient donner, & ceux-ci, Mlle Fleury ne les poſſédoit pas. Ajoutons que par malheur ſon extérieur ne rachetoit pas ces taches : il étoit aſſez diſgracieux, & ſa taille courbée lui avoit fait attribuer le ſobriquet aſſez trivial d'*accent circonflexe*. Nous trouvons à ce propos, dans les *Souvenirs d'un ſexagénaire* de V. Arnault, une anecdote aſſez gaie : « Il étoit queſtion (dit-il) de reprendre la *Mort d'Abel*, où cette tragédienne avoit, à l'origine, établi avec ſuccès le rôle de Méhala (3). Elle ſe refuſoit pourtant à y reparoître. Un ſoir, comme je traverſois la ſcène déjà vide & à peine éclairée, j'entendis un homme qui preſſoit aſſez vivement une dame de ſe montrer complaiſante : inſtance que la dame repouſſoit aſſez brutalement. — Non, Monſieur, non, cela n'eſt pas poſſible ! diſoit-elle d'un ton décidé.

« Reconnoiſſant la voix de Mlle Fleury, qui me ſembloit un peu ſortie de ſes habitudes, & croyant deviner de quoi il s'agiſſoit, je me retirois à petits pas & ſans bruit. — Venez, s'écria Mlle Fleury ; venez & protégez-moi contre M. Legouvé qui me tourmente ; c'eſt à n'y pas tenir. — Mais, Mademoiſelle, un acte

---

(3) Arnault ſe trompe ici : c'eſt le rôle de Thirza, & non celui de Méhala, que joua Mlle Fleury.

de complaifance vous coûte-t-il donc tant aujourd'hui? — Savez-vous ce qu'il exige de moi? — Je le préfume. — Voyez fi je puis le lui accorder. Voyez, Monfieur, je m'en rapporte à votre décifion. — Permettez-moi de me retirer. — M. Legouvé veut que je reprenne le rôle de Méhala. — Ce n'eft que cela? Pourquoi vous y refufer? Vous y montrez tant de talent. — Soit! mais j'y montre auffi mes jambes & mes genoux. — Ainfi le veut le coftume du rôle. — Je ne fuis pas bégueule, on le fait; mais, je vous le demande, une femme peut-elle aimer à montrer fes jambes & fes genoux quand ils font tournés comme ceux-ci? — Je fuis forcé d'en convenir, & ce n'eft pas par galanterie, dis-je à Legouvé. Mais il faut fe rendre à l'évidence : Mademoifelle a raifon »

La *Mort d'Abel* ne fut pas reprife.

Ceci fe paffoit vers 1800, & Mlle Fleury, jeune encore à cette époque, voyoit fa fanté déjà délabrée & fe confumoit, afin d'accomplir fa tâche, en efforts auxquels le public ne rendoit pas conftamment juftice. Comme on la favoit jaloufe à l'excès de fes compagnes, & peu bienveillante dans les critiques qu'elle ne leur épargnoit pas, & dont, plus que tout autre, elle eût dû prudemment s'abftenir, elle rencontroit en général auffi peu de fympathie chez fes camarades que chez les hommes de lettres.

Après vingt années d'exercice, cette actrice fe décida, au commencement de 1807, à prendre fa retraite. Elle parut pour la dernière fois fur la fcène dans le rôle de Pulchérie, un de ceux où, comme nous l'avons dit plus haut, elle étoit le mieux placée.

Nous ne dirons pas qu'elle laiſſa après elle des regrets bien vifs ; mais elle avoit vu luire encore pendant ſon ſéjour au théâtre quelques rayons du ſoleil des beaux jours de l'ancienne comédie, dont elle avoit conſervé le reflet, qu'elle emporta dans la retraite.

La repréſentation à bénéfice à laquelle elle avoit droit n'eut lieu que deux ans après, le 1ᵉʳ mai 1809. Elle ſe compoſa de deux ouvrages du répertoire, le *Comte de Warwick* & les *Deux Pages*, & attira une affluence confidérable, due plutôt aux noms des artiſtes qui concoururent à cette ſolennité, qu'aux ſouvenirs laiſſés par la bénéficiaire.

Elle s'étoit mariée, le 14 mai 1794, à un officier de ſanté (4) qui, plus tard, ayant acquis une propriété à Orly, village des environs de Paris, alla y fixer ſa réſidence & devint, en 1805, maire de la commune. Mˡˡᵉ Fleury, devenue Mᵐᵉ Chevetel, y eſt morte, le 23 février 1818, à l'âge de cinquante-deux ans.

---

(4) Du 25 floréal an II (14 mai 1794). Acte de mariage de Valentin-Magloire Chevetel, né à Bafanges (Ile-&-Vilaine), le 30 octobre 1758, & Marie-Anne*-Florence Nones, &c.

* C'eſt à tort que le prénom d'*Anne* figure dans cet acte; puiſqu'il n'eſt pas dans l'acte de naiſſance tranſcrit en tête de cette notice.

Rôles créés par Mlle Fleury

1787	Déjanire	*Hercule au mont OEta*, de Lefèvre
1788	Atalante	*Méléagre*, de N. Lemercier.
«	Zulma.	*Odmar & Zulma*, de Maisonneuve.
«	Zarine	*Alphée & Zarine*, de *** (Fallet).
1789	Marie	*Marie de Brabant*, d'Imbert.
«	La C{sup}ʳᵉ{/sup} de Boulogne	*Raimond V*, de ***. (Sédaine).
1792	Thirza	*La Mort d'Abel*, de Legouvé.
1797	Léonor	*Fernandez*, de Luce de Lancival.
«	Camille	*Laurent de Médicis*, de Petitot.
1798	Aspasie.	*Thémistocle*, de Larnac.
1780	La Duchesse . . .	*Montmorency*, de Carrion-Nisas.
1802	Elgévise	*Guillaume-le-Conquérant*, d'Al. Duval.
1803	Eléonore.	*La Mort du Tasse*, de Cécile.

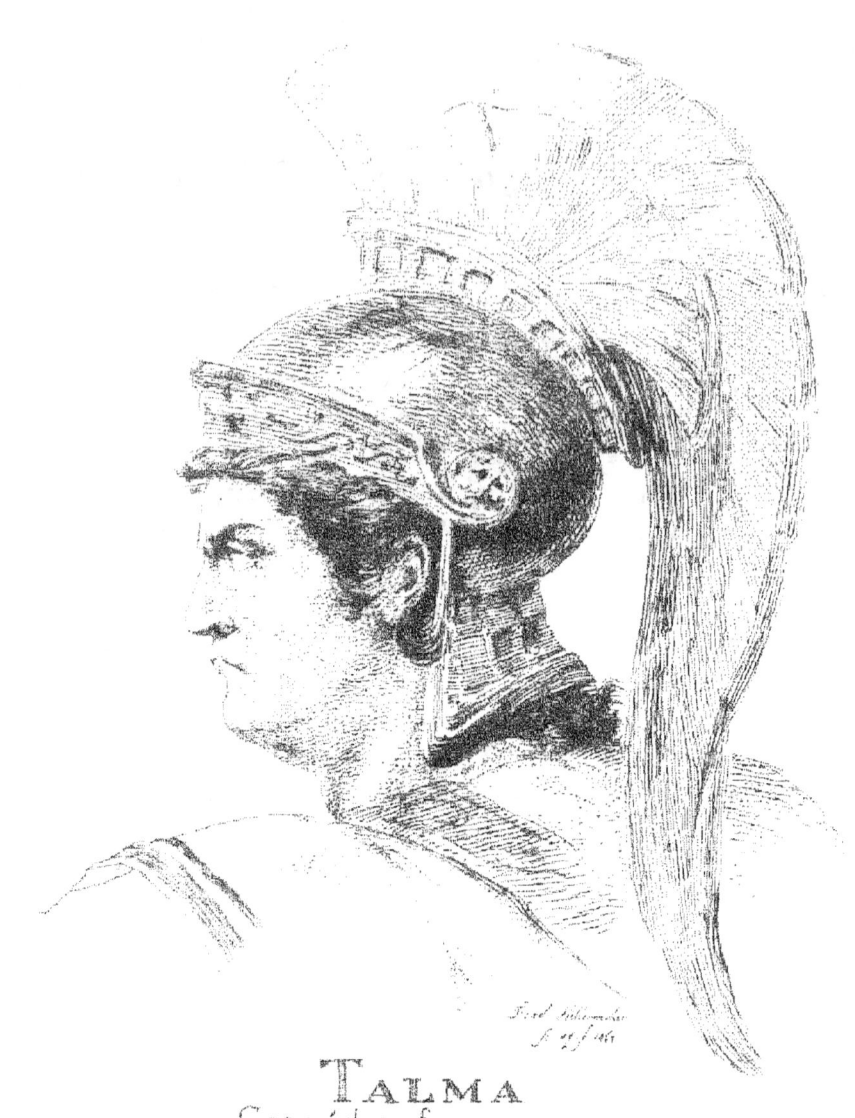

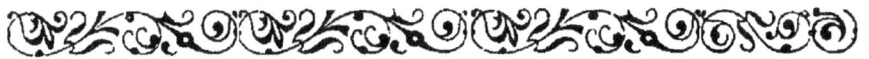

FRANÇOIS-JOSEPH

TALMA

1787 — 1826

E 15 janvier de l'année 1763, venoit au monde un enfant qui étoit deftiné à devenir un jour le fuccefleur, finon l'égal de Lekain : c'étoit François-Jofeph Talma. Iffu de parents placés dans une condition plus que modefte (1), fa première

---

(1) Le père de Talma étoit né à Poix, arrondiffement d'Avefnes, département du Nord. Il vint chercher fortune à Paris, où il fe plaça chez un Anglois, comme homme de confiance. Il fe maria, en 1762, fur la paroiffe Saint-Nicolas-des-Champs, à une fille de la Lorraine, nommée Anne Mignolet.

Extrait des actes de la paroiffe St-Nicolas-des-Champs : « Le famedy, quinzième janvier mil fept cent foixante & trois, fut baptifé FRANÇOIS-JOSEPH, né d'aujourd'hui, fils de MICHEL-FRANÇOIS-JOSEPH TALMA, homme de confiance, & d'ANNE MIGNOLET, fon époufe, demeurant rue des Ménétriers. »

éducation fe borna aux éléments de la lecture & de l'écriture. Par un rapprochement affez fingulier du hasard, il eut pour camarade d'école un enfant qui, dans un genre fecondaire, devoit plus tard rendre populaire le nom de Brunet (2).

Son père, qui fe fentoit fait pour quelque chofe de mieux que l'humble condition où le fort l'avoit jufques là relégué, s'étoit livré avec ardeur à l'étude de l'art du dentifte. Le riche Anglois, au fervice duquel il étoit attaché, étant retourné dans fon pays, il l'y fuivit, & c'eft alors que grâce à l'appui qu'il en reçut, il put arriver à s'établir. Ses efforts & fa perféverance furent couronnés de fuccès, &, dès la feconde année de fon inftallation, il fit venir fon fils auprès de lui pour en être fecondé ; mais la fortune réfervoit le jeune Talma à d'autres deftinées.

Il vouloit bien, par déférence pour la volonté paternelle, être dentifte dans le cours de la journée ; mais, emporté par fon imagination ardente, qui lui préfentoit d'autres horizons, fes foirées étoient confacrées à jouer la comédie de fociété. La connoiffance qu'il avoit acquife de la langue angloife lui permettoit d'aborder les œuvres de Shakefpeare. Le bruit de fes heureux effais s'étant répandu dans le monde ariftocratique, le prince de Galles tint à juger par lui-même du

---

(2) Brunet (Jean-Jofeph Mira, dit), né à Paris le 17 novembre 1766, mort à Fontainebleau, le 21 janvier 1853. Acteur comique des plus goûtés, il fit pendant trente ans la fortune du théâtre des Variétés.

mérite du jeune amateur, & bientôt, à son exemple, une certaine affluence se porta aux représentations. Quelques grands seigneurs, le lord Harcourt particulièrement, étonnés d'un talent qui s'annonçoit ainsi, insistèrent vivement auprès du père pour le faire consentir à un engagement avec le théâtre anglois; mais il se refusa à leurs sollicitations, & peu de temps après cet incident, il renvoyoit François-Joseph en France.

De retour dans sa patrie, celui-ci, ne voulant pas contrevenir au désir de son père, songea sérieusement à suivre la carrière qui lui étoit tracée, & il ouvrit même un cabinet de dentiste dans la rue Mauconseil. Cependant, malgré qu'il en eût, l'inclination pour l'art théâtral étoit la plus forte. Il suivoit assiduement les cours professés au Conservatoire nouvellement établi (3), & enfin, le mercredi 21 novembre 1787, il débutoit à la Comédie-Françoise par le rôle de Seïde, de *Mahomet*, qu'il rejoua le 25. Le 27, il parut dans celui du jeune Bramine, de la *Veuve du Malabar*, &

---

(3) Le 18 juin 1786, l'Ecole royale dramatique (telle étoit sa dénomination) fut ajoutée à l'Ecole de chant. Elle eut pour professeurs Molé, Dugazon & Fleury. Talma est le premier tragédien sorti de cette classe, où il avoit été admis le 13 juillet 1786, après avoir récité le rôle de Xipharès, de *Mithridate*.

Les cours de cette Ecole étoient faits par Dugazon, le mardi ; par Molé, le jeudi ; & le samedi, par Fleury. Talma a donc été l'élève de ces trois célèbres maîtres & non de Dugazon seul, ainsi qu'on le croit généralement.

Depuis le 18 juin 1786 jusqu'au samedi 31 mai 1788, époque où il a cessé de suivre les cours, Talma a répété 180 rôles.

(Note communiquée par M. de Beauchesne, secrétaire du Conservatoire de musique & de déclamation.)

le furlendemain, dans Euphémon, de l'*Enfant prodigue*, & Valère, de l'*Ecole des Maris*. Le 30 novembre & le 2 décembre, il joua Egyfthe, puis Belton, de la *Jeune Indienne*; le 22, Pylade, d'*Iphigénie en Tauride*, & enfin, le 26 du même mois, il termina fes débuts par le même rôle d'Egyfthe, dans *Mérope*.

Il réuffit, &, toutefois, deux années fe pafsèrent avant fa réception ; encore ne fut-il reçu que pour les *troifièmes rôles*. Ses commencements furent ardus & pénibles : jouant rarement & ne repréfentant jamais que des perfonnages fecondaires & prefque effacés, il fut, du moins, utilifer les loifirs forcés que lui faifoit la Comédie, en étudiant la réforme du coftume, qu'il rêvoit depuis longtemps : réforme déjà tentée, mais fans fuccès, par Le Kain & Mlle Clairon. Talma, d'ailleurs, avoit été encouragé dans cette entreprife par les confeils du peintre David, dont il étoit devenu l'ami. C'eft dans la tragédie de *Brutus*, où il jouoit le rôle infime du tribun Proculus, que le jeune audacieux ne craignit pas de fubftituer au vêtement ridicule, en ufage jufqu'alors, un coftume fidèlement calqué fur les habits romains.

Au moment où, encore incertain de l'effet de cette innovation, Talma entra en héfitant dans le foyer des comédiens, couvert d'une *vraie* toge romaine, fa vue produifit une étrange furprife, & la célèbre Louife Contat, en l'apercevant, ne put s'empêcher de s'écrier : « Voyez donc Talma ... qu'il a l'air ridicule ! Il reffemble à une ftatue antique. »

Elle ne fe doutoit pas qu'elle lui donnoit là le plus bel éloge qu'il pût ambitionner.

Cette tentative, de la part d'un nouveau venu qui n'avoit pas vingt mots à débiter ce foir-là, ne manqua pas de fcandalifer l'aréopage comique, &, difons-le, d'étonner même le public, tout en attirant l'attention fur fon auteur.

En effet, il continua à compofer fes coftumes avec la plus rigoureufe exactitude, & il defcendoit jufqu'aux moindres détails, lorfqu'il s'agiffoit de les compléter. Ainfi, à propos de l'habillement de Néron, dans *Britannicus*, une eftampe qui lui tomba fous les yeux attira fon attention fur un tableau italien où cet empereur eft repréfenté avec une efpèce de cravate rouge jetée autour du col, & dont le ton vif éclairoit les yeux du perfonnage, & lui donnoit un air terrible. Il comprit promptement le parti qu'il pouvoit tirer de cet ajuftement, & l'effet qu'il en attendoit fut analogue à celui que le peintre avoit réuffi à produire dans fon tableau (4).

(4) Certains biographes ont rapporté l'anedocte à un tableau de Titien. Comme nous doutions de l'exactitude de cette attribution, nous avons eu recours aux lumières d'un de nos collègues de la Bibliothèque impériale * qui, avec fa bienveillance accoutumée, a bien voulu nous fournir la note que nous tranfcrivons ici : « Je ne crois pas qu'il exifte de tableau peint par Titien, dans lequel Néron figure avec le détail de coftume en queftion. En revanche, une des peintures à frefque de Mafaccio, dans la chapelle de' Brancacci, églife Del Carmine, à Florence, repréfente Néron, les épaules & le cou entourés d'une

* M. Henri de La Borde, confervateur-directeur du cabinet des eftampes de la Bibliothèque impériale.

Toutefois, l'intérêt qui s'attachoit aux recherches de ce genre n'auroit pas suffi, peut-être, à tirer Talma de son obscurité ; &, comme on l'a observé avec juste raison, sans la Révolution, il auroit végété pendant de longues années à la Comédie-Françoise. Lui-même l'a dit : « Il vit *faire de l'histoire* sous ses yeux (écrit-il dans une lettre particulière) ; il eut devant lui *la tragédie vivante*, & chaque événement dont il fut témoin lui offrit un sujet de méditation qu'il fit tourner au profit de son art. »

La Révolution, en brisant les entraves que lui opposoient les règlements, modifia d'abord sa position, qu'une circonstance fortuite contribua bientôt à changer tout à fait. Le refus fait par les comédiens de représenter *Charles IX;* les débats irritants qui naquirent de leur opposition, les querelles intestines, nées du fait de l'auteur, qui livra à Talma le rôle de Charles IX, ne tardèrent pas à le mettre en évidence. Sa réputation tragique s'établit sur des bases solides, & la faveur du parterre se déclara pour lui contre ce qu'on appeloit les persécutions du tripot comique. Aussi, Talma qui avoit le sentiment de ses forces, & dont l'ambition fouloit aux pieds le joug des vieux

---

sorte d'écharpe. (Voir la planche gravée par Lasinio au commencement de ce siècle, d'après la fresque de Masaccio, dont le sujet est la condamnation de saint Pierre.) — Nombre de copies d'après les tableaux des grands maîtres italiens, celle de la Cène, de Léonard, entre autres, avoient été rapportées en France après les conquêtes, & exposées avec les chefs-d'œuvre originaux que possédoit alors le Musée du Louvre. »

règlements, Talma, une fois monté, ne voulut plus descendre ; ses prétentions s'accrurent en raison de ses succès, & les comédiens, ses confrères, n'osèrent plus lui disputer le droit qu'il avoit conquis de se placer au premier rang, droit qu'il sut maintenir par une constante supériorité.

Ce dernier triomphe, les circonstances qui l'avoient accompagné & l'orgueil qu'en conçut Talma & qu'il ne sut pas dissimuler à l'égard de ses camarades, amenèrent des froissements d'amour-propre, que Naudet, vieux militaire au sang vif, n'eut pas la patience de supporter. A la suite d'une altercation, un duel eut lieu, auquel succéda la paix ; mais elle n'était qu'apparente, & Talma, en lui-même, avoit assez de reproches à se faire pour ne pas se sentir mal à l'aise au milieu d'une société dont quelques membres s'étoient trouvés blessés par l'attitude qu'il avoit prise.

D'autres, à la vérité, avoient pris fait & cause pour lui, & bientôt une scission, provoquée par Monvel, Dugazon & Mme Vestris, devint la conséquence de cet état de choses. L'édifice de la vieille Comédie-Françoise s'écroula. Les dissidents, de concert avec Talma frappé d'ostracisme (5), allèrent fonder au Palais-National le *Théâtre de la République*.

C'est pendant son passage sur cette dernière scène qu'il établit les rôles d'Abdélazis, dans *Abdélazis & Zuléma* ; de Néron, dans *Epicharis & Néron* ; d'Egisthe,

---

(5) Un arrêté des comédiens françois, après délibération, suspendoit pendant trois mois Talma de ses fonctions.

dans *Agamemnon*, où il fut au-dessus de tout éloge ; de Pharan, d'Othello & de Macbeth. Le théâtre de Ducis (6), dans lequel il retrouvoit ses premières inspirations du drame anglois, est celui dans lequel il se montra supérieur, & ne compta plus de rivaux. Jusqu'alors, il avoit joué ce qu'on est convenu d'appeler les *jeunes premiers*, mais ce n'est pas dans ce genre de rôles qu'il devoit atteindre au sublime ; la nature de son talent le destinoit à exprimer les passions fortes & concentrées. Dépouillant cette mélopée traînante, reste des traditions du dernier siècle, il s'attacha à chercher dans la nature des effets auxquels on n'étoit pas accoutumé. On n'a pas oublié la sensation qu'il produisit, après avoir ainsi modifié sa manière, dans les rôles de Richard III, de Joad, de Sylla, qu'il avoit rendus, à force d'art, des modèles de simplicité. Les personnages plus chevaleresques de Vendôme, de Tancrède ou d'Achille lui réussissoient moins bien. Talma étoit d'ailleurs secondé par les avantages extérieurs qui avoient fait défaut à Le Kain. Un masque d'une beauté antique, sur lequel la terreur & la pitié se reflétoient tour à tour, une démarche noble & l'aisance parfaite avec laquelle il se drapoit dans son manteau faisoient revivre Oreste ou Néron aux yeux des spectateurs.

Cependant les succès obtenus par Talma, depuis sa séparation de la Comédie-Françoise, ne lui suscitèrent pas seulement des envieux, mais des ennemis. Après le

(6) Un neveu de Ducis, peintre de talent, épousa une sœur de Talma, Marguerite-Rosalie, née en 1775.

9 thermidor, il fut accusé d'avoir fomenté le *terrorisme* & de s'être montré un des persécuteurs les plus ardents de son ancienne société. Mlle Contat, dont on avoit fait intervenir le nom dans ces perfides imputations, crut devoir publier une lettre dans laquelle elle protestoit contre cette calomnie. De La Rive prit aussi sa défense publiquement dans une lettre insérée dans les journaux. Ce fut en vain : la haine veilloit, &, dans la soirée du 21 mars 1795, Talma ayant été interpellé violemment par une portion du public qui vouloit le contraindre à faire amende honorable, s'avança rapidement sur le devant de la scène, & dans une courte allocution qui ne fut pas exempte de véhémence, s'écria : « Citoyens, tous mes amis sont morts sur l'échafaud (7) ! » Le tumulte s'appaisa ; mais il ne put se dispenser de chanter le *Réveil du Peuple*. Toutefois, à partir de ce moment, l'opinion publique cessa de réagir contre lui (8).

---

(7) Talma avoit été lié avec Vergniaud, Guadet, Gensonné & d'autres députés de la Gironde. « C'est au milieu d'eux, disoit-il à M. Audibert, * que j'ai puisé une lumière nouvelle, que j'ai entrevu la régénération de mon art.... Je travaillai à montrer sur la scène, non pas un mannequin monté sur de grandes échasses, mais un Romain réel, un *César-homme*, s'entretenant de sa ville avec ce naturel qu'on met à parler de ses propres affaires ; car, à tout prendre, les affaires de Rome étoient un peu celles de César. »

(8) Ch. Brifaut, membre de l'Académie-Françoise, rapporte dans ses *Récits d'un vieux parrain à son filleul* (t. 1er de ses œuvres), une conversation assez piquante qu'il eut avec Talma, en se rendant avec lui à sa maison des champs, & qui confirme ce que nous venons de dire. Chemin faisant, Talma paroissant émerveillé du calme des villages qu'il traversoit : « Si vous

* *Indiscrétions & confidences*, par Audibert.

Une circonstance intéressante de la vie de Talma ne doit pas être passée sous silence : il posséda les sympathies particulières de Napoléon. L'origine de cette bienveillance du prince pour le tragédien remontoit aux premiers jours de la Révolution. Talma, à cette époque, s'étoit souvent rencontré avec un simple lieutenant qui devoit un jour tenir dans ses mains les destinées de l'Europe. Une sorte d'intimité étoit née de leurs rapports, & Napoléon, empereur, se souvint de Talma qu'il reçut fréquemment en tête-à-tête, aimant à l'entendre discourir sur son art, & ne dédaignant pas d'en discuter avec lui. On a prétendu à tort qu'il avoit été admis dans sa *familiarité*. « L'Empereur, disoit Talma à N. Lemercier, m'a toujours témoigné beaucoup de bienveillance, parce que j'ai toujours su régler ma conduite sur les progrès de sa fortune. Je ne pouvois pas traiter d'égal à égal avec le premier magistrat de la République ou avec l'Empereur, ainsi que j'avois fait jadis avec l'officier d'artillerie. Si Dugazon, ajoutoit-il, avoit suivi mon exemple, il n'auroit pas été éconduit de la manière la plus disgracieuse (9). »

aviez vu, il y a vingt-cinq ans, ces diables de cantons-là ! dit-il, ah ! quelle différence ! La Révolution avoit mis sur pied tout ce peuple ; on ne pouvoit faire un pas sans être arrêté comme *suspect*, mené à la mairie, fouillé, emprisonné, pour peu qu'on n'eût pas ses papiers en règle. Terrible époque ! Dieu nous garde d'un nouveau 93 ! »

Je fis un mouvement de surprise qu'il remarqua. « Eh bien ! qu'avez-vous, s'écria-t-il avec émotion. Seriez-vous aussi de ceux qui ont osé me croire jacobin ? Je n'ai jamais frayé avec de tels monstres ! »

(9) Dugazon étant venu à une réception du premier Consul, celui-ci lui dit : « Comme vous vous arrondissez, Dugazon ! — « Pas tant

Fort de l'autorité de fon talent & de fa réputation européenne, Talma entreprit de remettre au courant du répertoire les œuvres claffiques qui en avoient été trop longtemps éloignées (10). Il éprouvoit, d'ailleurs, le befoin d'appliquer à la pratique les théories nouvelles que fon imagination, toujours tendue vers les idées de rénovation, lui révéloit. Il avoit, comme nous l'avons dit, refait fa manière; mais le public, qui n'étoit plus ce parterre éclairé de l'ancienne Comédie-Françoife, ne comprenoit pas, & la critique vulgaire répétoit à l'envi que le talent de l'acteur déclinoit. A l'entendre, « fon débit devenoit monotone, fon action lente.... Avant de produire deux ou trois grands effets dans un rôle, il facrifioit tout le refte. Lorfque Manlius avoit prononcé le fameux *qu'en dis-tu?* & levé le poignard fur Servilius, les fpectateurs n'avoient qu'à fe retirer.... Ils pouvoient également fe difpenfer d'affifter aux quatre premiers actes d'*Andromaque*, pourvu qu'ils fuffent préfents à la fcène des *fureurs*.... »

Un efprit moins ferme, imbu d'idées moins arrêtées, fe feroit découragé & auroit reculé devant la

que vous, petit papa, répondit le comédien, en lui frappant cavalièrement fur le ventre. »

On comprend fans peine que, de ce jour, l'accès des Tuileries fut complétement interdit à Dugazon.

(10) Il s'étoit entouré d'une bibliothèque qui, par le choix des livres, atteftoit la folidité de fes études. Il avoit refait entièrement le 5ᵉ acte de la tragédie de *Manlius*, dont on a trouvé le manufcrit dans fes papiers après fa mort.

On lui doit des *Réflexions fur l'art théâtral*, qui dénotent une profondeur de vues jointe à de grandes qualités de goût & de ftyle.

route nouvelle qu'il vouloit s'ouvrir; mais Talma, tout entier au but qu'il vouloit atteindre, ne s'émut pas des obstacles. Ce n'est pas qu'il dédaignât les conseils des hommes de goût; il les recevoit, au contraire, avec déférence, & ne repoussoit pas les jugements de la critique, lorsqu'ils étoient présentés sous une forme convenable. Geoffroy ne l'épargnoit pas. Parmi les griefs qui se rencontrent le plus souvent sous la plume de l'Aristarque du *Journal de l'Empire* se trouve le reproche des brusqueries de transition & des artifices de scène dont Talma sut se corriger à la fin de sa carrière : Charles VI, sa dernière & sa plus belle création, en est la preuve manifeste. Ainsi, ce tragédien, selon lui, « avoit une voix sourde & caverneuse, qui ne s'accordoit pas toujours avec l'âge ou le caractère du personnage. » Talma supportoit impatiemment ces critiques & se donna le tort grave de se venger, par une agression (11) qu'il regretta depuis, d'attaques au-dessus desquelles il auroit dû se placer.

Un reproche qu'on peut toutefois lui adresser, c'est

(11) «.... Mercredi dernier (9 décembre), j'étois dans une petite loge du rez-de-chaussée, lorsque tout-à-coup la porte s'ouvre : un homme entre brusquement, l'air furieux, l'œil égaré... *C'est vous que je cherche*, me dit-il en me serrant la main plus fort que ne le fait un ami... Sortez ! — Il s'est fait un grand mouvement dans la salle; tout le monde s'est levé... Talma a continué à nous battre avec la grosse artillerie des menaces & des injures jusqu'au moment où les gens sages se sont emparés de sa personne, & ont soustrait son délire aux regards des curieux, auxquels il donnoit une scène de fureur sur un théâtre qui ne devoit pas être le sien... »

(GEOFFROY, *Journ. de l'Emp.*, 15 déc. 1812.)

de s'être laiffé aller à abufer de fa fupériorité pour ne paroître de préférence que dans des ouvrages où les rôles qu'il rempliffoit effaçoient tous les autres par leur importance ; il n'imitoit en cela ni les errements de l'ancienne Comédie-Françoife, ni l'exemple de Le Kain qui, même au temps de fa plus grande célébrité, ne craignit pas de fe charger de perfonnages acceffoires, afin d'affurer la bonne exécution des pièces repréfentées.

Talma, qui, au début de fa carrière, avoit joué la comédie, ainfi que tout acteur tragique y étoit aftreint, voulut, après un grand nombre d'années, reparoître dans un genre abandonné par lui. Cafimir Delavigne avoit fait recevoir, en 1823, *l'Ecole des Vieillards*. Talma demanda le rôle de Danville, mais ce ne fut pas fans lutte & fans foulever de nombreufes réclamations qu'il l'obtint (12). Il y eut beaucoup de fuccès ; il fut

---

(12) Le Commiffaire royal écrivoit, à ce fujet, le 15 avril 1823, au baron de la Ferté :

« Monfieur le Baron. ... ,

« L'Autorité jugera également s'il ne lui appartient pas d'improuver & d'interdire le fervice de M. Talma dans la comédie, au moins, de manifefter fon opinion fur la demande que cet acteur a faite à M. Cafimir Delavigne, de fon rôle de Danville, dans la comédie de *l'Ecole des*

« *Vieillards ;* car c'eft bien véritablement une demande, & très-probablement elle n'eût pas été faite, fi M. Damas n'eût point perfifté fi longtemps dans fon refus de retirer fa démiffion.

« D'abord, M. Delavigne m'a pofitivement déclaré à moi-même qu'il deftinoit le rôle à M. Damas.

« En fecond lieu, toutes les perfonnes qui avoient pu fonger à Talma pour remplir ce rôle ont changé d'avis depuis que Damas eft rentré.

pourtant facile de s'apercevoir de la gêne que lui imposoit un costume auquel, depuis si longtemps, il étoit resté étranger sur la scène.

On pourroit croire, on a prétendu même que la tristesse & la mélancolie dont les rôles de Talma étoient empreints se reflétoient dans les actes de sa vie privée. Rien n'est moins exact. Plein de politesse & d'urbanité, ayant tout l'enjouement d'un enfant, il ne laissoit pas deviner le terrible Tippo-Saïb s'élançant le poignard à la main, agitant les bras au-dessus de la tête de ses enfants, & faisant frémir toute une salle avec ce simple mot : « .... Attends, traître ! » Dans ces moments de fureur, ses yeux, même à une époque où l'âge en avoit affoibli l'éclat, lançoient des éclairs qui glaçoient l'âme du spectateur. Le rideau baissé,

« Mais combien d'autres raisons viennent à l'appui de ces considérations !

« L'Autorité, essentiellement protectrice des arts, peut faire sentir combien une pareille distribution est préjudiciable à leur exercice & à leurs progrès.

« La tragédie sera négligée.

« Les emplois seront confondus.

« Les intérêts des auteurs seront sacrifiés.

« Le Théâtre-François, qui vient de faire de si grands avantages à M. Talma, les a faits au grand tragédien, & non à l'acteur libre d'exercer tous les genres....

« Or, il n'est pas douteux que cette distribution du rôle de Danville à M. Talma ne soit très-préjudiciable aux intérêts de la Société.

« J'ajoute qu'il seroit bien pour les intérêts de M. Talma lui-même, de le détourner d'une résolution qui lui fera négliger le service dans lequel il a acquis tant de gloire, & qu'un succès incertain ne pourroit que compromettre sa grande réputation.

« *Signé* : CHÉRON. »

(*Arch. de l'Emp.*)

tout cela s'évanouissoit, & le tyran le plus féroce devenoit l'homme le plus doux du monde. Il assuroit même qu'il auroit réussi tout aussi bien dans les rôles comiques que dans la tragédie, & des témoignages contemporains prouvent que, dans la scène si connue du *Dépit amoureux*, entre Gros-René & Marinette, il étoit à mourir de rire quand il disoit : « Romprons-nous ou ne romprons-nous pas ? »

Il faisoit de fréquentes excursions dans les départements, & l'accueil qui l'attendoit ne le cédoit en rien à celui qu'il recevoit dans la capitale. Lyon, Marseille, Rouen, Bordeaux, le fêtoient à l'envi. Lorsqu'il se rendit, à une certaine époque, dans cette dernière ville, où il n'avoit pas encore paru, la salle fut littéralement envahie, & un tumulte effroyable eut lieu; le parterre escalada l'amphithéâtre d'où les spectateurs furent chassés, & les dames, effrayées d'une telle confusion, cherchèrent leur salut dans la fuite. L'ordre se rétablit à grand'peine, & la pièce ne commença pas sans maintes interruptions. Les comédiens de province qui l'assistoient dans ces occasions étoient fascinés par son jeu, & on cite le fait assez plaisant d'un Pylade de Chambéry, qui, étant en scène avec Oreste représenté par Talma, dans *Iphigénie en Tauride*, oublia son rôle &, tout entier à ce qu'il entendoit, se croisa les bras en écoutant son interlocuteur, sans songer à sa réplique.

Talma, qui n'avoit jamais oublié la bienveillance dont l'Angleterre avoit entouré ses premiers essais, désira revoir ce berceau de sa jeunesse. Pendant le court féjour qu'il fit à Londres, il donna deux *foirées dramatiques* en préfence des personnages de la plus haute ariftocratie, qui le comblèrent de marques de diftinction. Les feuilles angloifes proclamèrent « qu'il portoit avec une inconteftable fupériorité le fceptre de la tragédie claffique. »

Talma fe maria deux fois. Il avoit époufé, à vingt-huit ans, une femme plus âgée que lui de quelques années (13), à laquelle une liaifon antérieure l'uniffoit déjà. Deux fils jumeaux, fruits de cette liaifon, naquirent (14) quinze jours après ce mariage; un autre enfant vint au monde deux ans après, & ne vécut pas (15). Le 17 plu-

---

(13) Actes de la paroiffe de N. D. de Lorette : Le 19 avril 1791, François-Joseph Talma, bourgeois de Paris, rue Chantereine, n° 20, & Louife-Julie Carreau, même rue, âgée de vingt-cinq ans *, fe marient en préfence de François-Michel Talma, dentifte (frère du tragédien).

(14) 1ᵉʳ mai 1791. Baptême de deux fils jumeaux, HENRI-CASTOR & CHARLES-POLLUX, nés la veille, &c.

Parrain du premier : Jean-Baptifte-Henri Gourgaud Dugazon, citoyen actif; marraine : Marie-Madeleine De Garcins, fille mineure de Louis-Antoine-Jofeph De Garcins, bourgeois.

Parrain du deuxième : François-Pierre Lefieur, économe du collége Louis-le-Grand; marraine : Louife-Alexandrine De Rivoal, fille mineure de Marie De Rivoal, ingénieur.

(Acte de la paroiffe Notre-Dame de Lorette.)

(15) Le 13 prairial an II (31 mai 1794), fection des Champs-Ellyfées, décès de Tell Talma, à Chaillot, Grande-Rue, n° 119, fils de François-Jofeph Talma & de Louife-Julie Carreau.

* Julie Carreau fe rajeuniffoit, pour la circonftance, de dix ans. Voici fon acte de naiffance : « Louife-Julie Carreau, née & baptifée le 9 janvier 1756, fille de père inconnu, & de Marie Carreau, demeurant rue Montmartre.

(Acte de la paroiffe St-Euftache.)

Louife Julie Carreau eft morte le 6 mars 1805. Une de fes fœurs avoit époufé Ginguené.

viôfe an IX (6 février 1801), le divorce fut prononcé entre les deux époux, & le 16 juin 1802, Talma, convolant à un fecond mariage, époufoit Caroline Vanhove (16), qui jouiffoit déjà, comme comédienne, d'une réputation méritée.

Ainfi que M{{lle}} Mars, Talma recevoit exceptionnellement de la Comédie-Françoife un traitement important, qu'augmentoient encore les gratifications qu'il tenoit de la munificence impériale. Sous la Reftauration, il ne fut pas moins bien traité par Louis XVIII, qui lui acorda fur fa caffette particulière une penfion de trente mille francs (17). Le roi des Pays-Bas fit auffi à Talma, en 1822, un traitement de dix mille francs, à la condition que pendant fix années

---

(16) « Paris, x{{e}} arrond{{t}}, 7 meffidor an X (26 juin 1802), mariage de François-Jofeph Talma, 39 ans, artifte au Théâtre-François, quai Voltaire, n° 14, divorcé de Louife-Julie Carreau, par acte reçu audit arrondiffement le 17 pluviôfe an IX (6 février 1801); & de Charlotte Vanhove, 31 ans, née à La Haye, République batave, le 2 feptembre 1771, quai Voltaire, n° 14, fille de Charles-Jofeph Vanhove, artifte du Théâtre-François, & de dame Andrée Coche, divorcés. »

« Ladite Charlotte divorcée elle-même de Louis-Sébaftien-Olympe Petit, le 7 floréal an II (26 avril 1794), qu'elle avoit quitté depuis plus de deux ans. »

(17) Malgré ces reffources confidérables, Talma refta toute fa vie étranger à ce qu'on appelle l'adminiftration d'une maifon. Il avoit contracté de bonne heure l'habitude de la dépenfe, & croyoit avoir de l'ordre, parce qu'il infcrivoit fcrupuleufement chaque jour, difoit-il, les nouvelles dettes qu'il accumuloit, & dont il ne parvint jamais à payer le premier fol. La manie de bâtir, dont il étoit atteint, & dont fa maifon de Brunoy offre un exemple, contribua auffi à introduire le dérangement dans fes affaires. Mécontent de fa pofition, il écrit en mars 1817, au duc de Duras, une

confécutives il confacreroit à la fcène de Bruxelles la durée de fes congés annuels. Talma n'a pu remplir que la moitié de cet engagement. Les artiftes du théâtre de cette ville, en apprenant la mort du grand tragédien, décidèrent qu'ils porteroient le deuil pendant quarante jours.

Depuis longtemps Talma étoit arrivé à l'apogée de fa carrière dramatique, lorfqu'il commença à reffentir les premiers fymptômes de la maladie qui le conduifit au tombeau. En vain recourut-il à tous les moyens dont difpofe la Faculté, le mal pourfuivit invinciblement fes défaftres. Malgré fon affoibliffement, Talma, dans l'efpoir de ranimer fes forces épuifées, voulut revoir les ombrages de fa jolie propriété de Brunoy, & refpirer l'air pur de la campagne. Il s'y fit tranfporter, mais il fallut bientôt le ramener à Paris. Sa maigreur étoit devenue effrayante; fa voix feule étoit reftée pleine & fonore, & fon efprit étoit demeuré auffi fain que dans le meilleur état de fanté. Etrange illufion! lui feul fem-

---

longue lettre dans laquelle il expofe la fituation de fes affaires privées, « compliquées de telle forte, dit-il, que tout ce qu'il poffède eft fous la dépendance d'un étranger..., qu'il ne peut difpofer de rien fans fon confentement.... Il redemande les fonds dépofés par lui à la Comédie-Françoife comme *fociétaire*, & confent à refter *penfionnaire* aux appointements de 20,000 fr., avec un congé de trois mois chaque année.

Il compte fur la bienveillance de la Famille royale, pour laquelle il profeffe un dévouement *qu'il n'eft pas permis de fufpecter.* »

Le Comité confulté rejette la demande, accordant toutefois, par faveur, des congés, à la condition que Talma reftera encore cinq ans au théâtre. Sur le refus de celui-ci, la Comédie décide en affemblée générale qu'elle en appelle à l'Autorité fupérieure.

bloit ne pas comprendre la gravité de fa pofition, &
comme il n'éprouvoit pas de fouffrance aiguë, l'efpé-
pérance ne l'avoit point abandonné.

Peu de jours après fon retour, le jeudi 19 octobre
1826, à onze heures trente-cinq minutes du matin,
Talma avoit ceffé de vivre.

Il feroit difficile de dire combien de témoignages
d'intérêt lui furent donnés pendant le cours de fa maladie. L'Archevêque de Paris, mû par fon zèle apofto-
lique, fe préfenta plufieurs fois en perfonne chez lui.
Ce qu'apprenant, l'illuftre malade s'écria : « Ce bon
Archevêque! je fuis bien fâché de ne pouvoir le recevoir. Je fuis bien fenfible à fa démarche. Dès que
je ferai rétabli, je m'emprefferai d'aller le remercier. »
On voit que fa penfée étoit loin de la mort.

La perte de cet artifte éminent fut un deuil pour
l'art dramatique, & une véritable calamité pour la
Comédie-Françoife, qui refta longtemps avant de fe
relever du coup dont elle avoit été frappée.

Une foule immenfe efcorta les dépouilles mortelles
de Talma, tranfportées directement (18) au cimetière
de l'Eft. Plufieurs difcours furent prononcés fur fa
tombe, qui recevoit plus tard un monument digne
de celui dont elle abritoit les cendres.

Talma, à la mort de Dazincourt, l'avoit remplacé
comme profeffeur au Confervatoire. Sa claffe étoit

---

(18) Quel que foit le bruit qui a couru dans le temps, il eft avéré aujourd'hui que le défunt n'a pas exprimé le vœu, qu'on lui a prêté, que fes obfèques ne fuffent pas accompagnées des prières de l'Eglife.

très-recherchée; mais il fe bornoit à l'enfeignement général, & n'a pas fait, à proprement parler, d'élève particulier. Ceux qui, depuis, fe font parés de ce titre afin de fe donner quelque luftre, n'y avoient aucun droit.

Sa famille paternelle étoit originaire de Poix, & il fe rattachoit ainfi au département du Nord. C'eft probablement par cette raifon que fon nom fe lit fur la façade du théâtre de Valenciennes, entre ceux des demoifelles Clairon & Duchefnoy, & que fon bufte y figure en regard de celui de cette dernière actrice. Ces deux buftes font l'œuvre de M. Léon de Fieuzals, profeffeur à l'Académie de la ville, faits fur les modèles exécutés d'après nature par Milhomme, de la même localité, qui en avoit fait hommage à la Société des fciences, arts & lettres. Après quelques viciffitudes du fort, ils ont été rachetés, & font placés aujourd'hui : celui de Mlle Duchefnoy dans la falle du Mufée hiftorique, créé par M. Grard, & celui de Talma dans la Bibliothèque publique.

Talma dépaffa-t-il Le Kain, ou ne fit-il que l'égaler? Voilà la queftion que nous ne chercherons pas à réfoudre. Nous citerons feulement le jugement porté par Pindare-Lebrun fur ces deux hommes fi célèbres: « Talma, moins robufte qu'agile, a les paffions d'un tigre; Le Kain, auffi heureufement articulé que Mirabeau, avoit celles d'un lion. » Et, pour clore cette notice, nous concluerons comme l'a fait un jour Molé, dans un éloge des talents comparés de Du Mefnil

& de Clairon, sans se prononcer sur leur supériorité relative :

« Devines, si tu peux, & choisis, si tu l'oses. »

Rôles créés par Talma.

1788	Cléandre.	La Jeune Epouse, de Cubières.
«	Tristan	Linval & Viviane, de A. Murville.
1789	Le Cte d'Orsange.	Le Présomptueux, de Fabre d'Eglantine.
«	Le Garçon anglois	Les Deux Pages, de Dezède.
«	Le Chev. de Sabran	Raymond V, de *** (Sédaine).
«	Charles IX . . .	Charles IX, de Chénier.
«	Jean	Le Paysan magistrat, de Collot-d'Herbois.
1790	D'Harcourt. . . .	Le Réveil d'Epiménide, de Flins des Oliviers.
«	Comte d'Amblace.	L'Honnête Criminel, de F. de Falbaire.
«	Dorvigny.	Le Comte de Comminges, d'Arnaud-Bacular.
«	J.-J. Rousseau . .	Le Journaliste des Ombres, d'Aude.
1791	Henry VIII . . .	Henry VIII, de Chénier.
«	Cléry.	L'Intrigue épistolaire, de Fabre d'Eglantine.
«	Jean	Jean-sans-Terre, de Ducis.
«	Lasalle	Jean Calas, de Chénier.
«	Le Prince. . . .	Abdélazis & Zuléma, de A. Murville.
«	Alonzo	La Vengeance, de Dumaniant.
«	Monval.	Mélanie, de La Harpe.
1792	F. Flaccus. . . .	Caïus Gracchus, de Chénier.
«	Othello.	Othello, de Ducis.
1793	Delmance	Fénelon, de Chénier.
«	M. Scévola . . .	M. Scévola, de L. de Lancival.

1794 Néron . . . . Epicharis & Néron, de Legouvé.
 « Timoléon. . . . . Timoléon, de Chénier.
 « Servilius . . . . . Q. Cincinnatus, de V. Arnault.
1795 Pharan. . . . . . . Abufar, de Ducis.
1796 Dorlis . . . . . . Les Artistes, de Collin-Harleville.
1797 Junius . . . . . . Junius, de Monvel fils.
 « Egysthe. . . . . . Agamemnon, de Lemercier.
 « Kaleb. . . . . . . Falkland, de Laya.
1798 Moncaffin. . . . . Les Vénitiens, de V. Arnault.
 « Tholus. . . . . . Ophis, de Legouvé.
1799 Ethéocle . . . . . Ethéocle & Polynice, du même.
1800 Pinto. . . . . . . Pinto, de N. Lemercier.
 « Montmorency. . . Montmorency, de Carrion de Nisas.
 « Thésée. . . . . . Thésée, de Mazoyer.
1801 Fœdor . . . . . . Fœdor & Wladamir, de Ducis.
1802 Don Pèdre. . . . Le Roi & le Laboureur, de V. Arnault.
 « Orovèze . . . . . Isule & Orovèze, de N. Lemercier.
1804 Shakespeare. . . . Shakespeare amoureux, de Al. Duval.
 « Ulysse. . . . . . . Polixène, d'Aignan.
 « Harald. . . . . . Guillaume-le-Conquérant, d'Al. Duval.
 « Cyrus. . . . . . . Cyrus, de Chénier.
1805 Marigny . . . . . Les Templiers, de Raynouard.
1806 Henri IV. . . . . La Mort d'Henri IV, de Legouvé.
 « Omasis. . . . . . Omasis, de Baour-Lormian.
1807 Pyrrhus. . . . . . Pyrrhus, de Le Hoc.
1808 Plaute . . . . . . Plaute, de N. Lemercier.
1809 Hector. . . . . . Hector, de L. de Lancival.
1810 Guise. . . . . . . Les Etats de Blois, de Raynouard.
1811 Mahomet. . . . . Mahomet II, de Baour-Lormian.
1813 Tippo-Saëb. . . . Tippo-Saëb, de Jouy.
 « Ninus. . . . . . . Ninus II, de C. Brifaut.
1814 Du Guesclin . . . La Rançon de Du Guesclin, de V. Arnault.
 « Ulysse . . . . . . Ulysse, de Lebrun.
1816 Rutland. . . . . . Arthur de Bretagne, d'Aignan.
1817 Germanicus . . . Germanicus, de V. Arnault.
1820 Leycester . . . . Marie Stuart, de Lebrun.
 « Clovis . . . . . . Clovis, de Viennet.
 « Jean. . . . . Jean de Bourgogne, de Formont.

1821	Sylla.	*Sylla*, de Jouy.
«	Régulus.	*Régulus*, de L. Arnault.
1822	Orefte	*Clytemneſtre*, de Soumet.
1823	Ebroïn	*Le Maire du Palais*, d'Ancelot.
«	Danville	*L'Ecole des Vieillards*, de C. Delavigne.
1824	Glocefter.	*Jane Shore*, de N. Lemercier.
1825	Le Cid.	*Le Cid d'Andaloufie*, de Lebrun.
«	Abiatar.	*La Clémence de David*, de Draparnaud.
«	Bélifaire	*Bélifaire*, de Jouy.
«	Léonidas	*Léonidas*, de Pichat.
1826	Charles VI. . . .	*Charles VI*, de De La Ville de Mirmont.

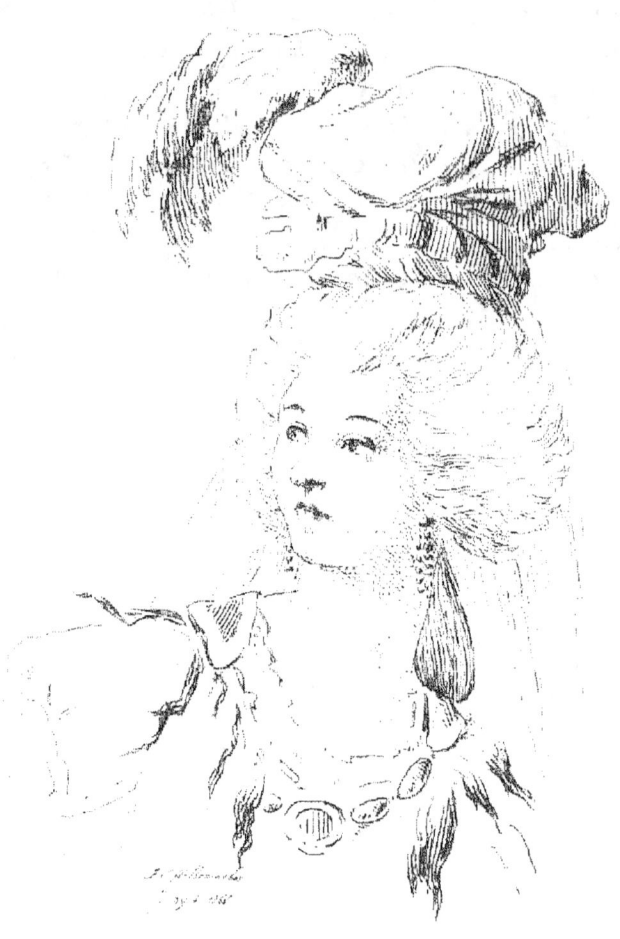

MADEMOISELLE DESGARCINS
Comédie-française
1766 - 1797

MAGDELEINE-MARIE DES GARCINS

dite

Mlle LOUISE DESGARCINS

1788 — 1797

IL eſt peu d'exiſtences auſſi romaneſques que celle de cette actrice qui, par ſa naiſſance & ſon éducation première, ſembloit être promiſe à des des deſtinées meilleures ; qui, vouée,

---

(*Extrait des regiſtres de l'égliſe paroiſſiale de Mont-Dauphin*) : « L'an mille ſept cent ſoixante & neuf, le vingt-trois mai, eſt née Magdeleine-Marie, fille légitime & naturelle de ſieur Joſeph Des Garcins & de dame Marianne Bourcet, habitants de cette ville, & le vingt-ſix du même mois a été baptiſée par moi, aumônier ſouſſigné. Son parrain a été M. André Fantin d'Arvieu, avocat au Parlement ; la marraine, dame Magdeleine Fantin, ſon épouſe, &c., &c., & ont ſigné. »

au contraire, à d'étranges vicissitudes, se vit forcée de renoncer prématurément à une carrière artistique, commencée sous de brillants auspices, & termina sa vie de la manière la plus misérable.

Magdeleine-Marie naquit le 23 mai 1769, dans une honorable famille de la petite ville de Mont-Dauphin (ancien Haut-Dauphiné). Elle étoit fille unique. Une affaire d'honneur, née d'une cause assez frivole, & qui entraîna la mort de l'adversaire, obligea son père à s'expatrier. Il se réfugia dans les environs de Harlem, en Hollande, où sa femme & sa fille allèrent le rejoindre plus tard.

Après quelques années de cet exil volontaire, passées dans la culture des fleurs & les paisibles joies de la famille, & durant lesquelles rien n'avoit été négligé pour donner à Mlle des Garcins l'instruction & les talents qui peuvent compenser le défaut de fortune, un meilleur avenir sembla se présenter. Grâce à la protection de M. de Malesherbes, devenu ministre, qui lui portoit intérêt, Joseph des Garcins put revoir sa patrie. Cet événement, qui combloit de joie une famille infortunée, devint pourtant la cause d'une infortune plus grande encore, puisque l'émotion qu'il excita chez celui qui en étoit l'objet, fut si violente qu'il ne put la supporter, & qu'il succomba peu de jours après sa rentrée en France.

Mme des Garcins & sa fille, cruellement frappées dans leurs affections & dans leur fortune, trouvèrent du moins un appui en M. de Malesherbes, qui n'abandonna point la veuve & la fille d'un homme qu'il avoit aimé & eſtimé. Il les fit venir à Paris ; il les préſenta à Louis XVI, qu'il intéreſſa à ſon ſort, & ce monarque bienfaiſant leur fit donner pour habitation une jolie petite maiſon dépendant des bâtiments du Jardin du Roi.

Depuis deux ans, la mère & la fille vivoient dans cette ſolitude, tranquilles, heureuſes même, puiſqu'un mariage ſe préſentoit pour celle-ci, lorſqu'une maladie terrible, & qui pardonne rarement, l'hémoptyſie, la mit à deux doigts de la mort.

Elle échappa cependant, grâce aux ſoins éclairés du docteur Maloet.

Rendue à la ſanté, Mlle des Garcins voulut un inſtant ſe conſacrer à la vie du cloître; l'idée ſeule de l'abandon & de l'iſolement où ſe trouveroit alors ſa mère l'empêcha de donner ſuite à ce projet. Vivant loin du monde & de ſes plaiſirs, l'unique diſtraction de ces deux femmes conſiſtoit, pour ſe délaſſer de leurs occupations intérieures, en quelques tours de promenade dans la partie la plus retirée du Jardin.

C'eſt pendant une de ces excurſions qu'elles furent un jour rencontrées par un jeune homme qui, à cette époque, n'avoit pas encore renoncé aux études médicales pour embraſſer la carrière du théâtre, dans laquelle il devoit s'illuſtrer. Talma (car c'eſt de lui qu'il s'agit) promenoit un matin ſes rêveries du côté du Labyrinthe, quand il ſe trouva fortuitement en leur préſence. Le voile, empreint de ſafran, que portoit la plus jeune, par prescription de son médecin (1), & qui déroboit les traits de son visage, piqua d'autant plus sa curiosité, que la plus âgée des deux faisoit une lecture que l'autre paroissoit suivre avec intérêt, & que cette lecture étoit celle de la tragédie d'*Œdipe chez Admète*, de Ducis.

Quelques observations échangées piquèrent son intérêt, & il revint à diverses reprises, les jours suivants, dans l'espoir toujours déçu d'y retrouver sa mystérieuse apparition. Le sort lui ménageoit cependant une seconde rencontre; mais, cette fois, ce n'étoit plus sous les arbres du Jardin du Roi qu'elle devoit avoir lieu. Talma étoit entré dans l'église dépendante de l'hôpital de la Pitié. Son oreille fut frappée des sons d'une voix de jeune fille chantant une hymne.

Il n'avoit pas encore aperçu la personne qui chantoit, que déjà il pressentoit instinctivement que c'étoit son inconnue. Emu jusqu'aux larmes des accents touchants de cette voix, Talma attendit impatiemment que la foule se fût écoulée, &, dès qu'il se vit seul, il s'approcha de ces dames, se fit reconnoître d'elles, & leur adressa ses compliments.

Bref, la glace étant ainsi rompue, à partir de ce jour

---

(1) Le docteur Maloet, pour guérir Mlle des Garcins d'une extinction de voix qui lui étoit survenue à la suite de sa maladie avoit, pour rendre le ton & la force à l'organe, fait usage du *safran*, auquel un voile épais, fortement imprégné de cette teinture narcotique, & dont il lui étoit formellement enjoint de ne pas se séparer, devoit, pour ainsi dire, servir de complément.

des relations suivies s'établirent entre ces trois personnes. Talma, que jusqu'alors Mme des Garcins & sa fille avoient supposé être médecin, ne leur dissimula pas qu'il se destinoit à l'état de comédien. Elève de l'Ecole dramatique, il se fit peu à peu une douce habitude de venir chaque soir répéter auprès de Mlle des Garcins ses leçons du matin. Elle-même s'accoutuma si bien à lui donner ses répliques, que la présence de Talma devint bientôt pour elles plus qu'un plaisir, mais un besoin, une impérieuse nécessité.

Un jour qu'il avoit conduit la mère & la fille à un des exercices publics de l'Ecole, une jeune élève qui devoit remplir le rôle d'Atalide, dans *Bajazet*, ne se présenta point. Au milieu de la contrariété & du désarroi causés par son absence, Talma eut l'idée de proposer, pour la remplacer, Mlle des Garcins qui savoit ce rôle & le savoit bien. Celle-ci ne se défendit pas trop contre une proposition aussi inattendue, & ne mit à son acte de complaisance d'autre condition que celle de conserver son voile qui ne la quittoit jamais.

Tout alla pour le mieux jusqu'à la grande scène entre Atalide & Roxane, pendant laquelle le voile de l'actrice improvisée se détacha & découvrit son visage. Mlle des Garcins éprouva une confusion si grande, dit l'écrivain auquel nous empruntons ces détails, qu'elle s'évanouit, & qu'il fallut la ramener chez elle.

Cependant, cet incident avoit décidé de son avenir; car, dès le lendemain, elle écrivoit à Talma une longue lettre, d'où nous extrayons le passage suivant, qui annonçoit sa détermination : « Puisqu'avec ce voile qui ne devoit que préserver ma santé & qui gardoit mon innocence, mon innocence a paru tomber & ma réputation avec elle ; après un tel éclat, je ne puis plus le réparer que par un éclat plus grand. Le goût du théâtre m'a compromise ; il faut que ce goût, justifié par le talent, me réhabilite par le succès. »

Mlle des Garcins ne tarda pas à accomplir sa promesse, &, après avoir, pendant une année entière, reçu à l'Ecole de déclamation où elle s'étoit présentée, le 18 juin 1786, les leçons de Fleury, de Dugazon & particulièrement celles de Molé, elle débuta à la Comédie-Françoise sous le nom modifié de *Desgarcins*, le 24 mai 1788, dans ce même rôle d'Atalide. Elle joua, quelques jours après, celui de Zaïre, où elle produisit un effet prodigieux. Les vieux amateurs se crurent reportés à trente ans en arrière, & proclamèrent que, « depuis Mlle Gauffin, jamais organe plus tendre, jamais accents plus suaves n'avoient enchanté leurs oreilles. »

« .... Au milieu des bourrasques (écrivoit La Harpe), nous avons la consolation de voir éclore un jeune talent qui donne les plus belles espérances : Mlle Desgarcins, âgée de dix-sept ans, demoiselle fort bien née, que la mauvaise fortune & l'instinct de la nature ont amenée, d'abord à l'Ecole dramatique, & ensuite au théâtre, où elle a eu le succès le plus mérité ; à la figure près, car elle n'est pas jolie, elle promet de nous rendre Gauffin. Je n'ai jamais entendu une voix plus nette, plus flexible : tous fes accents font juftes, tous fes mouvements naturels ou nobles.... (2). »

« Des hommes de goût, qui ont vu le Théâtre-François dans toute fa gloire, dit également Grimm (3), ne fe rappellent pas avoir jamais éprouvé, pour le rôle d'Atalide, le degré d'intérêt qu'a pu infpirer Mlle Defgarcins. »

Les débuts de cette jeune actrice produifirent tant de fenfation dans le public, que les comédiens les prolongèrent au-delà du terme ufité, & qu'ils ne furent clos qu'à la fin du mois de feptembre fuivant. Dans cet intervalle, elle joua fucceffivement le rôle de Palmyre; celui de Chimène, où elle rendit avec une vérité déchirante la lutte de l'amour & de la nature; puis ceux d'Iphigénie en Aulide, d'Andromaque, d'Hypermneftre, de Bérénice, d'Alzire, de Monime & d'Inès; & fi, dans ces divers rôles, elle ne s'éleva pas à la même hauteur que dans Atalide, elle s'y montra du moins fort intéreffante (4).

---

(2) Correfpondance littéraire.
(3) Correfpondance.
(4) Fontanes, qui fut un de fes amants favorifés, lui adreffa une pièce de vers dont nous extrayons le paffage fuivant. Après l'avoir montrée comme rappelant Mlle Gauffin par fon talent, il ajoute :

» ... Mais ne fuis pas en tout cet aimable modèle ;
« On dit qu'elle étoit peu cruelle,
. . . .
« Pour mieux peindre l'amour, il faut qu'il t'intéreffe ;
« Et fi tu goûtes fes douceurs,
« Qu'un feul amour, du moins, infpire à ta jeuneffe
« Ce que ta voix enchantereffe
« Fera fentir à tous les cœurs.

Mlle Defgarcins fut reçue fociétaire avant la fin de l'année.

Toutefois, cette actrice ne demeura pas fidèle à la fcène qui l'avoit fi brillamment accueillie : elle fe joignit à la minorité qui fe fépara, en 1791, de la Société-mère, pour aller fonder le *Théâtre de la République*. Il eft vrai que ce fut moins un fentiment d'ingratitude qui la pouffa à s'éloigner de fes anciens camarades, que l'influence que Talma confervoit encore fur fes déterminations.

A cette époque de fa vie, elle établit plufieurs rôles : celui de Jeanne Seymours dans *Henri VIII*, où fa fenfibilité douce & touchante faifoit couler les larmes des fpectateurs, fut un de ceux qui lui valurent le plus de fuccès. Peu faite pour les effets violents, jamais Roxane ni Hermione n'auroient trouvé en elle qu'une médiocre interprète.

Si, par les qualités que nous avons fait refforir, Mlle Defgarcins rendoit au public Adrienne Le Couvreur & Gauffin, nous avons vu qu'elle étoit loin de les égaler en beauté. Non-feulement fon vifage n'offroit rien qui charmât les yeux, mais elle avoit même la figure commune & les traits irréguliers ; comme compenfation, l'enfemble de fa perfonne étoit empreint de grâce & de diftinction ; fa taille étoit ravifante, & il étoit impoffible de réfifter aux féductions de fa voix.

La fenfibilité extrême qui diftinguoit Mlle Defgarcins étoit la caufe de fes malheurs. Eperduement éprife d'un homme (5) qui, voué aux affaires dont il poffédoit au plus haut degré l'intelligence, trouvoit encore le temps de s'adonner aux plaifirs & au monde dans lequel il étoit très-répandu, cette malheureufe jeune femme, chez qui les paffions étoient fort vives, foupçonnant la fidélité de fon amant, vint un matin chez lui, à l'improvifte, pour le forcer à s'expliquer. N'ayant pas obtenu la fatisfaction qu'elle fe croyoit en droit d'exiger, & aveuglée par la jaloufie, elle fe donna plufieurs coups de poignard. Les bleffures ne furent pas mortelles, mais produifirent des défaftres intérieurs qui condamnèrent la victime à un repos forcé & à une longue convalefcence. Lorfqu'elle voulut reprendre l'exercice de fa profeffion, la foibleffe de fa poitrine ne put fupporter la fatigue occafionnée par fes rôles ; des crachements de fang furvinrent, & l'appréhenfion du danger auquel elle expoferoit fes jours en perfiftant, la mit dans la néceffité de demander un congé illimité, qu'elle devoit confacrer à rétablir à la campagne fes forces & fa fanté. Son éloignement fut une véritable perte pour l'art.

Une trifte cataftrophe amena la fin de fes jours. Elle habitoit depuis peu de temps une maifon ifolée, affez rapprochée du village de Sceaux, où des voleurs s'introduifirent un foir du mois de novembre, à la tombée de la nuit. Elle dut à fes fupplications de n'être pas affaffinée par eux ; mais elle refta captive dans fa cave

(5) Il fe nommoit Allard, dit Arnault dans fes *Souvenirs d'un Sexagénaire*, où nous avons puifé cette anecdote.

pendant plus de vingt-quatre heures, fans pouvoir fe faire entendre au dehors. A la fuite de cet événement, la pauvre Defgarcins avoit éprouvé un tel ébranlement que, lorfqu'elle recouvra la liberté, elle avoit perdu la raifon. C'eft dans cet état déplorable qu'elle fut ramenée à Paris, où, après avoir langui pendant quelque temps encore, elle fuccomba, le 27 octobre 1797, à l'âge d'environ vingt-huit ans.

Une fille de cette actrice, âgée de quatorze ans, débuta le 26 avril 1808, fous le nom de Mondran (6), dans le rôle d'Atalide de *Bajazet*. Elle n'obtint aucun fuccès & ne reparut plus.

Rôles créés par Mlle Desgarcins.

1788 Viviane. . . . . . .   *Linval & Viviane*, d'A. Murville.
1790 Adélaïde . . . . .   *Le Comte de Comminges*, d'Arnaud-Bacular.
1791 Jeanne Seymours.   *Henri VIII*, de Chénier.
 «   Zuléima . . . . .   *Abdelazis & Zuléima*, d'A. Murville.
 «   Rozane. . . . . . .   *La Vengeance*, de Dumaniant.
 «   Mélanie. . . . . .   *Mélanie*, de La Harpe.

(1) Ce nom de Mondran étoit bien le fien, ainfi que le conftatent les regiftres de l'état-civil. Mais ce qu'il y a de fingulier, c'eft qu'ils lui donnent pour mère Céleftine *Mondran*, artifte dramatique, demeurant à Paris, rue *Egalité*. (Saint-Denis.)

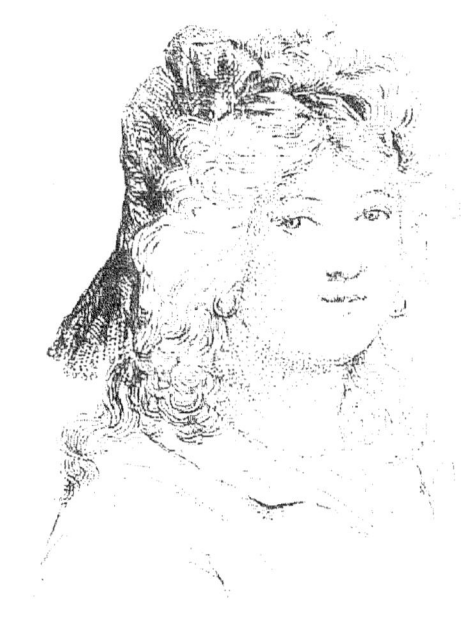

Mademoiselle Lange
Comédie-françoise
1768 – 1798

ANNE-FRANÇOISE-ELISABETH

MADEMOISELLE LANGE

1788 — 1798

NÉE à Gênes, le 17 septembre 1772, de parents françois qui exerçoient la profession d'artistes musiciens, Elisabeth Lange mena, dans ses premières années, une existence assez aventureuse. On la retrouve en France, en 1787, attachée

---

Extrait des registres de la paroisse Saint-Donatien, à Gênes (en langue latine) : Le dix-sept septembre mil sept cent soixante & douze, est née & a été baptisée ANNE-FRANÇOISE-ELISABETH, fille de CHARLES LANGE, musicien, & de MARIE-ROSE PITROT *, sa femme. »

* Devenue, en 1779, pensionnaire de la Comédie-Italienne.

à la troupe de Mlle Montanfier, à Tours. L'année fuivante, elle débutoit, le 2 octobre, à la Comédie-Françoife, par le rôle de Lindane dans *l'Ecoffoife*, & par celui de Lucinde dans *l'Oracle*. Son extrême jeuneffe & les grâces de fa perfonne lui valurent l'accueil le plus favorable, & elle fut immédiatement reçue penfionnaire. Toutefois, Mlle Lange voyant que malgré, ou peut-être bien à caufe de ce fuccès, on ne lui permettoit que de rares apparitions, & encore dans des rôles peu avantageux, elle paffa, en 1791, au théâtre de la rue Richelieu, où des déceptions femblables l'attendoient; ce qui fut caufe que, moins d'un an après s'en être éloignée, cette actrice retourna au théâtre du fauxbourg Saint-Germain, devenu, dans l'intervalle, celui de la Nation.

Elle y créa le rôle de Laure dans *le Vieux Célibataire* (24 février 1792), & fit quelques excurfions dans le domaine de la tragédie. Le 1er août 1793, ce théâtre donna la première repréfentation de *Paméla, ou la Vertu récompenfée;* on fait que ce drame obtint un fuccès auquel ne fut pas étrangère notre actrice, qui étoit chargée du principal rôle. On fait auffi que la repréfentation de cette pièce fervit de prétexte aux accufations portées contre la vieille Comédie-Françoife, qui, difoit-on, n'accueilloit que les ouvrages favorables à la contre-révolution. Le Comité de Salut public ordonna donc la fermeture de la falle, &, dans la nuit du 3 au 4 feptembre, on enleva l'auteur de la pièce & les comédiens qui y avoient figuré, à l'exception de

Molé & de Des Essarts (1). Les hommes furent renfermés aux Madelonnettes & les femmes à Sainte-Pélagie. Grâce au crédit de ses amis, on accorda à Mlle Lange (2) la faveur d'avoir pour prison la maison de santé du sieur Belhomme (3). Elle y retrouva sa camarade Mézeray, qui, par des protections analogues, l'y avoit précédée de quelques jours.

Sauf la faculté de sortir au dehors, la prisonnière étoit libre & circuloit, à son gré, dans toute la maison. Elle pouvoit recevoir, comme elle l'eût fait dans sa propre demeure, qui bon lui sembloit, depuis neuf heures du matin jusqu'à neuf heures du soir. Elle tenoit même une excellente table, autour de laquelle se rassembloient d'aimables & gais convives, & où de grands seigneurs & de grandes dames, détenus comme elle, ne dédaignèrent pas de s'asseoir. Tant il est vrai que le malheur

---

(1) Nous avons fait connoître, dans la notice publiée par nous sur chacun d'eux, les motifs de cette exception.

(2) Au moment de son arrestation, Mlle Lange habitoit depuis quelque temps déjà, un appartement somptueux au n° 14 de la rue Saint-Georges. Elle possédoit aussi, à la même époque, dans la vallée de Meudon, une jolie maison de campagne, qui, de nos jours, a été la propriété de Scribe.

(3) La maison de Belhomme, située au n° 161 de la rue Saint-Antoine, dans le faubourg Saint-Antoine, avoit été consacrée au traitement des aliénés. Comme par suite des événements, Belhomme y reçut plus tard des prisonniers, il s'arrangea pour en tirer tout le profit possible en leur faisant payer d'énormes pensions. Il étoit lié avec quelques hommes puissants du jour, & employa son crédit auprès d'eux pour obtenir, en les intéressant à sa spéculation, une sauvegarde tacite en faveur de sa maison. L'établissement de Belhomme devint donc une oasis fortunée, un lieu de refuge où toutes les victimes du terrorisme s'efforçoient de se faire admettre.

partagé rapproche les distances! Dans l'après-midi, dans la soirée, de nombreux adorateurs venoient grossir sa cour, & la chronique ne s'est pas fait faute de colporter le récit de plus d'une aventure galante dont cette actrice auroit été l'héroïne.

Rendue à la liberté au 9 thermidor, Mlle Lange s'empressa d'aller retrouver ceux de ses anciens camarades qui s'étoient mis sous la direction de Sageret, & elle ne tarda pas à se faire une des premières places dans l'emploi des *jeunes amoureuses*. Elle doubla même parfois avec assez de bonheur la célèbre Contat dans plusieurs de ses rôles; car, sans être précisément douée, au même degré, de cet esprit, qui, chez l'éminente comédienne, éclatoit en saillies brillantes ou se manifestoit par des traits profonds, Elisabeth Lange n'étoit dépourvue ni de sagacité ni de pénétration.

En possession du don du plaire, cette jeune actrice n'auroit pas tardé à devenir la première dans son emploi, par suite du parti que devoit nécessairement prendre Mlle Contat, de se vouer aux *mères nobles*, si la rentrée d'une rivale, de Mlle Mézeray, sur cette même scène où elle avoit brillé naguères, ne lui avoit causé quelque ombrage. Cette jalousie étoit d'autant moins fondée, que le répertoire offroit un champ assez vaste pour que ces deux aimables comédiennes pussent se le partager; toutefois, Mlle Lange, mal conseillée par son amour-propre, résolut de prendre sa retraite, qu'elle effectua le 16 décembre 1797.

Bien qu'à cette époque Mlle Lange eût contracté un

certain embonpoint qui contraſtoit avec les proportions exiguës de ſa taille, elle avoit conſervé une phyſionomie fine & expreſſive & une grâce bien capables encore de ſéduire. Un ſieur Simons (4), fils d'un riche carroſſier de Bruxelles, devint éperduement épris de ſes charmes (5). Il divorça d'avec ſa femme tout exprès pour époufer Mlle Lange. Celle-ci avoit vingt-cinq ans lorſque ce mariage eut lieu, le 24 décembre 1797.

Le côté plaiſant de cette anecdote, c'eſt que le père de Michel Simons, devenu furieux à la nouvelle de cette union projetée, & venu à Paris dans le but de s'y oppoſer, n'arriva qu'après la célébration du mariage ; & que, s'étant lui-même, quelques jours après, rencontré avec une autre actrice, Mlle Candeille, il en devint amoureux & l'époufa à ſon tour.

En changeant d'état, Mlle Lange n'avoit pas renoncé à ſes habitudes de luxe & de dépenſe. Après avoir ruiné complètement ſon mari, elle ſongea à rentrer au théâtre, mais elle n'y retrouva plus ſes anciens ſuccès, & d'autres ennuis vinrent encore l'aſſaillir. La ſanglante alluſion de Girodet qui, mû ſans doute par un ſentiment de jalouſie ou de vengeance, l'avoit repré-

---

(4) Michel-Jean Simons, né le 30 mai 1762, à Bruxelles, divorcé d'avec Catherine Thierry, le 17 floréal an IV (6 mai 1796).

(5) Elle poſſédoit notamment de ſuperbes épaules. C'eſt par alluſion à cet avantage féminin, & en jouant ſur le mot, que Demouſtier lui adreſſoit ce compliment : « Belle Lange, qu'avez-vous fait de vos ailes ? »

fentée au falon de peinture fous les traits de Danaé inondée d'une pluie d'or (6), alimenta à fes dépens la malignité publique. Le chagrin qu'elle reffentit de cet affront fut tellement vif qu'elle tomba dangereufement malade.

Depuis ce moment, Mlle Lange ne fit plus que languir, &, ne trouvant pas en France de remèdes à fes maux, elle partit pour l'Italie, avec l'efpoir d'y rencontrer un foulagement qui lui échappa ; car, au bout de quelques mois, elle mourut à Florence, le 25 mai 1816.

---

(6) Cette Danaé étoit la reproduction d'un portrait refufé par Mlle Lange comme n'étant pas reffemblant.

Rôles créés par Mlle Lange.

1789	Louife	Le Préfomptueux, de Fabre d'Eglantine.
«	Caroline	Les Deux Pages, de Dezède.
«	Lucile	Les Précepteurs, de Fabre d'Eglantine.
1790	Eliante.	Le Philinte de Molière, du même.
1791	Pauline.	L'Intrigue épiftolaire, du même.
«	Sophie	L'Héritière, du même.
«	Séraphine.	Minuit, de Des Audras.
1792	Laure	Le Vieux Célibataire, de Collin-Harleville.
1793	Eugénie	Les Femmes, de Demouftier.
«	Paméla.	Paméla, de François de Neufchâteau.
«	Cécile	Le Bienfait de la loi, de Forgeot.
1796	Rofe.	Les Conjectures, de Picard.
«	Agathine.	La Fille naturelle, de Lourdet de Santerre.
1897	Céphife	Céphife, de Marfollier.
«	Hortenfe.	L'Amour & la Raifon, de Pigault-Lebrun.
«	Delphine.	La Prude, de N. Lemercier.

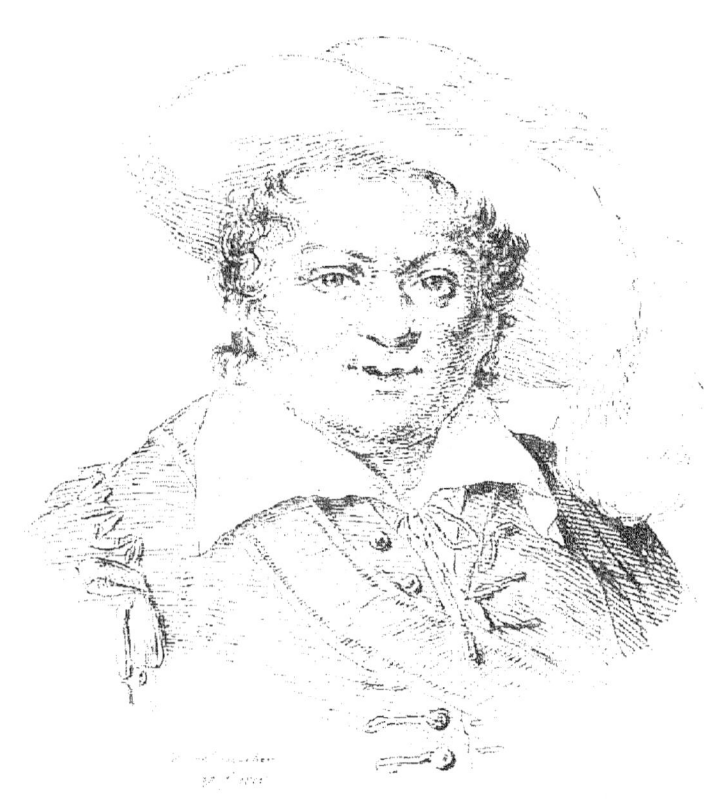

MICHOT
Comédie-françoise
1701-1826

ANTOINE MICHAUT

dit MICHOT

1791 — 1826

MICHOT vit le jour à Paris, dans une famille aifée de la bourgeoifie, le 12 janvier 1765. Ses parents voulurent lui faire donner une éducation conforme à leur pofition; mais il eft à croire qu'il ne répondit qu'imparfaitement à leurs vues, puifque, très-jeune encore, & entraîné par un goût décidé, on le comptoit au nombre des acteurs enfantins d'Audinot. Il refta dans cette troupe jufqu'en

---

Extrait des regiftres de la paroiffe Saint-Sulpice, à Paris. « Le quatorze janvier mil fept cent foixante & cinq, a été baptifé ANTOINE, né d'avant-hier, fils de JEAN MICHAUT, bourgeois de Paris, & de MARTHE DION, fon époufe, demeurant rue Jacob. »

1785, & quitta alors l'Ambigu-Comique pour entrer aux Beaujolois. Un an plus tard, il débutoit au théâtre des Variétés-Amusantes, dans une pièce composée à son intention par Pompigny. Sa réussite fut complète, &, plus d'une fois, le jeune acteur contribua, non moins que son camarade Bordier (1), à la vogue des ouvrages de Dumaniant (2), fournisseur habituel de ce théâtre. On le remarqua surtout dans *Guerre ouverte*, comédie fort gaie de cet auteur, dans laquelle il jouoit le rôle de Frontin.

Lorsque Gaillard & Dorfeuille, transformant cette scène, y établirent, le 15 mai 1790, le *Théâtre de la République*, Michot prit rang dans la nouvelle troupe; &, en attendant le moment de l'ouverture, il alla donner des représentations à Rouen & au Hâvre.

(1) Bordier (François), né à Paris le 22 août 1758. Il étoit fils d'un tailleur de pierres. Acteur très-aimé du public, il s'enthousiasma pour la Révolution, &, ayant été envoyé à Rouen, chargé d'une mission patriotique, il fut accusé d'y avoir voulu fomenter une insurrection. Mis en jugement & condamné à la potence, son exécution eut lieu le 21 août 1789.

Ce qu'il y eut de singulier & de fatal dans cette dernière phase de la vie de Bordier, c'est que, pendant le cours de l'instruction, ordre émané du roi Louis XVI lui-même, vint de Paris à Rouen, à l'effet de surseoir à l'exécution. Mais la ville se trouvoit alors sous l'empire d'une panique si forte que l'on passa outre, & que le pauvre diable, jugé & condamné, fut exécuté séance tenante. Il eut pour compagnon d'infortune un avocat de Lisieux, nommé Thomas-Charles Jourdain.

(2) Dumaniant (Antoine-Jean Bourlin, dit), né à Clermont-Ferrand le 11 avril 1752, mort à Paris le 24 septembre 1828. Directeur, acteur & auteur dramatique, il s'est fait particulièrement connoître en cette dernière qualité par des pièces d'intrigue, qui, toutes, ont obtenu du succès.

A la réunion générale, Michot, dont le talent avoit été apprécié, se vit compris au nombre des comédiens conservés (3), & il ne tarda pas à justifier son admission par la verve & la vérité qu'il apporta dans ses rôles : bien qu'à vrai dire, cet acteur se renfermât dans un cercle assez restreint; son emploi se bornoit aux *paysans* & à quelques rôles épisodiques, mais il les jouoit à ravir. Malheureusement, Michot étoit d'inclination paresseuse, & cette disposition naturelle dominoit en lui la question d'amour-propre & de hiérarchie. Loin de revendiquer d'un camarade la propriété d'un rôle dont celui-ci se seroit emparé indûment & à son préjudice, le *far-niente* sembloit être sa règle de conduite. Insouciant par caractère, peu jaloux de faire parler de lui, il resta constamment étranger aux intrigues de coulisses, & un critique contemporain l'a bien peint, en disant de lui : « qu'il avoit été le talent *le plus vrai*, mais *le plus indolent;* qui pouvoit faire beaucoup & ne faisoit rien. »

D'après les témoignages de personnes qui ont bien connu Michot, on ne peut douter que, doué comme il l'étoit, d'une excellente physionomie, de bonhomie, de sensibilité & de chaleur, s'il avoit possédé quelque aptitude au travail, il auroit suivi de très-près les traces de Préville, au moins dans un genre de rôles approprié à ses qualités physiques. Ceux qui lui étoient

---

(3) Reçu à demi-part en 1799, il eut sept huitièmes en 1807, & fut mis en 1809 à part entière.

moins favorables difoient qu'à force de courir après le naturel il le *dénaturoit* par des façons populacières. Ils lui reprochoient auffi de l'uniformité dans fon jeu.

La taille de Michot étoit courte & ramaffée ; fes épaules trapues & qui préfentoient, felon l'expreffion un peu crue de Grimod-La-Reynière, *la charpente offeufe d'un portefaix*, ne lui permettoient pas de déployer la foupleffe & l'agilité indifpenfables aux Mafcarille & aux Crifpin ; auffi renonça-t-il de bonne heure aux perfonnages de *valets* pour fe renfermer dans un genre de rôles mixtes, auxquels il donna une phyfionomie & une allure des plus réjouiffantes. Boniface dans *la Belle Fermière*, Jacques Kerlebon dans *les Héritiers*, Leleu dans *Orgueil & Vanité*, & principalement Buller dans *les Deux Frères*, & le capitaine Copp dans *la Jeuneffe de Henri V*, confolidèrent fa réputation d'excellent comédien. La bonhomie naturelle qui s'allioit chez lui à une teinte de brufquerie & de fenfibilité le fervit également à merveille dans le perfonnage de Michaud, de *la Partie de Chaffe de Henri IV*, où, fans égaler fon illuftre devancier, il fut, néanmoins, le rappeler plus d'une fois aux vieux amateurs. Ainfi que Préville, il poffédoit une voix pleine, fonore, mordante, non exempte cependant de quelque rudeffe.

Michot eut le malheur d'être accufé de terrorifme pendant les mauvais jours de la Révolution. On ne s'explique guères comment il fe fait qu'avec un caractère apathique, & en apparence peu fufceptible d'énergie, il ait adopté avec une ardeur peu commune les doctrines de l'époque, au point d'avoir sollicité, au 10 août, le mandat de commissaire extraordinaire de la République à Chambéry, où il présida, en cette qualité, la société populaire du lieu, & fraternisa avec les Jacobins, en prononçant dans une des séances l'éloge de Marat.

La conséquence naturelle de cette conduite fut qu'après le 9 thermidor Michot se vit en butte à des représailles qui l'obligèrent à se tenir prudemment à l'écart jusqu'à ce que l'orage fût passé.

Le 3 germinal an III (23 mars 1795), le public ayant demandé au théâtre *le Réveil du Peuple*, Michot se présenta inopinément pour le chanter ; mais, avant que de répondre au vœu des spectateurs, il déclara : « que, depuis trop longtemps, il étoit poursuivi par la calomnie, & qu'il lui tardoit de dissiper les nuages dont on vouloit couvrir sa conduite politique. » Il fit avec énergie sa profession de foi. « J'aime le gouvernement républicain (dit-il) ; non celui que la férocité vouloit élever sur des cadavres entassés, mais bien celui qui doit amener le bonheur commun. » Il ajouta que jamais il n'avoit professé les maximes du terrorisme. Des voix s'élevèrent pour appuyer sa justification ; d'autres pour protester. Enfin, il résulta de ce conflit une scène assez étrange, dont la conclusion fut, à la suite du tumulte, *le Réveil du Peuple*, chanté avec feu par l'acteur, au bruit des applaudissements.

Ce républicanisme, toutefois, n'avoit pas de profondes racines dans le cœur de Michot ; car il n'hésita pas à le démentir plus tard, en acceptant la direction des spectacles de la Malmaison, dont l'investit le Premier Consul, & qu'il conserva assez longtemps, même sous le régime impérial. Cette position lui échappa cependant, & voici comment. Les princesses de la famille de l'Empereur aimoient à jouer la comédie, & c'étoit Michot qui étoit chargé de faire répéter les rôles & de diriger la mise en scène. On comprend qu'il lui falloit un certain tact pour se maintenir dans les bornes du respect & de l'étiquette, en présence des bévues & de l'inexpérience de ces Altesses fourvoyées. L'Empereur assistoit quelquefois aux répétitions. On sait que Napoléon, grand amateur de tabac, en aspiroit plusieurs prises par minute. Michot, se trouvant un jour fort rapproché de lui, eut un moment de distraction, & il lui arriva d'introduire les doigts dans la tabatière impériale. Il n'en fallut pas davantage : d'abord, l'Empereur ne vint plus aux répétitions; celles-ci cessèrent ensuite & les princesses ne jouèrent plus la comédie. C'est ainsi que Michot perdit par sa faute, en un clin d'œil, une belle partie de ses attributions.

Après avoir été républicain, après avoir prôné l'Empire, Michot, au début de la Restauration, afficha des opinions royalistes (4). Ce comédien, qui, nous l'avons

(4) Lors d'une représentation de *la Partie de Chasse de Henri IV*, devenue, à cette époque, pièce de circonstance, & qui fut jouée en présence de la famille royale, aux couplets chantés par le meunier dans la scène du souper, Michot ajouta celui qui commence ainsi :

« Chantons l'antienne
« Qu'on chant'ra dans mille ans, &c.

dont il étoit, dit-on, l'auteur, & qu'il chanta avec enthousiasme.

dit, aimoit peu le travail & beaucoup le repos, annonça, le 24 mars 1819, fa réfolution de fe retirer à la fin de la faifon théâtrale de l'année fuivante. La Comédie ayant réclamé la continuation de fon fervice, il fe rendit à un défir auffi honorable pour lui que juftifié par les circonftances difficiles où fe trouvoit la Société. Néanmoins, à l'expiration du délai qu'il avoit affigné, il renouvela fon intention pour le 1er avril 1821, & tint parole cette fois, malgré la circulaire répandue à profufion parmi les fpectateurs, le foir de fa dernière repréfentation, & dans laquelle on exprimoit le vœu qu'il prolongeât, d'une année encore, fon féjour au théâtre (5).

Cette repréfentation eut lieu le 24 février 1821, & rapporta au bénéficiaire près de vingt mille francs. Elle fe compofoit de *Manlius* & du *Bourgeois Gentilhomme*.

---

(5) *A M. le Baron de la Ferté.*

« Monfieur le Baron,

« J'ai l'honneur de vous informer
« qu'ayant communiqué au Comité
« d'adminiftration, en fon affem-
« blée de ce jour, l'arrêté en dou-
« ble expédition, en date du 19
« mars, par lequel Mgr le duc de
« Duras prononce la retraite de
« M. Michot pour le 1er avril 1821,
« le Comité a vu avec furprife &
« peine que cet arrêté, fans doute
« par fuite d'une erreur commife
« dans les bureaux, portoit ces
« mots : *Sur la demande du Comité*
« *d'adminiftration de la Comédie-*
« *Françoife.*

« Comme, bien loin d'avoir de-
« mandé la retraite de M. Michot,
« le Comité s'y eft oppofé autant
« qu'il a pu, il efpère, Monfieur le
« Baron, que vous voudrez bien
« avoir la bonté de faire rectifier
« cette énonciation, qui l'a empê-
« ché de tranfmettre un des dou-
« bles de cet arrêté à M. Michot.

« Pour le Comité,

« LEMAZURIER, fecrétaire.

« Ce 31 mai 1821. »

(*Archives de l'Empire.*)

Michot plaifoit beaucoup dans ce dernier rôle, quoiqu'il n'y répondît pas à toutes les exigences & que fon jeu y accufât un peu d'uniformité. En général, les ouvrages de longue haleine, & particulièrement les pièces de Molière, convenoient peu à cet acteur, fait plutôt pour la comédie de genre que pour le haut comique.

Michot poffédoit un grand fond de gaîté, avoit de l'efprit &, comme fa mémoire étoit meublée d'une foule d'anecdotes, fon commerce étoit agréable & très-recherché. Il étoit d'ailleurs fort à fon aife, fous le rapport de la fortune.

Depuis quelques années, fa fanté avoit fubi de fâcheufes atteintes. Le 21 novembre 1826, une attaque d'apoplexie foudroyante l'enleva à fa famille & à fes amis. Ses dépouilles mortelles furent tranfportées directement au cimetière, pour fe conformer à fa volonté formellement exprimée.

Rôles créés par Michot.

1387	Champagne . . .	*Les Intrigants*, de Dumaniant.
1788	Lafosse	*La Jeuneſſe de Richelieu*, d'Al. Duval.
1791	Figaro	*Les Deux Figaro*, de Martelly.
1792	Dorneville	*La Belle Fermière*, de Mlle Candeille.
1793	Armand	*La Liberté des Femmes*, de *** (Rafart de Brienne).
«	Anif	*Le Hulla de Samarcande*, d'A. Murville.
«	Desprez de Paris.	*La Moitié du Chemin*, de Picard.
«	Michel	*La Vraie Bravoure*, d'Al. Duval & Picard.
«	Dufour	*La Matinée d'une jolie Femme*, de *** (Vigée).
1794	Cange	*Cange*, de Gamas.
«	Durmont	*La Perruque blonde*, de Picard.
1795	Robert	*Les Amis de collège*, du même.
1796	Marck Charron. .	*Le Souper imprévu*, d'Al. Duval.
«	Barnabé	*René Descartes*, de Bouilly.
1797	Meſſénion	*Les Menechmes grecs*, de Cailhava.
«	Kerlebon	*Les Héritiers*, d'Al. Duval.
«	Germance	*Le Journaliſte*, de Lombard.
«	Ruſtan	*Les Modernes Enrichis*, de Pujoulx.
1798	Caſini	*Les Projets de Mariage*, d'Al. Duval.
1799	Buller	*Les Deux Frères*, de Kotzbüe.
«	Bonnard	*Les Tuteurs vengés*, d'Al. Duval.
1800	Un Comédien . .	*Le Buſte de Préville*, de Chazet & Dupaty.
«	Fabricio	*Pinto*, de N. Lemercier.
1800	Clainville	*Le Mariage ſuppoſé*, de Lourdet de Santerre.
«	Charles	*Les Calviniſtes*, de Dumaniant & P. Lebrun.
1801	Dubois	*L'Intrigant dupé*, de Martelly.
1802	Montfort	*L'Ami vrai*, de *** (Pigault-Lebrun).
«	Tobna	*Siri-Brahé*, de Thuring.
«	Guillaume	*La Croix volée*, de Longchamps.
1804	Le ſir de Poitiers.	*Guillaume-le-Conquérant*, d'Al. Duval.

1804	André	*La Fauſſe Honte*, de Longchamps.
«	Lully.	*Molière avec ſes amis*, d'Andrieux.
«	Le baron d'Olmar.	*La Leçon conjugale*, de Chazet & Sewrin.
1805	Dupré	*Le Tyran domeſtique*, d'Al. Duval.
«	Pilois.	*Madame de Sévigné*, de Bouilly.
1806	Blondel.	*Les Français dans le Tyrol*, du même.
«	Antoine	*Le Politique en défaut*, de Chazet & Sewrin.
«	Courville.	*L'Avocat*, de Roger.
«	Copp	*La Jeuneſſe de Henri V*, d'Al. Duval.
«	Belval	*La Capricieuſe*, d'Hoffmann.
1808	Epidique.	*Plaute*, de N. Lemercier.
«	Forlis	*L'Aſſemblée de famille*, de Riboutté.
«	Franval.	*L'Homme aux convenances*, de Jouy.
«	Blinval.	*La Réconciliation*, de Mme *** (Candeille).
1809	Dubreuil.	*Les Capitulations de conſcience*, de *** (Picard).
«	Didier.	*La Revanche*, de Roger.
«	Duton.	*L'Enthouſiaſte*, de *** (Valmalette).
1800	Goodman	*Le Priſonnier en voyage*, de Delaunay.
«	Labroſſe.	*Le Vieux Fat*, d'Andrieux.
«	Comtois.	*Les Deux Gendres*, d'Etienne.
1811	La Cheſnaye . . .	*Un Lendemain de fortune*, de Picard.
«	Thibaut	*L'Heureuſe Gageure*, de Déſaugiers.
«	Laſleur.	*La Femme miſanthrope*, d'Al. Duval.
«	Germon	*La Manie de l'Indépendance*, de Creuzé de Leſſer.
1812	Jarwis.	*Le Miniſtre anglais*, de Riboutté.
«	Darcy	*La Lecture de Clariſſe*, de Roger.
1813	Dubreuil.	*L'Intrigante*, d'Etienne.
1814	Gourville.	*Fouquet*, de *** (Guy-Montagnac).
«	L'Abbé de Maleſmin	*La Rançon de Dugueſclin*, d'Arnault.
1815	Dumoulin	*Les Deux Voiſines*, de Déſaugiers & Gentil.
1816	Michaut	*Henri IV & Mayenne*, de Théaulon & Rancé.
«	Thibaut	*Le Mariage de Robert de France*, de Vieillard.
«	Gervais	*Les Deux Seigneurs*, de *** (Planard).
1817	Dalban.	*Le Faux Bonhomme*, d'Al. Duval.
1819	Nicolas Leleu. . .	*Orgueil & Vanité*, de Souques.
«	Vansbrook. . . .	*L'Irréſolu*, d'O. Leroy.
1820	Ruſtan.	*Le Flatteur*, d'E. Goſſe.

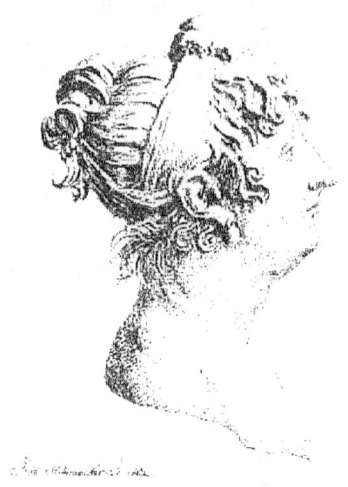

MADEMOISELLE MEZERAY
Comédie-françoise
1791-1816

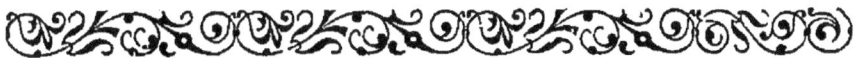

MARIE-ANTOINETTE-JOSÉPHINE

MADEMOISELLE MÉZERAY

1791 — 1816

JOSÉPHINE MÉZERAY, née à Paris le 10 mai 1774, étoit fille du limonadier de la Comédie-Françoife. Le goût du théâtre qu'elle manifefta, dès fa plus tendre enfance, ne fit que fe développer avec l'âge, grâce au contact des auteurs & des comédiens qui fréquentoient l'établiffe-

---

Extrait des regiftres de la paroiffe Saint-Sulpice, à Paris: « Le onze may mille fept cent foixante & quatorze a été baptifée MARIE-ANTOINETTE-JOSÉPHINE, née d'hyer, fille de JACQUES MÉZERAY, marchand limonadier, & de MARIE-ANTOINETTE MURET, demeurant rue du Brave. Le parrain, JOSEPH MURET, aïeul maternel de l'enfant, & la marraine, MARIE LAURENT, époufe de FRANÇOIS BOUGIER, chirurgien. »

ment de son père. A peine venoit-elle d'atteindre sa dix-septième année que, le 21 juillet 1791, elle débuta par les rôles de Lucile dans *les Dehors trompeurs*, & de Zénéide dans la pièce de ce nom. Une figure charmante, une tournure gracieuse, un jeu spirituel & d'heureuses dispositions déterminèrent sa réussite. Ce qu'on trouva à louer principalement chez la débutante, c'étoit un son de voix enchanteur & une tenue irréprochable en scène. Il y avoit chez cette jeune femme des airs de grande dame, qu'aucune actrice, peut-être, ne possédoit au même degré. Ses débuts firent une certaine sensation : les feuilles du temps fourmillent de petits vers & de madrigaux qui offrent l'expression de l'enthousiasme un peu exagéré qu'inspiroient à ses admirateurs les charmes de cette actrice (1).

Incarcéré en 1793 (2), ainsi que la presque totalité

---

(1) Nous prenons au hasard ce quatrain qui lui fut adressé à l'occasion de la mort de son père :

« Si d'un père chéri la mort cause tes larmes,
« Cesse de t'affliger : ce père regretté,
« En te donnant le jour, fit naître tant de charmes,
« Qu'à jamais il vivra dans la postérité !!! »

(2) C'est dans la maison de santé de Belhomme que Mlle Mézeray fut renfermée. Elle s'y trouva avec sa camarade Elisabeth Lange, & à son exemple, elle sut tromper les ennuis de la captivité, en se créant, parmi ses compagnons d'infortune, des adorateurs nombreux & opulents. Leur cour s'augmentait de ceux qui leur venaient du dehors, & chaque soir, rapporte la chronique, on voyoit stationner devant la porte de leur prison les équipages qui avoient amené les visiteurs autorisés à pénétrer auprès de ces dames.

de fes camarades, à la fuite des repréfentations de *Paméla*, où elle avoit rempli le rôle de milady Daure, Mlle Mézeray ne fut rendue à la liberté qu'après le 9 thermidor, & fit alors partie de la troupe de Mlle de Raucourt, jufqu'à la fermeture du théâtre Louvois. Elle reparut enfuite au théâtre de la Nation par le rôle de Rofine (3), & y remplaça Mlle Lange, qu'un riche mariage venoit d'enlever à la fcène. Lorfque la Comédie-Françoife fe reconftitua, en rapprochant fes éléments épars, cette actrice fut comprife au nombre des membres de la nouvelle Société (4). C'étoit le moment pour Mlle Mézeray de travailler & de conquérir au théâtre la pofition qu'elle étoit à même de s'y faire; elle n'eut pas ce courage & préféra fe réfigner à une honnête médiocrité. Il réfulta de cette négligence qu'elle apportoit dans l'accompliffement de fes devoirs que, bien que les charmes de fa perfonne n'euffent rien perdu de leur éclat, le public ne l'accueillit

(3) Mlle Mézeray n'avoit pu obtenir la faveur de rejoindre fes anciens camarades qu'en prenant l'engagement de chanter l'*opéra-comique*. C'eft ce que conftate la lettre fuivante qu'elle écrivit, le 3 janvier 1796 : « Si j'avois eu la liberté de ne confulter que mon goût, je n'aurois pas foufcrit à une réquifition pour chanter l'opéra-comique ; mais mon cœur m'en impofoit la loi, puifque cela me réuniffoit à mes anciens compagnons d'infortune. Je n'ai pu avoir la prétention d'être utile à la *fociété*, ni de plaire au public dans un emploi pour lequel la nature ne m'a donné que de faibles moyens. Je renonce donc à l'opéra-comique & demande acte de ma détermination au regiftre des délibérations.

« *Salut & fraternité.* »

(4) Elle fut reçue fociétaire à trois quarts de part, & eut la part entière en 1803.

plus qu'avec beaucoup de froideur. L'intelligence ne lui faifoit certes pas défaut, &, à fa beauté, elle uniffoit des talents aimables, une éducation cultivée qui faifoit alors d'elle le meilleur juge peut-être du Comité de lecture de la Comédie-Françoife, où elle apportoit, en outre, un caractère doux & bienveillant. S'il ne lui étoit pas donné de jamais atteindre à une grande renommée dans l'emploi des *premiers rôles*, la grâce & la fineffe avec lefquelles elle avoit joué les rôles fecondaires du grand emploi avoient fait concevoir des efpérances aux amateurs de la bonne comédie. Malheureufement, tous ces dons naturels, toutes ces qualités acquifes fe trouvèrent étouffés fous le goût de la diffipation, porté chez elle au plus haut degré. Auffi, loin de fe fortifier, fon talent fuivit-il une marche rétrograde & amena-t-il, comme nous l'avons dit, les fpectateurs à un mécontentement dont ils ne lui épargnèrent pas les témoignages (5).

(5) Mlle de Raucourt, qui, dans fa jeuneffe, n'avoit pas été un modèle de régularité, fe mêloit de faire de la morale à celles de fes camarades qu'elle voyoit prendre le même chemin. Mlle Mézeray eft celle qui profita le moins de fes avis. Un jour que la comédienne émérite l'avoit chapitrée à propos de fa légèreté, après s'être élevée à un degré de vivacité d'expreffion affez ordinaire à fa nature, elle lui dit : « Tiens, vois-tu, Joféphine, tu finiras mal, & tu avois pourtant tout ce qu'il falloit pour faire une femme accomplie. Songes-y bien, la pouffière ne peut éternellement voler en tourbillons : tôt ou tard, elle retombe. Quand elle s'abaiffe dans un champ, elle fe mêle & fe confond avec la bonne terre ; mais fi elle s'abat dans l'ornière du chemin ou dans le ruiffeau de la rue, elle devient de la boue ! » Mézeray fe prit à pleurer à cette fanglante apoftrophe, & puis, elle l'oublia

En 1812, cette actrice joignit, par ordre supérieur, à son emploi celui des *Mères nobles*, tout en conservant les rôles qui lui avoient été données par les auteurs (6). Lorsque les progrès de l'âge & l'abus des plaisirs lui eurent enlevé le prestige de ses attraits, elle chercha à

bientôt. La pauvre fille est morte dans une maison d'aliénés... Ainsi se trouva justifié ce pronostic de Mlle Raucourt, &c.

(*Sur l'Art du Comédien*. Lettre à Mlle Euphrasie Poinsot, de l'Opéra, par Failly. 1852, gr. in-8°.)

(6) Le premier chambellan, surintendant des spectacles, &c.,

Arrête ce qui suit :

ARTICLE PREMIER.

Mlle Mézeray jouera, à l'avenir, l'emploi des *Mères nobles*. Elle y joindra tous les rôles portés sur la liste ci-jointe :

ARTICLE 2.

Le Commissaire impérial est chargé de l'exécution du présent arrêté.

Signé : le comte de RÉMUSAT.

Ce 25 octobre 1811.

Liste des rôles que Mlle Mézeray jouera conjointement avec ceux de l'emploi des *Mères nobles* :

Elise (de *l'Avare*).
La Comtesse (du *Muet*).
La Baronne (de *Turcaret*).
Arsinoé (du *Misanthrope*).
Clarice (du *Distrait*).
La Baronne (du *Tambour nocturne*).
Clarice (du *Menteur*).
Floride (du *Méchant*).
Elvire (du *Festin de Pierre*).
Mme Courval (de *l'Ecole des Pères*).
Mme de Roselle (de *l'Optimiste*).
Céliante (de *l'Homme du jour*).
La Marquise (du *Bourgeois gentilhomme*).
Lucinde (de *l'Homme à bonnes fortunes*).
Julie (de *l'Obstacle imprévu*).
Henriette (de *Béverley*).
Clarice (du *Mercure galant*).
Mme Dalancourt (du *Bourru bienfaisant*).
Angélique (de *Georges Dandin*).
Délia (des *Trois Sultanes*).
Mme Florville (du *Souper de Famille*).
Sophie Delval (de *l'Heureuse Erreur*).
Cathos (des *Précieuses ridicules*).
La Veuve (du *Procureur arbitre*).
Cidalise (des *Mœurs du temps*).

Arrêté la présente liste,

Ce 25 octobre 1811.

Signé : le Comte de RÉMUSAT.

(*Archives gén. de l'Empire.*)

réparer le temps perdu & à revenir férieufement au travail; il étoit trop tard ! Tous les refforts étoient brifés en elle, & plus d'une cruelle épreuve lui fut déformais réfervée. Forcée, en 1816, de renoncer à fon état (7), elle fut mife à la retraite avec cinq mille

---

(7) Comédie-Françoife, Comité d'adminiftration. —Extrait du regiftre des délibérations du 15 octobre 1814.

Le Comité arrête qu'il fera écrit à Monfeigneur le duc de Duras, relativement à Mlle Mézeray.

Lettre écrite en conféquence de cet arrêté. — 19 octobre 1814 :

« Monfeigneur,

« Nous avons l'honneur de vous fupplier de vouloir bien prononcer la retraite de Mlle Mézeray, que nous jugeons arrivée au terme où fon fervice ne peut plus être prolongé d'une manière utile pour la Comédie, & qui fe trouve actuellement dans fa vingt-quatrième année de théâtre, ayant débuté le 21 juillet 1791.

« L'affaibliffement fucceffif des moyens & des organes de Mlle Mézeray, qui la rend fouvent nuifible à l'effet général des repréfentations où elle paroît, & qui ne lui permet pas de paffer à un autre emploi, a motivé la délibération du Comité.

« Il ne l'a pas prife fans peine, mais avec l'intime conviction qu'elle étoit jufte, néceffaire & parfaitement conforme au véritable intérêt de la Comédie, qui, feule, a dirigé toujours & ne ceffera jamais de diriger fes opérations.

« Le Comité ofe donc efpérer, Monfeigneur, que voudrez bien approuver ce qu'il a l'honneur de vous propofer.

« Il penfe que Mlle Mézeray pourroit être prévenue au 1er avril 1815, pour le 15 avril 1816, attendu qu'il lui femble jufte de mettre une différence entre les fociétaires & les penfionnaires, & que ceux ci font toujours prévenus fix mois d'avance.

Nous avons l'honneur, &c.

Ont figné, les membres du Comité, FLEURY, SAINT-PRIX, TALMA, MICHOT, DESPREZ, DAMAS, LACAVE.

Pour copie conforme,
Signé : LEMAZURIER,
Secrétaire du Comité.

Arrêté de M. le duc de Duras.

« Nous, duc de Duras, &c.

« D'après la délibération du Comité de la Comédie-Françoife, en date du 19 octobre courant, & en vertu des règlements qui prefcri-

francs de pension. Mais qu'étoit cette ressource, qui auroit suffi à bien d'autres, pour une femme habituée à une dissipation sans frein, aux plus étranges prodigalités? Jeune & belle, elle avoit fait des folies & aimé le plaisir avec excès. Lorsque le cours du temps eut mis en fuite les adorateurs, elle se vit aux prises avec la nécessité. Ses dernières années furent horribles. Plongée dans la gêne, exposée aux poursuites incessantes d'une nuée de créanciers, la malheureuse femme chercha l'oubli de ses peines dans l'abus des liqueurs fortes, & pour comble d'infortune, elle fut atteinte d'une maladie qui égara sa raison. Sa fin fut des plus misérables. Un soir, s'étant enfuie de sa demeure, à peine vêtue & en proie à l'ivresse, elle fut retrouvée le lendemain matin dans un des anciens fossés qui bordoient le boulevard des Invalides, où elle étoit tombée & avoit passé une partie de la nuit. Ce fut à son chien, qui l'avoit suivie & qui par ses aboiements plaintifs attira l'attention de quelque passant matinal, qu'elle se trouva redevable d'un reste de vie.

Retirée de ce cloaque, vivante encore, mais dans un état pitoyable, elle fut transportée à la maison de santé du docteur Prost, à Montmartre, où elle languit jusqu'au 20 juin 1823, terme de sa déplorable existence.

vent qu'après vingt années de service au théâtre, tout sociétaire sera mis à la retraite, si ses services ne sont plus jugés utiles;

« Avons arrêté & arrêtons ce qui suit :

« A dater du 1ᵉʳ avril 1816, la demoiselle Mézeray ne fera plus partie de la Comédie Françoise.

« Au château des Tuileries, 27 octobre 1814. »

(*Archives gén. de l'Empire.*)

Rôles créés par Mlle Mézeray.

1791	Lucile	*Le Conciliateur*, de Demouſtier.
«	Lucile	*M. de Crac*, de C. Harleville.
1792	Floridor	*Minuit*, de Des Audras.
«	Clairette.	*Paulin & Clairette*, de Dezède.
«	La Baronne . . .	*Le Retour du Mari*, de Ségur.
«	Mme de Milſent	*La Matinée*, de Vigée.
1793	Angélique	*Le Conteur*, de Picard.
«	Urſule	*Les Femmes*, de Demouſtier.
«	Milady Daure . .	*Paméla*, de François de Neufchâteau.
1795	Agathe	*Le Bon Fermier*, de Ségur cadet.
«	Roſalie	*L'Amour à l'épreuve*, de Faur.
«	Conſtance	*Le Tolérant*, de Demouſtier.
«	Cécile	*Cécile*, de Souriguières.
1797	Roſalie	*L'Amour à l'épreuve*, de Faur.
«	La Comteſſe . . .	*L'Heureuſe Erreur*, de Patrat.
«	Séraphine	*Le Jaloux malgré lui*, de Delrieu.
«	Thalie.	*Les Deux Sœurs*, de Laya.
«	Thaïs	*Sophocle & Ariſtophane*, de Favié & Joly.
«	Laure	*Médiocre & rampant*, de Picard.
1798	Conſtance	*L'Epreuve délicate*, de Roger.
«	Caroline	*Trop de délicateſſe*, de Marſollier.
«	Auguſtine	*Falkland*, de Laya.
«	Sophie	*Les Dangers de la préſomption*, Desfaucherets.
«	Roſaline	*Les Projets de mariage*, de Al. Duval.
1799	Charlotte	*Les Deux Frères*, de Jauffret & Patrat.
«	Clémence	*L'Abbé de l'Epée*, de Bouilly.
1800	Miss Dorothée . .	*Le Lord impromptu*, de Luce de Lancival.
«	Nancy	*Camille*, de Mme de Salm.
«	Iſabelle Béjart . .	*La Maiſon de Molière*, de Mercier.
«	Mme Dirval . . .	*Les Mœurs du Jour*, de C. Harleville.

1800	Une Actrice . . .	*Le Buste de Préville*, de Chazet & Dupaty.
«	Mme Saint-Ange .	*Le Mariage supposé*, de Lourdet de Santerre.
1801	Lady Milfort . .	*L'Amour & l'Intrigue*, de la Martellière.
«	Sophie	*L'Aimable Vieillard*, de *** (Favières).
«	Félicie	*Le Confident par hasard*, de Faur.
«	Céphise	*Défiance & malice*, de Dieulafoi.
«	Fanny	*La Maison donnée*, d'Al. Duval.
1802	Caroline	*L'Ami vrai*, de *** (Pigault-Lebrun).
1803	Thalie	*Le Séducteur amoureux*, de Longchamps.
«	Adèle Dernanges .	*Le Double Hommage*, de Chazet & Dubois.
«	Clarisse	*La Dédaigneuse*, de *** (Ducret).
1804	Elianthe	*Guillaume-le-Conquérant*, d'Al. Duval.
«	Julie	*La Fausse Honte*, de Longchamps.
1805	Mme Dupré . . .	*Le Tyran domestique*, d'Al. Duval.
«	Mme de St-Gérant	*Madame de Sévigné*, de Bouilly.
1806	Caroline	*Le Politique en défaut*, de *** (Chazet & Sewrin).
«	Mathilde	*La Capricieuse*, de *** (Hoffmann).
1807	Araminthe	*Les Projets d'enlèvement*, de *** (Th. Pein).
1808	Araminthe	*L'Assemblée de Famille*, de Riboutté.
1809	Mme Dercour . .	*Le Secret du Ménage*, de Creuzé de Lesser.
1811	Mme Dormon . .	*La Femme misanthrope*, d'Al. Duval.
1813	Mme Derbon . . .	*L'Avis aux Mères*, de Dupaty.
«	Sophie	*L'Intrigante*, d'Etienne.
1814	Mme Fouquet . .	*Fouquet*, de Guy Montagnac.
«	Mme Sainville . .	*L'Hôtel garni*, de Défaugiers & Gentil.

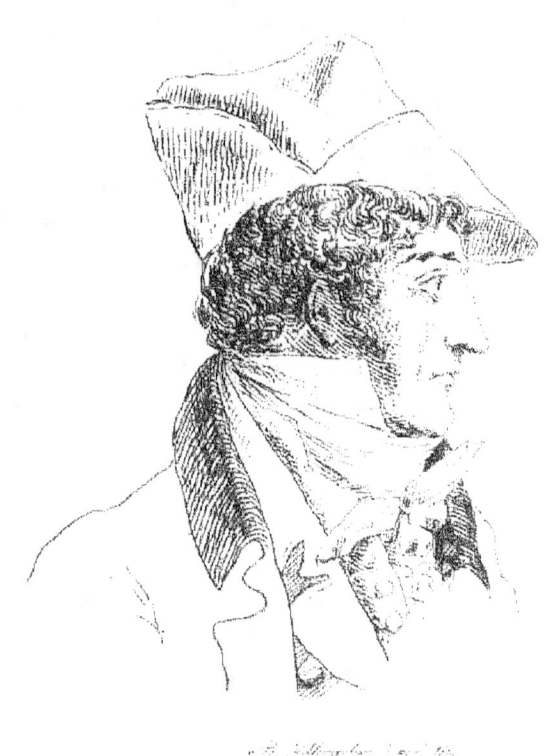

BAPTISTE, le cadet
Comédie-françoise
1792 - 1822

PAUL-EUSTACHE ANSELME

dit BAPTISTE, le cadet

1792 — 1822

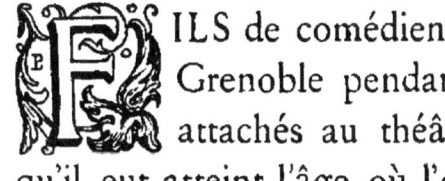

FILS de comédiens de province, il naquit à Grenoble pendant que fes parents étoient attachés au théâtre de cette ville. Auffitôt qu'il eut atteint l'âge où l'on fonge ordinairement à

Extrait des regiſtres de la paroiſſe St-Hugues, à Grenoble : « Le huit juin mil ſept cent ſoixante & cinq, j'ai baptifé PAUL EUSTACHE, né de ce jour, fils légitime du ſieur JOSEPH-FRANÇOIS-JEAN-BAPTISTE ANSELME, muſicien, & de la dame MARIE BOURDAIS. Le parrain a été le ſieur PAUL EUSTACHE, ancien capitaine du régiment de Hainault, repréſenté par le ſieur NICOLAS BOURDAIS, ayeul du baptifé; la marraine, JEANNE RIGAUD, femme du ſieur BOURDAIS, repréſentée par dame JEANNE CHARLES, veuve OLLIVIER, en préſence des ſouſſignés. »

prendre un état, on essaya de lui faire étudier la chirurgie ; mais tous les efforts de son père échouèrent dans cette tentative, moins encore à cause des répugnances instinctives de l'apprenti disciple de Saint-Côme, que par l'effet d'une paresse innée qui le rendoit indocile à toute occupation sérieuse. Bientôt sa véritable vocation se révéla, &, décidé à suivre l'exemple de son frère aîné, il déserta l'Ecole de médecine pour s'adonner à l'étude du chant & de la musique ; & dès qu'il se crut apte à déchiffrer les notes & à entonner un couplet, il partit secrètement & à la hâte pour Marseille. Il alla trouver le directeur du spectacle, qui, après audition, le reconnut de force à entrer.... dans les chœurs. Cependant, le jeune Baptiste parvint à se faire une place, modeste, il est vrai, parmi ses camarades, & put se risquer, de temps à autre, dans quelques rôles de *troisième amoureux*. Plus tard, il passa du théâtre de Marseille à celui de Rheims, & ensuite à celui de Rouen, dont il faisoit partie en 1786. Peu s'en fallut qu'il ne trouvât dans cette dernière ville une fin prématurée. Baptiste étoit à cette époque dans tout le feu de la jeunesse, & possédoit cette espèce de bravoure qu'on appelle crânerie. Il provoqua un jour sur le terrain un certain quidam, &, croisant le fer avec lui, il voulut, par fanfaronnade, passer son épée de la main droite dans la gauche ; mais à ce moment la lame de son adversaire l'atteignit sous l'aisselle & le perça de part en part. Il guérit de cette grave blessure, & l'année 1789 le trouva régisseur & acteur tout à la fois du théâtre de Verfailles, dirigé par Mlle Montanfier.

Il fut engagé en 1792 au Théâtre de la République, & y débuta, le 5 mai, dans *le Collatéral* ou *l'Amour & l'Intérêt*, comédie affez foible de Fabre d'Eglantine, & qui ne réuffit que médiocrement. C'eft alors que parurent deux parades, *le Défefpoir de Jocriffe* & *le Sourd* (1), dont le fuccès a été fi retentiffant, & où le jeu de Baptifte excitoit un rire continuel.

(1) Cette dernière pièce, à laquelle le nom de Desforges eft refté attaché, n'eft pas de cet auteur dramatique ; elle eft de Didier Mory, avocat au parlement, à qui elle fut fouftraite. Quelques années après, on la donna au théâtre Montanfier, en deux puis en trois actes, fous le nom de Desforges, qui y avoit introduit de légers changements & s'en prétendoit l'auteur, bien qu'on lui eût mis fous les yeux les preuves du contraire, émanées du directeur du fpectacle de Metz, qui affirmoit avoir eu en fa poffeffion le manufcrit original plufieurs années avant l'apparition de la pièce à Paris. Desforges ayant perfifté, le fieur Mory fe réfigna, autant dans l'intérêt de fon repos que pour ne pas compromettre la dignité de fa robe, à abandonner à fon fpoliateur l'honneur & le profit d'un ouvrage qui lui appartenoit de droit.

Baptifte cadet, qui, ainfi que nous venons de le dire, étoit très-comique dans le rôle de Dafnières, s'étant permis, un jour, un lazzi tant foit peu rifqué, en fut vertement réprimandé dans le *Journal des Spectacles*. Voici en quels termes le journalifte raconte un épifode qui fut la conféquence de fon article :

« L'article ci-deffus venoit de m'être envoyé, lorfque j'ai reçu la lettre fuivante, dont l'original étoit accompagné du n° 83 de notre feuille, trempée probablement dans le pot de chambre de M. Dafnières :

« F... poliffon, voilà le cas que les gens raifonnables doivent faire de ton journal. Je t'engage à ne pas te fervir d'autre paraphe, & pour tes épaules, je t'invite à ne pas te préfenter à notre fpectacle.

« Je devrois me fervir du bâton qui t'a redreffé à la cy-devant Comédie-Françoife ; mais, d'après la

L'entreprise de Gaillard n'ayant pas prospéré, les représentations cessèrent, & Baptiste reprit le chemin de la province. Paris ne le revit qu'en 1798 ; il entra au Théâtre Feydeau, & l'année suivante, à la réorganisation de la Comédie-Françoise, il eut la bonne fortune de faire partie du personnel. Les occasions plus fréquentes qu'il trouva de se mettre en évidence prouvèrent qu'il y avoit en lui quelque chose de mieux que l'étoffe d'un farceur de tréteaux, aspect sous lequel jusqu'à ce moment il s'étoit presque constamment produit. La nature de son talent étoit la bêtise naïve, la gaucherie confiante en elle-même : « emploi dans lequel (a dit un critique) l'acteur ne se sert de son esprit que pour convaincre le public qu'il n'en a pas. »

Toutefois, le nombre des rôles dont Baptiste cadet fut chargé dans des pièces nouvelles n'est pas considérable. Certains, d'ailleurs, appartenoient à des ouvrages de circonstance, ou qui n'étoient pas destinés à figurer longtemps sur l'affiche. Parmi les pièces restées au répertoire, dans lesquelles Baptiste a créé des rôles qui l'ont fait remarquer, on peut citer : Spleen, du *Conteur;* Alain (2), des *Héritiers;* Gaillard, de

---

manière dont tu y as répondu, toutes *reflections* faites, je crois que les coups sont les seules armes dont il faut se servir pour corriger un gredin comme toi. »

« *Signé:* A. BAPTISTE jeune. »
Le ton & le style de cette lettre font présumer le bien-fondé de l'observation du journaliste.

(2) Le marquis de Ximénès, vieil amateur fort original & ancien auteur dramatique, lui fit, à ce propos, le singulier compliment que voici ·

« Vous jouez fort bien Alain, des

l'Hôtel garni. Il déploya dans ces comédies un comique franc & naturel, que le bon goût, cependant, ne secondoit pas toujours. Dans l'ancien répertoire, le cercle des personnages qu'il a représentés n'étoit guères plus étendu : Perrin-Dandin dans *les Plaideurs*, Géronte dans *les Fourberies de Scapin*, Agnelet dans *l'Avocat Patelin*, Pierrot dans *le Festin de Pierre*, Flamand dans *Turcaret*, Trufaldin dans *l'Étourdi*, & Géronte dans *le Dissipateur*, ont compté parmi les meilleurs.

Baptiste ne s'en tint pas aux rôles en sous-ordre, & qui ressortoient plus ou moins de la caricature. Il eut l'ambition d'aborder le grand emploi des *Financiers* & des *Manteaux*, & adressa dans ce but, en 1813 (3), une demande au Comité, qui l'autorisa à

Héritiers; savez-vous pourquoi ? C'est que vous avez la figure bête, les bras & les mains bêtes, les jambes & les pieds bêtes ; enfin, parce que vous êtes bête de la tête aux pieds. »

On retrouve la même idée dans les vers suivants, extraits d'une épitre adressée à Arnal par un ex-sociétaire * de la Comédie-Françoise :

« Grâce à son air contraint, ses longs bras, ses grands traits,
« C'étoit un franc benêt des pieds jusqu'à la tête...
« Enfin, jusqu'à ses mains, en lui tout étoit bête. »

(3) « Comédie-Françoise. — Comité d'administration.
« Sur la demande de M. Baptiste cadet, tendant à être autorisé à jouer en chef plusieurs rôles de l'emploi des *Manteaux :*

« Considérant que M. De Vigny, quoique jouant l'emploi des *Manteaux* & *Financiers*, ne peut, d'après son ordre d'admission, être considéré comme chef de cet emploi;
« Que jusqu'à temps que la place

* Joanny.

titre d'essai & pour quelques rôles seulement. Celui d'Argan, dans *le Malade imaginaire*, dont il se tira d'une manière plaisante, lui réussit, & le public l'y vit avec plaisir jusqu'à la fin de sa carrière dramatique; il n'en fut pas de même de quelques autres personnages de la haute comédie, tels que Chrisale des *Femmes savantes*, & Antoine du *Philosophe sans le savoir*, où il échoua tout à fait. Aussi peut-on dire, sans injustice, que cet acteur n'a obtenu des succès réel que dans les *Caricatures* & les *Niais*, & qu'il fut moins convenablement placé dans les rôles de longue haleine, que dans ceux qui n'étoient simplement qu'épisodiques, tels que celui

de chef d'emploi soit définitivement donnée, il ne peut y avoir aucun inconvénient à ce que quelques-uns des rôles de cet emploi, qui se rapprochent de celui des *Grimes*, soient momentanément joués par M. Baptiste cadet, sans que toutefois ils cessent de faire partie de l'emploi auquel ils ont toujours appartenu;

« Arrête ce qui suit :

ART. 1.

« Les rôles ci-après désignés seront provisoirement joués en chef par M. Baptiste cadet, sans que, toutefois, ils cessent de faire partie de l'emploi des *Manteaux* & *Financiers*, & sans que M. De Vigny puisse être dispensé de les jouer en double.

ART. 2.

« La présente disposition cessera d'avoir lieu lorsque la place de chef de l'emploi sera définitivement donnée. »

Liste des rôles mentionnés à l'art. 1er.

Clénard (de *l'Intrigue épistolaire*).
Le Baron (du *Muet*).
Géronte (du *Légataire universel*).
Le Philosophe (du *Bourgeois gentilhomme*).
Anselme (de *l'Etourdi*).
Géronte (du *Dissipateur*).
Hilaire (du *Cocher supposé*).
Orgon (de *la Pupille*).
Orgon (du *Consentement forcé*).
Géronte (du *Retour imprévu*).
Le Président (du *Mariage fait & rompu*).
Argan (du *Malade imaginaire*).

Signé : Les Membres du Comité.

(*Arch. de l'Empire.*)

qu'il rempliſſoit dans le *Parleur contrarié* (4), qui lui valut beaucoup de ſuccès. C'étoit celui d'un bègue qui, pendant tout le cours de la pièce, cherche à placer ſon mot & n'y parvient qu'au dénouement. C'eſt alors qu'il falloit voir ſa joie & ſon triomphe ! Rien de plus plaiſant que l'expreſſion de ſon viſage, dont les muſcles faciaux avoient une mobilité qui lui permettoit de varier à l'infini le jeu de ſa phyſionomie. Le rôle du Fat, dans *la Belle Fermière*, étoit encore un de ceux où il faiſoit pâmer de rire lorſque, portant le nez à ſa ſerviette, il s'écrioit : « Ça ſent la leſſive (5) ! »

La connoiſſance que Baptiſte cadet avoit acquiſe dans ſa jeuneſſe des principes de la muſique ne reſta pas inutile à ſes ſuccès, lorſque, après avoir renoncé à chanter l'opéra-comique, il ſe voua excluſivement à la comédie parlée ; car, en muſicien exercé, il ſavoit donner à ſa voix les inflexions les plus bizarres, & communiquer au ſpectateur la gaîté dont lui-même ſe ſentoit animé. Fleury & Talma l'apprécioient beaucoup ; il n'en étoit pas de même de Mlle Contat, qui,

---

(4) Comédie en un acte & en vers, de Delaunay, repréſentée le 3 janvier 1807.

(5) L'impératrice Joſéphine &, plus tard, Marie-Louiſe ſe divertirent beaucoup aux repréſentations où figuroit Baptiſte cadet. Cette dernière princeſſe ne pouvoit comprimer, au gré de l'étiquette, ſes éclats de rire à la vue de cet acteur, & lorſque le premier Chambellan lui annonçoit pour le ſoir un ſpectacle à la Cour, elle ne manquoit jamais de demander, avec ſon accent tudeſque : « Chouera-t-il, ce crant monſieur ſi trôle ? »

(Épître à Arnal, déjà citée.)

par dédain fans doute, ne l'appeloit jamais que *M. de Dafnières* (6).

En réfumé, pendant les trente années qu'il paffa à la Comédie-Françoife, Baptifte le cadet n'a pas ceffé d'être un des acteurs favoris du public; &, fauf quelques rôles qui n'étoient pas faits à fa taille & auxquels il eut la fageffe de renoncer, tous ceux qu'il joua lui méritèrent le meilleur accueil. Né comédien, l'imitation étoit chez lui prompte & facile; fon mafque, ainfi que nous l'avons déjà dit, étoit des plus heureux. A ces dons naturels, il joignoit l'art de fe grimer & de coftumer fon perfonnage de la manière la plus plaifante.

Les regrets infpirés par fa retraite furent d'autant plus vifs qu'il étoit difficile déformais de le remplacer dans fon emploi, quoiqu'à vrai dire, malgré fon mérite relatif, Baptifte cadet n'ait point été précifément un comédien à mettre fur la même ligne que quelques-uns de fes prédéceffeurs. Sa repréfentation d'adieu eut lieu le 5 mars 1822. On joua *Hamlet*, & pour la première fois une comédie de Mme Sophie Gay, intitulé : *Une Aventure du chevalier de Grammont*, qui, pour le dire en paffant, éprouva une chute complète. *Le Sourd* ou *l'Auberge pleine*, cette parade, où il fe montroit inimitable, termina le fpectacle, qui produifit onze mille francs de recette au bénéficiaire. Le 27 mars 1830, il reparut à l'occafion d'une repréfentation

---

(6) *Hiftoire anecdotique du Théâtre-François*, par Charles Maurice.

donnée au Théâtre Feydeau pour son neveu Féréol, & y remplit le rôle de Brid'oison dans *le Mariage de Figaro*.

Vint la Révolution de juillet, qui plaça la Comédie dans une situation des plus difficiles. Les deux Baptiste, désireux de venir en aide à leurs camarades, donnèrent une série de représentations annoncées avec solemnité. Le souvenir y eut plus de part que le présent, car Baptiste cadet, plus affoibli par les années que son aîné, put à peine se faire entendre. Le bon vouloir de ces deux artistes distingués demeura d'ailleurs stérile, tant les préoccupations politiques éloignoient alors le public des distractions de la scène.

La fin de cet aimable comédien a été des plus lamentables. Il étoit devenu aveugle depuis plusieurs années ; sa mémoire s'étoit éclipsée & ne se remontroit plus qu'à de très-rares intervalles. On dit même qu'il perdit la raison, & qu'il fallut le garder à vue derrière une alcove grillée. La mort étoit de beaucoup préférable à cette triste situation ; elle vint l'en délivrer le 31 mai 1839, dans sa soixante-quinzième année.

Rôles créés par Baptiste cadet

1792	L'Abbé......	*Les Trois Cousins*, de Levrier de Champ-Rion.
«	Boniface.....	*La Belle Fermière*, de Mlle Candeille.
«	Richard.....	*L'Obligeant maladroit*, de Famin.
1793	Un notaire...	*Le Deuil prématuré*, de Monvel fils.
«	Hervas.......	*La Liberté des Femmes*, de *** (Brienne-Raffard).
«	Dasnières....	*Le Sourd*, de Desforges.
«	Melcour.....	*La Vraie Bravoure*, d'A. Duval & Picard.
1794	Valcourt.....	*La Perruque blonde*, de Picard.
1795	Charles.....	*La Moitié du chemin*, du même.
«	Gabriel.....	*Les Amis de collége*, du même.
1796	Benetto.....	*Le Chanoine de Milan*, d'Al. Duval.
«	Alain........	*Les Héritiers*, du même.
1797	Thibaudé....	*Le Mari jaloux*, de Desforges.
«	Saint-Victor fils.	*Les Modernes enrichis*, de Pujoulx.
1800	Lémos.......	*Pinto*, de N. Lemercier.
«	Belport......	*Les Calvinistes*, de P. Lebrun & Dumaniant.
1801	Macdulf.....	*L'Amour & l'Intrigue*, de *** (La Martellière).
«	Lafleur......	*L'Intrigant dupé*, de Richaud-Martelli.
1802	Durand.....	*Juliette & Belcour*, de Lombard.
1803	Ridern......	*Herman & Verner*, de Favières.
«	Benoît......	*La Boîte volée*, de Longchamps.
1804	Firmin......	*La Leçon conjugale*, de Sewrin & Chazet.
1806	Antoine.....	*Le Politique en défaut*, des mêmes.
1807	Gercour.....	*Le Parleur contrarié*, de Delaunay.
«	Bouffi......	*Le Trésor*, d'Andrieux.
«	Grappin.....	*Bruéis & Palaprat*, d'Etienne.
1808	Jasmin......	*La Suite du Menteur*, d'Andrieux.
«	Josselin.....	*La Réconciliation*, de *** (Mlle Candeille).
1809	Grappin.....	*La Fontaine chez Fouquet*, de *** (Dumolard).
«	Mathieu.....	*Les Capitulations de conscience*, de *** (Picard).

1810	Watkins.	*Le Prisonnier en voyage*, de Delaunay.
1811	Senneville	*Un Lendemain de Fortune*, de Picard.
«	Furet.	*L'Heureuse Gageure*, de Desaugiers & Gentil.
«	Un libraire. . . .	*La Manie de l'Indépendance*, d'Al. Duval.
«	Bertrand	*Les Pères créanciers*, de Planard.
1812	Géronte	*Mascarille*, de *** (C. M. Descombes).
«	Un laquais. . . .	*L'Officieux*, de De la Salle.
«	Dupré	*La Lecture de Clarisse*, de Roger.
1813	Bienvenu	*Avis aux Mères*, de Dupaty.
«	Le Bⁿ de Werstein	*L'Intrigante*, d'Etienne.
«	François	*La Nièce supposée*, de Planard.
1814	Issachar	*La Rançon de Du Guesclin*, d'Arnault.
«	Gaillard	*L'Hôtel garni*, de Désaugiers & Gentil.
1815	Maigret	*Les Deux Voisines*, des mêmes.
«	François	*Un Retour de jeunesse*, d'Audibert.
1816	Hubert	*Henri IV & Mayenne*, de Rancé & Théaulon.
«	Zodiacobolos . .	*Le Mariage de Robert de France*, de Vieillard.
«	Lefranc	*Le Médisant*, de Gosse.
1818	La Morlière . . .	*Le Susceptible par honneur*, du même.
1820	Isaac Salomon . .	*Le Flatteur*, du même.
«	Morin	*Le Paresseux*, de Marignié.
1821	Bizet.	*Le Mari & l'Amant*, de Vial.
1822	Un officier . . .	*Une Aventure du ch. de Grammont*, de*** (Mme S. Gay).

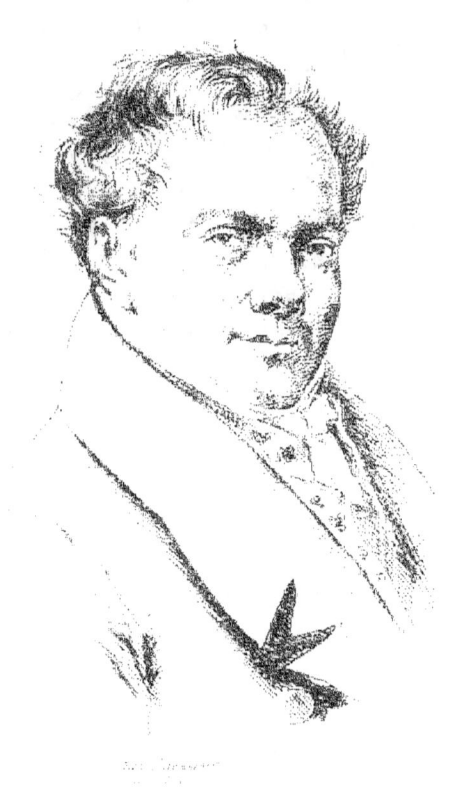

DAMAS
Comédie-françoise
1735 - 1825

ALEXANDRE-MARTIAL-AUGUSTE

DAMAS

1792 — 1825

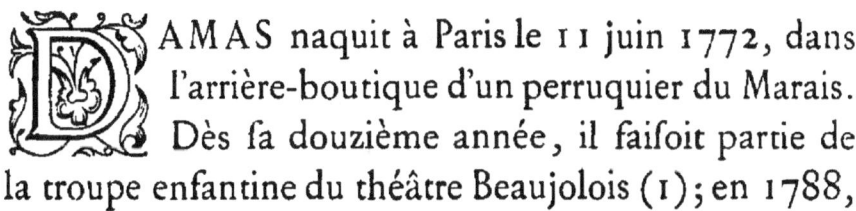AMAS naquit à Paris le 11 juin 1772, dans l'arrière-boutique d'un perruquier du Marais. Dès fa douzième année, il faifoit partie de la troupe enfantine du théâtre Beaujolois (1); en 1788,

---

Extrait des actes de la paroiffe Saint-Louis-Saint-Paul : « Cejourd'huy, douze juin mil fept cent foixante & douze, a été baptifé ALEXANDRE-MARTIAL-AUGUSTE, né du jour précédent, fils de JEAN-ETIENNE DAMAS, maître perruquier, & de MARIE-JEANNE-CATHERINE HUSLOT, fon époufe, demeurant rue du Roi-de-Sicile, de cette paroiffe. »

(1) Cette falle fubit une foule de viciffitudes. Conftruite en 1777, elle prit le titre de *Théâtre des Elèves de l'Opéra*. Elle fut fermée

son nom figuroit parmi ceux des acteurs de l'Ambigu-Comique, &, le 18 juin 1791, il débutoit par le rôle d'Egysthe dans *Mérope*, au théâtre de Mlle de Montansier, qui exploitoit concurremment la tragédie, la comédie & l'opéra : Damas ne jouoit que les deux premiers genres. On commença à le remarquer, sur cette nouvelle scène, dans le rôle principal d'une tragédie intitulée *la Mort d'Abel*, premier essai (2) d'un jeune littérateur, nommé Chevalier.

Vers la fin de 1792, Damas passa au *Théâtre de la République*, où il resta jusqu'en mars 1797. Il entra à cette époque au *Théâtre Feydeau*, & y fit un heureux début dans la comédie de *Dupuis & Desronais*. On n'avoit point encore laissé tomber en désuétude l'obligation imposée par les anciens règlements, à chaque acteur, de desservir simultanément la tragédie & la comédie. Bien que sa physionomie vulgaire, sa tournure épaisse & sa voix peu harmonieuse se prêtassent difficilement à l'emploi des *jeunes-premiers*, Damas voulut se conformer rigoureusement à l'observation de cette vieille coutume. Sa chaleur, vraie ou factice, mais

par ordre supérieur, le 18 mai 1780, & occupée par un entrepreneur de *Jeux pyrrhiques*. En 1790, les Beaujolois, chassés de la salle du Palais-Royal où ils étoient établis depuis 1784, allèrent se réfugier dans celle du boulevard du Temple, située en face de la rue Charlot, & connue sous la dénomination de *Lycée dramatique*. Ils cessèrent d'exister à la fin de cette même année.

(2) Cet ouvrage, représenté le 27 mars 1792, n'étoit pas, malgré le succès estimable qu'il obtint, de nature à soutenir le parallèle avec la pièce biblique de Legouvé.

communicative, une forte d'inftinct & d'intelligence dramatique dont il étoit pourvu à un haut degré, & qui fuppléoit chez lui à l'abfence totale d'inftruction, rendirent le public très-indulgent pour fes défauts. Son zèle & fes fervices furent enfin récompenfés par le titre de fociétaire, dont il fut invefti à la réunion générale de 1799 (3).

Cette nouvelle pofition, en le claffant comme *double* de Fleury, accrut, il eft vrai, les difficultés de fa tâche; car Damas faifoit avec fon chef d'emploi, cité comme un type d'élégance & de diftinction, le contrafte le plus frappant. On peut même affirmer, d'après les témoignages contemporains, que la décadence du goût & de la bonne tenue en fcène data du jour où Damas, après la retraite de Fleury, prit poffeffion des grands rôles de l'emploi. L'impartialité exige néanmoins qu'on reconnoiffe que ce comédien rachetoit les torts de fa nature & de fa première éducation par une puiffance d'action, par un aplomb & une fûreté de mémoire qui firent de lui, en mainte occafion, le *palladium* des auteurs en péril. En effet, un jour de première repréfentation, à quelque degré que le fuccès de la pièce nouvelle fût mis en queftion par la difpofition des fpectateurs, il demeuroit étranger à tout ce qui fe paffoit en dehors de la fcène & pourfuivoit imperturbablement fon rôle. Plus d'une fois, grâce à

(3) On lui attribua trois quarts de part. En janvier 1803, il fut mis à 7/8es, & enfin, à partir de feptembre de la même année, il obtint part entière.

la précipitation calculée & à l'artifice de son débit, il escamota (c'est la véritable expression) un passage, un mot foible, une situation risquée, amenant ainsi à bon port une œuvre qui, livrée au seul concours de ses camarades plus timorés, ne seroit pas arrivée à sa fin.

Si Damas possédoit l'art de s'emparer de la scène & de l'échauffer, il mérita fréquemment, d'un autre côté, le reproche de frapper plutôt fort que juste. Il réussissoit auprès de cette portion du public peu propre à apprécier les nuances ; mais aux yeux des gens de goût, sa volubilité passoit souvent pour un lourd contre-sens. Un jour que, dans le *Misanthrope*, il venoit de lancer avec sa véhémence & son exagération accoutumées ces deux vers :

« Ce n'est que jeux de mots, qu'affectation pure,
« Et ce n'est pas ainsi que parle la nature ! »

« — Non, Monsieur ! ce n'est pas ainsi ! » s'écria un vieil habitué gâté par ses souvenirs.

Chez lui, une certaine exagération dans l'expression du visage, un geste trop fréquent & une tenue négligée prêtoient également à la critique : certains monosyllabes qui lui échappoient par habitude faussoient malgré lui le vers & choquoient le spectateur (4). Comme compensation à ces remarques sévères, & en résumant les jugements divers qui ont été portés sur Damas par ses contemporains, on peut conclure qu'il

---

(4) De *courroux, genoux*, il faisoit aussi *courrouxe, genouxe*.

a été un comédien doué de chaleur & d'énergie ; rempli d'habileté, d'aplomb & de reſſources ; que, ſociétaire zélé & ſcrupuleux dans l'accompliſſement de ſes devoirs, il rendit des ſervices importants & réels à la Comédie-Françoiſe. Il y tint, ſans déſavantage, ſa place à côté des Monvel, des Fleury, des Grandmeſnil, illuſtrations qui, bien que ſur leur déclin, jetèrent encore pendant pluſieurs années un ſi vif éclat ſur la ſcène. A pluſieurs repriſes, Damas ne fut pas jugé indigne, par Napoléon, de venir s'aſſocier à ces comédiens d'élite, dans les repréſentations données ſoit à Mayence, ſoit à Erfurt, en préſence des Souverains.

La poſition que Damas avoit acquiſe à la Comédie avoit fait naître en lui la prétention de marcher de pair avec Fleury, & plus tard de mettre de côté cet acteur éminent : ſentiment qui le rendit très-injuſte envers un homme qu'il n'auroit pas dû ceſſer de traiter avec déférence & reſpect. Loin de là, ſes tracaſſeries & ſes menées ſecrètes ne contribuèrent que trop à la retraite prématurée de ſon chef d'emploi. Cet inſtinct de jalouſie, Damas ne s'en départit jamais dans le cours de ſa carrière dramatique : il rendit difficiles ſes relations entre camarades, & amenèrent de ſa part des exigences qui peſèrent d'une manière tyrannique ſur le répertoire. On raconte à ce ſujet une anecdote aſſez piquante, où l'orgueil de ce comédien éprouva une mortification méritée. Lors de la repréſentation de retraite de Mme Thénard, la bénéficiaire avoit choisi *Béverley*, dont le rôle principal fut dévolu à Talma, en séance de comité. Damas réclama avec violence contre cette décision, qu'il qualifioit de violation de ses droits ; ce rôle, qu'on l'avoit d'abord supplié de jouer, & qui étoit dans son emploi, ayant été ensuite, suivant lui, injustement donné à un autre. Une altercation s'ensuivit, dans laquelle Damas se répandit en termes un peu vifs contre sa camarade, & Mme Thénard, offensée, articula avec fermeté ces paroles qui terminèrent la querelle, en mettant les rieurs de son côté : « Je veux faire de l'argent &, pour cela, porter le prix des places à quinze francs. Hé ! qui les donneroit, Monsieur, pour vous voir ? Je le demande à ces dames. »

Le nombre des rôles créés par Damas est considérable & constate que, sous le rapport des services actifs, ce comédien a été depuis Molé celui dont les auteurs employèrent le plus fréquemment le concours (5). Sa retraite laissa donc un grand vide, même

---

(5) On lit dans une lettre que Damas écrivoit pour exposer l'état de ses services déjà anciens : « Je suis au Théâtre-François depuis 1792..... Aucun acteur, sans exception, n'a fourni une carrière ni plus laborieuse, ni plus honorable... Les gens de lettres m'ont accordé leur confiance, ce qui se prouve par le grand nombre de rôles que j'ai établis... J'ai fait les voyages de Mayence, d'Erfurt *, de Fontainebleau & de Compiègne. Je ne jouois le premier emploi qu'en *double*, & j'étois chef des deuxièmes rôles dans les deux genres. Parvenu, à mon tour, au premier emploi, on ne m'en a pas trouvé indigne, & personne, j'ose le dire, n'a rempli son devoir avec plus de conscience & de succès... »

(*Arch. de l'Empire.*)

* Les dépenses pour le voyage, le séjour & le retour de la Tragédie à Erfurt, notam-

aux yeux des critiques, bien qu'ils fe fuffent attachés à ne fignaler en lui que des qualités négatives. Parmi les rôles nouveaux établis par lui dans les deux genres, on cite ceux de Siméon dans *Omafis*, de Merval dans *la Manie des grandeurs*, du baron de Rofenthal dans *la Fille d'honneur*, & d'Armand dans *l'Avocat*.

Damas avoit époufé, en 1798, une jeune fille (6) née en Ruffie, riche & bien élevée. Il quitta le théâtre en 1825 (7) & fe retira dans une propriété

(6) Marie-Anne de Labory, née en 1773, morte à Paris en octobre 1853.

(7) Le 26 mai 1825, Damas devoit jouer, pour la dernière fois, dans *la Fille d'honneur*; mais, à cinq heures du foir, une bande fur l'affiche annonça *relâche* par indifpofition de Mlle Mars. Le furlendemain, on donna à fon bénéfice la première repréfentation de *Bélifaire*, fuivi des *Deux Moufquetaires*, opéra-comique, & d'un ballet par les artiftes de l'Opéra. Damas n'a-

ment d'après le bordereau dreffé par le Grand-Maréchal du Palais & fous les yeux de l'Empereur, le 27 octobre 1808, ont coûté la fomme de 71,284 f. 12 f.
Sur ladite fomme, les artiftes de la Comédie-Françoife ont reçu, favoir :

		Aller.	Séjour.	Retour.
Mmes	Raucourt	1,500	500	1,000
	Talma	1,500	500	1,000
	Duchefnoy	1,500	500	1,000
	Bourgoin	1,200	500	800
	Rofe Dupuis	1,200	500	800
	Gros	1,200	500	800
	Patrat	1,200	500	800
MM.	Saint-Prix	1,500	500	1,000
	Talma	1,500	500	1,000
	Lafon	1,500	500	1,000
	Damas	1,500	500	1,000
	Defprez	1,200	500	800
	Lacave	1,200	500	800
	Varennes	1,000	500	800
		18,700	7,000	12,000

En tout : 38,300 fr.

(*Caiffe des Théâtres. Mff. de la Bibl. impér.*)

qu'il avait acquife à Sceaux-les-Chartreux, auprès de Longjumeau. Il s'attacha à embellir cette réfidence, qui étoit l'ancien presbytère, & n'y épargna rien. C'eſt là que, le 17 octobre 1834, une mort foudaine le furprit, au retour d'une promenade qu'il venoit de faire dans fon jardin : il n'eut que le temps d'appeler fa femme & expira dans fes bras en proférant ces feuls mots : « Je meurs !... Mon Dieu, je meurs ! » Un épanchement interne d'humeurs provenant d'une plaie, combinée avec d'autres affections anciennes, a pu expliquer fa fin inopinée.

Damas n'étoit âgé que de foixante-deux ans. Son corps fut rapporté à Paris & inhumé au cimetière de l'Eſt.

Une fœur de Damas, élève de Monvel, avoit paru avec quelque fuccès, vers 1802, à la Comédie-Françoife, dans les rôles d'Héloïfe dans *Fénelon*, & de Cécile dans l'*Honnête criminel*. Ses débuts n'eurent pas de continuation, & elle retourna dans les départements qu'elle avoit quittés pour tenter cette épreuve, reſtée fans réfultat.

voit pu obtenir de paroître dans cette repréfentation, qui n'attira que peu de curieux. Heureufement pour le bénéficiaire, la Comédie lui avoit garanti une recette de 10,000 francs.

Rôles créés par Damas.

1794	Ménénius-Agrippa.	*Quintus Cincinnatus*, d'Arnault.
1796	Saint-Clair	*Les Artiſtes*, de Collin-Harleville.
«	Michelin	*La Jeuneſſe de Richelieu*, d'A. Duval & Monvel.
1797	Terſanges	*Le Mari jaloux*, de Desforges.
1798	Téligny	*Michel Montaigne*, de Guy.
1799	Florval	*L'Epreuve délicate*, de Roger.
«	Mercourt.	*Les Dang. de la Préſompt.*, de B. Desfaucherets.
«	Erneſt	*Mathilde*, de Monvel.
«	Timante	*Les Précepteurs*, de Fabre d'Eglantine.
«	Polynice	*Ethéocle & Polynice*, de Legouvé.
«	Saint-Alme	*L'Abbé de l'Epée*, de Bouilly.
1800	Robert.	*Camille*, de *** (Mme de Salm).
«	Almada	*Pinto*, de N. Lemercier.
«	Floricour.	*Les Deux Poètes*, de Rigaud.
«	Déricourt	*Les Mœurs du Jour*, de Collin-Harleville.
«	Defronais.	*Caroline*, de Roger.
«	Pallante	*Théſée*, de Mazoïer.
«	Saint-Phard . . .	*Le Mariage ſuppoſé*, de Lourdet de Santerre.
1801	Ferdinand	*L'Amour & l'Intrigue*, de *** (La Martellière).
«	Volicour.	*L'Aimable Vieillard*, de *** (Favières).
«	Wladamir	*Phædor & Wladamir*, de *** (Ducis).
«	Ramire.	*Alhamar*, de *** (du même).
1802	Duc de Cumberland	*Edouard en Ecoſſe*, d'A. Duval.
«	Léon.	*Le Roi & le Laboureur*, d'Arnault.
1803	Charles Guldenſtern	*Siri-Brahé*, de Thuring.
«	Verner.	*Herman & Verner*, de Favières.
«	Le Pr. de Mantoue.	*Le Taſſe*, de Cicile.
«	Dercour	*La Boîte volée*, de *** (de Longchamps).
1804	Delville.	*La Fauſſe Honte*, de *** (du même).
«	Alexis	*Pierre-le-Grand*, de Carrion-Nifas.

1804 Boileau. . . . . . . *Molière avec ſes Amis*, d'Andrieux.
« Hippolyte . . . . *La Leçon conjugale*, de Sewrin & Chazet.
1805 Anaximandre. . . *Anaximandre*, d'Andrieux.
« Valſain. . . . . . *Le Tartuffe de Mœurs*, de Chéron.
« G. de Châtillon . *Les Templiers*, de Raynouard.
« Ulyſſe . . . . . . *Aſtyanax*, de *** (Halma).
« Woldemar. . . . *Amélie Mansfield*, de *** (Bellin).
1806 Rheinberg . . . . *Les François dans le Tyrol*, de Bouilly.
« Armand . . . . . *L'Avocat*, de Roger.
« Arſace . . . . . . *Antiochus-Epiphanes*, de *** (Le Chevalier).
« Henri V . . . . . *La Jeuneſſe d'Henri V*, d'A. Duval.
« Sully. . . . . . . *La Mort d'Henri IV*, de Legouvé.
« Siméon. . . . . . *Omaſis*, de Baour-Lormian.
« Valcour . . . . . *Les Faux Somnambules*, de*** (Révérony St-C.).
1807 Florville . . . . . *Le Parleur contrarié*, de Delaunay.
« Verteuil . . . . . *Les Projets d'enlèvement*, de *** (Th. Pein).
« Le duc d'Anjou. . *La Mort de Du Gueſclin*, de *** (Dorvo).
« Vendôme. . . . . *Brueis & Palaprat*, d'Etienne.
1808 Valmont. . . . . *L'Aſſemblée de Famille*, de Riboutté.
« Arbace. . . . . . *Artaxerce*, de Delrieu.
« Merſenne. . . . . *La Réconciliation*, de *** (Mlle Candeille).
1809 Patrocle . . . . . *Hector*, de L. de Lancival.
« Saint-Remy. . . . *Le Chevalier d'induſtrie*, d'A. Duval.
« Boleſlas. . . . . . *La Revanche*, de Roger & C. de Leſſer.
« Domitien. . . . . *Vitellie*, de *** (de Selves).
« Damis . . . . . . *L'Enthouſiaſte*, de *** (Valmalette).
1810 Edmond . . . . . *Le Priſonnier en voyage*, de Delaunay.
« Charles. . . . . . *Le Vieux Fat*, d'Andrieux.
« Dalainville . . . . *Les Deux Gendres*, d'Etienne.
1811 Dorſange. . . . . *Un Lendemain de Fortune*, de Picard.
« Soliman . . . . . *Mahomet II*, de Baour-Lormian.
« Blinville. . . . . . *L'Heureuſe Gageure*, de Déſaugiers & Gentil.
« Edmond . . . . *La Femme miſanthrope*, d'A. Duval.
« Charles. . . . . . *La Manie de l'Indépendance*, de C. de Leſſer.
1812 Wilſon. . . . . . *Le Miniſtère anglois*, de Riboutté.
« Eraſte . . . . . . *Maſcarille*, de *** (Ch. M. Deſcombes).
1813 Raymond. . . . . *Tippo-Saëb*, de Jouy.
« Saint-Phard . . . *L'Intrigante*, d'Etienne.

1814	Péliffon.	*Fouquet*, de *** (Gain-Montagnac).
«	Sainville	*L'Hôtel Garni*, de Defaugiers & Gentil.
1815	Racine.	*Racine & Cavois*, d'Etienne.
1816	Norfolk	*Arthur de Bretagne*, d'Aignan.
«	Henri	*Henri IV & Mayenne*, de Théaulon & Rancé.
«	Alexandre	*Alexandre chez Apelles*, de De La Ville.
«	La Varenne . . .	*La Fête d'Henri IV*, de Rougemont.
«	Du Breuil.	*Le Médisant*, de Goffe.
«	Philippe-Augufte.	*L'Anniverfaire*, de Théaulon & Rancé.
«	Don Félix.	*Les Deux Seigneurs*, de *** (Planard).
1817	Merval.	*La Manie des grandeurs*, d'A. Duval.
1818	Sénanges.	*La Réconciliation par rufe*, de *** (Riboutté).
«	Dinval.	*Le Sufceptible par honneur*, de *** (Goffe).
«	Edmond	*La Fille d'honneur*, d'A. Duval.
1819	Dumont de Fierfort	*Orgueil & Vanité*, de *** (Souques).
«	Armand	*Les Femmes politiques*, de *** (Goffe).
«	Dubiange	*L'Irréfolu*, de O. Leroy.
«	Dorival.	*Le Frondeur*, de Royou.
1820	Saint-Hème. . . .	*Le Flatteur*, de *** (Goffe).
«	Valcour	*Le Folliculaire*, de De La Ville.
«	Tanneguy-Duchâtel	*Jean de Bourgogne*, de Fromont.
«	Sainval.	*L'Amour & le Procès*, de Gaugiran-Nanteuil.
1821	Candor.	*Le Faux Bonhomme*, d'A. Duval.
«	Rofcius.	*Sylla*, de Jouy.
1822	Molière.	*Le Ménage de Molière*, de J. Genfoul & A. Naudet.
«	Grammont. . . .	*Une Aventure de Grammont*, de *** (Mme S. Gay).
«	Suzeval.	*Les Quatre Ages*, de Merville.
«	Mellefont.	*L'Amour & l'Ambition*, de Riboutté.
1823	Dupré	*L'Education*, de C. Bonjour.
1824	Bothwell.	*Bothwell*, d'Empis.
«	Valmont	*Le Tardif*, de J. Genfoul.

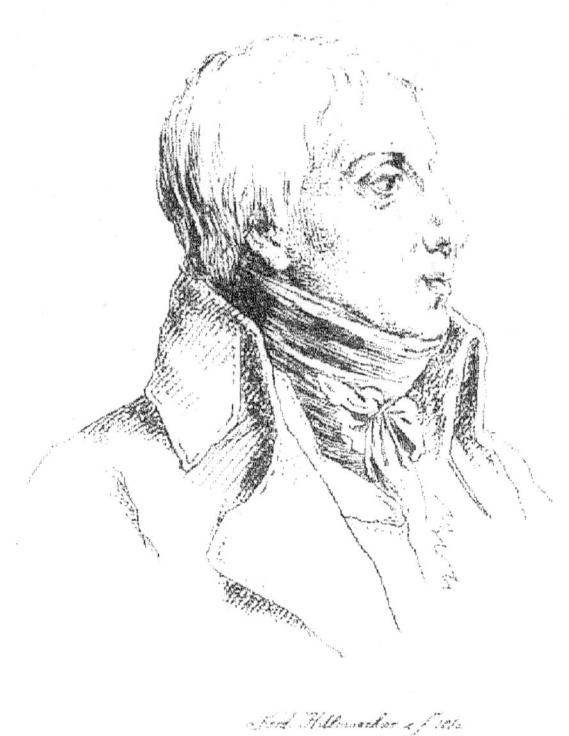

BAPTISTE, l'aîné
Comédie-françoise
1793 – 1828

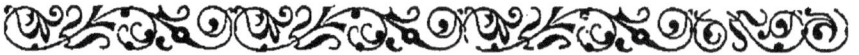

NICOLAS ANSELME

dit BAPTISTE, l'aîné

1793 — 1828

CE comédien naquit à Bordeaux le 18 juin 1761. Dans fa famille, on jouoit la comédie de père en fils. Auffi, dès fon enfance, fut-il deftiné à fuivre la même carrière que fes parents. A peine âgé de dix-huit ans, il débuta à Arras dans l'em-

---

Extrait des regiſtres de la paroiſſe St-Seurin, à Bordeaux : « Le dix-huit juin mil fept cent foixante & un, eſt né & a été baptifé Nicolas, fils légitime du fieur François-Joseph Anselme, muſicien, & de demoifelle Marie Bourdais. Le parrain, le fieur Nicolas Bourdais, imprimeur ; la marraine, demoifelle Marie-Magdeleine Bourdais. »

ploi des *troisièmes amoureux* tragiques & comiques, sous le nom de *Baptiste*, qui étoit traditionnel parmi les siens. Il chantoit aussi l'opéra comique. La nature ne s'étoit pas montrée prodigue de ses dons envers ce nouvel élève de Thalie & de Melpomène : qu'on se figure un tout jeune homme, pourvu d'une taille des plus effilées & roucoulant d'une voix nasale le rôle de l'amoureux Colas dans la pièce de Sédaine & de Monsigny. Tel étoit alors Baptiste aîné, fort recherché, d'ailleurs, par les directeurs de province, à cause de son imperturbable mémoire. Celui de Rouen se l'attacha en 1783, & le conserva pendant sept années au nombre de ses pensionnaires. Comme cette ville étoit alors une de celles où la comédie florissoit, son talent s'y développa rapidement par la pratique de son art; il étoit goûté du public, qui apprécioit ses efforts (1). Tout sembloit devoir le fixer pour longtemps dans cette ville, jusqu'au mariage même qu'il venoit d'y contracter; mais, se sentant appelé à des destinées plus brillantes, notre jeune acteur ne voulut pas renouveler son engagement lorsqu'il vint à expirer (2), & saisit avec empressement l'occasion qui s'offrit à lui de venir

(1) En juillet 1823, Baptiste aîné voulut revoir cette ville; il alla pour y donner des représentations. Dans la première soirée, il joua le *Misanthrope* & les *Deux Frères*. Mais cet artiste étoit alors au déclin de sa carrière; il ne produisit que peu d'effet, & ne joua que cette fois-là, grâce à une jaunisse qui vint fort à propos rompre le traité fait entre lui & le directeur Morel.

(*Histoire des théâtres de Rouen*, par B*** (Bouteillier).

(2) Il quitta alors le chant, bien que la musique n'ait cessé, pendant toute sa vie, d'occuper ses loisirs.

à Paris, en acceptant les propofitions de l'entrepreneur du nouveau théâtre du Marais (3). Il créa, fur cette fcène, le rôle principal dans *Robert, chef de brigands* (4), mauvais drame qui fit courir tout Paris & fignala Baptifte aîné à l'attention du public. On peut même dire que c'eft de ce moment que data fa réputation. Beaumarchais, chargé de défendre les intérêts des auteurs, fes confrères, dans la lutte engagée avec les comédiens françois, venoit de leur reprendre le drame de la *Mère coupable* (5), reçu par eux en janvier 1791. Il le porta à ce théâtre du Marais, à la fondation duquel il avoit fi puiffamment coopéré, & il confia à Baptifte le rôle de Beggears.

Un an plus tard, celui-ci quittoit cette fcène, où le dernier rôle qu'il établit fut le rôle principal dans *le Mari jaloux*, ou *le Rival de lui-même* (6).

Il entra le 6 mars 1793, avec les grands appointe-

---

(3) Cette falle, ouverte en 1791, rue Culture-Sainte-Catherine, fut fupprimée en 1807.

(4) Imitation des *Voleurs* de Schiller, par La Martellière, qui la fit repréfenter le 6 mars 1792. Sur la brochure du temps, on lit à l'article de la diftribution des rôles: 1ᵉʳ brigand, Gouvion; 2ᵉ brigand, Capelle.

Or, l'un des deux eft devenu, depuis lors, le maréchal de France *Gouvion-Saint-Cyr;* l'autre, le baron Capelle, a été préfet fous la Reftau-

ration & miniftre de Charles X.

(5) Repréfenté le 6 juin 1792, avec un médiocre fuccès. Châteauneuf, dans fes *Mémoires fecrets*, raconte qu'il a lu, fur l'affiche qui annonçoit la pièce, l'énonciation fuivante: « Au bénéfice du premier foldat françois qui enverra à Beaumarchais l'oreille d'un Autrichien. »

(6) Par Villeterque. Une comédie de Desforges, jouée quelques années plus tard au théâtre de la République, porte le même titre du *Mari jaloux*.

ments, au théâtre de la République, & y trouva fon frère cadet qui l'y avoit précédé d'une année. Il devint un des penfionnaires les plus zélés de cette entreprife toute nouvelle; & certes, il ne dépendit pas de lui qu'elle ne profpérât.

A la clôture de la falle, qui eut lieu le 1er ventôfe an VI (19 février 1798), Baptifte l'aîné paffa au théâtre Feydeau jufqu'à la réunion de 1799, qui le maintint au nombre des acteurs confervés.

Il fe vit d'abord à peu près effacé, à caufe de la prééminence de plufieurs membres de l'ancienne Comédie-Françoife, qui avoient fur lui les droits de la hiérarchie & d'un talent fupérieur. Cependant, plufieurs rôles dont on le chargea dans des ouvrages nouveaux, & dont il s'acquitta habilement, lui affurèrent infenfiblement une place honorable dans fa Compagnie (7). Nous citerons particulièrement celui du capitaine Bertrand dans *les Deux Frères*, médiocre traduction, par Jauffret & Weiss, d'une comédie de Kotzebüe, arrangée pour la fcène par Patrat. Il fut donner à ce caractère un cachet tout particulier, à ce point que l'auteur du drame, l'ayant vu repréfenter pendant fon féjour à Paris, en 1804, déclara publiquement qu'aucun acteur d'outre-Rhin n'avoit auffi efficacement contribué à faire valoir fon ouvrage, que Michot & Baptifte aîné; & l'on fait qu'à l'égard des

---

(7) « Baptifte aîné eft véritablement un bon acteur, » écrivoit La Harpe au grand-duc de Ruffie. (*Correfpondance littéraire.*)

artistes françois, l'écrivain allemand n'étoit pas prodigue de louanges.

A la mort de Vanhove, Baptiste aîné hérita de plusieurs rôles des *pères nobles tragiques & comiques*. En 1812, il fut même chargé de l'emploi, en titre & concurremment avec Saint-Fal (8). Dans le premier de ces deux genres, qu'il joua avec une espèce de prédilection, il n'a jamais été qu'un acteur médiocre. Ce n'est qu'il ne saisît judicieusement l'intelligence de ses rôles, tant s'en falloit! Il s'en pénétroit, & les composoit savamment, trop savamment peut-être, car il a mérité qu'on dît de lui qu'il savoit trop le métier de comédien, & qu'il n'avoit point l'art de cacher l'art. Ainsi, il poussoit jusqu'à la minutie le soin des détails, multiplioit les intentions & analysoit, pour ainsi dire, les points & les virgules. Ce système arrêté d'accentuer chaque vers & même chaque hémistiche, rendoit sa diction pesante & fatiguoit l'auditeur, souvent tenté de s'écrier: Au fait! avocat, au fait (9)! Si l'on ajoute à cela des

---

(8) « Le 19 novembre 1812. Le premier chambellan de S. M. l'Empereur & Roi, surintendant des spectacles,

« Arrête ce qui suit :

« L'emploi des *pères nobles* dans la comédie sera rempli à l'avenir par MM. Baptiste aîné & Saint-Fal, qui joueront alternativement.

« M. Baptiste aîné aura la priorité & il jouera seul les rôles de Mélas, des *Deux Amis;* d'Argant, de *l'Ecole des Mères;* d'Hartley, d'*Eugénie:* d'Orbesson, du *Père de Famille;* de Vanderk père, du *Philosophe sans le savoir;* de Simon, de l'*Andrienne;* de Dupuis, de *Dupuis & Desronais*.

« Signé : Cte de RÉMUSAT. »
(*Archives de l'Empire.*)

(9) Montaigne a dit quelque part, en parlant des gens qui font étalage

gestes aussi multipliés que les intentions, & qui donnoient à ses longs bras l'apparence d'un télégraphe (10), un visage peu théatral & l'habitude de tenir les yeux presque constamment fermés, on avouera que rien en lui ne dénotoit le héros tragique.

Ces défauts paroissoient moins saillants dans la comédie, où, lorsque le rôle étoit dans ses moyens, Baptiste aîné se faisoit écouter avec intérêt. Il jouoit en homme spirituel, instruit, bien élevé, mais laissant toujours percer dans son jeu le désir d'afficher ces qualités.

Ses meilleurs rôles, dans l'ancien répertoire comique, ont été ceux de Damis, dans *la Métromanie*; de M. de Clainville, dans *la Gageure imprévue*; de Vanderk père, dans *le Philosophe sans le savoir*; & enfin, celui du comte de Tuffières, dans *le Glorieux*, où ses imperfections devenoient presque des avantages.

Dans le répertoire moderne, où il a créé un grand nombre de rôles, Baptiste s'est signalé surtout dans le drame des *Deux Frères*, comme nous l'avons dit; dans Géronte, de *la Suite du Menteur*; dans Merville, du *Vieux Fat*; dans Montgéran, de *la Manie des grandeurs*, & dans le Général, du *Duel*.

Cet acteur a été, sans contredit, un des membres

---

d'érudition & parade de science : « Quoiqu'ils ne soient gonflés que de vent, que ce sont des mal savants. »

(10) Un critique a dit assez plaisamment, à ce propos : « Baptiste aîné, toujours *grand*, toujours *long*, a donné à son débit ces *grands* intervalles qui supposent de *grandes* intentions, & cette *grande* lenteur qui annonce un *grand* caractère. »

les plus utiles à fa Société ; car, dans le cours de fa longue carrière, il a fucceffivement rempli tous les emplois, excepté celui des *comiques ;* encore voulut-il s'y effayer, mais fans fuccès, pendant un voyage qu'il fit en province.

Ami de fes devoirs, & très-confciencieux, il auroit joué pour un feul fpectateur avec le même foin qu'il apportoit en préfence d'un nombreufe affemblée. L'anecdote fuivante le prouve. Un jour d'été, la falle fe trouvant aux trois quarts dégarnie, fon camarade Firmin le lui fit remarquer, en ajoutant : « Tant mieux ! J'ai affaire ce foir ; je vais me dépêcher d'expédier la pièce. — Hé ! pourquoi donc ? reprit fentencieufement Baptifte. Est-ce la faute de *ces gens-là* fi nous jouons devant les banquettes ? Quant à moi, je jouerai comme fi j'avois en face de moi deux mille fpectateurs. »

En tant qu'homme privé, Baptifte aîné étoit du commerce le plus doux & le plus facile ; & dans fa profeffion, loin de fe montrer jaloux du fuccès des autres, il s'efforçoit, au contraire, d'y aider par tous les moyens en fon pouvoir.

Il avoit été nommé profeffeur au Conservatoire, le 1er août 1809, & il en exerça les fonctions avec le zèle le plus foutenu, jufqu'au 1er janvier 1828. Plufieurs de fes nombreux élèves font devenus des artiftes diftingués. Nous placerons en première ligne Mlle Demerfon (11) ; Mlle Baptifte, fa fille, devenue Mme Def-

(11) Anne Demerfon, née le 17 avril 1786, à Marbeville, arrondiffement de Chaumont (Haute-Marne), a débuté le 9 juillet 1810

mousseaux; Ponchard, Nourrit fils, Perlet (12) & Cartigny.

Déjà, en 1823, Baptiste avoit exprimé le désir de prendre sa retraite. Mais le Premier Gentilhomme de la Chambre lui accorda une représentation extraordinaire & deux mois de congé, pour l'engager à continuer son service pendant trois années encore. Enfin, il se retira définitivement le 1ᵉʳ avril 1828, après trente-sept années de services honorables (13). La représentation à son bénéfice se composoit du *Philosophe sans*

par les rôles de Nérine, du *Joueur*, & de Toinette, du *Malade imaginaire*.

(12) Perlet, excellent comédien, dont la place étoit marquée à la Comédie-Françoise, où il avoit débuté avec éclat, le 4 octobre 1815. Il ne fut pas reçu, & Le Mazurier lui écrivit, au nom du Comité, dont il étoit secrétaire : « Quoique la Comédie-Françoise n'ait pas besoin de vos talents, désireuse de vous prouver son intérêt, elle vous fait offrir un engagement d'une année, à 1,800 fr. de traitement. »

Perlet s'empressa... de ne pas accepter. Il considéra toujours cette offre comme une ironie, & lorsque, quelques années plus tard, la Comédie voulut l'attirer en lui faisant les conditions les plus avantageuses, il resta sourd à son appel.

Adrien Perlet, né à Marseille le 16 janvier 1795, est mort à Paris le 20 décembre 1850. Il avoit épousé la fille du fameux acteur comique Tiercelin.

(13) « Vu l'ordonnance du Roi du 18 mai 1822, qui fixe la pension des comédiens sociétaires, après vingt années de service ;

« Après avoir entendu la Commission du Roi en son rapport ;

« Nous avons arrêté & arrêtons ce qui suit :

« Le sieur Baptiste aîné, sociétaire de la Comédie-Françoise, est admis à la retraite à compter du 1ᵉʳ avril 1828, & pour trente-sept années de service, du 1ᵉʳ avril 1791 au 1ᵉʳ avril 1828, il jouira d'une pension de retraite de 7,400 fr. sur les fonds de la Comédie-Françoise.

« 15 avril 1828. »

« *Signé :* duc de DURAS. »

(*Archives de l'Empire.*)

le savoir & des *Deux Frères*, & avoit été garantie par la Comédie pour une somme de quinze mille francs.

Baptiste aîné est mort aux Batignolles le 30 novembre 1835, à l'âge de soixante-quatorze ans, cinq mois & douze jours, à la suite d'une longue & douloureuse maladie.

Rôles créés par Baptiste aîné.

1793	Durval.	*Le Deuil prématuré*, de Monvel fils.
«	Doligny	*La Liberté des Femmes*, de *** (Brienne-Raffard).
«	Usbeck.	*Le Hulla de Samarcande*, d'A. Murville.
1794	Lucain.	*Epicharis & Néron*, de Legouvé.
«	Timophanes . . .	*Timoléon*, de Chénier.
«	Quintus	*Quintus Cincinnatus*, d'Arnault.
1795	Pharasmin	*Abufar*, de Ducis.
«	Cominius.	*Quintus Fabius*, de Legouvé.
1796	Caton	*Caton d'Utique*, de Tardieu.
«	Dermide.	*Oscar*, d'Arnault.
«	Richelieu.	*Le Lovelace françois*, d'A. Duval & Monvel.
1797	Agamemnon. . .	*Agamemnon*, de N. Lemercier.
«	Thésée.	*OEdipe à Colonne*, de Ducis.
«	Dalban.	*Le Journaliste*, de Lombard.
«	Saint-Victor. . . .	*Les Modernes enrichis*, de Pujoulx.
1798	Germancey . . .	*Les Projets de mariage*, d'A. Duval.
«	Amostris.	*Ophis*, de N. Lemercier.
«	Contarini	*Les Vénitiens*, d'Arnault.
1799	Volmar	*Mathilde*, de Monvel.

1799	Bertrand	*Les Deux Frères*, de Weiss & Jauffret.
«	Ariste	*Les Précepteurs*, de Fabre d'Eglantine.
«	Franval	*L'Abbé de l'Epée*, de Bouilly.
1800	Lord Westfield	*Le Lord impromptu*, de *** (Luce de Lancival).
«	Lopez-Osorio	*Pinto*, de N. Lemercier.
«	Le Cardinal	*Montmorency*, de *** (Carrion-Nisas).
«	Villars	*Les Calvinistes*, de Dumaniant & P. Lebrun.
1801	Phœdor	*Phœdor & Wladamir*, de *** (Ducis).
«	Charles	*L'Intrigant dupé*, de Richaud-Martelly.
1802	d'Athol	*Edouard en Ecosse*, d'A. Duval.
«	Juan	*Le Roi & le Laboureur*, d'Arnault.
1803	Herman	*Herman & Verner*, de Favières.
«	Blumenthal	*La Boîte volée*, de *** (Longchamps).
1804	Marillac	*Richelieu*, de N. Lemercier.
«	Guillaume	*Guillaume-le-Conquérant*, d'A. Duval.
«	Germon	*La Fausse Honte*, de *** (Longchamps).
«	Lefort	*Pierre-le-Grand*, de *** (Carrion-Nisas).
«	Chapelle	*Molière avec ses Amis*, d'Andrieux.
«	Memnon	*Cyrus*, de Chénier.
1805	Eng. de Marigny	*Les Templiers*, de Raynouard.
«	Robert Arnold	*Amélie Mansfield*, de *** (Bellin).
1806	d'Armisthal	*Les François dans le Tyrol*, de Bouilly.
«	Antiochus	*Antiochus-Epiphanes*, de *** (Le Chevalier).
«	Jacob	*Omasis*, de Baour-Lormian.
1807	Ariste	*Le Parleur contrarié*, de Delaunay.
«	Alcétas	*Pyrrhus*, de Le Hoc.
«	Un Vieillard	*La Mort de Du Guesclin*, de *** (Dorvo).
1808	Dœmone	*Plaute*, de N. Lemercier.
«	Ariste	*La Suite du Menteur*, d'Andrieux.
1809	Descobar	*Les Capitulations de conscience*, de *** (Picard).
«	Lovielky	*La Revanche*, de Creuzé de Lesser & Roger.
«	Helvidius	*Vitellie*, de *** (Selves).
«	Ariste	*L'Enthousiaste*, de *** (Valmalette).
1810	Clotaire	*Brunehaut*, d'Aignan.
«	Merville	*Le Vieux Fat*, d'Andrieux.
1811	Brémont	*Un Lendemain de fortune*, de Picard.
«	Gandolphe	*Les Jeunes Amis*, de *** (Sourques).
«	Germont	*La Manie de l'Indépendance*, de *** (Creuzé de L).

1811	Valmont.	*Les Pères créanciers*, de Planard.
«	Prufias.	*Annibal*, de *** (de Normandie).
1813	Narfca.	*Tippo-Saëb*, de Jouy.
«	Zorbas.	*Ninus II*, de C. Brifaut.
1814	Fouquet	*Fouquet*, de *** (Gain-Montagnac).
«	Felton	*La Rançon de Du Guefclin*, d'Arnault.
«	Crillon.	*Les Etats de Blois*, de Raynouard.
1815	Le Comte	*Un Retour de Jeuneffe*, de *** (Audibert).
1816	Gouvignac. . . .	*La Comédienne*, d'Andrieux.
«	Gérold.	*Charlemagne*, de N. Lemercier.
«	Dolbreufe	*Laquelle des Trois?* de Mme Talma.
«	Duvernois . . .	*Le Médifant*, de Goffe.
«	Le Cte de Dreux.	*L'Anniverfaire*, de Théaulon & Rancé.
«	Fribourg.	*Le Luthier de Lubeck*, de *** (Dieulafoy & Gerfin).
1817	Montgéran. . . .	*La Manie des Grandeurs*, d'A. Duval.
1818	Verneur.	*Le Sufceptible par honneur*, de *** (Goffe).
«	Derville	*Partie & Revanche*, de Rancé.
1819	Fierfort.	*Orgueil & Vanité*, de Souques.
«	Bénard.	*Les Femmes politiques*, de *** (Goffe).
«	Lifimon	*Le Frondeur*, de Royou.
«	Méridec	*Le Marquis de Pomenars*, de *** (Mme S. Gay).
1820	Rolland	*Le Flatteur*, de Goffe.
«	Dormeuil.	*Le Folliculaire*, de De La Ville.
«	De Blamont . . .	*Le Pareffeux*, de Marignié.
«	Henri d'Albret. :	*L'Anniverfaire*, de Rochefort, Carmouche & Th.
1821	Franville.	*Le Faux Bonhomme*, d'A. Duval.
«	Valfain.	*L'Heureufe Rencontre*, de Planard.
«	Valcour	*Le Retour*, de *** (Rancé).
«	Le Doge.	*Faliero*, de *** (Goffe).
1822	Chapelle.	*Le Ménage de Molière*, de Genfoul & Naudet.
«	Périanthe	*Les Quatre Ages*, de Merville.
«	d'Herman	*L'Amour & l'Ambition*, de Riboutté.
1823	Swift.	*Fielding*, d'E. Mennechet.
«	Thierry	*Le Maire du Palais*, d'Ancelot.
«	Morteuil	*L'Auteur malgré lui*, de St-Remy (Mimault).
1824	Raymond	*La Saint-Louis à Sainte-Pélagie*, de Lafite.
«	Froiffard.	*Une Journ. de Charles V*, de Duport père & fils.
1825	Forlanges	*Le Roman*, de De La Ville.

1825 Dermont. . . . . *L'Auteur & l'Avocat*, de P. Duport.
 «   Salvador. . . . . *La Princeſſe des Urſins*, d'A. Duval.
1826 Germond . . . . *L'Am. des Deux Ages*, de M. de la Sizeranne.
 «   Ménard . . . . . *L'Agiotage*, de Picard & Empis.
 «   Dormeuil. . . . . *Le Spéculateur*, de Riboutté.
 «   Le Général. . . . *Le Duel*, de L. Halevy (J. & A. Sanſon).
 «   Parridi. . . . . . *Le Taſſe*, d'A. Duval.
1828 Le Marquis. . . . *Chacun de ſon côté*, de Mazères.

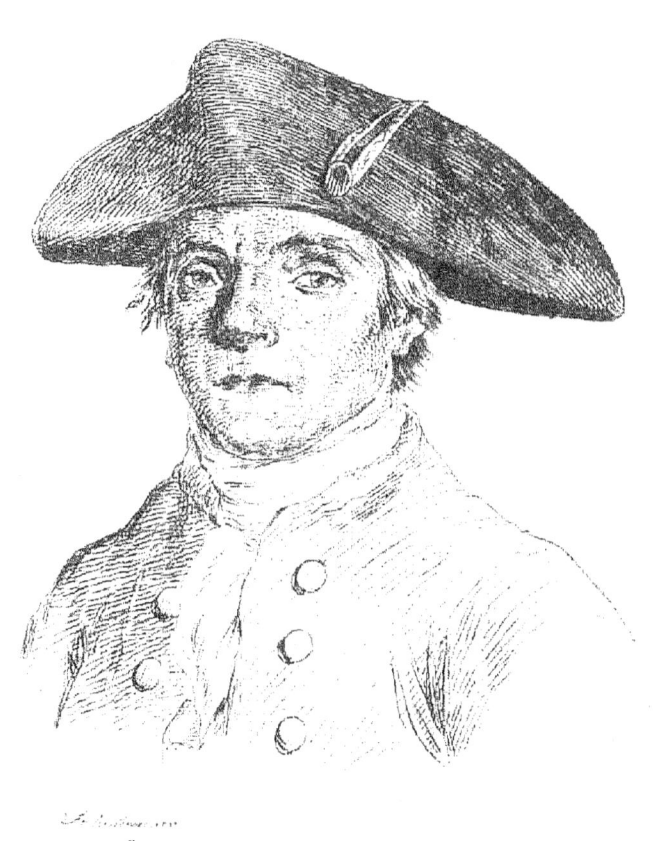

Caumont
Comédie-françoise
1795 - 1800

THOMAS

CAUMONT

1795 — 1809

CE comédien faisoit partie de la troupe de la Montanfier depuis plufieurs années, lorfqu'il fut appelé par Molé & Mlle Contat à remplir au théâtre de la rue Feydeau l'emploi des *financiers* & des *manteaux*.

A la réunion définitive de 1799, Caumont refta au nombre des acteurs engagés.

Malgré fes qualités évidentes, fon jeu fage, intelli-

Extrait des actes de la paroiffe Saint-Vivien, à Rouen : « Le quatre septembre mil fept cent quarante & neuf, eft né à Rouen & a été baptifé THOMAS, fils de FRANÇOIS CAUMONT, marchand teinturier, & de CATHERINE-ELISABETH TROUARD, fon époufe, y demeurant, rue Eau-de-Robec. »

gent, des manières franches, des intentions comiques & un débit toujours naturel, le public ne l'apprécia pas d'abord à sa juste valeur, & ne lui tint pas compte de la docilité avec laquelle, se réglant sur les bons modèles qui l'entouroient, il avoit corrigé des défauts contractés sur une scène qui, certes, ne passoit pas pour une école de bon goût. Le voisinage de Grandmesnil, jouant les mêmes rôles que lui, & dont la réputation étoit, d'ailleurs, si brillamment & si solidement établie, nuisit d'abord beaucoup à sa réussite, & ce ne fut que dans les dernières années que l'on arriva non-seulement à lui tenir compte de son zèle & de son activité, mais encore à rendre justice à son mérite.

Cet acteur animoit la scène par beaucoup de chaleur, &, malgré la difficulté de se soutenir à côté d'un comédien de la valeur de Grandmesnil, il n'éprouva jamais de disgrâce de la part du public, chaque fois que, par une cause quelconque, il se trouva dans le cas de remplacer son chef d'emploi. Il s'étoit même approprié certains rôles que celui-ci lui avoit abandonnés : tels étoient Serrefort, du *Chevalier à la mode;* Mathieu, de *l'Ecole des Bourgeois;* d'Albert, des *Folies amoureuses;* Bartholo, du *Barbier de Séville.* Il faisoit également plaisir dans Grichard, du *Grondeur,* & dans Chicanneau, des *Plaideurs:* son jeu y rappeloit la bonne école & son extérieur l'y servoit à merveille.

Cependant, Caumont ne fut pas exempt de reproches. Un de ceux qu'on lui adressa, & qui fut, à ce qu'il paroît, très-fondé, c'étoit d'avoir le ton trop bourgeois. « Ce n'eſt pas, diſent les critiques du temps, qu'il ait été préciſément commun ; mais il poſſédoit une trop groſſe gaîté, & ſe laiſſoit ſouvent aller à des charges de mauvais aloi. »

Atteint d'une maladie grave, incurable même, dont ſa première profeſſion (il avoit été marin dans ſa jeuneſſe) avoit développé le germe, Caumont n'attendit pas, pour prendre ſa retraite, l'accompliſſement des vingt années exigées par les règlements. On auroit déſiré le conſerver, en lui laiſſant la liberté de ne jouer qu'autant que ſes forces le lui permettroient ; mais, ſe jugeant, à cauſe de ſes infirmités, incapable d'apporter déſormais dans ſon ſervice l'exactitude ſcrupuleuſe qui avoit été la règle de toute ſa vie, il préféra renoncer au théâtre. Sentant qu'un repos abſolu lui étoit indiſpenſable, il ſe retira à la Grand'Cour, commune de Sandillon (Loiret), dans une modeſte propriété qu'il avoit acquiſe. Il y eſt mort deux ans après, le 25 mars 1811, dans ſa ſoixante-troiſième année. Une repréſentation au bénéfice de ſa veuve, & compoſée du *Miſanthrope* & de *la Jeuneſſe de Henri V*, fut donnée le 8 novembre 1812.

Rôles créés par Caumont.

1793	Dubreuil.....	*Le Deuil prématuré*, de Monvel fils.
1795	Cafart......	*Le Tolérant*, de Demouſtier.
1797	Belmon......	*La Rupture inutile*, de Forgeot.
«	Dorville......	*La Prude*, de *** (N. Lemercier).
1799	Chryſalde....	*Les Précepteurs*, de Fabre d'Eglantine.
1801	Valbrun.....	*L'Aimable Vieillard*, de *** (Favières).
«	Chryſante....	*L'Intrigant dupé*, de Richaud-Martelly.
1802	Valbrune.....	*Juliette & Belcour*, de Lombard.
1803	Varennes.....	*Le Séducteur amoureux*, de De Longchamps.
«	Dormel......	*Le Veuf amoureux*, de *** (Collin-Harleville).
«	Le Cᵗᵉ Birlheim..	*Herman & Verner*, de Favières.
«	Delorme.....	*La Dédaigneuſe*, de *** (Duret).
1804	Wolf.......	*Guillaume-le-Conquérant*, d'A. Duval.
«	Mignard.....	*Molière avec ſes Amis*, d'Andrieux.
1807	Dorval.......	*Le Parleur contrarié*, de Delaunay.
«	De Luſſan....	*Les Projets d'enlèvement*, de *** (Th. Pein).

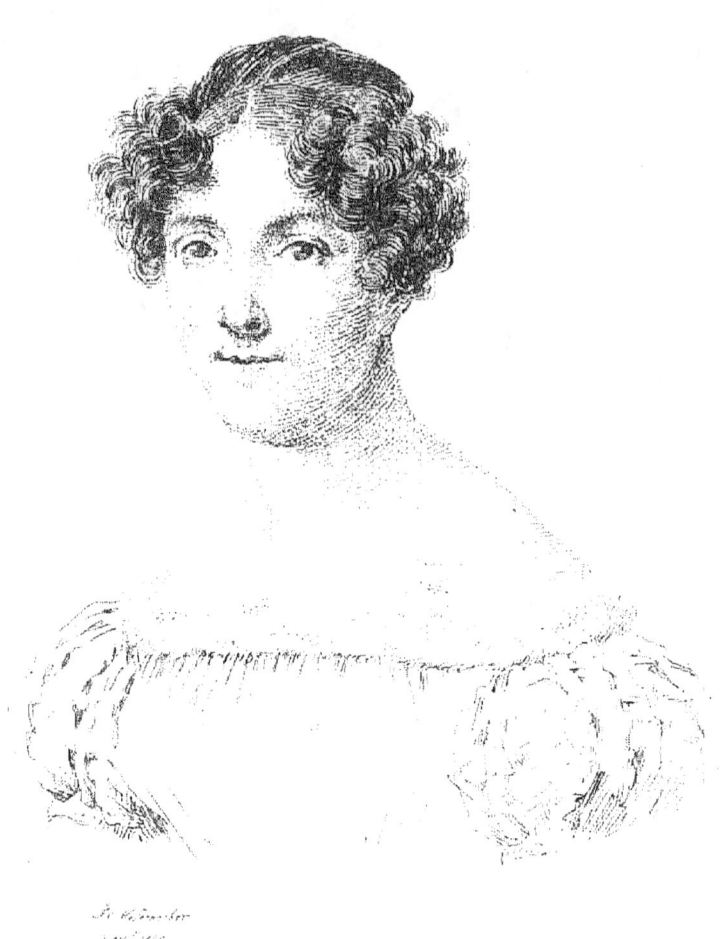

MADEMOISELLE MARS
Comédie-françoise
1795 - 1841

ANNE-FRANÇOISE-HIPPOLYTE SALVETAT

dite BOUTET-MONVEL

MADEMOISELLE MARS

1795 — 1841

L
E 9 février de l'année 1779, au bruit du canon, au son des cloches de toutes les églises de Paris, lançant dans l'espace leurs joyeuses volées en l'honneur du Roi & de la Reine qui

---

Extrait des actes de la paroisse Saint-Germain-l'Auxerrois, à Paris :
« Du mercredy, dixiesme de février mil soixante & dix-neuf, fut baptisée ANNE-FRANÇOISE-HIPPOLYTE, fille du sieur JACQUES-MARIE BOUTET, bourgeois de Paris, & de JEANNE-MARGUERITE SALVETAT, son épouse *, rue Saint-Nicaise. L'enfant est né d'hyer. »

* Aux termes d'un jugement rendu par le Tribunal de première instance du département de la Seine, le 1ᵉʳ décembre 1847, & transcrit le 22 de ce même mois sur les registres du quatrième arrondissement, il a été ordonné que l'acte de baptême ci-contre soit modifié, en ce qu'il a été dit : que Jeanne Marguerite Salvetat étoit l'épouse de Jacques Marie Boutet, dont le mariage, alors projeté, ne s'est jamais réalisé.
(Greffe du Tribunal de première instance de la Seine, 29 déc. 1847.)

alloient à Notre-Dame rendre leurs actions de grâces pour la naissance de Mademoiselle, un enfant de condition plus modeste venoit au monde dans la rue Saint-Nicaise. C'étoit la seconde fille de Jeanne-Marguerite Salvetat, actrice qui, au mois de mai de l'année précédente, avoit débuté, sous le nom de *Mars*, à la Comédie-Françoise par le rôle de *Mérope*, & fut depuis congédiée en 1782, son accent méridional ne pouvant s'acclimater auprès du public parisien. Monvel étoit le père de cette enfant. Il paroît qu'un projet de mariage avoit été concerté entre ces deux personnes; mais qu'au moment de s'expatrier, Monvel, peu soucieux de faire honneur à ses premiers engagements, épousa la fille d'un comédien anciennement attaché au service du roi de Suède.

Destinée de tout temps à suivre la profession de ses parents, la petite Hippolyte joua d'abord des rôles enfantins, tels que ceux de Louison, du *Malade imaginaire;* de Clystorel, du *Légataire universel*, & ceux de l'Amour & du Plaisir, dans ce qu'on appeloit des *Divertissements*, genre de spectacle fort goûté à cette époque. Lorsque la Montansier établit à Paris le théâtre qui porta d'abord son nom, elle y amena cette jeune enfant qui, peu après, parut dans le rôle du Petit Frère, du *Désespoir de Jocrisse* (1).

On a dit que Mlle Mars avoit reçu les leçons de Monvel, à sa rentrée en France; il n'en est rien. Du-

(1) Parade de Dorvigny, jouée avec un immense succès.

gazon, & Walville (2), ami de sa mère, lui donnèrent quelques conseils ; mais c'est principalement à la célèbre Contat qu'elle fut redevable du développement de ses qualités naturelles. L'éminente comédienne, qui s'étoit intéressée à cette jeune fille, & l'avoit prise sous son égide, la fit admettre, en janvier 1795, dans la Société formée au théâtre Feydeau d'une partie des membres de l'ancienne Comédie, pour y remplir les rôles d'*ingénues*. Mlle Mars avoit alors seize ans.

Pendant quelque temps, elle parut dans la tragédie, pour se conformer à l'ancien usage encore en vigueur. Mais la foiblesse de ses moyens ne lui permettant pas de poursuivre ces essais, d'ailleurs assez insignifiants, elle se renferma uniquement dans l'exercice du genre comique, où, il faut le dire, elle fut d'abord peu remarquée. Rien, dans un extérieur maigre & sans fraîcheur, dans un maintien gauche & timide, dans sa tenue, dénuée de distinction, ne dénotoit encore, chez la jeune novice, la comédienne qui devoit, sinon éclipser, au moins égaler un jour les plus grands noms du théâtre.

---

(2) Jean-Baptiste Lesquoy, dit Walville, comédien de province. Venu à Paris pour faire partie d'une troupe installée dans la salle Molière, il y remplissoit l'emploi des *premiers comiques*. Il entra ensuite au théâtre Louvois & suivit Picard à l'Odéon, où, comme acteur, il se rendit utile dans certains rôles peu importants &, comme régisseur, fut mériter les éloges les plus complets. Exact & soigneux, il resta étranger aux prétentions & aux cabales qui s'agitoient autour de lui.

Après la mort de sa femme, Walville épousa la mère de Mlle Mars, avec qui il avoit été fort lié ; fut recueilli ensuite par celle-ci, & passa sous son toit le reste de son existence. Il y est mort en juin 1830.

Toutefois, il femble que Roger l'académicien en jugea autrement. Il raconte, dans la préface de fon *Epreuve délicate* (3), que, lorfqu'il fut queftion de diftribuer les rôles de fa pièce, il dit aux comédiens : « Faites comme il vous plaira, Meffieurs, & que ce foit pour le mieux. Seulement, je réferve le rôle de l'*ingénue* à cette charmante perfonne dont le fourire m'a feul, ce matin, raffuré contre les rigueurs de votre filence. » Et il défignoit Mlle Mars. — « Y penfez-vous? lui dit tout bas un des principaux acteurs ; confier le fort de votre ouvrage à une enfant qui n'a pas encore joué un feul rôle, & qui eft froide comme une carafe d'orgeat! »

On fait ce qu'eft devenue la *carafe d'orgeat :* la meilleure actrice de notre temps !

Une autre caufe contribuoit à ce qu'elle ne pût être diftinguée par les amateurs : elle avoit pour chefs d'emploi Mlles Lange & Mézeray, chez qui la beauté étoit un des moindres mérites. Auffi, la pauvre Mars reftoit-elle à peu près inaperçue, quand un rôle dont elle fut chargée lors de la reprife du *Couvent* (4), & où elle fut donner de la valeur à deux ou trois mots, attira tout à coup fur elle l'attention férieufe des amis de la bonne comédie.

Ayant été comprife, par une faveur fpéciale, dans la réunion définitive qui reconftitua la maifon de

---

(3) Comédie en trois actes, en vers, repréfentée le 13 janvier 1798.

(4) Comédie en un acte & en profe, de P. Laujon.

Molière (5), Mlle Mars eut occafion de jouer dans *l'Abbé de l'Epée* le rôle du sourd-muet, auquel elle donna un cachet particulier, fans imiter l'actrice qui avoit créé ce perfonnage avec bonheur. La fimplicité, l'expreffion qu'elle y mit lui procurèrent un véritable triomphe. Le caractère de Lisbeth, qu'elle créa en 1803, dans *Herman & Verner*, fut le premier rôle important où elle révéla fon talent dans les *ingénues*. Encouragée par le fuccès qu'elle y obtint, elle entreprit d'aborder les rôles de l'ancien répertoire qui fe rattachoient à cet emploi : tels que ceux d'Agnès, de *l'Ecole des Femmes*, & de Victorine, du *Philofophe fans le favoir*, où elle montra une grande fupériorité. « Il feroit difficile de rien voir de plus pathétique (a dit Geoffroy, à propos de cet ouvrage) que la huitième fcène du dernier acte. Pas un cri! pas un gefte! C'étoient quelques mots brifés par la douleur dans la bouche d'une ingénue. — *Je ne pleurerai pas... je ne pleurerai pas!* difoit-elle à Vanderk père ; & cette fimple phrafe, dite par Mlle Mars, étoit plus navrante que les pleurs eux-mêmes. »

Ce n'eft, néanmoins, qu'à la retraite de Mlle Contat, en 1809, qu'elle vit s'ouvrir devant elle un horizon plus vafte. Cependant, il lui fallut d'abord partager les avantages de cette nouvelle pofition avec Emilie Leverd, dont les brillants débuts, l'année précédente,

---

(5) Elle reçut alors 3/8 de part, qui furent portés en janvier 1803 à 5/8 ; en octobre de la même année à 3/4 ; à 7/8 en feptembre 1804, & à part entière en mars 1807.

avoient semblé la menacer d'une concurrence redoutable. Il faut bien qu'en effet il y ait eu chez cette dernière actrice un mérite réel, puisqu'elle conserva pendant longtemps un parti assez puissant pour contrebalancer celui de Mlle Mars, dont les plus fervents enthousiastes se virent souvent forcés, par l'évidence, de reconnoître & de constater les succès remportés pas sa jeune émule.

Malgré la décision impériale qui avoit imposé à ces deux actrices la communauté des rôles, cet état de choses ne se maintint pas. Les protections que s'étoit assurées Mlle Mars, &, en définitive, son talent supérieur, la firent bientôt régner sans rivale dans l'emploi des *grandes coquettes*, sans qu'elle abandonnât pour cela les rôles d'*ingénuités*, avec lesquels l'épanouissement de ses charmes commençoit à offrir un certain contraste.

C'est vers ce temps qu'elle remit au répertoire le rôle de Silvia, dans *le Jeu de l'Amour & du Hazard*, & quelques autres ouvrages du même genre, négligés depuis plusieurs années, auxquels son talent prodigieux donna un nouveau lustre. De ce nombre furent *les Fausses Confidences*, où elle fit scintiller tout l'esprit de Marivaux; *la Gageure imprévue*; & *la Feinte par amour*, du langoureux Dorat, pièce qui, grâce à son appui, devint des plus agréables à la représentation.

Toutes les grandes comédies de Molière furent, à son instigation, rendues à la scène & jouées, à son exemple, par les premiers sujets.

La réputation de Mlle Mars alloit toujours croissant, soit qu'elle se montrât dans des rôles anciens, soit qu'elle créât des rôles nouveaux. Sa beauté resplendissante, les grâces de sa personne, l'aisance de ses manières & sa distinction parfaite, faisoient d'elle une femme à part. Elle touchoit à peine à sa trentième année qu'elle se trouvoit en possession de tous les avantages qui sont le fruit du travail & d'une observation persévérante.

Bien qu'idolâtre de son art, cette célèbre actrice en dissertoit peu, & sembloit s'en réserver pour elle seule le secret. Elle étoit avare de ses conseils envers les jeunes débutantes; aussi n'a-t-elle pas formé d'élèves (6). Une seule personne, fille de sa sœur (7), Georgina Mars, qu'une mort prématurée enleva à son affection, avoit été l'objet de ses soins & de sa sollicitude particulière (8). La douleur causée par cette mort fut

---

(6) C'est à tort que Mmes Doze & Plessy ont passé pour telles.

(7) Louise Salvetat, sœur aînée de Mlle Mars, admise à débuter & reçue pensionnaire un an après, le 24 février 1816, par arrêté du duc de Duras, avoit été obligée de quitter la scène par suite d'une altération grave de la voix.

(8) Marie-Louise-Hippolyte-Georgina Salvetat, fille de la précédente, étoit née en Angleterre, & avoit débuté le 12 mai 1826 par les rôles d'Agnès dans l'Ecole des Femmes, & de Charlotte dans les Deux Frères. Elle mourut à Paris le 29 juin 1828, à l'âge de dix-neuf ans. Mlle Mars, qui, au moment de ce malheureux événement, donnoit des représentations en province, outrepassa son congé de dix-huit jours. Aux termes des règlements, elle étoit passible d'une amende de 200 fr. par chaque jour de retard. Le Commissaire royal par intérim, en signalant à l'autorité supérieure cette infraction, proposa, dans les termes les plus honorables, qu'il fût

d'autant plus grande, que, quelques années auparavant, le 31 mars 1820, Mlle Mars avoit déjà été éprouvée cruellement par celle d'une fille, dont la perte l'avoit éloignée pendant plufieurs mois de la fcène.

A fes dons naturels, à fes qualités acquifes, Mlle Mars joignit un mérite qui aida puiffamment à fes triomphes. Nous voulons parler du goût exquis qui préfidoit à fes toilettes. Perfonne n'a porté plus loin qu'elle, au théâtre, l'élégance & la vérité du coftume. Empiétant fur les attributions de fa femme de chambre, elle s'occupoit perfonnellement & avec un foin tout particulier, chaque fois qu'elle devoit jouer, d'un gant, d'un bouquet, d'un ruban deftinés à lui fervir de parure dans la pièce. C'eft en partie à cet art de favoir s'habiller, non moins qu'à un organe fuave & enchanteur qui l'a toujours fervie, que cette inimitable comédienne a dû de faire illufion fur la fcène jufqu'à la fin de fa carrière, &

---

dérogé à l'application de toute mefure difciplinaire : « Cette actrice (écrit-il), recommandable autant par l'influence de fon admirable talent que par les fervices importants & foutenus qu'elle rend à fa Société, ayant fait valoir, un peu tardivement il eft vrai, les motifs plaufibles de fon retard, en expofant que la perte cruelle & inattendue qu'elle venoit de faire d'une nièce chérie l'avoit forcée à fufpendre les repréfentations qu'elle a données pendant fon congé, foit à Londres, foit à Lyon... Que, de plus, elle a fait, verbalement & par écrit, promeffe de réparer par un fervice plus actif le tort que fon abfence prolongée avoit pu faire à la Société, &c.

« *Signé* : ALBERTIN. »

Le 11 feptembre fuivant, décifion rendue par le duc de Duras, conformément à la propofition ci-deffus.

(*Archives de l'Empire.*)

de pouvoir repréfenter dans Mlle de Bellifle, à l'âge de foixante ans, une jeune fille à qui l'auteur en donnoit moins de vingt !

On a prétendu, à ce fujet, qu'elle avoit conclu avec fa modifte un traité fecret, en vertu duquel celle-ci s'engageoit à ne confeƈtioner qu'après un certain délai convenu, pour la ville, des chapeaux femblables à ceux produits fur la fcène par Mlle Mars.

Il eft certain que, pendant longues années, elle donna le ton de la mode à toutes les femmes élégantes de Paris. L'anecdote fuivante, que nous empruntons à un de fes admirateurs (9), trouve ici naturellement fa place.

Mlle Mars donnoit des repréfentations à Lyon, lorfque, le lendemain même de la première, elle vit entrer chez elle un des fabricants connus de cette ville induftrielle : « Madame, lui dit-il, vous pouvez faire ma fortune. — J'en ferois fort aife, Monfieur ; mais par quel moyen ? — En acceptant cette pièce d'étoffe. » Et, ce difant, notre homme déploya fur la table une pièce de magnifique velours jaune épinglé.— « Faites de ceci une robe. Lorfqu'on l'aura vue fur vous, tout le monde en voudra porter une femblable, & c'eft ainfi que ma fortune fe fera. — Mais, Monfieur, jamais femme qui fe refpeƈte n'a porté une robe jaune ! — C'eft précifément à caufe de cela, Madame, qu'il s'agit de mettre cette couleur à la mode, & nulle au monde ne peut

---

(9) Audibert. *Indifcrétions & Confidences.*

mieux que vous... Ne me refufez pas ; acceptez, en grâce. — Non, Monfieur, je ne vous refufe pas, répond la célèbre actrice, en fe difpofant à payer le prix de cette robe. — Hé, Madame, que prétendez-vous faire ? s'écrie le négociant. Je ne veux pas de votre argent ; je ne follicite de votre part qu'une faveur : celle de faire connoître l'adreffe de ma fabrique. »

Mlle Mars, trouvant la propofition originale, céda & promit.

De retour à Paris, à l'expiration de fon congé, elle fit faire la robe, &, le foir de fa rentrée, dans le rôle de Mme de Clainville, de la *Gageure imprévue*, elle n'attendoit plus que le moment de paroître en fcène, revêtue de la fplendide robe *jaune*, lorfqu'un dernier regard jeté fur fa glace, fit fubitement naître un doute en fa penfée. Par une de ces réactions fpontanées qui fe comprennent mieux qu'elles ne s'expliquent, elle fe trouva ridicule & déclara qu'elle ne joueroit pas.

On peut juger de ce que cette réfolution foudaine, manifeftée à une heure auffi avancée de la foirée, où il n'eft plus poffible de compofer un autre fpectacle, jeta de trouble parmi les comédiens. Cependant Talma, plus éloquent fans doute que fes confrères, & dont elle apprécioit le jugement & le goût, parvint à la diffuader de fes injuftes préventions contre la couleur de fa robe. — « Ce n'eft pas d'un canari que vous aurez l'air, lui dit-il, comme vous paroiffez le craindre ; mais d'une topaze... Et n'êtes-vous pas déjà le diamant de la Comédie-Françoife ? »

Vaincu par ce madrigal en profe, qui fentoit fon Dorat, Mlle Mars confentit enfin à jouer; non, toutefois, fans conferver un refte d'inquiétude qui fe diffipa bientôt devant le murmure flatteur des loges & du parterre.

Le lendemain, tout Paris s'entretenoit de la robe *jaune*, & huit jours plus tard, il n'étoit pas un falon qui n'en offrît une femblable. Le fabricant de Lyon n'avoit pas été trop mal avifé.

Les rôles créés par Mlle Mars ont été très-nombreux; car les auteurs tinrent à honneur de l'avoir pour interprète, & l'on fait combien elle juftifioit leur confiance. Mais une fois l'intelligence d'un perfonnage arrêtée dans fon efprit, elle n'en varioit jamais l'interprétation; chaque mot, chaque gefte étoit pour elle l'objet d'une étude approfondie qui difparoiffoit, il eft vrai, à force d'art, fous une parfaite aifance. Elle appartenoit à cette claffe de comédiens devenus fameux à force de travail & d'obfervation. Dans l'ancien répertoire, elle a marqué de fon fceau Celimène, Elmire, Henriette, Victorine, Suzanne. Dans le répertoire, fes rôles les plus brillants ont été Charlotte, des *Deux Frères;* Eugénie, du *Tyran domeftique;* Betty, de *la Jeuneffe d'Henri V;* Emma, de la *Fille d'honneur;* Hortenfe, de *l'Ecole des Vieillards;* Mme de Volmar, de *la Jeune Femme colère;* Valérie, dans la pièce de ce nom. Elle s'effaya même dans le drame proprement dit, & on peut citer *Henri III,* où elle repréfenta la duchelle de Guife; *Mifanthropie & Repentir,* remis à la fcène en 1822, où elle parut dans le rôle d'Eulalie, à côté de Talma, qui jouoit Meinau (10); le *Cid d'Andalousie*, qui lui fut moins favorable.

Il ne faudroit pourtant pas conclure de ce qui précède, que le dévouement à l'art fût poussé chez Mlle Mars au point de lui faire sacrifier les charmes de sa personne à l'illusion scénique. Voici une anecdote qui prouveroit le contraire. Lors de l'apparition du roman d'*Ourika* (11), Alexandre Duval en tira une charmante comédie. Sa pièce alloit être mise en répétition quand Mlle Mars, qui devoit y paroître sous les traits de l'héroïne, eut quelques scrupules sur l'effet que pourroit produire à la scène sa figure barbouillée de noir. Un soir qu'elle avoit essayé de mille teintes, plus ou moins foncées, & qu'elle croyoit avoir reçu de son miroir une réponse à peu près satisfaisante, il entra chez elle un homme dont l'opinion sur ce point lui tenoit particulièrement au cœur. « — Comment me trouvez-vous? lui dit-elle. Il me semble qu'animée par le feu du regard & le jeu de la physionomie, mon visage n'inspirera pas trop d'épouvante. » — Il se fit un long silence; mais comme il falloit bien que l'interlocuteur répondît à une interpellation aussi directe : « Je pense, lui ré-

---

(10) C'est à contre-cœur que Talma joua ce rôle, qu'il n'avoit accepté que sur les instances de Mlle Mars. Saint-Fal, qui l'avoit créé avec succès, étoit encore au théâtre, & la délicatesse de Talma lui faisoit craindre de froisser son vieux camarade; aussi voulut-il tout d'abord s'assurer de son consentement.

(11) De Mme la duchesse de Duras.

pondit-il, que votre inimitable talent, devant procurer à la pièce d'*Ourika* cent représentations consécutives, afin d'éviter l'ennui de vous badigeonner tous les deux jours, vous pourriez demeurer six mois sous cette couleur. J'ai précisément un voyage à faire ; je le commencerai après la première représentation, & je reviendrai lorsque le succès sera épuisé... »

Est-il besoin d'ajouter qu'à la suite d'une explosion de dépit, Mlle Mars fit immédiatement disparoître le sujet de cette mauvaise plaisanterie, en se promettant qu'on ne la verroit jamais ainsi défigurée (12) ?

Mlle Mars se donna le tort d'afficher des opinions politiques opposées au gouvernement de la Restauration, tort grave, & qu'on lui a reproché avec d'autant plus de justice, qu'elle touchoit annuellement vingt mille francs sur la cassette particulière de Louis XVIII, indépendamment d'autres témoignages de la munificence royale. Pendant les Cent-Jours, elle se montra sur le théâtre couverte de violettes, fleur adoptée comme symbole par les partisans de Napoléon. Aussi, la réaction royaliste qui suivit voulut lui faire expier chèrement ces manifestations exagérées : une minorité foible, il est vrai, mais obstinée, parmi les spectateurs, non contente de l'accueillir à son entrée en scène par des sifflets aigus, demanda à grands cris qu'elle se mît à genoux. On lui prêta dans le temps

---

(12) Monier de la Sizeranne. *Mes Premiers & mes Derniers Souvenirs littéraires.* (Paris, 1854, un vol. in-8°.)

un mot piquant à cette occasion. Les plus animés étoient quelques officiers aux Gardes du corps placés à l'orchestre. Saisissant un moment de répit, notre actrice s'avança vers la rampe & lança à leur adresse l'apostrophe suivante : « Je ne sais vraiment ce que *Mars* & les *Gardes du corps* peuvent avoir de commun ensemble (13). » Quoi qu'il en soit de la véracité très-contestable de l'anecdote, il est certain que la représentation ne s'acheva qu'au milieu d'un feu croisé de vociférations & d'applaudissements, & Mlle Mars déclara, à l'issue de cette pénible soirée, qu'elle cessoit, dès ce moment, d'appartenir à la Comédie-Françoise.

Sa résolution, cependant, ne tint pas contre les vives instances de ses amis, qui réussirent à la détourner de cette résolution extrême. Elle n'eut pas lieu de le regretter, puisque de ce moment jusqu'à celui de sa retraite, la carrière qu'elle parcourut ne fut plus qu'une suite de triomphes.

La Comédie-Françoise avoit ressenti le contre-coup des événements de 1831; sa caisse étoit aux abois. Mlle Mars, n'ayant pas voulu se soumettre à certaines réductions financières qu'on lui vouloit imposer, donna sa démission de sociétaire, fit liquider sa pension de retraite & contracta avec la Comédie un nouvel engagement à titre de simple pensionnaire, ainsi que

---

(13) On peut citer, sous la même réserve, sa réponse à M. Papillon de La Ferté, qui lui demandoit un jour quand elle cesseroit de porter des violettes ? — « Quand les *papillons* seront des *aigles*. » (Roger de Beauvoir. *Mémoires de mademoiselle Mars*.)

l'avoit fait Talma dans fes dernières années. Elle touchoit alors un traitement de 30,000 fr.; de plus, 150 fr. de feux par repréfentation, affurés à huit par mois; 8,400 fr. de penfion extraordinaire; & enfin 3,000 fr. d'intérêt fur les fonds fociaux. En totalité, plus de cinquante-cinq mille francs, fomme confidérable pour le temps.

On comprend que la femme qui tenoit ainfi le double fceptre de la beauté & du talent devoit être fort recherchée. Le falon de Mlle Mars étoit devenu le rendez-vous d'hommes du meilleur monde & d'écrivains les plus diftingués, au milieu defquels trônoit la maîtreffe du lieu, grave & févère au point de faire fuppofer qu'elle ne s'y fentoit pas à l'aife. En petit comité, au contraire, elle fe montroit affectueufe, & elle avouoit préférer l'intimité du coin du feu aux réceptions d'apparat.

Le poids de l'âge commençoit à fe faire fentir, & quelques amis prudents confeillèrent à Mlle Mars d'adopter au théâtre des rôles plus marqués. Tout en comprenant la fageffe de leur confeil, elle remettoit toujours à le fuivre. Or, il arriva que Scribe, qui avoit écrit une comédie intitulée la *Grand'Mère*, dont il deftinoit le rôle principal à Mlle Mars, vint lui donner lecture de fa pièce. Cette grand'mère n'étoit autre qu'une femme de cinquante-fix ans, belle encore & fpirituelle. Un jeune homme, à qui elle veut faire époufer fa petite-fille, niaife de dix-huit ans, s'obftine à repouffer ce projet d'alliance, pour refter amoureux de l'adorable grand'mère. — « Votre pièce est délicieuse, dit Mlle Mars à l'auteur, après avoir entendu la lecture. « Mon rôle est charmant!... Mais, qui jouera la grand'maman?... Je ne vois personne. » Scribe, décontenancé malgré toute sa présence d'esprit, ne sut que répondre : « C'est vrai ! » Et remettant son manuscrit dans sa poche, il alla le présenter au Gymnase, qui l'accueillit avec empressement & procura à l'auteur un succès complet. Celui-ci n'en garda pas moins rancune à Mlle Mars, pour qui désormais il s'abstint d'écrire aucun rôle.

Enfin, arriva le jour où le règne des illusions n'étoit plus possible. Affligée, malheureuse de voir les feuilles périodiques & certains de ses camarades se préoccuper perfidement de la date de sa naissance, Mlle Mars dut se résigner, non sans une violente lutte intérieure, à quitter le théâtre, témoin d'un demi-siècle de succès inouïs jusqu'alors. Après avoir, tour à tour, passé en revue tous les rôles de son répertoire, elle fit, le 31 mars 1841, dans *Tartuffe* & le *Jeu de l'Amour & du Hasard*, ses adieux au public, qui, depuis qu'il se voyoit menacé de la perdre, se portoit en foule aux représentations de cette célèbre comédienne. Le 15 avril suivant, elle reparut une dernière fois dans une soirée à son bénéfice. « Elle joua, ce soir-là, Célimène & Araminthe d'une façon si admirable, rapporte un témoin (14), que des applaudissements frénétiques sui-

---

(14) Mme de Bawr. (*Mes Souvenirs.*)

voient chaque mot qu'elle prononçoit. » Lors du suprême adieu échangé entre l'actrice & le public, tout fut fini avec le dernier mot de la dernière pièce où elle parut (15). Seulement, à l'inftant où, au bruit des clameurs de toute la falle, le rideau s'abaiffa, Mlle Mars fit un gefte de la main, comme pour le retenir, & retarder ainfi le moment où elle alloit fe féparer pour jamais des témoins de fes longs triomphes.

Le miniftre lui conféra le titre honorifique d'infpectrice des études au Confervatoire.

L'artifte devoit être fatisfaite d'un tel couronnement d'une belle vie; la femme ne fe confola pas. Mlle Mars, difparue de la fcène à foixante-deux ans, & laiffant après elle le fouvenir de fa jeuneffe fans fin & le parfum de fa grâce inimitable; Mlle Mars regretta, pendant les quelques années qu'elle vécut encore, l'enivrement des ovations quotidiennes. Sa fanté vint à éprouver de graves altérations. Dans les trois derniers mois de fon exiftence, la maladie fit de lents & fourds progrès. Une affection du foie fe compliqua d'un ramolliffement graduel du cerveau, qui amena le délire, puis la mort.

L'abbé Galard, vicaire de la Madeleine, avoit été amené auprès d'elle. Lorfqu'il l'eut confeffée, un ami bien cher & bien dévoué s'approcha du lit de Mlle Mars & lui dit, avec un fourire mêlé de larmes : « Hé bien!

---

(15) L'ufage des *rappels*, dont on a tant abufé depuis, n'exiftoit pas à cette époque.

cela ne fait pas mourir. — Non, répondit la malade, mais cela aide à mourir (16). »

On a prétendu que l'emploi de substances caustiques, dans le but de conserver à ses cheveux leur couleur primitive, avoit, en provoquant des ravages intérieurs, contribué à abréger ses jours. Il est certain que la fin de Mlle Mars fut prématurée, puisqu'elle ne comptoit que soixante-huit ans & un mois lorsqu'elle mourut, le 20 mars 1847 (17).

Une affluence considérable accompagna ses funérailles, & M. de Salvandy fut l'interprète de la douleur de ses amis réunis au bord de sa fosse.

Mlle Mars jouit d'une grande opulence pendant nombre d'années ; dans la dernière période de son existence, elle eut le chagrin de voir sa fortune subir de fâcheuses atteintes. D'abord, en 1827, un vol domestique, qui eut un grand retentissement, l'avoit dépouillée de ses diamants. On doit dire, à sa louange, qu'elle supporta avec beaucoup de stoïcisme cette perte désastreuse, puisque, le lendemain même de l'événement, elle s'opposa à ce que le spectacle fût

(16) Roger de Beauvoir. *Mémoires de mademoiselle Mars.*

(17) Au moment de son décès, Mlle Mars demeuroit rue Lavoisier, n° 13, dans un hôtel que l'ouverture du boulevard Malesherbes a fait disparoître depuis.

A l'époque la plus brillante de sa carrière, elle avoit possédé, à Ver-

sailles, la maison située boulevard du Roi, n° 9, habitation dans laquelle elle avoit fait construire un charmant pavillon sur le jardin, & où elle se proposoit de finir ses jours. Des revers de fortune l'empêchèrent de réaliser ce projet.

(Leroy. *Maisons de Versailles*, 2e édit.)

changé, & joua, dans *l'Ecole des Vieillards*, le rôle
d'Hortenfe avec une fimple parure de perles. Elle s'y
montra affez maîtreffe d'elle-même pour qu'aucune
préoccupation étrangère à fon rôle ne vînt trahir fes émotions. Plus tard, dans l'intention de fe récupérer, fans
doute, elle tenta les chances de la Bourfe, qui lui furent
défavorables. Néanmoins, malgré ces brèches faites à
fa fortune, Mlle Mars laiffa encore à fon décès environ
800,000 fr. à un fils (18) qui depuis fon enfance avoit
toujours vécu éloigné d'elle & qui, à fa grande furprife, fe trouva un jour fon légataire univerfel.

En réfumant les trois phafes de la carrière théâtrale
de cette actrice, c'eft-à-dire en réuniffant fes fervices
fur les trois fcènes auxquelles elle a appartenu, Montanfier, Feydeau & la Comédie-Françoife, il réfulte
que Mlle Mars a joué pendant cinquante-trois années,
dont quarante & une ont été paffées au Théâtre-François. Elle eft reftée, dans la mémoire de tous ceux qui
ont pu la connoître, le type le plus complet des per-
fections que la nature & l'art ont pu réunir chez un
même individu. Boileau eût encore dit, en apprenant
fa perte :

« L'aimable Comédie, avec *Mars* terraffée,
« En vain d'un coup fi rude efpéra revenir,
« Et fur fes brodequins ne put plus fe tenir. »

(18) M. Adolphe Brommer.

Rôles créés par Mlle Mars.

1795	Judith	*Le Tolérant*, de Demouſtier.
1798	Julie	*L'Epreuve délicate*, de Roger.
1800	Flora.	*Pinto*, de N. Lemercier.
«	Mme de Verdie. .	*Les Mœurs du Jour*, de Collin-Harleville.
«	Caroline	*Caroline*, de Roger.
1801	Louiſe	*La Favorite*, de ***.
1802	Miſſ Macdonald. .	*Edouard en Ecoſſe*, d'A. Duval.
1803	Diana-Stalpa . . .	*Siri-Brahé*, de *** (Thuring).
«	Claire	*Le Veuf amoureux*, de Collin-Harleville.
«	Liſbeth.	*Herman & Verner*, de Favières.
«	Hermina.	*La Boîte volée*, de *** (de Longchamps).
«	Lucile	*La Dédaigneuſe*, de *** (Duret).
1804	Elgire	*Guillaume-le-Conquérant*, d'A. Duval.
1805	Eugénie	*Le Tyran domeſtique*, du même.
«	Marie.	*Madame de Sévigné*, de Bouilly.
1806	Amélie.	*Les François dans le Tyrol*, du même.
«	Cécile	*L'Avocat*, de Roger.
«	Betty.	*La Jeuneſſe d'Henri V*, d'A. Duval.
«	Benjamin.	*Omaſis*, de Baour-Lormian.
1807	Julie.	*Le Parleur contrarié*, de Delaunay.
«	Mlle de Beauval. .	*Brueis & Palaprat*, d'Etienne.
«	Léon.	*Le Paravent*, de Planard.
1808	Zélie.	*Plaute*, de N. Lemercier.
«	Angélique.	*L'Aſſemblée de Famille*, de Riboutté.
«	Méliſſe.	*La Suite du Menteur*, d'Andrieux.
«	Louiſe	*La Réconciliation*, de *** (Mlle Candeille).
1809	Adèle.	*Le Chevalier d'induſtrie*, d'A. Duval.
«	Mme Dorbeuil. . .	*Le Secret du Ménage*, de Creuzé de Leſſer.

1810	Conftance	Le Vieux Fat, d'Andrieux.
«	Amélie......	Les Deux Gendres, d'Etienne.
1811	Blanche.....	Les Jeunes Amis, de *** (Souques).
«	Louife......	L'Heureufe Gageure, de Défaugiers & Gentil.
«	Julie.......	La Manie de l'Indépendance, de Creuzé de Leffer.
«	Rofette......	Les Pères créanciers, de Planard.
1812	Emilie.......	L'Auteur & le Critique, de *** (Sarrazin).
«	Jenny	Le Miniftre anglois, de Riboutté.
«	Eugénie.....	La Lecture de Clariffe, de *** (de Roger).
«	Dorimène.....	L'Indécis, de Charbonnières.
1813	Julie........	L'Avis aux Mères, de Dupaty.
«	Julie........	L'Intrigante, d'Etienne.
«	Mme de Belmont..	Les Suites d'un Bal mafqué, de Mme de Bawr.
«	Eugénie	La Nièce fuppofée, de Planard.
1814	Conftance	La Rançon de Du Guefclin, d'Arnault.
«	Jenny	L'Hôtel garni, de Défaugiers & Gentil.
1815	Conftance	La Méprife, de *** (Mme de Bawr).
1816	Arthur.......	Arthur de Bretagne, d'Aignan.
«	Mme Thibaut...	Henri IV & Mayenne, de Théaulon & Rancé
«	Mme Belval....	La Comédienne, d'Andrieux.
«	Suzette......	Les Deux Seigneurs, de *** (Planard).
1817	Mme de La Herte.	Le Faux Bonhomme, de N. Lemercier.
«	La Comteffe...	La Manie des Grandeurs, d'A. Duval.
1818	Mme de Valcour.	La Réconciliation par rufe, de *** (Riboutté).
«	Mathilde.....	L'Ami Clermont, de Marfollier.
«	Mme Saint-Brice..	Partie & Revanche, de Rancé.
«	Emilie.......	Le Manteau, d'Andrieux.
«	Emma.......	La Fille d'honneur, d'A. Duval.
1819	Annette	Les Femmes politiques, de *** (Goffe).
«	Mme d'Angerval..	Le Chevalier de Pomenars, de *** (Mme S. Gay).
1820	Eugénie	L'Amour & le Procès, de Gaugiran-Nanteuil.
1821	Julie........	La Femme juge & partie, arr. par O. Leroy.
«	Mme Franville...	Le Faux Bonhomme, d'A. Duval.
«	Mme de Forlis...	L'Heureufe Rencontre, de Planard.
«	Rofe........	La Jeune Femme colère, d'Etienne.
1822	Mme Molière ...	Le Ménage de Molière, de Naudet & J. Genfoul.
«	La M^{ise} de Senantes	Une Aventure de Grammont, de *** (Mme S. Gay).
«	Amélie.......	L'Amour & l'Ambition, de Riboutté.

1822	Valérie.	Valérie, de Scribe & Mélefville.
1823	Florette.	Le Laboureur, de Théaulon, Dartois & Rancé.
«	Hortenfe.	L'Ecole des Vieillards, de C. Delavigne.
«	La Comteffe . . .	La Route de Bordeaux, de Défaugiers & Gentil.
1824	Marie	Marie, de *** (Mme S. Gay).
1825	Mme d'Orcy. . . .	La Correfpondance, de *** (Mme de Bawr).
«	Eftrelle.	Le Cid d'Andaloufie, de Lebrun.
«	Sophie.	L'Héritage, de Mennechet.
«	Juliette.	Le Béarnois, de Fulgence, Ledoux & Ramon.
«	Mme Des Urfins. .	La Princeffe des Urfins, d'A. Duval.
1826	Louife	L'Intrigue & l'Amour, de De La Ville.
«	Rofe.	Une Aventure de Charles V, de Lafite.
«	Eléonore	Le Taffe, d'A. Duval.
1827	La Ducheffe . . .	Lambert Simnel, d'Empis & Picard.
«	Emilia	Emilia, de Soumet.
«	Mme de Brienne. .	Le Mariage d'argent, de Scribe.
1828	Anaïs.	Molière, de F. Dercy.
«	Mme de Vallienne.	Chacun de fon côté, de Mazères.
«	Aurélie.	La Princeffe Aurélie, de C. Delavigne.
«	La Ducheffe . . .	La Ducheffe & le Page, d'A. Béraud.
«	Francis.	L'Efpion, d'Ancelot & L. Halevy.
1829	La Duch^e de Guife.	Henri III, d'A. Dumas.
«	Defdémone. . . .	Le More de Venife, d'A. de Vigny.
1830	Dona Sol.	Hernani, de V. Hugo.
«	Pauline.	La Dame & la Demoifelle, d'Empis & Mazères.
1832	Mme de Vertpré. .	Le Mari de la Veuve, d'A. Dumas (A. Bourgeois & Durieu).
«	Clotilde	Clotilde, de F. Soulié.
«	Henriette.	Henriette & Raymond, de *** (G. Delavig. & Scr).
1833	Clariffe.	Clariffe Harlowe, de Dinaux (Beudin & Goub.).
«	Elifabeth.	Les Enfants d'Edouard, de C. Delavigne.
1834	Albertine.	La Paffion fecrète, de Scribe.
«	Mme de Sauves . .	Une Aventure fous Charles IX, de Badon & Soulié.
«	La Ducheffe . . .	Heureufe comme princeffe, de Mme Ancelot & Roux de Laborie.
1835	La Comteffe . . .	Charlotte Brown, de Mme de Bawr.
«	Tyfbé	Angelo, de V. Hugo.
1836	Clara.	Un Procès criminel, de Rofier.

1836 Marie. . . . . . . *Marie*, de Mme Ancelot.
1837 Claire . . . . . . *Claire*, de Rofier.
 «   La Préfidente. . . *Le Château de ma Nièce*, de Mme Ancelot.
1838 La Marquife . . . *Une Saint-Hubert*, d'Al. de Longpré.
 «   Louife . . . . . . *Louife de Lignerolles*, de Legouvé & Din. (Goub.)
 «   Lady Strafford . . *La Popularité*, de C. Delavigne.
1839 Mme de Bellifle. . *Madame de Bellifle*, d'A. Dumas.

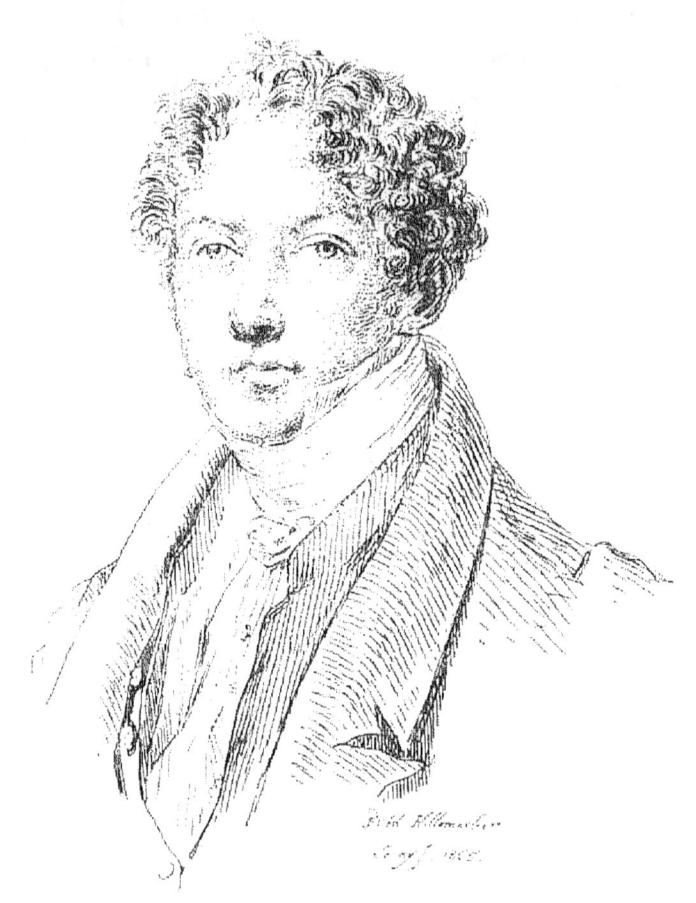

ARMAND
Comédie-françoise
1797 - 1830

ARMAND-BENOIT ROUSSEL

dit ARMAND

1797 — 1830

ARMAND, né à Verſailles le 20 novembre 1773, dans une région toute ariſtocratique (puiſque ſon père étoit Conſeiller du Roi & receveur des Finances), n'avoit pas été deſtiné au

---

Extrait des regiſtres de l'égliſe Saint-Louis, à Verſailles : « L'an mil ſept cent ſoixante & treize, le vingt & un novembre, ARMAND-BENOÎT, né d'hyer, fils de CHARLES-MARIE ROUSSEL, conſeiller du Roi & receveur des finances en Franche-Comté, & de dame MARIE-JOSEPH LAMEAUX, ſon épouſe, a été baptiſé par nous ſouſſigné, prêtre de la Miſſion, faiſant les fonctions curiales. Le parrain a été haut & puiſſant ſeigneur, EMMANUEL-ARMAND DUPLESSIS DE RICHELIEU, DUC D'AIGUILLON, pair de France, noble génois, gouverneur de la Haute & Baſſe-Alſace, &c., &c.; la marraine, haute & puiſſante dame, BÉNÉDICTE, COMTESSE DU BARRY, &C. »

théâtre, &, sans les événements de la Révolution, qui renversèrent la position de ses parents & ruinèrent leur fortune, l'élégant *jeune-premier* de la Comédie-Françoise auroit probablement succédé à la charge paternelle, & fait, à son tour, souche de conseillers.

Après avoir essayé de diverses professions, toutes fort peu lucratives en ce temps-là, Armand, qui, dans ses instants de loisir, avoit quelquefois joué la comédie à la salle Mareux, par forme de délassement, se décida à en faire son état. Il étoit déjà âgé de vingt-quatre ans lorsqu'il débuta au théâtre Feydeau, le 28 décembre 1795, par le personnage de Germeuil, dans *les Femmes*. Il se trouva compris dans la réunion générale.

A défaut d'un talent déjà formé, ce jeune homme fut tout d'abord goûté à cause des agréments de sa figure & de la distinction générale de sa personne, qualités précieuses pour les rôles d'*amoureux*, auxquels il se destinoit. Après la retraite de Fleury, il aborda les grands emplois de la comédie; mais il fut loin d'y faire oublier son illustre devancier, tant la distance qui l'en séparoit étoit immense. Pendant les deux ou trois années qui suivirent, il ne parut même jamais dans un de ses rôles, sans y être accueilli par une froideur glaciale. Il se le tint pour dit & renonça à la prétention de succéder exclusivement à Fleury, laissant le champ libre à Damas, avec qui il avoit, d'un commun accord, partagé les dépouilles de leur chef d'emploi.

Dans le drame, qui exige moins de tradition & d'élévation que la haute comédie, Armand resta même encore loin de fon modèle. Cependant, fans aller jufqu'aux tirades convulfives des *Jenneval*, des *Barneveld*, il fe faifoit applaudir avec quelque juftice dans les rôles de Saint-Albin, du *Père de famille;* de Saint-Fons, de *l'Ecole des Pères;* de Robert fils, du *Bienfait anonyme*, & de Léon, de *la Mère coupable*. Il étoit également fort bien placé dans *Tom Jones à Londres*.

Conformément aux exigences du règlement, cet acteur n'avoit pu fe difpenfer de paroître dans la tragédie, où il rempliffoit les troifièmes rôles. Son jeu n'y étoit pas, dit-on, de nature à fatisfaire les fpectateurs les plus indulgents. Une circonftance contribua, plus que tout le refte, à l'affranchir d'une obligation qui étoit pour lui une corvée dont le public ne le dédommageoit pas. L'Empereur affiftoit un jour à la repréfentation du *Cid*, & Armand y rempliffoit le rôle de Don Sanche. Dans la fcène où le rival de Rodrigue dépofe humblement fon épée aux pieds de Chimène, il s'acquitta de ce jeu de théâtre d'une façon fi gauche, que des murmures fe firent entendre. Napoléon, froiffé dans fa fympathie pour le grand Corneille, fit, dès le lendemain, interdire aux comédiens de confier aucun rôle tragique à un comédien auffi maladroit. Malgré ce qu'avoit de mortifiant cette prohibition, Armand fe félicita tout bas d'une mefure qui le forçoit à fe renfermer exclufivement déformais dans un genre plus conforme à fes aptitudes naturelles.

Mlle Mars aimoit particulièrement à fe trouver en fcène avec Armand, dont le jeu s'harmonifoit d'une manière heureuſe avec le ſien, ſurtout dans les pièces de Marivaux. Ce n'étoit, nous l'avons dit, ni Fleury, ni moins encore Molé avec qui il n'avoit de commun qu'un certain graſſeyement qui, du reſte, ne lui alloit pas trop mal (1); mais il étoit beau cavalier, & il conſerva juſques dans un âge avancé l'apparence d'un jeune homme, que relevoit encore un cachet de bonne compagnie & une miſe irréprochable. Mieux qu'aucun de ſes camarades, il ſut porter l'*habit habillé* de l'ancienne comédie. C'eſt à ces avantages qu'il dut de ſe maintenir juſqu'aux derniers jours de ſa carrière théâtrale, dans les rôles de *jeunes premiers*, & d'y être vu avec plaiſir & applaudiſſements.

Cet acteur a créé un nombre de rôles conſidérable. Il ſe retira de la ſcène le 1er avril 1830, & alla d'abord habiter ſa ville natale, qu'il quitta au bout de quelques années pour venir établir ſa réſidence à Paris, où il eſt mort, le 19 juin 1852, à l'âge de ſoixante-dix-huit ans & demi.

---

(1) A cette imperfection, il joignit une volubilité qui rendoit parfois ſon débit inintelligible & amenoit des équivoques burleſques. En voici un exemple, que nous recueillons dans la chronique du temps : Le 24 avril 1819, on jouoit *le Jeu de l'Amour & du Haſard*. Dans cette pièce, Silvia dit à Dorante : « Moi, j'ai juré de ne donner ma main qu'à un homme de qualité. » Armand, qui repréſentoit Dorante, répondit ſur-le-champ : « Hé bien ! ce que tu as juré pour *femme*, je l'ai juré pour *homme*. » Interrompu par les éclats d'une hilarité générale, l'acteur ſe reprit, & rétablit en bredouillant plus que jamais, la phraſe textuelle; mais cette rectification tardive ne mit pas fin à la gaîté des ſpectateurs.

Rôles créés par Armand.

1797	Benjamin.	Les trois Fils de la Veuve, de Demouſtier.
1798	Auguſte	L'Amour & la Raiſon, de Pigault-Lebrun.
«	Belmont.	Les Projets de mariage, d'A. Duval.
«	Saint-Quentin. . .	Michel Montaigne, de *** (Guy).
1799	Belval	Les Tuteurs vengés, d'A. Duval.
1800	Richard	Le Lord impromptu, de *** (Luce de Lancival).
«	Damis	Les Deux Poëtes, de Rigaud.
«	Florvel.	Les Mœurs du jour, de Collin-Harleville.
«	Célicourt.	Le Mariage ſuppoſé, de Lourdet de Santerre.
«	Charles.	Les Calviniſtes, de Dumaniant & P. Lebrun.
1801	Valville.	L'Intrigant dupé, de Richaud-Martelly.
«	Floricourt	Le Confident par haſard, de Faur.
1802	D'Argyll.	Edouard en Ecoſſe, d'A. Duval.
«	Juſtin.	L'Ami vrai, de *** (Pigault-Lebrun).
1803	Meilcour.	Le Séducteur amoureux, de De Longchamps.
«	Guſtave-Adolphe .	Siri-Brahé, de *** (Thuring).
«	Benjamin.	Le Veuf amoureux, de Collin-Harleville.
«	Charles	Herman & Verner, de Favières.
«	Dermance	La Boîte volée, de *** (De Longchamps).
«	Marſange.	La Dédaigneuſe, de *** (Duret).
1804	Damon.	Guillaume-le-Conquérant, d'A. Duval.
«	Delcourt.	La Fauſſe Honte, de *** (De Longchamps).
1805	Charles	Le Tyran domeſtique, d'A. Duval.
«	Florville	Le Tartuffe de Mœurs, de Chéron.
«	Sévigné.	Madame de Sévigné, de Bouilly.
1806	Erneſt	Les François dans le Tyrol, du même.
«	Paul.	Le Politique en défaut, de Sewrin & Chazet.
«	Edouard	La Jeuneſſe d'Henri V, d'A. Duval.
«	Merval.	La Capricieuſe, de *** (Hoffmann).

1806	Guſtave......	Les Faux Somnambules, de***(Révérony-Sᵗ-Cyr)
1807	Valbelle.....	Les Projets d'enlèvement, de *** (Th. Pein).
«	Alonzo.......	Le Paravent, de Planard.
1808	Leucippe.....	Plaute, de N. Lemercier.
«	Valère.......	L'Aſſemblée de Famille, de Riboutté.
«	Victor d'Olbreuſe.	L'Homme aux convenances, de *** (Jouy).
«	Cléandre......	La Suite du Menteur, d'Andrieux.
«	Raimond......	La Réconciliation, de *** (Mˡˡᵉ Candeille).
1809	Belman.......	Le Chevalier d'induſtrie, d'A. Duval.
«	Dorbeuil......	Le Secret du ménage, de Creuzé de Leſſer.
«	Charles.......	Les Capitulations de conſcience, de Picard.
«	Florimon......	L'Enthouſiaſte, de *** (Valmalette).
1810	Linant.......	Le Vieux Fat, d'Andrieux.
1811	Jules........	Un Lendemain de Fortune, de Picard.
«	Félix........	Les Deux jeunes Amis, de *** (Souques).
«	Julien........	L'Heureuſe Gageure, de Déſaugiers & Gentil.
«	Valcour......	L'Auteur & le Critique, de *** (Sarrazin).
1812	Lord Spencer ..	Le Miniſtre anglois, de *** (Riboutté).
«	Ergaſte.......	Maſcarille, de *** (Ch. M. Deſcombes).
«	Frédéric......	La Lecture de Clariſſe, de *** (Roger).
«	Damis........	L'Indécis, de Charbonnières.
1813	Armand......	L'Avis aux Mères, de Dupaty.
«	Verſac.......	La Suite d'un Bal maſqué, de Mᵐᵉ de Bawr.
«	Dermont fils ...	La Nièce ſuppoſée, de Planard.
1814	Le Mⁱˢ de Geſvres.	Fouquet, de *** (Gain-Montagnac).
1815	Charles......	Les Deux Voiſines, de Déſaugiers & Gentil.
«	Le Chevalier...	Un Retour de Jeuneſſe, de *** (Audibert).
«	Verſeuil......	La Mépriſe, de *** (Mᵐᵉ de Bawr).
1816	Robert.......	Le Mariage de Robert de France, de Vieillard.
«	Henri IV.....	La Penſée d'un bon Roi, de Dubois.
«	Alphonſe......	Laquelle des Trois? de Mᵐᵉ Talma.
«	Baſtien.......	La Fête d'Henri IV, de Rougemont.
«	Le Duc de Montfort.	L'Anniverſaire, de Théaulon & Rancé.
«	Don Fernand...	Les Deux Seigneurs, de *** (Planard).
1818	Charles......	La Réconciliation par ruſe, de *** (Riboutté).
«	Alfred.......	L'Ami Clermont, de Marſollier.
«	Charles.......	Partie & Revanche, de *** (Rancé).
«	Ch. de Roſenthal.	La Fille d'honneur, d'A. Duval.

1819	Méricourt aîné . . .	*Les Deux Méricourt*, de *** (Mme Talma).
1820	Belval	*Le Folliculaire*, de De La Ville.
«	Dermon fils. . . .	*L'Amour & le Procès*, de Gaugiran-Nanteuil.
1821	Fernand	*Jeanne d'Albret*, de Carmouche, Rochef. & Th.
«	Derval.	*L'Heureuse Rencontre*, de Planard.
«	Charles Valcour. .	*Le Retour*, de *** (Rancé).
1822	L'Auteur.	*Le Ménage de Molière*, de Genfoul & Naudet.
«	Merville.	*Une Aventure de Grammont*, de*** (Mme S. Gay).
«	Verner.	*L'Amour & l'Ambition*, de Riboutté.
«	Erneſt	*Valérie*, de Scribe & Mélesville.
1823	Robert.	*Le Laboureur*, de Théaulon & Rancé.
«	Le duc Delmar . .	*L'Ecole des Vieillards*, de C. Delavigne.
«	Saint-Erneſt. . . .	*La Route de Bordeaux*, de Déſ., Gerſ. & Gent.
1824	Charles	*Marie*, de *** (Mme S. Gay).
1825	Belval	*La Correſpondance*, de *** (Mme de Bawr).
«	Le Cte d'Eſtanges.	*L'Héritage*, de Mennechet.
«	Saint-Erneſt. . . .	*Le Château & la Ferme*, de Duport père & fils.
«	Henri	*Le Roman*, de De La Ville.
«	Eugène.	*Le Veuvage interrompu*, de Bayard.
«	D'Aubigné	*Le Béarnais*, de Fulgence (de Bury), Ledoux & R.
«	Deſtouches. . . .	*La Princeſſe des Urſins*, d'A. Duval.
1826	Lord Derby. . . .	*La Petite Maiſon*, de Mélesville.
«	Le Major	*L'Intrigue & l'Amour*, de De La Ville.
«	Le Colonel	*Le Portrait d'un Ami*, de Défaugiers & M. Deſcl.
«	Alexis	*Le Spéculateur*, de Riboutté.
«	Charles' V	*Une Aventure de Charles V*, de Lafite.
«	Le Duc de Ferrare.	*Le Taſſe*, d'A. Duval.
1827	Lord Straford . .	*Lambert Simnel*, d'Empis & Picard.
«	Leyceſter.	*Emilia*, de Soumet.
«	Sinval	*L'Ami de tout le monde*, de *** (Mme de Bawr).
1828	Le Baron.	*Chacun de ſon côté*, de Mazères.
«	Alphonſe	*La Princeſſe Aurélie*, de C. Delavigne.
«	Don Juan.	*Les Intrigues de Cour*, de *** (Jouy).
«	Dundwoods . . .	*L'Eſpion*, d'Ancelot & L. Halevy.
1829	Buffières	*Les Inconſolables*, de Scribe.

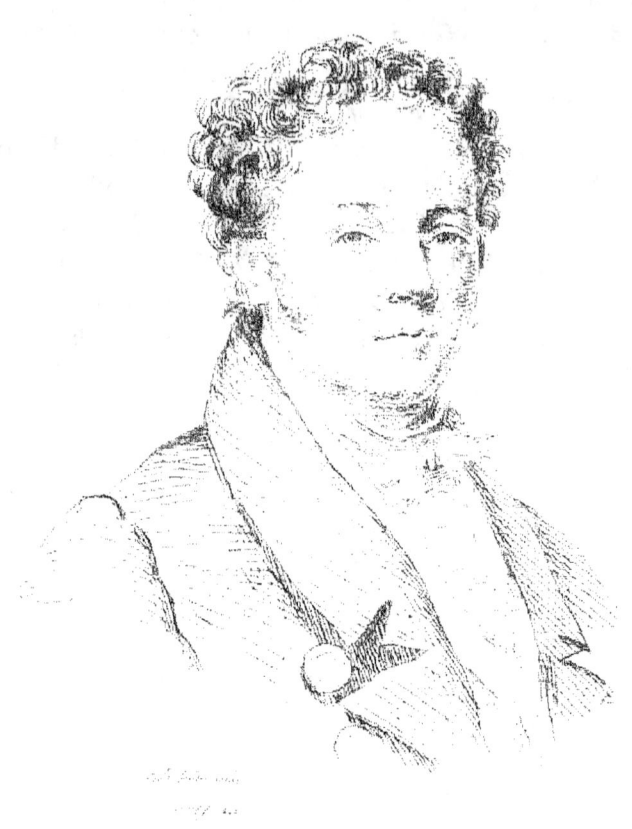

Lafon
Comédie-française
1800-1830

PIERRE LAFON

1800 — 1830

LAFON naquit le 1ᵉʳ septembre 1773, dans la petite ville de La Linde, située dans l'ancienne province du Périgord, & où son père exerçoit honorablement la profession de maître-chirurgien. Il fut mis de bonne heure au collége de Bergerac; ses heureuses dispositions & sa facilité à retenir tout ce qu'on lui enseignoit le signalèrent bientôt,

---

Extrait des registres de la commune de La Linde, pour 1773 : « Le second septembre mil sept cent soixante & treize dans l'église de La Linde, a été baptisé PIERRE LAFON, âgé d'un jour, fils légitime du sieur JEAN LAFON, maître en chirurgie, & de demoiselle MARIE GERTRUDE, conjoints & habitant la même ville. »

entre tous fes condifciples, à l'attention des profef-
feurs. Grâce à fon intelligence & à fa mémoire, devenue un véritable arfenal de profe & de vers, le
jeune & brillant écolier fe voyoit chaque année défigné pour figurer, en première ligne, dans les folen-
nités dramatiques qui, felon l'ufage traditionnel, ter-
minoient la période fcolaire, & dans lefquelles il
n'étoit pas l'un des moins fêtés de ces artiftes improvifés. Auffi le père, craignant que ces petits fuccès
de vanité ne vinffent à déconcerter les projets qu'il
formoit pour l'avenir de fon fils, jugea-t-il opportun
de le ramener fous fa propre furveillance. A feize ans,
il l'envoya à Bordeaux pour y faire fa rhétorique fous
le célèbre profeffeur Ferlus (1), dont il devint en peu
de temps l'élève préféré, & qui, loin de combattre
le goût du jeune écolier pour la poéfie & la déclamation, l'encouragea, au contraire, de tout fon pouvoir.

Lafon, ftimulé par les éloges de fon régent, & peut-
être même à fon inftigation, compofa une tragédie
intitulée : *la Mort d'Hercule*. Cet effai littéraire, interprété d'abord par des amateurs, avec le concours de
l'auteur dans le rôle de Neffus, affrianda les comédiens
de la ville, qui témoignèrent le défir de jouer la pièce
fur leur théâtre. Tout en donnant avec bonheur fon
affentiment à une propofition auffi flatteufe pour fon

(1) François Ferlus, bénédictin de la congrégation de Saint-Maur, né à Caftelnaudary, en 1748. Il avoit fait, en l'an V, l'acquifition du collége de Sorrèze, dont il conferva la propriété jufqu'à fa mort, arrivée en cette ville le 10 juin 1812.

amour-propre, Lafon se réserva expressément le droit de participer, comme amateur, à cette représentation, dans le personnage du Centaure. Le triomphe qu'il remporta à double titre, en cette occasion, ne dut pas contribuer médiocrement à développer le penchant secret qui l'attiroit vers la scène; mais une circonstance fortuite vint, toutefois, y apporter une diversion momentanée. La réquisition l'ayant, en 1796, appelé sous les drapeaux, il fut obligé de partir pour l'armée; mais, grâce aux démarches que fit son père, il obtint, au bout d'une année, sa libération, & revint à Bordeaux pour y commencer des études médicales, qu'il alla ensuite compléter à Montpellier. Ce ne fut pas sans quelque éclat qu'il y suivit les cours de cette célèbre Faculté, & son nom, plus d'une fois cité avec éloge par les professeurs, eut l'honneur d'être mis sous les yeux du ministre Chaptal. Peut-être, s'il eût persévéré dans la voie où il étoit alors engagé, Lafon seroit-il devenu un jour une de nos célébrités médicales; mais la vocation, qui l'entraînoit vers un autre but, devoit déjouer ces belles espérances & tromper le vœu paternel.

Une représentation, organisée au profit des pauvres, & dans laquelle l'apprenti disciple d'Esculape, amant de Melpomène à l'occasion, sut mériter de vifs applaudissements, décida enfin, d'une manière irrévocable, de sa destinée future. Abandonnant l'Ecole & ses triomphes, il quitta presque aussitôt Montpellier secrètement, & se rendit à Marseille, où, pendant quelque temps, il joua la tragédie en qualité de fimple amateur. Il prit enfuite un engagement avec le directeur d'une troupe ambulante, & fe trouva tout à coup jeté brufquement au milieu d'une réunion dont le tableau grotefque rappeloit affez *le Roman comique* de Scarron. C'eft en cette étrange compagnie qu'il parcourut Nice, Toulon & Draguignan.

Un heureux hafard lui fit, dans cette dernière ville, rencontrer Raynouard (2), avec qui il lia connaiffance. Celui-ci l'engagea vivement à renoncer à cette exiftence aventureufe & à fe rendre à Paris. Lafon goûta fort ce confeil & partit pour la capitale, muni de plufieurs lettres de recommandation que lui avoit procurées fon nouvel ami; l'une d'elles, fort preffante, étoit deftinée à Barras, directeur de la République. Ce perfonnage, alors tout-puiffant, accueillit avec bienveillance le jeune homme qui lui étoit recommandé, &, fachant quelles étoient fes vues d'avenir, il l'adreffa à Dugazon, en chargeant celui-ci du foin de le façonner; il ajouta à cette faveur celle non moins précieufe pour Lafon, qui fe trouvoit à peu près dépourvu de reffources, de lui faire donner, fur les fonds d'encouragement des beaux-arts, une penfion qui lui permît de fubvenir à fes befoins & à fon entretien.

Après quelques mois d'études préparatoires, notre

---

(2) Raynouard (François-Juft-Marie), membre de l'Inftitut, auteur d'une tragédie *des Templiers* & de quelques autres ouvrages. Né à Brignoles, le 18 feptembre 1761, il mourut à Paffy le 27 octobre 1836.

jeune tragédien se voyoit à la veille de débuter, lorsque la Révolution de brumaire, en renversant son protecteur, faillit anéantir ses espérances. Il eut, toutefois, le bonheur d'intéresser à sa position Lucien Bonaparte, devenu ministre de l'intérieur, qui signa son ordre de début.

Le jeudi 8 mai 1800, Lafon parut pour la première fois sur la scène françoise, dans le rôle de l'impétueux Achille. Il saisit avec bonheur la physionomie du héros grec, à l'allure tant soit peu gasconne, & fut, pendant tout le cours de la représentation, couvert d'applaudissements nombreux & enthousiastes. Il fit particulièrement ressortir ce vers :

« Ma foi lui promit tout & rien à Ménélas ! »

& plus loin, en s'écriant de sa voix retentissante :

« Le bûcher, par mes mains détruit & renversé,
« Dans le sang des bourreaux nagera dispersé ! »

il produisit un effet prodigieux. Lafon, au rapport de la critique du temps (3), fut bien l'Achille d'Homère. Il le personnifia même plus complètement que La Rive, dont le succès avoit pourtant été si grand, & conserva, dans ce rôle, mais dans ce seul rôle, la prééminence sur Talma. Celui de Tancrède, qu'il joua ensuite, lui fut moins favorable ; mais il prit une revanche bril-

(3) *Journal général d'Affiches.* Prairial an X.

lante dans le perſonnage d'Oroſmane, où ſa taille avantageuſe, ſa voix ſonore & éclatante, & la pompe de ſon débit faſcinèrent véritablement les ſpectateurs &, ſurtout, la partie féminine de l'aſſemblée.

Toutefois, le nouveau débutant fut diverſement apprécié. « La figure de Lafon, diſoient les uns, n'eſt pas dépourvue de nobleſſe ; ſa taille eſt ſuffiſamment élevée ; il repréſente bien. Sa démarche eſt tragique, & il ne manque ni d'aplomb, ni d'aiſance. Son œil eſt expreſſif; il porte bien ſa tête ; mais il a de mauvais geſtes & porte trop fréquemment les mains au-deſſus, ce qui eſt diſgracieux. » Suivant les autres : « Le viſage du débutant étoit tout à fait inexpreſſif, &, pour tâcher d'animer ſes traits, il avoit trop ſouvent recours aux contorſions & aux grimaces. »

Quoi qu'il en ſoit de ces jugements contradictoires, Paris entier raffola bientôt du jeune acteur. Peut-être y avoit-il, dans la faveur avec laquelle il étoit accueilli, une exagération qui prenoit ſa raiſon d'être dans le bruit répandu à deſſein, par ſes amis, du mauvais vouloir dont étoient à ſon égard animés les comédiens françois, & des entraves qu'ils s'efforçoient, diſoit-on, d'apporter à ſes débuts (4). Ce bruit avoit même pris

---

(4) Dans une lettre adreſſée le 15 nivôſe an IX à Lucien Bonaparte, ſon protecteur, Lafon ſe plaint amèrement de ſes camarades, qui ne ceſſent de l'abreuver de dégoûts, depuis qu'il eſt privé de ſon appui.* «Vous avez jugé, dit-il, que je n'étois pas hors de place dans pluſieurs premiers rôles. Certes, j'aurois bien le droit, d'après votre

* Lucien avoit quitté le miniſtère de l'intérieur, le 3 novembre 1800.

tant de confiftance que Talma fe crut obligé de démentir, par la voie de la publicité, les procédés qu'on lui prêtoit dans cette circonftance.

Ce dernier, dont le talent n'étoit pas encore parvenu à la hauteur qu'il atteignit depuis, jouiffoit déjà d'une grande renommée; & cependant les partifans du nouveau venu, ardents & bien aveugles fans doute, n'héfitoient pas à le placer au-deffus. Geoffroy, moins par conviction que par parti pris, ne fe montroit pas un des moins empreffés à propager cette opinion, & il ne contribua pas peu, par fon acrimonie, à détourner l'attention publique au profit de celui qu'il foutenoit. Talma, pouffé à bout, réfolut enfin d'établir une lutte avec ce rival qu'on lui oppofoit, &, ufant de fon droit, il voulut jouer alternativement avec Lafon les rôles dans lefquels celui-ci avoit conquis la faveur publique, tels qu'Achille & Orofmane. Il y fut fifflé prefque à toutes les repréfentations; à l'une d'elles, il eut même le déboire d'entendre le parterre demander que le rôle de Tancrède, qu'il venoit de jouer, fût rempli le lendemain par Lafon (5). Quelques années fe paffèrent

décifion irrécufable par la fûreté de votre goût, de réclamer la poffeffion partagée avec les citoyens La Rive & Talma, mes anciens, des rôles dont je me fuis déjà acquitté. Non-feulement on me laiffe languir dans un dangereux repos, mais on exige que je reparoiffe dans les emplois les plus fubalternes..... &,

fans égard pour votre choix, pour les encouragements du public, on cherche à rabaiffer, à fes propres yeux, celui qui, fous vos aufpices, a obtenu fon fuffrage. »

(5) M. Védel, ancien directeur du Théâtre-François, a bien voulu nous faire part de fes fouvenirs relatifs à l'incident dont nous nous

avant que le temps, plus équitable que les jugements humains, eût remis chacun d'eux à fa véritable place (6). Ces adulations avoient infpiré à Lafon, d'ailleurs natu-

occupons. « Talma, nous a-t-il dit, que je voyois tous les jours à cette époque, étoit défefpéré, &, plus d'une fois, je l'ai trouvé les larmes aux yeux. Je combattis un projet qu'il concevoit alors : celui de quitter la Comédie-Françoife & d'aller à Londres jouer la comédie en anglois. Je fis tout pour l'en détourner. Les chofes en étoient là, lorfque, arrivant un jour chez lui & l'attendant dans fon cabinet, je vis fur fon bureau trois brochures, *Thamas-Kouli-Khan*, *Manlius*, de La Foffe, & *Guftave*, de Piron. Talma étant furvenu, je lui demandai ce que c'étoit que ces pièces que je ne connoiffois pas? —N'ayant pas de rôle nouveau, me répondit-il, je cherche dans l'ancien répertoire quelques ouvrages à remettre. Je viens de lire ceux-ci, & je n'y ai prefque rien trouvé de nature à faire efpérer un fuccès.

Je le priai de me les confier, &, après les avoir lus, je les lui rapportai en lui difant que *Manlius* feul me paroiffoit fufceptible d'une reprife. — C'eft auffi mon avis, répondit-il ; mais cette tragédie n'a qu'une fcène, point de dénouement, & le perfonnage principal difparoît pauvrement au quatrième acte.

Vous comprenez, mon ami, qu'il n'y a là que bien peu de reffource pour l'acteur. — J'en conviens ; mais convenez auffi que s'il n'y a qu'une fcène, elle eft bien belle.— Je le fais. Et je fais auffi quel parti j'en tirerois... Mais après? — Que voulez-vous? vous ne pouvez faire que la pièce foit autre qu'elle n'eft. Courez-en, du moins, la chance. — Hé bien, vous avez raifon, reprit-il après un inftant de réflexion, d'autant plus que la pièce peut être très-bien montée, & l'exécution fauvera la foibleffe du dernier acte. »

En effet, *Manlius* fut remis au théâtre le 11 janvier 1806, & le fuccès fut fi grand, que, de ce jour, Talma reprit fur Lafon tout l'avantage qu'il avoit perdu.

(6) Ainfi que nous l'avons fait obferver, Lafon avoit fes partifans & fes détracteurs outrés. Il parut à cette époque une *Revue critique des Comédiens*, dans laquelle l'auteur faifant intervenir l'ombre de Le Kain, mettoit dans fa bouche les paroles fuivantes, après avoir vu jouer Lafon : « Avec une figure agréable, une taille avantageufe, fa chaleur défordonnée, cet acteur doit plaire à la multitude ; mais je

rellement vaniteux, une opinion de lui-même telle, que le nom de Talma, qui lui faifoit ombrage, ne fortit plus de fa bouche : il ne difoit jamais que *l'autre*, en parlant de celui-ci. — « Monfieur Lafon, lui dit un jour le duc de Lauraguais, je trouve que vous êtes trop fouvent *l'un* & pas affez *l'autre*. »

Une autre fois, il venoit de jouer le rôle d'Orofmane. Le public avoit applaudi chaleureufement, & le fuccès étoit complet. A cette époque, parmi les habitués de la Comédie-Françoife, on remarquoit tous les foirs, foit dans la falle, foit au foyer des comédiens, un vieillard, le marquis de Ximénès, qui avoit vu Le Kain & les actrices Dumefnil & Clairon; ce qui le rendoit fi difficile en fait d'appréciation, que tous les comédiens recherchoient comme une grande faveur les fuffrages de cet amateur émérite.

Tout en fe déshabillant dans fa loge, Lafon difoit à ceux qui l'entouroient : « J'efpère que notre marquis aura été content de moi. » Il fe hâte donc de fe rendre au foyer, & la première perfonne qu'il aperçoit en entrant, c'eft M. de Ximenès venant à lui. Cet empreffement paroît de bon augure à Lafon, qui prend un air de circonftance pour recevoir avec une modeftie

---

ne vois là nulle conception, nuls fentiments approfondis, ni rien enfin qui annonce autre chofe qu'une brillante médiocrité. — Mais cependant (reprend fon interlocuteur), ce jeune acteur a eu du fuccès dans Tancrède, dans Orofmane, dans le Cid. — Hé bien, tant mieux pour lui! tant pis pour vous! » répliqua Le Kain. Et l'ombre difparut.

étudiée les félicitations qu'il espère. « Monsieur Lafon, dit le malicieux vieillard, vous venez de jouer Orosmane comme Le Kain ne l'a jamais joué. — Ah! Monsieur le Marquis!... — Non, Le Kain ne le jouoit pas comme cela ; il s'en feroit bien donné de garde! »

Ajoutons cependant que, plus tard, Lafon, revenu à des sentiments équitables, rendit à Talma mort une justice qu'il avoit si souvent déniée. Dans une douloureuse circonstance, aux obsèques de l'illustre tragédien, il fut interpréter en termes éloquents les regrets de tous & les siens propres.

Lafon, qui avoit été mis, en entrant au théâtre, aux appointements de 3,600 fr., fut reçu sociétaire au mois de septembre de la même année. En 1801, son traitement fut élevé à 7,200 fr., parce qu'il n'y avoit pas de part vacante en ce moment. Il eut 1/4 de part en 1802, 3/4 en 1803 & 7/8 en 1807. Cette progression rapide répond suffisamment à l'opinion, propagée à dessein, des dispositions peu favorables qu'on prêtoit à la Comédie au sujet de cet acteur.

Depuis plusieurs années, la position de Lafon étoit assurée dans le genre tragique, lorsqu'il voulut faire, en 1806, une excursion dans le domaine de la comédie. Il débuta, le 20 septembre de cette année, dans les rôles de Clitandre, des *Femmes savantes*, & de d'Etieulette, de *la Gageure imprévue;* le 8 janvier suivant, il joua le comte de Tufière, dans *le Glorieux*, dont il saisit avec habileté le ton & le caractère. Il s'attaqua ensuite au rôle colossal du *Misanthrope ;* mais il y laissa beaucoup à défirer. Enfin, il créa, dans la même année, le perfonnage de Bruéis, dans la comédie d'Etienne, de *Bruéis & Palaprat*. Ces tentatives ayant fufcité quelques difficultés entre lui & fes camarades, il dut re-renoncer à les pourfuivre, & une velléité femblable, en 1815, fut arrêtée par les mêmes motifs qui avoient entravé fes précédents effais (7). En 1825, après la retraite de Saint-Fal & de Damas, il aborda de nouveau

---

(7) Lettre écrite, le 24 octobre 1815, par le Comité d'adminiftration, à M. Lafon, fociétaire :

« Monfieur,

« Je fuis chargé par M. l'Intendant-général des menus-plaifirs du Roi, de vous demander fi votre intention eft de jouer dans la comédie l'emploi des premiers rôles en totalité.

« M. de La Ferté défire de vous une réponfe claire & pofitive à cette queftion, afin de pouvoir régler, en conféquence, ce qui vous concerne dans un travail général fur la claffification des emplois dans les deux genres. Je vous invite donc à me la tranfmettre le plus tôt poffible.

« J'ai l'honneur, &c.

« Pour le Comité,

« LE MAZURIER, *fecrétaire*. »

RÉPONSE DE LAFON.

« Monfieur,

« J'ai reçu la lettre que vous m'avez fait l'honneur de m'écrire, & je m'empreffe d'y répondre d'une manière pofitive & claire.

« Lorfque j'ai défiré jouer la comédie, je n'avois en vue que le bien de la Société. Elle a mal fecondé mes premiers effais & m'a fufcité des obftacles que je crois tout-à-fait indépendants de l'autorité. Je ne veux pas être gratuitement un fujet de difcorde au Théâtre-François. D'ailleurs, ce n'eft pas au moment où je touche prefque au terme de ma carrière dramatique, que j'entreprendrai l'étude *rigoureufe* d'un nouvel emploi. Veuillez donc, Monfieur, appeler fur tout autre fujet la follicitude de M. le Surintendant, & faites-lui agréer & mes remerciements & l'expreffion de mon refpect.

« Agréez, &c.

« *Signé*: LAFON.

« Paris, le 26 octobre 1815. »

(*Arch. de l'Emp.*)

le genre comique, & essaya même, après la mort de Talma, de jouer le rôle de Danville, dans *l'Ecole des Vieillards;* mais il resta fort au-dessous de son éminent prédécesseur. Il ne fut pas plus heureux lorsque, dédaignant le personnage chevaleresque d'Abner, de la tragédie d'*Athalie*, qu'il avoit toujours brillamment rendu, il tenta vainement d'atteindre les hauteurs du rôle de Joad.

En 1818, Lafon demanda, par une lettre adressée au Comité, le 4 mars de cette année, à jouer l'emploi des *Rois*, lorsqu'il viendroit à vaquer par la retraite de ses anciens, & à ne pas y être primé par un membre de la Société plus jeune que lui; il réclama même la faveur de s'y essayer, tout en conservant les *premiers rôles*. Acte lui fut donné de sa demande, dont la seconde partie ne fut pas accueillie, sur le fondement de l'Ordonnance royale qui porte que « nul acteur ne peut tenir deux emplois en chef. »

A la suite d'une absence prolongée, dont la maladie étoit le prétexte & le mécontentement la cause réelle, Lafon reparut en 1821; mais ce fut pour signifier, peu de jours après sa rentrée, une indisposition subite, & se dispenser, pour ainsi dire, de toute espèce de service (8). Le bruit circula alors que cet acteur, rebuté

(8) Dans le cours de l'exercice théâtral de 1821 à 1822, Lafon ne parut que dix fois sur la scène. Il n'étoit guère possible au Comité administratif de la Comédie-Françoise de laisser subsister cet état de choses sans y apporter un remède, ou du moins sans le signaler à l'Autorité. Aussi, le 24 janvier 1823, en référa-t-il à son supérieur, le duc de Duras, en ces termes :

«... M. Lafon se tient toujours

par des mécomptes succeſſifs, se proposoit de passer au
second Théâtre françois : bruit mal fondé, car les règlements s'y opposoient, & il eut été peut-être plus
vraisemblable d'y voir le parti pris d'amener l'Administration supérieure à lui assurer de nouveaux avantages. Quel que soit le motif qui l'ait animé, Lafon se
montra rarement sur la scène, &, après avoir plusieurs
fois offert sa démiſſion, il manifesta l'intention de se
retirer définitivement pour le 22 novembre 1829, ainsi
qu'il en avoit le droit, aux termes de son contrat. Il
demandoit, toutefois, qu'en prenant sa retraite avant
d'avoir rempli trente années de services effectifs, sa
pension lui fût comptée & sa représentation à bénéfice
accordée, comme s'il les avoit intégralement accomplies. C'eſt ce que le Comité se refuſa à reconnoître,
& Lafon, en conséquence, dut prolonger son service
jusqu'au 1ᵉʳ avril 1830.

Depuis deux mois cet acteur n'appartenoit plus à la
scène, lorsque, pendant le séjour à Paris du Roi de
Naples, ordre fut donné, le 18 mai 1830, de repré-

---

envers la Comédie dans un état d'inaction & d'impaſſibilité qui nous laiſſe toujours dans le doute de savoir s'il eſt encore de notre Société, ou s'il n'en eſt plus.

« Cet état ne peut reſter plus longtemps sans que la Comédie n'en éprouve un très-grand préjudice, & nous avons, en conséquence, l'honneur de vous prier de vouloir bien le faire ceſſer.

« Il vous paroîtra, sans doute, urgent que la queſtion soit décidée...; que M. Lafon reprenne son service, ou que sa démiſſion soit définitivement acceptée, d'après sa démarche formelle & plusieurs fois réitérée, & qu'elle soit prononcée par un acte de votre volonté... »

Suivent les signatures.

(*Arch. de l'Emp.*)

senter *Athalie*. La Comédie se trouva dans le cas de recourir forcément à Lafon pour jouer le rôle du Grand-Prêtre, & elle crut devoir, pour provoquer son acceptation, lui offrir comme bénéfice le produit de cette représentation. Mais l'artiste, dont le caractère étoit des plus honorables, rejeta cette condition : « Ne voulant pas, répondit-il, spéculer sur une semblable occasion, & trouvant plus doux de manifester son dévouement désintéressé à ses anciens camarades. »

Lafon, en quittant le théâtre, où il avoit tenu une place considérable, a laissé derrière lui la réputation d'un artiste de mérite supérieur, sans doute, mais dont, il faut le dire, la renommée avoit été surfaite. Doué d'intelligence, d'une chaleur communicative, il eut ses défauts, qu'un critique contemporain apprécie avec justesse, bien qu'avec sévérité. « Acteur souvent digne d'éloges, mais procédant presque toujours mal à l'étude de ses rôles. Ce n'est pas la pensée de l'auteur qu'il médite, ce n'est pas l'ensemble de l'ouvrage qu'il considère ; il ne veut, il ne recherche que les effets de détails. Aussi, point d'unité, beaucoup de traits brillants, mais sans cohérence. On l'applaudit par intervalles, parce qu'il a quelques moments heureux ; mais il n'inspire pas un grand intérêt. Il ne produit que peu d'illusion, parce qu'il ne sait donner à ses personnages, ni la physionomie qui leur est propre, ni un caractère déterminé. »

Ajoutons que Lafon, à l'inverse de Talma, n'avoit pas grandi avec les années, bien au contraire ; c'est là la différence du talent au génie.

Il reparut une feule fois fur la fcène, le 9 avril 1839, dans la repréfentation donnée à fon bénéfice, & qui fe compofoit de *Nicomède* & du *Mifanthrope*. La recette fut de 14,000 francs.

Lafon, rentré dans la vie privée, continua pendant plufieurs années d'habiter Paris ; & il eft à remarquer que, fauf la circonftance rapportée plus haut, il ne vint jamais de fa perfonne au Théâtre, même pour toucher les arrérages de fa penfion, que le Caiffier de la Comédie avoit l'obligeance de lui faire remettre. Il occupoit fes loifirs par la culture des lettres, qu'il avoit toujours aimées, & entretenoit d'agréables relations, que la politeffe de fes manières contribuoit à rendre telles, & auxquelles les habitudes pompeufement théâtrales qu'il avoit confervées dans fon intérieur, ainfi qu'un certain affaifonnement de vanité candide (9) n'enlevoient rien de leur aménité. Il avoit été nommé répé-

---

(9) Cette vanité, fruit du terroir natal, il l'avoit eue toute fa vie. On rapporte qu'à l'époque de fes débuts, parlant de lui-même, il difoit de très bonne foi : « Toute la ville n'a plus qu'une penfée, celle du *brillant* débutant ; &, à la cour, la queftion qu'on fe fait en s'abordant, eft celle-ci : Avez-vous vu le *beau jeune homme ?* »

L'emphafe qu'il avoit toujours apportée dans fon jeu, & qui pouvoit être de mife, à la rigueur, chez les héros tragiques, il la confervoit dans le monde, même à propos des chofes les plus fimples. On parloit un jour d'ameublements chez Mlle Contat, & Lafon, prenant la parole, dit d'une voix enflée : « Je vais faire placer dans mon falon un tapis neuf ; celui-ci durera plus que moi. »

Là deffus, Mlle Contat répliqua fpirituellement, & fur le même ton :

Cet oracle eft plus fûr que celui de Calchas.

Et chacun de rire ; Lafon tout le premier.

uteur du cours de Dugazon, au Conſervatoire, le 21 avril 1805, & profeſſeur titulaire en 1807. Mis à la réforme à deux repriſes, par meſure d'économie, il prit ſa retraite définitive en ſeptembre 1831, après avoir formé de nombreux élèves.

Lors de l'inauguration, qui eut lieu le 19 octobre 1834, de la ſtatue conſacrée par la ville de Rouen au grand Corneille, Lafon eut miſſion de repréſenter la Comédie-Françoiſe à cette cérémonie, ainſi qu'il l'avoit fait quelques années auparavant, aux funérailles de Talma. Il y prononça un diſcours de ſa compoſition qui fut applaudi avec juſtice.

Vers la fin de 1839, Lafon abandonna le ſéjour de Paris & alla établir ſa réſidence à Bordeaux (10), auprès de ſa fille qui avoit épouſé M. Marſaud, riche armateur de cette ville (11). C'eſt chez elle qu'il termina ſon exiſtence, le dimanche 10 mai 1846.

(10) Nous liſons dans une lettre qu'il écrivoit à un ami (*) le 22 janvier 1843, les paſſages ſuivans : « ... Vous ſavez que Bordeaux ne m'eſt point étranger... J'y ai retrouvé de vieux amis... Je paſſe mes loiſirs à la lecture, à noircir quelques feuilles de papier, à ſuivre des cours fort intéreſſants d'hiſtoire, de philoſophie, voir même de théologie & de chimie... Nous avons ici des poëtes, des littérateurs, peu d'artiſtes diſtingués, il eſt vrai ; mais il y a moyen de ſe conſoler avec les autres. Notre bon Archevêque s'en entoure ; j'ai l'honneur d'être de la compagnie de Monſeigneur, non comme *Baſile* de celle d'*Almaviva*. Il a quelque plaiſir à me recevoir... »

(11) Lafon s'étoit marié deux fois. Il avoit épouſé en ſecondes noces Mlle Marchais de Chériſſac, dame attachée à la Maiſon royale de Saint-Denis. Un fils qu'il avoit eu de ſon premier mariage eſt aujourd'hui commandant du 1er bataillon de la gendarmerie d'élite.

(*) M. Pierre Hédouin, artiſte peintre.

Rôles créés par Lafon.

1802	Alhamar	Alhamar, de *** (Ducis).
«	Léon	Le Roi & le Laboureur, de *** (Arnault).
«	Clodoer	Ijule & Orovède, de N. Lemercier.
1803	Henri Thurfon . .	Siri-Brahé, de *** Thüring.
«	Le Taffe	Le Taffe, de Cicille.
1804	Aftyage	Cyrus, de Chénier.
1805	Philippe-le-Bel . .	Les Templiers, de Raynouard.
1806	D'Epernon	La Mort d'Henri IV, de Legouvé.
«	Jofeph	Omafis, de Baour-Lormian.
«	Néron	Octavie, de *** (Souriguières).
1807	Hue de Caurelée .	La Mort de Du Guefclin, de *** (Dorvo).
«	Bruéis	Bruéis & Palaprat, d'Etienne.
«	Le Prince	Le Paravent, de Planard.
1808	Artaxerce	Artaxerce, de Delrieu.
1809	Pâris	Hector, de L. de Lancival.
«	Licinius	Vitellie, de *** (de Selves).
1810	Thierry	Brunehaut, d'Aignan.
1811	Nicomède	Annibal, de *** (de Normandie).
1814	Henri III	Les Etats de Blois, de Raynouard.
1815	Arondel	Jeanne Gray, de Brifaut.
«	Démétrius	Démétrius, de Delrieu.
1816	Charlemagne . . .	Charlemagne, de N. Lemercier.
1819	Pyrrhus	Hécube & Polixène, de d'Herbigny.
«	Talbot	Jeanne d'Arc, de d'Avrigny.
«	Louis IX	Louis IX, d'Ancelot.
1820	Le Dauphin . . .	Jean de Bourgogne, de Formont.
1823	Pierre	Pierre de Portugal, de L. Arnault.
1824	Shore	Jane Shore, de N. Lemercier.
«	Eudore	Eudore & Cymodocée, de Gary (& Pichald).

1825	David	*La Clémence de David*, de Draparnaud.
«	Sigifmond	*Sigifmond de Bourgogne*, de Viennet.
«	Le Roi	*Le Béarnais*, de Fulgence (de Bury), Ledoux & R.
1826	Maillard	*Marcel*, de Rougemont.
«	Odon.	*Le Siége de Paris*, de d'Arlincourt.
1827	Julien	*Julien dans les Gaules*, de Jouy.
«	Démarate	*Léonidas*, de Pichald.
«	Licinius.	*Virginie*, d'A. Guiraud.
«	Nottingham . . .	*Elifabeth d'Angleterre*, d'Ancelot.

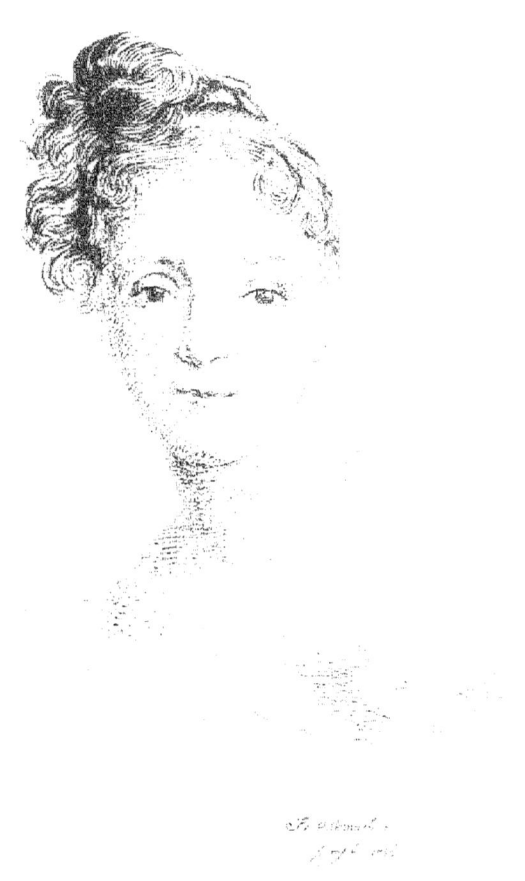

Mademoiselle Bourgoing
Comédie-françoise
1801-1829

MARIE-THÉRÈSE-ÉTIENNE

MADEMOISELLE BOURGOING

1801 — 1829

Née à Paris, au sein d'une famille d'artisans, Thérèse Bourgoing fut destinée au théâtre dès sa plus tendre enfance. Elle touchoit à peine à sa sixième année, quand ses parents la confièrent à un danseur de l'Opéra, nommé Seuriot, qui lui enseigna les premiers éléments de son art, & la mit,

---

Extrait des actes de la paroisse Saint-Sulpice, à Paris : « Le cinq juillet mil sept quatre-vingt-un a été baptisée MARIE-THÉRÈSE-ETIENNE, née d'hyer, fille d'EDME BOURGOING, maître cordonnier, & de MARIE BADOIS, son épouse, demeurant rue des Deux-Anges. Le parrain ETÎENNE CROISET, & la marraine, MARGUERITE PETIT. »

au bout de quelques mois, en état de figurer avec avantage dans un ballet-pantomime de Pleinchesnes. Sa vivacité & sa gentillesse lui valurent un succès enfantin. Dans la suite, elle reçut les leçons d'un M. Antoine, frère de l'architecte & ancien ami de Le Kain, qui, entraîné par son goût pour le théâtre, se plaisoit à donner bénévolement des conseils aux jeunes sujets chez lesquels il croyoit reconnoître des dispositions. Il lui fit abandonner la danse, pour se livrer exclusivement à l'étude de la tragédie & de la comédie, & lorsqu'il jugea sa jeune élève suffisamment instruite, il la présenta à Mme Vestris & à Dugazon, qui s'intéressèrent à elle & lui facilitèrent l'accès du Théâtre-François.

Thérèse Bourgoing hasarda ses premiers pas sur cette scène classique, le 13 septembre 1799, dans la tragédie de *Fénelon*, & dans l'*Ecole des Maris*, où elle remplit les rôles d'Amélie & d'Isabelle. Une feuille du temps, en rendant compte de ce début, rapporte que le public se montra grand admirateur des grâces de sa personne & se plut à lui donner des encouragements. Bien qu'une extrême timidité, fort concevable en cette circonstance, fît trembler sa voix, on trouva sa diction pure & ses gestes naturels. Cependant, il ne fut pas donné suite à cette épreuve, & l'on ajourna brusquement la continuation de ses débuts : la Comédie informa Mlle Bourgoing « qu'elle les suspendoit à cause de la saison ; mais qu'elle ne les regardoit pas comme terminés, &c., &c. » Le public attribua cette interruption, que rien ne sembloit justifier, aux inimitiés qu'avoit foulevées contre la nouvelle venue l'apparition d'un opufcule (1) où les Comédiens, & principalement Dazincourt, n'étoient pas ménagés, & dont on l'accufa d'avoir été l'inftigatrice, ou tout au moins le prétexte. Ses débuts ne furent repris qu'en mars 1801, dans *Mélanie* & dans l'*Ecole des Femmes*. Elle avoit employé cet intervalle d'à peu près quinze mois à recevoir d'utiles leçons de Mlle Du Mefnil, alors octogénaire (2); ce qui permit de l'annoncer fur les affiches comme étant l'élève de cette illuftre tragédienne.

Dans ces deux comédies, elle intéreffa par fa jolie figure & l'élégance de fa tournure. Le lendemain, elle joua Zaïre; mais elle fe montra inégale dans ce rôle

---

(1) *Lettre d'un comédien du Théâtre de la République aux demoifelles Gros & Bourgoing.* Paris, Lerouge, an VIII, br. in-8° de 60 pages.

Ce pamphlet fut attribué à Paliffot.

(2) Mlle Du Mefnil écrivoit au Miniftre de l'intérieur : « J'ai cru reconnoître en cette jeune perfonne des difpofitions très-heureufes, & il y a dix-huit mois que, de deux jours l'un, je n'ai ceffé de veiller à fes études, & de lui donner tous les foins qui peuvent dépendre de mon expérience dans l'art du théâtre. J'ofe donc l'annoncer comme mon élève... »

« J'ai entendu (difoit Lafon dans une lettre adreffée à un de fes amis), j'ai entendu Mlle Bourgoing répéter Junie chez Mlle Du Mefnil, qui faifoit le rôle d'Agrippine, affife devant une table. Je difois celui de Néron. Mlle Du Mefnil récita le fien de manière à me caufer la plus grande furprife & la plus vive admiration. Ce n'étoient que des débris; mais ils étoient fuperbes. Je n'avois aucune idée de cette manière de déclamer, & dans cette féance, que je me rappellerai toujours avec bonheur, Mlle Du Mefnil donna à la jeune Bourgoing les confeils les plus lumineux. »

qui lui fut moins favorable que les précédents. Foible dans les premiers actes, elle ne se releva qu'au quatrième, où elle fut mériter le suffrage des connoisseurs. On la jugea généralement plus propre à la comédie qu'au genre tragique, pour lequel ses moyens parurent insuffisants. Ses traits fins & délicats reflétoient difficilement les orages des passions; ils convenoient bien mieux aux petites bouderies des scènes de salon, où elle étoit ravissante. Aussi le public s'intéressa-t-il vivement à cette aimable comédienne, à cause des persécutions qu'on accusoit Dazincourt & son camarade Florence d'exercer à son égard.

Elle avoit à soutenir la concurrence de Mlle Volnais, entrée au théâtre pendant son absence forcée, & que le premier des deux sociétaires que nous avons cités plus haut protégeoit de toute l'autorité de son crédit. En effet, lorsque, après la clôture des débuts de Mlle Bourgoing, le 1er mars 1802, par les rôles de Chimène dans le *Cid* & d'Hortense dans le *Florentin*, le Comité fut appelé à statuer sur sa position, l'admission de cette actrice souffrit quelques difficultés, malgré la protection bien connue dont l'entouroit un haut fonctionnaire (3).

Les premières années de sa carrière théâtrale ne furent pas exemptes des ennuis que lui suscitèrent les

(3) Engagée, sur la recommandation particulière du ministre Chaptal, & par une faveur exceptionnelle aux appointements de 7,000 fr., elle fut reçue sociétaire en 1802, à 3/8 de part; en avril 1804, elle avoit 1/2 part; en 1809, 5/8, & enfin en 1811, 3/4.

susceptibilités féminines, plus encore que la jalousie d'un talent qui n'étoit pas encore tout ce qu'il pouvoit être. Geoffroy, l'oracle de la critique du temps, qui s'étoit d'abord montré bienveillant pour Mlle Bourgoing, changeant tout à coup de drapeau, la traita durement. Il ne lui épargna pas les observations amères sur sa récitation, qu'il appelloit molle & sans couleur. — « J'aime, disoit-il ironiquement, j'aime jusqu'à la paix profonde de ses traits. » Enfin, le blâme devint, sous la plume de ce capricieux aristarque, aussi peu équitable que la louange avoit été d'abord exagérée.

Mlle Bourgoing cependant, loin de perdre courage, fit son profit de ces critiques, si peu généreuses qu'elles fussent. Elle surveilla sa diction, s'attacha à donner à son visage l'expression le plus en rapport avec la situation. Ses soins ne furent pas infructueux, & l'on put remarquer chez elle des progrès assez sensibles, surtout dans le genre comique; car dans la tragédie son jeu resta toujours empreint d'une certaine froideur, malgré le timbre flatteur de sa voix & une excellente prononciation. Plus tard, elle eut la fantaisie de sortir de l'emploi des *jeunes premières* pour entrer dans le domaine des *grandes coquettes*, & elle aborda résolument le rôle colossal de Célimène; mais elle ne possédoit ni l'aisance, ni le ton, ni la physionomie du personnage. Elle eut beau s'y évertuer; les traces de son origine & l'absence d'éducation première perçoient invinciblement à travers ses efforts pour saisir ce grand air qui ne se donne pas : en un mot, la distinction native lui manquoit. Mlle Bourgoing eut le bon sens de le comprendre & la prudence de renoncer à une nouvelle tentative du même genre, après celle qui lui avoit révélé son insuffisance. Elle revint au genre de rôles qui lui avoient toujours été favorables. De ce nombre étoient Pauline, de l'*Intrigue épistolaire;* Agathe, des *Folies amoureuses;* Rosine, du *Barbier de Séville;* Fanchette, de la *Belle Fermière;* Angélique, de la *Fausse Agnès;* Roxelane, des *Trois Sultanes*, & particulièrement le rôle de Chérubin qu'elle remplissoit d'une manière piquante.

Notre actrice, douée par la nature d'avantages séduisants, eut un grand nombre d'amants du plus haut rang, parmi lesquels elle compta plusieurs têtes couronnées. Au reste, se piquant peu d'afficher les vertus d'une recluse, elle ne passoit en effet, dans le monde, pour rien moins que cela. Cette réputation, trop bien établie, lui valut, un jour qu'elle jouoit dans *Britannicus*, une mortification dont nous empruntons le récit à la chronique de l'époque. « Au moment où Junie, désespérée du danger de son amant, déclare à l'empereur qu'*elle veut augmenter le nombre des vestales*, les spectateurs, confondant l'actrice avec le personnage, ont témoigné par quelques éclats de rire, combien la déclaration leur paroissoit plaisante... Mlle Bourgoing n'a pas été maîtresse de son dépit, elle a quitté la scène...; mais après avoir quelque temps boudé, il a fallu revenir. Elle a reparu alors avec les marques de la douleur; avec des yeux dont l'éclat avoit été terni par les larmes.

« A cet afpect, le parterre s'eft reproché fa barbarie. Oubliant que Mlle Bourgoing lui avoit manqué, il a voulu feulement fe fouvenir qu'il avoit manqué à Mlle Bourgoing par excès de bonne humeur... Des applaudiffements ont fcellé le raccommodement de l'actrice & du parterre, & fon retour fur la fcène a été un vrai triomphe... »

Mlle Bourgoing fembloit, du refte, réfervée pour les aventures de cette efpèce. Quelques années plus tard, il lui en arriva une autre, dont les conféquences faillirent devenir pour elle beaucoup plus graves. Voici le fait. Le 26 avril 1815, on donnoit *Phèdre* ; Mlle Bourgoing jouoit Aricie. La foibleffe, peut-être même la négligence dont elle fit preuve dans l'interprétation de ce rôle, lui valurent quelques avertiffements févères de la part du public. Mlle Bourgoing, gâtée par l'indulgence de quelques-uns, & oubliant qu'elle étoit jufticiable de tous, adreffa aux fiffleurs des geftes méprifants, peu faits pour défarmer leurs rigueurs. Les marques d'improbation ayant redoublé, elle s'enfuit dans la couliffe ; puis, on la vit prefque inftantanément traverfer le théâtre en courant & en pouffant des cris de terreur. Le tumulte fut grand & la tragédie ne fut pas achevée. On paffa, après un affez long intervalle, à la première repréfentation d'une comédie, intitulée *Racine & Cavois*, qui étoit annoncée, & qui fe reffentit néceffairement de la mauvaife difpofition du parterre (4).

(4) Le lendemain de cet événe- ment, le Comité d'adminiftration

Par l'effet d'une fingulière coïncidence, plufieurs vers de cette pièce placés dans la bouche de Racine, tels que ceux-ci :

« La chute de ma Phèdre eft encor bien récente. »

ou

« Ma Phèdre eft déformais à l'abandon livrée...
« Et pour qui? Jufte ciel!...

excitèrent l'hilarité la plus vive.

Mlle Bourgoing, le lendemain même de l'incident, fit inférer dans les journaux une lettre dans laquelle, proteftant *de fon profond refpect pour le public*, elle ex-

---

de la Comédie-Françoife, réuni en affemblée, prit la délibération fuivante :

« Du jeudi 27 avril 1815.

Sur la demande que M. le Commiffaire impérial fait au nom de M. le comte de Montefquiou, Grand chambellan Sur-intendant des fpectacles, de l'avis du Comité, relativement à la conduite de la demoifelle Bourgoing pendant la repréfentation de *Phèdre*, hier 26, & du fcandale qui en eft réfulté, le Comité, confidérant que Mlle Bourgoing s'eft trop fouvent rendue coupable de torts graves depuis qu'elle eft au Théâtre-François, & qu'elle y a mis le comble en cette dernière circonftance, eft unanimement d'avis que le fecond alinéa de l'article 78 décret impérial du 15 octobre 1812, ainfi conçu :

« L'expulfion définitive n'aura lieu que dans les cas graves, & après avoir pris l'avis du Comité, »

eft entièrement applicable à Mlle Bourgoing.

Signé : Fleury, Saint-Prix, Talma, Michot, Damas, Lacave.

Pour copie conforme :
Le Secrétaire du Comité,
LE MAZURIER.

(*Archives de l'Empire.*)

pliquoit les chofes à fa façon. Le Comité s'empreffa, dans une réponfe (5) rendue également publique, de démentir les allégations qu'on avoit mifes en avant pour juftifier un tel oubli des convenances.

En réfumé, les fouvenirs que laiffera Mlle Bourgoing, en tant que comédienne, ne feront peut-être pas de fi longue durée que fa réputation de femme aimable, fpirituelle & originale. Douée d'un efprit épigrammatique & prefte à la réplique, elle n'étoit pourtant ni orgueilleufe ni méchante. Parmi les reparties qui ont été citées d'elle, nous rappellerons fa réponfe à Talma, qui, un jour que la converfation rouloit fur l'article *finances*, difoit : « Pour nous autres hommes, les appointements font tout, tandis que vous, Mefdames, vous poffédez d'autres avantages. — « Ah ! mon ami, s'écria Mlle Bourgoing, pas tant que tu crois ! Il y a bien des non-valeurs. »

---

(5) Le Comité, vu la lettre de Mlle Bourgoing, inférée au numéro de ce jour du *Journal de Paris*, arrête que la note ci-jointe fera envoyée aux rédacteurs de cette feuille, avec prière de la publier le plus tôt qu'il leur fera poffible :

« Mlle Bourgoing a adreffé à Meffieurs les rédacteurs du *Journal de Paris* une lettre où elle prétend qu'elle a *éprouvé* une fcène *. Mlle Bourgoing fe trompe : elle n'a point *éprouvé* de fcène ; elle en a *fait* une.

« *Signé*: Fleury, Saint-Prix, Michot, Damas, Lacave. »

(*Arch. de l'Emp.*)

* La *fcène* à laquelle Mlle Bourgoing fait allufion dans fa lettre, étoit un coup de chapeau qu'elle prétendoit avoir reçu d'Etienne, l'auteur de la pièce nouvelle qu'on alloit repréfenter le foir même. Il n'eft pas invraifemblable que, redoutant pour le fort de fa comédie les impreffions d'un public défappointé, il n'en eût témoigné à l'actrice fon mécontentement en termes un peu vifs.

Une autre fois, on annonçoit en sa présence l'acquisition que venoit de faire sa camarade Mlle Volnais, d'une terre de 400,000 fr., & toutes ces dames de se demander : Mais comment donc a-t-elle pu rassembler tant d'argent? — « Vous verrez, repartit la mordante comédienne, qu'elle a fait un *appel au peuple.* »

Mentionnons encore, bien que très-connue, sa réponse laconique à la femme d'un haut dignitaire de la Cour impériale, qui, s'imaginant à tort que Mlle Bourgoing détenoit un perroquet égaré par elle, lui écrivit, à ce sujet, une lettre peu polie signée tout sèchement : *La Maréchale, Duchesse de...* L'actrice, piquée avec raison de cette affectation hautaine, riposta immédiatement par ces mots : « *Ni vu ni connu... Iphigénie en Aulide.* »

On peut juger par ces quelques anecdotes de la tournure de son esprit; mais bien que dans l'intimité d'un cercle restreint elle ne se montrât pas précisément grande dame, cette actrice fut toujours, sur la scène, élégante, convenable & décente. Sa réputation de femme d'esprit étoit si bien établie, que, lors des événements politiques qui amenèrent les souverains étrangers à Paris, elle eut l'honneur de recevoir dans son salon l'empereur Alexandre (6), le grand-duc Cons-

---

(6) Mlle Bourgoing étoit déjà connue de l'empereur Alexandre. Au commencement de 1809, elle avoit été passer en Russie un congé de six mois, & son séjour dans ce pays n'avoit pas été inutile à sa fortune. Elle revint en France le 1er septembre de cette année, & fit sa rentrée dans *Eugénie* & *l'Epreuve nouvelle.*

tantin, le Roi de Pruſſe & les principaux perſonnages attachés aux armées alliées.

Ces hautes relations ne furent certainement pas ſans influence ſur les ſentiments de royaliſme que Mlle Bourgoing manifeſta à l'époque de la Reſtauration. Pendant longtemps, elle ne parut pas ſur la ſcène ſans porter, comme inſignes, des rubans blancs & des fleurs de lys.

Les premiers ſymptômes de la maladie dont elle eſt morte ſe produiſirent vers 1828, & la décidèrent à quitter le théâtre. Pendant les quatre années qu'elle ſurvécut à ſa retraite, le mal fit de cruels ravages & lui cauſa d'affreuſes ſouffrances, qu'elle ſupporta avec une fermeté exemplaire. Sentant enfin arriver le terme de ſon exiſtence, elle voulut quitter chrétiennement la vie & fit inviter le curé de Saint-Roch à la venir viſiter. Dans ce moment ſolemnel elle fit preuve de beaucoup de réſignation, & voyant autour de ſon lit de douleurs ſa famille éplorée : « Ne pleurez pas, dit-elle ; mon parti eſt pris. Laiſſez-moi maintenant m'occuper de vous. »

Mlle Bourgoing ſuccomba le dimanche 11 août 1834. Ses funérailles ſe célébrèrent à Saint-Roch, au milieu d'un immenſe concours de perſonnes, dont la plupart avoient été attirées moins, peut-être, par un ſentiment de piété que dans l'attente de voir ſe renouveler les ſcènes de ſcandale dont ce temple avoit été le théâtre, à deux époques différentes, lors des obsèques de la danſeuſe Chameroy & de la tragédienne de Raucourt.

Le tombeau de Mlle Bourgoing, dans le cimetière de l'Eſt, eſt ſurmonté d'un vaſe cinéraire, trouvé dans les ruines d'Herculanum, & qui lui avoit été donné par Alexandre Ier, durant ſon ſéjour à Saint-Péterſ-bourg.

Rôles créés par Mlle Bourgoing.

1802	Eſégyle.	*Iſule d'Orovèʒe*, de N. Lemercier.
1803	Mercure	*Le Double Hommage*, de Chazet & Sewrin.
«	Julie Guldenſteim.	*Siri Brahé*, de Thuring.
«	Euphroſine. . . .	*Le Veuf amoureux*, de Collin-Harleville.
1804	Une jeune Fille. .	*Guillaume-le-Conquérant*, d'A. Duval.
«	Suzanne	*La Leçon conjugale*, de Sewrin & Chazet.
1805	Phroſine	*Anaximandre*, d'Andrieux.
1806	Zobéide	*Antiochus-Epiphanes*, de *** (Le Chevalier).
1807	Iphiſe	*Pyrrhus*, de Le Hôc.
1808	Thalie.	*Plaute*, de N. Lemercier.
«	Roſine	*L'Aſſemblée de Famille*, de Riboutté.
«	Mandane.	*Artaxerce*, de Delrieu.
1811	Claire	*Un Lendemain de fortune*, de Picard.
«	Pauline.	*La Femme miſanthrope*, d'A. Duval.
1812	Conſtance	*Mascarille*, de *** (Ch. M. Deſcombes).
«	Flammette	*La Lecture de Clariſſe*, de *** (Roger).
1813	Aldéir	*Tippo-Saëb*, de Jouy.
«	Zorame	*Ninus II*, de C. Briffault.
«	Laure.	*La Nièce ſuppoſée*, de Planard.
1814	Louiſe	*Fouquet*, de *** (Gain-Montagnac).
1815	Clariſſe.	*Les Deux Voiſines*, de Défaugiers & Gentil.

1816	Marguerite. . . .	*Henri IV & Mayenne*, de Théaulon (& Rancé).
«	Henriette.	*La Comédienne*, d'Andrieux.
«	Eudore.	*Alexandre chez Apelles*, d'A. de La Ville.
«	Hugues.	*Charlemagne*, de N. Lemercier.
«	Victorine.	*La Pensée d'un bon Roi*, de Dubois.
«	Pauline.	*La Fête d'Henri IV*, de Rougemont.
«	Gabrielle.	*L'Anniversaire*, de Théaulon & Rancé.
«	Kettle	*Le Luthier de Lubeck*, de*** (Dieulafoy & Gerfin).
1817	Urfule.	*Le Faux Bonhomme*, de N. Lemercier.
1818	Rofe.	*La Réconciliation*, de *** (Riboutté).
«	Alphonfine. . . .	*Le Susceptible par honneur*, de *** (Goffe).
1819	Polixène.	*Hécube & Polixène*, de d'Herbigny.
«	Ermine.	*Le Frondeur*, de Royou.
1820	Rofe.	*Le Flatteur*, de Goffe.
1821	Palmyre	*Zénobie*, de Royou.
«	Sophie.	*Le Faux Bonhomme*, d'A. Duval.
«	Emilie	*L'Heureuse Rencontre*, de Planard.
«	Hortenfe.	*Le Retour*, de *** (Rancé).
«	Angéline.	*Faliero*, de *** (Goffe).
«	Jenny	*Les Plaideurs sans procès*, d'Etienne.
1822	Henriette.	*Le Ménage de Molière*, de Genfoul & Naudet.
«	Electre.	*Clytemnestre*, de Soumet.
1823	Elmire	*La Route de Bordeaux*, de Def. Gentil & Gerf.
1825	Louife	*La Correspondance*, de *** (Mme de Bawr).
«	Sidonie.	*Sigifmond de Bourgogne*, de Viennet.
1826	Amélie.	*L'Amitié des deux Ages*, de Monier de la Sizer.
«	Rofemonde. . . .	*Rofemonde*, de Bonnechofe.
«	Marie.	*Marcel*, de Rougemont.

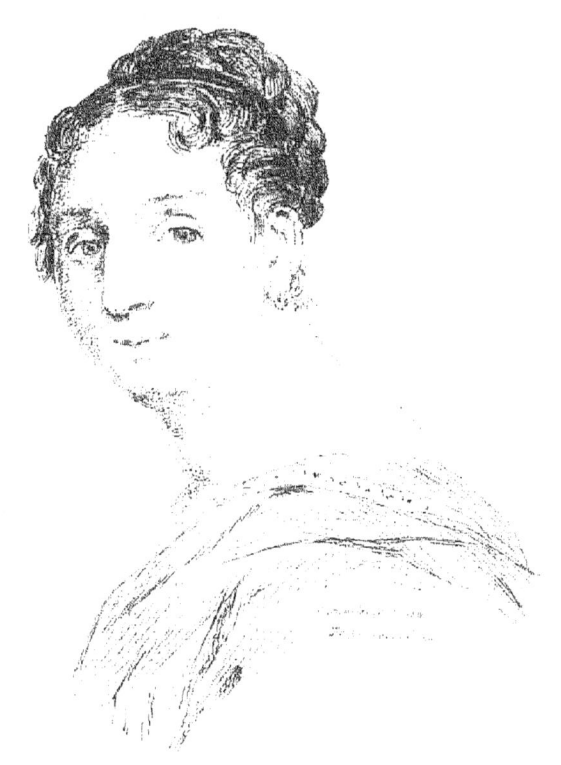

Mademoiselle Volnais
Comédie-françoise
1801 - 1822

CLAUDINE-PLACIDE CROIZET

dite MADEMOISELLE VOLNAIS

1801 — 1822

DAZINCOURT, fcrupuleux obfervateur des ufages du fiècle dans lequel il avoit vécu, conferva fidèlement jufqu'à la fin de fa vie la tradition des petits-foupers, &, chaque fois que fon

---

Extrait des actes de la paroiffe Saint-Euftache, à Paris : « Du jeudy, quatre may mil fept cent quatre-vingt-fix, a été baptifée CLAUDINE-PLACIDE, née de ce jour, fille de PIERRE FERRAIRE [*], ancien officier des troupes des colonies, habitant de l'île de la Guadeloupe, & de MARIE CROIZET, fa mère, demeurant rue Neuve-Saint-Euftache. Le parrain, CLAUDE-ARMAND MARTIN, feigneur DE LA FORCE, demeurant au Louvre ; la marraine MARIE-PLACIDE CROIZET, fille mineure de PIERRE CROIZET, bourgeois de Paris, lefquels nous ont préfenté l'enfant au nom du père abfent.

[*] En marge du regiftre de l'Etat civil on lit ce qui fuit : « La radiation du nom de *Ferraire* défigné comme père, ordonnée par un jugement du Tribunal du cinquième arrondiffement, du 21 floréal an II de la République françoife, a été faite par moi, fouffigné, greffier-adjoint. « *Signé :* METTOT. »

service ne l'appeloit pas au théâtre, il réunissoit chez lui, en petit comité, des gens de lettres, & même des hommes du monde, auxquels venoient s'adjoindre de temps à autre quelques comédiens. Les femmes étoient, en général, exclues de ces réunions intimes. Cependant, par exception, une jeune fille à la figure gracieuse, à l'air doux & modeste, & dont l'heureux âge ne dépassoit pas la quinzième année, y trouvoit sa place. C'étoit une élève de Dazincourt (1) qui, sous les auspices de son maître, devoit avant peu hasarder ses premiers pas sur la scène. Or, il advint que dans un de ces aimables soupers une grave question fut un soir agitée, *inter pocula & cibos :* il ne s'agissoit rien moins que de trouver, pour la future débutante, un nom plus euphonique que celui qu'elle tenoit de sa mère. Chacun des convives en proposa un de son choix; aucun ne fut jugé digne d'être adopté. Au milieu du choc des verres & des saillies, la discussion s'animoit de part & d'autre, sans amener de résultat satisfaisant, lorsque la jeune élève, cause de ce tumulte, pria son vieux professeur de lui verser une rasade de vin de *Volnay*. — « Bravo ! s'écria soudain *Crispin*-Dazincourt, bravo ! Voilà notre problème résolu ; voilà le nom que nous cherchions vainement, & trouvé par celle même qui devra le porter ! Mes amis, baptisons-la du nom de ce vin qu'elle vient de me demander & que

---

(1) On a dit que Blin de Sainmore, homme de lettres, auteur de quelques tragédies, étoit en réalité le *seul* maître de M{$^\text{lle}$} Volnais.

je verse à tous mes convives, pour boire à sa santé & à ses succès à venir. »

A ce flacon inspirateur, dix autres succédèrent, que l'on vida en l'honneur de l'héroïne de la fête ; & c'est ainsi que Claudine-Placide reçut son nouveau baptême plus bachique qu'orthodoxe, & devint, au moyen d'une légère variante, Mademoiselle Volnais (2).

A peu de jours de là, le 4 mai 1801, cette jeune femme s'essayoit sur le théâtre de Versailles, dans le rôle de Zaïre, que l'on jugea au-dessus de ses forces. Le 7 du même mois, elle débuta à Paris dans Junie, de *Britannicus*, & ne satisfit pas dans toute l'étendue du rôle. Mais les heureuses dispositions qu'elle laissoit entrevoir, tout en ayant besoin d'être développées par le travail ; mais son extrême jeunesse, que l'affiche avoit bien soin de constater, lui concilièrent l'indulgence du public, & assurèrent sa réussite. Elle joua Andromaque, les 15 & 23, pour troisième & quatrième débuts. Le choix de ce personnage, dont l'âge nécessaire formoit une disparate choquante avec les quinze ans de la débutante, fut trouvé peu judicieux ; car la veuve d'Hector, mère d'un fils de sept ans, auroit dû, pour la vraisemblance, en paroître au moins vingt-deux.

Le rôle de Palmyre, que Mlle Volnais joua quelques jours après, & celui d'Azéma qu'elle représenta dans *Sémiramis*, le 18 juin, n'excitèrent pas un moindre intérêt chez les amateurs, qui se plaisoient à suivre ses dé-

---

(2) Audibert. *Indiscrétions & Confidences.*

buts. Cependant, fi la bonne intelligence des rôles étoit fecondée en elle par un organe doux & une prononciation pure, que relevoient encore fes traits agréables & réguliers, d'un autre côté, cette voix peu étendue & bornée aux cordes baffes mettoit obftacle à ce qu'elle donnât à fes intentions tout le développement néceffaire. L'inexpérience du gefte & le peu de févérité de fa phyfionomie laiffoient également à défirer. Tels étoient les qualités & les défauts inhérents à la nouvelle venue ; elle fut, toutefois, engagée à 2,400 fr. d'appointements.

Ces épreuves fe continuèrent pendant l'efpace de fix mois. Mais, fur ces entrefaites, une autre actrice, qui comme Mlle Volnais fe diftinguoit par le charme tout particulier de fa figure, reprit le cours de fes débuts, interrompus depuis l'année précédente. Une lutte s'établit alors entre les deux jeunes émules ; le parterre fe divifa bientôt en deux camps, dont l'un prit fait & caufe pour Mlle Volnais, à la phyfionomie fuave & enchantereffe, & l'autre pour Mlle Bourgoing, au minois piquant & voluptueux. Chacune d'elles avoit fes partifans nombreux & enthoufiaftes, & il ne fallut rien moins que l'apparition des deux tragédiennes Duchefnoy & Georges, dont l'antagonifme prit vers le même temps des proportions gigantefques, pour opérer une diverfion & concentrer dans le cercle de leurs amis particuliers l'intérêt qu'elles infpiroient l'une & l'autre.

Mlle Volnais fut reçue fociétaire à la fin de cette même année. Un acte irréfléchi de Mlle Bourgoing, qu'on pourroit qualifier plus févèrement, y aida, bien malgré elle, & voici dans quelles circonftances. Mlle Duchefnoy étoit annoncée à Verfailles dans la tragédie de *Phèdre*, & le nom de Mlle Volnais devant jouer Aricie figuroit fur l'affiche à côté du fien. Mlle Bourgoing, qui, dans le même moment, devoit repréfenter à Paris Eugénie dans la pièce de ce nom, de Beaumarchais, oublieufe de fes devoirs & n'écoutant que l'infpiration de fa jaloufie, part pour Verfailles, revêt le coftume de l'amante d'Hippolyte, &, une heure avant la repréfentation, s'inftalle dans un fauteuil fur le théâtre. Au moment de commencer, Mlle Volnais, non prévenue, defcend de fa loge, prête à remplir fon rôle. Que l'on juge de fa ftupéfaction à l'afpect d'une autre Aricie! Grande rumeur parmi les comédiens, furtout après que Mlle Bourgoing eut nettement déclaré qu'à fa *réplique* elle entreroit en fcène en même temps que Mlle Volnais, fi celle-ci ne lui cédoit la place de bonne grâce. Aucun raifonnement ne put triompher de cette folle obftination, &, le moment venu, *Aricie*-Bourgoing s'élança fur la fcène. La pauvre Volnais, moins audacieufe, n'ofa l'y fuivre & fe retira dans fa loge pour y pleurer fa déconvenue.

Ce procédé fcandaleux tourna au détriment de fon auteur, qui fut vivement admoneftée & qui eut le déplaifir de voir fa rivale arriver au fociétariat plus promptement qu'il ne lui eût peut-être été donné, fans cela (3).

(3) Un arrêté du Sur-intendant des théâtres, en date du 2 mars 1810, mit fin à cet état de chofes, qui nuifoit à la compofition des

Cependant la jeune Volnais, qu'on avoit crue à fon aurore appelée à faire renaître les beaux jours de la Comédie-Françoife, fembla s'arrêter en fi beau chemin, & les prémices éclatantes de fon talent s'évanouirent avec celles de fa beauté, qui ne fut pas de longue durée. Envahie avant l'âge par l'embonpoint, elle dut renoncer aux rôles de *jeunes premières* & s'effayer prématurément dans ceux des *mères*, où il eft jufte d'ailleurs de reconnoître qu'elle apporta des manières aifées & un excellent ton.

Mlle Leverd ayant revendiqué en 1817 l'emploi des *premiers rôles* & des *mères nobles*, Mlle Volnais écrivit au Comité, le 11 décembre de cette année, que « s'appuyant fur fon droit d'ancienneté & de réception, elle demandoit à être admife au partage des *premiers rôles* & des *mères nobles*, & qu'elle ne fauroit confentir à être la doublure de cette actrice. » Mlle Leverd, de fon côté, repouffoit cette prétention, en fe fondant fur fon acte de réception, qui ftipuloit : « qu'elle avoit été reçue pour remplir les *premiers rôles* après Mefd. Contat, Talma, Mezeray & Mars, &, qu'en fait, les *mères nobles* ne font que des *premiers rôles marqués :* déclarant, en conféquence, qu'étant décidée & prête à jouer l'emploi dans fon entier, fans en excepter un feul rôle, elle attend de la juftice du Comité qu'il établira & rè-

---

fpectacles, en décidant qu'à l'avenir : « Mlles Bourgoing & Volnais joueroient alternativement, dans les pièces au courant du répertoire, tous les rôles de leur emploi, tant dans la tragédie que dans la comédie. »

(*Arch. de l'Emp.*)

glera fon droit à le joüer, comme double immédiat de Mlle Mars, & fans aucun partage avec Mlle Volnais. »

Le Comité, après en avoir délibéré (4), rejeta la prétention de cette dernière & donna gain de caufe à Mlle Leverd. Elle ne fut pas plus heureufe dans la tentative qu'elle fit plus tard d'être claffée comme double immédiat de Mlle Duchefnoy, dans les *grandes princeffes de la tragédie*.

Au nombre des rôles dans lefquels cette actrice fe fit remarquer, on peut citer la comteffe Almaviva dans la *Mère coupable*; & parmi les ouvrages modernes, Mme de Sévigné, dans la comédie de ce nom; Mifs Macdonald, dans *Edouard en Ecoffe*; & furtout Mme d'Orval dans la *Mère rivale*.

(4) Le Comité, confidérant :

1° Que l'effai que Mlle Volnais a fait de quelques *premiers rôles & mères nobles*, quoiqu'il lui ait réuffi, ne peut cependant lui créer un droit au partage qu'elle réclame, puifqu'elle n'en eft pas moins reftée claffée comme *jeune première* dans la tragédie, & double des *jeunes premières* dans la comédie, aux termes de l'arrêté de claffification de M. le duc de Duras, en date du 21 octobre 1815;

2° Que Mlle Leverd eft en poffeffion depuis dix ans, & que Mlle Volnais n'a fait de réclamation ni lorfque Mlle Leverd a été reçue, ni lorfque M. le duc de Duras a rendu fon arrêté de claffification;

3° Que la déclaration précife de Mlle Leverd a prévenu toute efpèce d'objection, & que fon droit eft inconteftable;

Eft d'avis que le partage demandé par Mlle Volnais n'eft pas admiffible... Mais, confidérant qu'une décifion de cette importance ne peut appartenir qu'à l'Autorité fupérieure, arrête qu'il fera écrit à M. le Premier gentilhomme de la Chambre pour lui foumettre cet avis, & le prier de vouloir bien prononcer définitivement.

11 déc. 1817.

Le duc de Duras confirme l'avis de la Comédie.

(*Archives de l'Empire.*)

Mlle Volnais se retira en 1822. Elle l'eût fait trois ans plus tôt, dégoûtée par les déceptions auxquelles elle avoit été en butte, si les vingt années de service qui lui donnoient droit à la pension avoient été accomplies. Sa représentation de retraite, qui eut lieu à l'Opéra (5), le 17 mars de la même année, fut la dernière dans laquelle elle se produisit. C'est dans le rôle de Mme de Sévigné que cette actrice, recommandable d'ailleurs par d'excellentes manières & par un commerce sûr, prit congé du public. La recette fut considérable.

Peu de jours après être rentrée dans la vie privée, Mlle Volnais épousa un acteur bien connu du théâtre du Vaudeville (6), & alla habiter une belle maison qu'elle possédoit à Ormes-le-Guignard, aux environs de Vendôme. C'est là qu'elle mourut, le 16 juillet 1837, à la suite d'une maladie longue & douloureuse.

(5) Dès le mois de novembre 1821, elle avoit sollicité du marquis de Lauriston, ministre de la Maison du Roi, cette représentation sur la première scène lyrique. « Après vingt ans (écrit-elle) de service, de zèle & de dévouement, toujours restés sans récompense, j'espère que V. Exc. daignera ne pas me refuser cette grâce. Elle ne doit pas ignorer que c'est l'acharnement & la haine des journaux *libéraux* qui me contraignent à perdre mon état... »
(*Arch. de l'Emp.*)

(6) Philippe (François-Philippe Roustan, dit), né à Paris le 5 février 1786 ; mort d'apoplexie, dans la même ville, le 22 février 1847.

Rôles créés par Mlle Volnais.

1801	Elmire	Alhamar, de *** (Ducis).
1802	Miſs Malvina	Edouard en Ecoſſe, d'A. Duval.
1803	Melpomène	Le Double Hommage, de Chazet & Dubois.
1804	Polixène	Polixène, d'Aignan.
«	Cécile	La Fauſſe Honte, de *** (Longchamps).
«	Iſabelle	Molière avec ſes Amis, d'Andrieux.
1805	Julie	Le Tartuffe de mœurs, de Chéron.
«	Sophie	Les Amis de collége, de Picard.
«	Mme de Sévigné	Madame de Sévigné, de Bouilly.
«	Aſpaſie	Anaximandre, d'Andrieux.
1806	Almaïs	Omaſis, de Baour-Lormian.
1807	Eléonore	Le Paravent, de Planard.
1808	Adèle	L'Homme aux convenances, de Jouy.
«	Lucrèce	La Suite du Menteur, d'Andrieux.
1809	Iſabelle	La Fontaine chez Fouquet, de *** (Dumolard).
«	Sophie	Les Capitulations de conſcience, de *** (Picard).
«	Eliſka	La Revanche, de Roger & Creuzé de Leſſer.
«	Vitellie	Vitellie, de *** (Selves).
«	Julie	L'Enthouſiaſte, de *** (Valmalette).
1810	Audovèze	Brunehaut, d'Aignan.
1811	Eronyme	Mahomet II, de Baour-Lormian.
«	Eliſa	Les Pères créanciers, de *** (Planard).
1812	Amanda	Le Miniſtre anglais, de Riboutté.
1814	Pénélope	Ulyſſe, de Lebrun.
1816	Mme du Breüil	Le Médiſant, de Goſſe.
1819	La Duch. de Bedford	Jeanne d'Arc, de d'Avrigny.
«	Mme Bernard	Les Femmes politiques, de *** (Goſſe).
1821	Mme d'Orval	La Mère rivale, de C. Bonjour.

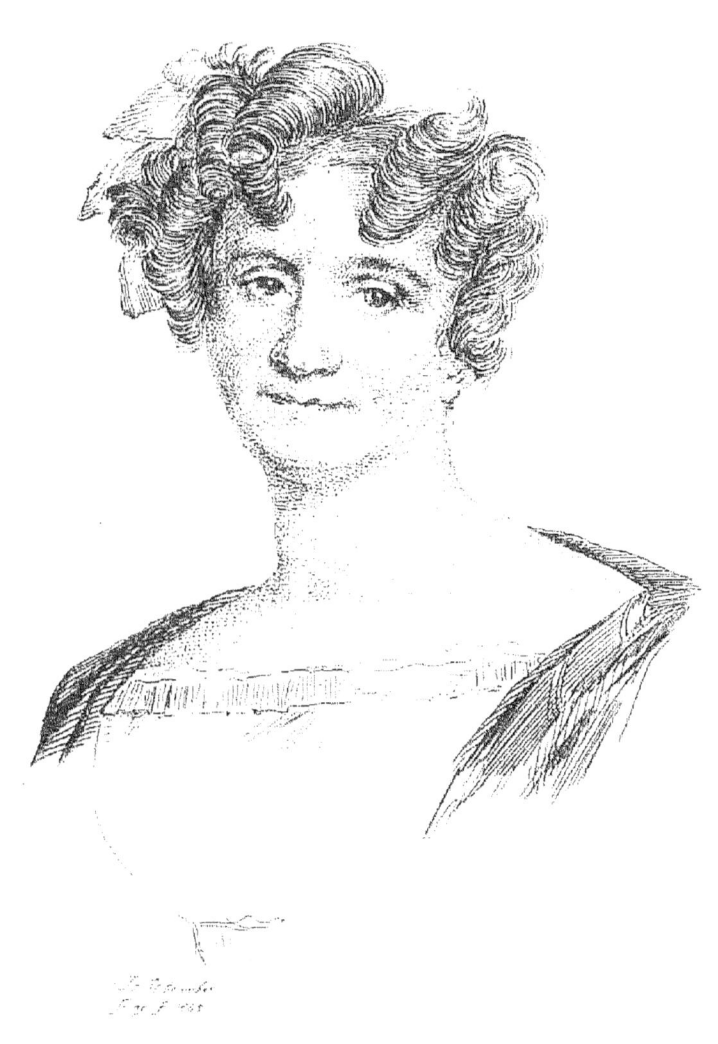

MADEMOISELLE DUCHESNOY
Comédie-française
1802 - 1830

CATHERINE-JOSEPH RAFUIN

dite

MADEMOISELLE DUCHESNOY

1802 — 1833

DANS l'humble commune de Saint-Saulves, peu diſtante de Valenciennes, de pauvres payſans tenoient une petite auberge, ſituée au hameau *du Marquis*, ſur la route de Mons. C'eſt là que, le 5 juin 1777, vint au monde un enfant qui de-

---

Extrait des actes civils de la commune de Saint-Saulves : « L'an mil ſept cent ſoixante & dix-ſept, le cinq du mois de juin, eſt née à onze heures du midi, & le même jour fut baptiſée CATHERINE-JOSEPH RAFUIN, fille légitime de JEAN-JACQUES, marchand de chevaux, & de FRANÇOISE MILOT. Fut parrain ROMAIN-JOSEPH DORCHIES, jeune homme de cette paroiſſe ; marraine, CATHERINE-JOSEPH DELNART, jeune fille de Saint-Waaſt, à Valenciennes. Le père préſent. Ont ſigné, &c. »

voit un jour acquérir de la célébrité comme actrice tragique. Une bonne dame du village lui apprit, tant bien que mal, à lire & à écrire ; & c'est à ces simples notions élémentaires, peu ou même point répandues dans les classes inférieures, que se borna l'éducation de la petite Catherine. Sa première jeunesse fut employée aux soins du ménage & aux rudes travaux de la campagne ; mais, dès qu'elle eut atteint sa seizième année, on la mit en apprentissage chez une couturière de Valenciennes. Peu de temps après, elle partit clandestinement pour aller rejoindre à Paris une sœur aînée qui y étoit venue chercher fortune & s'y étoit établie. Son séjour dans la Capitale ne fut pourtant que passager, à cause des troubles de la Révolution qui l'effrayèrent, & précipitèrent son retour dans son pays natal. Elle entra alors en service chez une dame de Valenciennes, qu'elle quitta ensuite pour se mettre en chambre particulière & reprendre ses travaux d'aiguille. C'est à cette époque dit-on, qu'elle prit du goût pour la carrière théâtrale, en jouant la comédie dans une société d'amateurs. Le 10 janvier 1797, elle paroissoit pour la première fois sur le théâtre public de la ville, & obtenoit un double succès dans la tragédie & dans la comédie. Le 9 mai suivant, elle remplissoit, dans une pièce épisodique, composée par un habitant du terroir, le personnage allégorique de la Paix (1) & enfin, peu de jours après, elle réussissoit brillamment dans le rôle de

(1) Hécart. *Recherches sur le théâtre de Valenciennes.*

Palmyre, de *Mahomet*, tragédie repréſentée au bénéfice des indigents.

Mais bientôt la jeune Rafuin céda à un entraînement irréſiſtible & ſe dirigea de nouveau vers Paris. Vouée déſormais au culte de la muſe tragique, elle parvint à ſe faire admettre au cours de déclamation profeſſé par l'acteur Florence (2). C'eſt là que le poëte Vigée (3), ayant eu l'occaſion de l'entendre, s'intéreſſa vivement à elle, ainſi que Legouvé (4), dont elle reçut les con-

(2) Nicolas-Joseph Billot La Ferrière, dit Florence. Médiocre comédien, qui ſe fit une certaine réputation par ſon habileté à rédiger l'affiche, à régler le répertoire, et à ſe faire, en quelque façon, le directeur des couliſſes ; ce qui lui valut le titre de Semainier perpétuel. C'étoit là ſon talent principal, car il ne jeta aucun éclat à la ſcène : il eſt vrai de dire qu'il ne chercha jamais à ſortir de ſa ſphère. On raconte que, dans le cours d'une repréſentation du *Philinte de Molière*, Molé, qui étoit ſon interlocuteur, lui adreſſant ces vers de la ſcène IXe du ſecond acte :

« Moins nous avons changé, plus nous ſommes honnêtes,
« Et je vous ai connu bien meilleur que vous n'êtes. »

un ſpectateur ſe leva & ſe prit à dire : « Maïs non ! mais non ! » — Si cette interruption, qui eſt de l'eſſence de l'eſprit françois, n'eſt pas une preuve directe, elle ne donne pas, non plus, une grande opinion du talent de Florence, dont la repréſentation de retraite, qui eut lieu en 1804, ſur le théâtre de l'Opéra, produiſit néanmoins 23,000 f. de recette.

(3) Louis-Jean-Baptiſte-Etienne Vigée, né le 2 décembre 1758, à Paris, où il eſt mort le 7 août 1820.

Cet auteur a donné pluſieurs ouvrages à la ſcène.

Il étoit intimement lié avec Mlle Duchefnoy, qui ſe permit un jour une plaiſanterie déplacée à l'endroit de ce poëte vaniteux, en lui attachant au dos un papier ſur lequel étoient écrits ſon nom et ſa qualité d'académicien. Depuis ce jour il rompit toute relation avec elle & lui tint conſtamment rancune.

(4) Gabriel-Marie-Jean-Baptiſte Legouvé, né à Paris le 23 juin 1764 ;

feils. Ces deux hommes de lettres, s'uniffant dans une penfée commune, réfolurent de s'employer activement pour faire obtenir à leur protégée un ordre de début. Humble folliciteuse, celle-ci venoit chaque foir, dans les couliffes de la Comédie, chercher quelque marque de bienveillance; mais, loin d'en recueillir, elle n'y rencontroit que les dédains & les railleries que lui attiroient une figure peu gracieufe & fa mesquine robe d'indienne (5).

L'ufage d'effayer d'abord les débutants fur la fcène de Verfailles n'avoit point encore été abrogé par le

mort à Montmartre le 30 août 1812.

Ce poëte diftingué, doué d'une âme de feu, s'étoit vivement épris de fon élève, au point de vouloir lui donner fon nom. Le 5 août 1811, il lui écrivoit une lettre dans laquelle, réclamant abfolument fa parole pour le jour même, il ajoutoit : « Décidément, ma chère Joféphine, je t'apporte plus de vingt mille francs de rente, de la fortune & de la gloire, une maifon qui ne te coûtera rien... que te faut-il de plus ? »

« *Signé:* Ton futur époux,
LEGOUVÉ. »
(*Catal. d'une coll. d'autog.* CHARAVAY, mai 1864.)

Econduit par l'actrice, Legouvé lui écrivit de nouveau, trois jours après, une nouvelle lettre, dont nous extrayons ce qui fuit :

« ... En vérité, eft-ce là le prix que vous devez à moi qui vous ai formée, qui vous ai donné l'hofpitalité, votre talent; fans qui vous ne feriez pas au Théâtre-François ? & qui voulois relever fon ouvrage par l'offre la plus généreufe ? On peut être prude, ou ne pas aimer un bienfaiteur ; mais il ne faut pas être injufte & impolie, furtout avec un homme tel que moi. »

(*Coll. d'autogr.* LEFEBVRE).

(5) On a raconté qu'un homme d'un talent hors ligne, la pourfuivoit de fes farcafmes & pouffoit la frivolité de fon antipathie, jufqu'à tirer la langue derrière la pauvre fille, dont plus tard il follicita le concours dans l'intérêt de fa caiffe.

(*Hift. anecd. du Th. François*, par CHARLES-MAURICE).

ministre Chaptal. On comprend ce que cette coutume offroit de fage prévoyance, puifqu'elle évitoit au public habituel de la Comédie-Françoife le fpectacle de tentatives parfois malencontreufes, & fauvegardoit ainfi la bonne exécution des pièces.

L'afpirante tragédienne reçut enfin l'autorifation de paroître dans *Phèdre*, le 4 juillet 1802. Mais l'émotion que lui avoit caufée l'attente de cette épreuve redoutable avoit été fi vive, qu'elle perdit la tête le jour de la repréfentation, & n'arriva qu'à grand'peine, & grâce furtout à l'extrême indulgence des fpectateurs, à la fin de fon rôle (6).

A la fuite d'un échec auffi pofitif, il y a lieu de croire que les démarches de fes deux protecteurs feroient reftées ftériles, fans l'appui qu'elles trouvèrent chez Mme de Monteffon (7), très-influente auprès du gouvernement. Grâce à fon entremife, un nouveau début fut accordé à Mlle Duchefnoy (8), &, cette fois, elle fut admife à le tenter à Paris.

Le 3 août 1802, elle fe montra donc fur la scène

---

(6) Sa chute fut fi bien caractérifée, que l'actrice, apercevant Legouvé, fon maître, aux places de l'orcheftre, l'interpella prefque à haute voix, de venir *la tirer de là*.

(*Hift. anecd. du Th. François*, par CH. MAURICE.)

(7) Monteffon (Charlotte-Jeanne Bereau de la Haie de Riou, dame de), née en 1737, à Paris, étoit très-·iée avec Mme de Beauharnais, qu'elle avoit connue avant la Révolution; & leurs relations ne ceffèrent pas après l'élévation de fon amie au trône impérial. Napoléon 1er lui témoigna toujours beaucoup de confidération. Mme de Monteffon eft morte à Paris le 6 février 1816.

(8) C'eft le nom qu'avoit adopté au théâtre Joféphine Rafuin : il rappelle une ville de fon département.

françoise dans ce même rôle de Phèdre ; son costume étoit relevé d'un riche manteau, présent qu'elle tenoit de la libéralité de sa protectrice. Les amateurs jugèrent son organe foible, mais touchant. Plus rassurée qu'elle ne l'avoit été à Versailles, elle rencontra, dans le cours de son rôle, de ces accents de l'âme, qui ne s'apprennent pas & sont le fruit de l'inspiration. Elle jeta certains mots, tels que : « Misérable ! » ou bien « Tu le savois ! » avec cet élan tant admiré jadis chez Mlle Du Mesnil, & qui avoit caractérisé, quoique à un degré inférieur, le talent de Mlle de Saint-Val l'aînée.

Le 6 août, elle joua *Sémiramis*.

A la suite de son cinquième début (le 20 du même mois), cette actrice, éprouvée déjà par tant d'émotions diverses, se trouva dans l'impossibilité de poursuivre, sans risquer de compromettre sa santé. Elle consentit toutefois à faire son sixième début, qui étoit annoncé, afin de ne point causer de préjudice à la Comédie, se bornant à réclamer le bénéfice de quelques jours d'un repos indispensable au rétablissement de ses forces.

Après deux semaines d'interruption, elle reparut dans *Didon*, & joua successivement les rôles de Roxane, de Sémiramis & d'Hermione ; mais, à l'exception du dernier, dans lequel elle se montra quatre fois consécutives, aucun ne lui fut plus favorable que celui de Phèdre. Ses débuts se prolongèrent ainsi pendant cinq mois & ne cessèrent d'attirer une énorme affluence. Enfin, le 8 novembre, une ovation en faveur de Mlle Duchesnoy eut lieu sur la scène même, à l'issue de cette dernière tragédie, malgré l'oppofition manifefte de la plupart de fes camarades (9).

Afin de lui faire expier, en quelque forte, fon triomphe, on la tint à l'écart jufqu'au 10 février 1803, c'eft-à-dire pendant près de trois mois, & l'on fit occuper fa place par une rivale (10). Bientôt furgit une lutte des plus paffionnées entre les partifans de la nouvelle venue & ceux de Mlle Duchefnoy, lutte qui pendant trop longtemps fit du parterre une arène de pugilat, & dont Geoffroy, le critique redouté de ce temps, s'étoit fait le promoteur en faveur de la première. Ce n'eft qu'en parcourant les feuilles de l'époque (11), qu'on peut se figurer l'ardeur avec laquelle nos pères époufoient ces fortes de querelles. Malgré fa fupériorité réelle, Mlle Duchefnoy auroit vraifemblablement fuccombé, fans l'intervention de l'impératrice Joféphine qui fit ordonner fa réception.

(9) Une couronne avoit été lancée fur la fcène à la fin de la repréfentation de *Phèdre*. Le public, enthoufiafmé, demandoit à grands cris que le médiocre acteur Naudet, qui avoit joué le rôle de Théfée, la dépofât fur le front de la débutante. Celui-ci, loin de déférer au vœu des fpectateurs, faifoit la fourde oreille & feignoit de ne pas comprendre. Il fallut, pour ainfi dire, que l'ordre lui en fût intimé d'une façon affez févère, pour qu'il crût enfin devoir céder ; mais il n'obéit toutefois qu'avec une répugnance marquée. Cette fcène épifodique avoit duré à peu près une demi-heure.

(10) Mlle Georges Weymer.

(11) Le *Journal des Débats*, les *Petites-Affiches* déchirèrent Mlle Duchefnoy ; le *Journal de Paris*, le *Publicifte*, la défendirent avec tiédeur. Deux journaliftes feulement, Salgues, dans l'*Obfervateur*, & Le Pan, dans le *Courrier des Spectacles*, rompirent des lances en fa faveur.

Reçue le 22 février 1804 (12), ce n'eſt qu'après la fuite de M`lle` Georges en Ruſſie que la nouvelle ſociétaire vit le champ s'ouvrir libre devant elle. Cependant elle eut encore beſoin de beaucoup de courage pour réſiſter à mille vexations de tout genre que ne ceſſèrent, pendant longtemps encore, de lui ſuſciter ſes envieux. On raconte qu'à la ſuite d'une repréſentation d'*Iphigénie en Aulide*, M`lle` de Raucourt, qui portoit à M`lle` Georges, ſon élève, un très-vif intérêt, & qui avoit été pourſuivie par un ſifflet, en attribua l'intention à M`lle` Ducheſnoy. Elle voulut ſe venger à force ouverte, & il fallut arracher de ſes puiſſantes mains la pauvre Eryphile, qui n'étoit pas de taille à lutter contre cette coloſſale Clytemneſtre.

M`lle` Ducheſnoy étoit, en effet, d'une taille médiocre. En général, le premier coup d'œil ne lui étoit pas favorable, à cauſe des traits peu agréables de ſon viſage, que le crayon des caricaturiſtes exploita méchamment. C'eſt vers ce temps qu'on fit paroître ſon portrait dans le perſonnage d'Eſther, au bas duquel étoit rappelé ce vers de la pièce, dont l'intention maligne n'échappa à perſonne :

« De mes foibles attraits le Roi parut frappé. »

Du reſte, ſi la figure de cette actrice n'offroit rien

---

(12) A 3/8 de part, à 1/2 en 1806, 5/8 en avril 1807, 3/4 en août 1808, 7/8 en avril 1809, & enfin miſe à part entière en novembre de la même année.

d'attrayant, en revanche, fa tournure préfentoit comme compenfation des formes jeunes & les proportions les plus heureufes.

Sous le rapport du talent, cette tragédienne a, comme nous l'avons fait remarquer, été jugée diverfement par les critiques. Il eft certain qu'elle ne fut pas fans défauts, & que, notamment, fon débit étoit accompagné d'une forte de *hoquet* dont le retour fréquent fatiguoit l'auditeur. On lui reconnoiffoit plus de verve & de chaleur que de vérité, de naturel & de grâce. Elle déclamoit, chantoit, & ne parloit pas. L'exemple & l'influence de Talma n'avoient pu encore apprendre aux acteurs, fes contemporains, à s'infpirer de la nature dans la déclamation parlée.

Comme Mlle Duchefnoy ne jouoit que d'inftinct, elle étoit ou fublime ou abfolument mauvaise. Sa diction étoit peu foignée, fon gefte parfois trop vague, & elle affectoit un tremblement de la main qui prêtoit au ridicule. Elle avoit de la vigueur & de beaux élans ; fon âme brûlante étoit prompte à s'exalter. Sa voix, nous l'avons dit, fonore & riche en inflexions, rendoit admirablement les tourments de l'amour & de la jaloufie. Auffi, le rôle d'Ariane, dans l'ancien répertoire, a-t-il été, avec Phèdre, celui qu'elle a le mieux joué. « L'effet qu'elle avoit trouvé dans le premier de ces rôles, en exprimant que fa fœur venoit d'être enlevée par Théfée, étoit d'une incomparable beauté. Sa furprife, fa douleur, le complet anéantiffement de fes facultés, & ce mot de fituation intraduifible : « Je tremble ! » qu'accompagnoit le frémiffement de fon corps, offroit le tableau le plus complet de ce que l'art peut dérober à la nature. Lafon, qui, dans cette scène, rempliffoit le rôle de Pirithoüs, en fut un jour fi frappé, qu'il ne put s'empêcher de lui dire tout bas : « Ah ! mon amie, c'eft fublime (13) ! »

C'eft à ces qualités innées que cette tragédienne dut fes fuccès ; car elle ne poffeda pas l'enfemble des dons qui font l'artifte parfait. Son ignorance native l'expofoit d'ailleurs à de fingulières bévues. Un foir qu'elle venoit de remplir ce même rôle d'Ariane, où, comme d'habitude, elle avoit produit une fenfation vive & profonde : « Eft-ce que la petite Phèdre qui m'a enlevé Théfée, demanda-t-elle férieufement à quelqu'un, eft parente de celle que je joue fi bien (14) ? »

Auffi tenons-nous pour apocryphe une autre anecdote qui veut que Mlle Duchefnoy, jouant à Metz le rôle d'Hermione, y déploya une telle énergie, que le fouffleur lui-même, partageant l'impreffion générale, s'arrêta court & la bouche béante, ne fongeant plus qu'à contempler. Par malheur, l'actrice, furprife par un manque de mémoire, eut befoin de lui ; mais au lieu de refter muette, continuant fa période, elle s'écria :

« Mais foufflez donc, Seigneur... Je ne vous conçois pas ! »

Ce vers, étranger à la fituation, & que le public

(13) Ch. Maurice. (*Hift. anecd. du Th. François.*)   (14) F. Pillet. (*Souvenirs anecdotiques.*)

écouta sans le comprendre, rappela le souffleur à lui-même. Le trait est ingénieux, mais il faut convenir qu'il suppose autre chose que de la présence d'esprit. Ce n'est du reste qu'après plusieurs années passées dans le commerce des gens de lettres, que Mlle Duchesnoy perdit un peu de cette naïveté qui, au début de sa carrière, participoit de la rusticité villageoise.

Ce qui vaut mieux, c'est qu'elle passa toujours, avec raison, pour bonne & charitable, & il suffit de citer ici un trait qui fait l'éloge de son cœur. Ayant obtenu un congé en 1806, elle se rendit à Valenciennes avec quelques acteurs de la troupe de Lille, & y joua *Didon*, *Phèdre* & *Ariane*. Ces trois représentations furent très-fructueuses & elle en abandonna le produit à sa mère & à une jeune sœur qui étoient alors loin de se trouver dans l'aisance. A quatre reprises, dans le cours de sa carrière théâtrale, elle renouvela cette excursion artistique, & chaque fois les pauvres de la ville ressentirent les heureux effets de sa présence.

Vers les derniers temps, cette tragédienne étoit devenue fort inférieure à elle-même, sous le rapport du talent, & son extérieur avoit subi de graves altérations. Elle se résigna donc, bien malgré elle, à une retraite qu'elle auroit dû sagement avancer de quelques années, mais que l'état précaire de sa fortune l'avoit obligée de retarder autant que possible. Ses absences trop fréquentes de la scène (15), dans les années qui

---

(15) Dans l'année 1818, notamment, les plaintes du public au sujet des fréquentes absences des comédiens avoient appelé, de la part de

précédèrent, avoient appris au public à fe déshabituer de la voir ; aufli fes adieux définitifs à la fcène paffèrent-ils à peu près inaperçus, dans une repréfentation don-

l'Autorité, l'adoption d'une mefure dont le but étoit de ramener à une plus ftricte obfervation des règlements. Sur les repréfentations des Supérieurs de la Comédie, tous les Sociétaires, réunis en affemblée, prirent, le 30 juillet 1818, la réfolution de renoncer à toute abfence *pendant deux années*, & s'interdirent d'accorder, pendant cet efpace de temps, aucun congé pour quelque caufe que ce fût, hors le cas de maladie duement conftatée.

Nonobftant la mefure prife, Mlle Duchefnoy demanda l'année fuivante un congé de trois mois qui lui fut refufé, bien qu'elle prétendît qu'elle fe trouvoit dans une pofition identique à celle de Talma & de Mlle Mars.

On lui objecta :

« Que Talma comptoit 32 ans de fervices, & avoit par là acquis, non-feulement le droit de fe retirer, mais encore celui d'exercer fon talent fur tous les théâtres du royaume, diftants de trente lieues de la capitale, & ce, fans préjudice pour fes penfions ;

« Que Mlle Mars, étant dans fa 24me année de fervices, avoit acquis depuis quatre ans le droit de fe retirer ; mais que fes penfions ne lui feroient affurées que fous la réferve de ne paroître fur aucun théâtre françois ou étranger ;

« Qu'elle même n'avoit que 18 années de fervice, & qu'en fignant l'acte de fociété, contrat garanti par les lois, elle s'étoit engagée, de fon plein gré, à refter au théâtre au moins pendant 20 années, à moins de maladie grave ; que tel n'étoit point le cas, & qu'en fuppofant que, pour arriver à fes fins, elle donnât fa démiffion & obtînt fa retraite, elle s'expoferoit, dans le cas où elle joueroit fur tout autre théâtre : 1° à la perte de fes fonds fociaux ; 2° à celle de fes penfions ; 3° enfin aux chances d'un procès en violation de fes engagements. »

Mlle Duchefnoy, qui, au début de cette conteftation, avoit ceffé fon fervice & interrompu les répréfentations d'un ouvrage nouveau [*], ayant perfifté dans fes prétentions & dans fon abftention, le Comité s'affembla le 23 juin 1819, & prit la délibération fuivante :

« Confidérant que, depuis le 25 mai dernier, la Comédie eft privée du fervice de Mlle Duchefnoy, par fuite de l'indifpofition qu'elle a *annoncée* après la 11me répréfentation

---

[*] *Jeanne d'Arc*, tragédie de d'Avrigny.

née, le 30 mai 1833, au théâtre de l'Opéra, au bénéfice de Mme Dorval, & où sa personne & son jeu ne produisirent plus qu'une impression douloureuse.

A partir de cette soirée, dont l'effet avoit été si désastreux pour elle, Mlle Duchesnoy, qui depuis longtemps étoit minée par une maladie chronique, dépérit à vue d'œil. Elle survécut peu à sa retraite, & après avoir supporté avec courage d'atroces douleurs, qu'adoucirent toutefois les consolations de la religion, réclamées par elle & reçues avec un sentiment aussi sin-

de *Jeanne d'Arc*, qui eut lieu ce jour-là ; qu'il importe de s'expliquer franchement avec elle sur une absence aussi préjudiciable aux intérêts de la Société, & de savoir à quoi s'en tenir sur sa durée, arrête : Qu'il sera écrit à M. de Duras ; que par un exposé succinct de la conduite de la Comédie avec Mlle Duchesnoy depuis sa demande d'un congé de trois mois, il sera prouvé que la Comédie qui n'a pu l'assimiler à M. Talma ni à Mme Mars, dont la position étoit différente, n'est pas dans le cas que sa conduite lui soit justement reprochée, & ne peut penser, par conséquent, que cette conduite ait pu influer sur l'inaction où Mlle Duchesnoy est restée depuis un mois ; que le Comité croit cette inaction forcée & causée par l'indisposition de Mlle Duchesnoy, mais qu'il a besoin d'en connoître le terme, & qu'il la prie de lui dire quel temps lui paroît encore néces-

faire pour rétablir sa santé, & à quelle époque elle croit pouvoir reprendre son service.

Signé : Saint - Fal, A. Michot, A. Baptiste aîné, P. Michelot, Armand, Cartigny.

Pour copie conforme,

Le secrétaire du Comité :

Signé : LEMAZURIER. »

(*Arch. de l'Emp.*)

Mlle Duchesnoy se rendit à son devoir. Mais quelque temps après, à propos d'une représentation donnée à son bénéfice, une note insérée dans le *Journal des Débats* ayant avancé que cette représentation avoit été obtenue en dédommagement d'un congé de trois mois dont la bénéficiaire avoit fait le sacrifice aux intérêts de la Société, le Comité d'administration réclama par la voie de la publicité contre cette allégation, qu'il qualifia d'*erronée*.

cère que profond, elle expira le 8 janvier 1835, dans un état voisin de la misère, n'étant pas encore âgée de cinquante-huit ans.

Ses obsèques eurent lieu au milieu d'un isolement qui formoit un contraste affligeant avec le bruit qui s'étoit fait jadis autour d'elle, aux beaux jours de sa vogue. Plusieurs discours, où l'on eut le tort de faire intervenir la politique, furent prononcés sur sa tombe ; un seul, celui de son camarade Lafon, se distingua par une convenance parfaite.

Les rôles nouveaux établis par cette actrice ont été peu nombreux. Ceux dans lesquels elle a laissé les meilleurs souvenirs sont Marie Stuart & Jeanne d'Arc, dans les deux tragédies de ce nom. Par réminiscence, sans doute, de son succès d'amateur sur le théâtre de Valenciennes, elle voulut s'essayer dans la comédie, en se chargeant du rôle de la meunière dans les *Trois Cousines*, de Dancourt, lors de la représentation donnée au bénéfice de Mme Thénard ; mais cette tentative ne lui réussit pas & ne fut pas renouvelée.

Si, à Paris, un très-petit nombre d'amis accompagna à sa demeure dernière cette femme naguère célèbre, presque oubliée déjà, à Valenciennes on lui rendit de grands honneurs funèbres, aussitôt que la nouvelle de sa mort y fut parvenue. Au Théâtre, son buste fut couronné publiquement, au son d'une musique appropriée à la circonstance ; son éloge fut mis au concours de poésie, & une médaille fut frappée à son effigie. Enfin, au bas de son portrait, gravé par M. Momal, professeur en l'Académie de peinture de cette ville, lors de son premier triomphe dans son pays natal, on inscrivit le quatrain suivant :

« Clairon & Du Mesnil illustrèrent la scène ;
« L'une frappoit l'esprit, l'autre parloit au cœur ;
« De leur perte aujourd'hui consolons Melpomène,
« Duchesnoy, tour à tour, les rend au spectateur.

Disons que la postérité n'a pas ratifié dans toute son étendue cet éloge par trop exagéré.

Rôles créés par Mlle Duchesnoy.

1804	Hécube	*Polixène*, d'Aignan.
«	Mandane	*Cyrus*, de Peyre.
1805	Andromaque	*Astianax*, de *** (Halma).
1806	Athénaïs	*Antiochus-Epiphanes*, de *** (Le Chevalier).
«	Marie de Médicis	*La mort de Henri IV*, de Legouvé.
«	Octavie	*Octavie*, de *** (Souriguières).
1809	Andromaque	*Hector*, de Luce de Lancival.
«	Vitellie	*Vitellie*, de *** (A. de Selves).
1811	Zulima	*Mahomet II*, de Baour-Lormian.
1813	Elsire	*Ninus II*, de Ch. Brifaut.
1814	Télémaque	*Ulysse*, de Lebrun.
1815	Jane	*Jane Gray*, de Ch. Brifaut.
«	Stratonice	*Démétrius*, de Delrieu.
1816	Constance	*Arthur de Bretagne*, d'Aignan.

1817	Agrippine	*Germanicus*, d'Arnault.
«	Olympe	*Phocion*, de Royou.
1819	Hécube	*Hécube & Polixène*, de d'Herbigny.
«	Jeanne d'Arc . . .	*Jeanne d'Arc*, de L. d'Avrigny.
1820	Marie	*Marie Stuart*, de Lebrun.
«	Valentine.	*Jean de Bourgogne*, de Fromont.
1821	Valérie.	*Sylla*, de Jouy.
1822	Attilie	*Régulus*, de L. Arnault.
«	Clytemneſtre . . .	*Clytemneſtre*, d'Al. Soumet.
1823	Bathilde	*Le Maire du Palais*, d'Ancelot.
«	Inès de Caſtro . .	*Pierre de Portugal*, de L. Arnault.
1824	Jane Shore. . . .	*Richard III*, de N. Lemercier.
1825	Judith	*Judith*, de Decomberouſſe.
«	Jéſabel.	*La Clémence de David*, de Draparnaud.
«	Archidamie. . . .	*Léonidas*, de Pichald.
1826	Berthe	*Le Siège de Paris*, de d'Arlincourt.
1827	Virginie	*Virginie*, d'Al. Guiraud.
«	Diamore	*Les Guelfes & les Gibelins*, d'Arnault.
«	Blanche	*Blanche d'Aquitaine*, d'H. Bis.
1828	Eliſabeth	*Eliſabeth de France*, d'Al. Soumet.
1829	Marcelle	*Iſabelle de Bavière*, de Lamothe-Langon.
«	Gelvidie	*Pertinax*, d'Arnault.

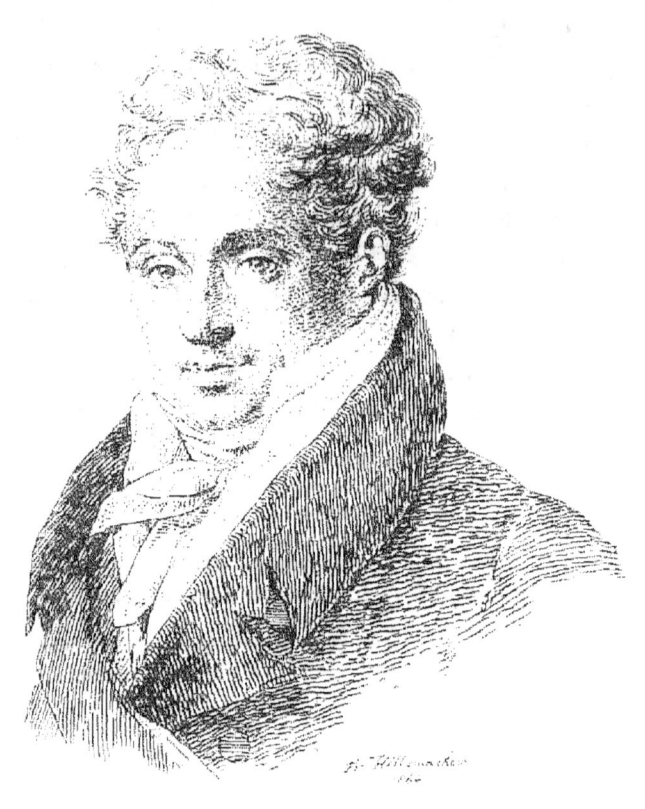

MICHELOT
Comédie-françoise
1805 - 1831

PIERRE-MARIE-NICOLAS

MICHELOT

1805 — 1831

MICHELOT naquit à Paris le 5 juin 1786. Son père étoit interprète des langues. Il voulut que ce fils reçût une bonne éducation, & il lui fit, dans ce but, commencer ſes études de très-bonne heure. Il paroît probable que, ſans les événements de la Révolution, qui vinrent les interrompre &

Extrait des actes de la paroiſſe Saint-Sulpice, à Paris : « Ce ſept juin mil ſept cent quatre-vingt-ſix, a été baptiſé Pierre-Marie-Nicolas, né d'avant-hier, fils de Jean-François Michelot, & d'Anne Garnier, ſon épouſe, demeurant rue des Marais. Le parrain, Pierre-François Pecquet, fils mineur de François Pecquet, épicier apotiquaire. La marraine, Marie-Geneviève Prestat, fille mineure de Louis-Hilaire Prestat, marchand miroitier. »

ruinèrent ſes parents, le jeune Michelot auroit pu, à l'aide des protections que ſon père avoit ſu ſe ménager, faire ſon chemin dans une carrière autre que celle dont les circonſtances lui impoſèrent la néceſſité.

Le 29 mars 1805, Michelot débutoit par les rôles de Britannicus dans la tragédie de ce nom, & de Dormilly des *Fauſſes Infidélités*. Dès l'année précédente, le 10 mars 1804, il avoit déjà paru dans ces mêmes rôles ſur le théâtre de Verſailles. Cette double épreuve lui réuſſit. Comme il ne manquoit pas de chaleur, & qu'il avoit le débit brillant, il étoit applaudi avec tranſport, ſurtout par les jeunes gens, qui n'apercevoient pas les efforts inouïs de l'acteur pour dompter une nature rebelle, tandis que le petit nombre d'amateurs éclairés qui fréquentoient encore à cette époque la Comédie-Françoiſe s'impatientoit de voir ſans ceſſe Michelot ſous la tunique d'Hippolyte ou le manteau de Pyrrhus. Son extérieur & ſon extrême jeuneſſe ne ſe prêtoient pas ſuffiſamment, en effet, à la repréſentation des héros tragiques : ſa taille étoit au-deſſous de la moyenne ; les traits de ſon viſage n'offroient aux regards qu'une phyſionomie ſèche & dure, &, par conſéquent, peu propre à exprimer les émotions tendres & pathétiques. Outre ces déſavantages naturels, Michelot avoit adopté un ſyſtème de déclamation exceſſivement monotone ; on auroit pu noter ſa récitation, tant les mêmes inflexions s'y reproduiſoient périodiquement à la fin de chaque vers. Il eſt vrai que, par la ſuite, étant guidé par les conſeils de Talma, ce jeune acteur modifia ſa manière ; mais il ne la réforma jamais entièrement (1).

Son second début eut lieu dans *Phèdre* & dans l'amoureux de la *Feinte par amour;* pour le troisième il joua Séide de *Mahomet*, & Lindor dans la petite pièce de R. de Chabannes, *Heureusement*. Il fut engagé comme pensionnaire, aux appointements de 2,400 fr. (2).

Six années au moins se passèrent avant son admission au sociétariat. C'est seulement le 1er octobre 1811 qu'il arriva à cette position si ardemment souhaitée (3),

(1) Voici le jugement porté sur Michelot par Geoffroy à l'époque de ses débuts : « Cet acteur n'a pas de qualités physiques très-avantageuses : il n'a ni dans les traits, ni dans la figure, ni dans l'organe, rien qui convienne à un prince tragique. Il a évité les fautes grossières : il a montré une intelligence supérieure à son âge ; mais on n'a point découvert dans ce premier essai le germe heureux d'un grand acteur. On a même observé qu'il a mieux commencé qu'il n'a fini ; & quoiqu'on n'ait pas à lui reprocher des défauts choquants, il a le plus grand défaut... qui est la foiblesse, &c. »

(*Journ. de l'Emp.*, 31 mars 1805.)

(2) En mars 1807 il eut 3,000 fr. ; en juillet 1808, 3,500 fr ; en avril 1809, 4,000 fr. Le 20 février 1815, il fut accordé à Michelot, à partir du 1er avril suivant, deux huitièmes de part sur les parts vacantes par le décès de Mlle de Raucourt & la retraite de la demoiselle Emilie Contat.

(3) « Du 15 juillet 1811. Le Premier chambellan, surintendant des spectacles, arrête ce qui suit :

Art. 1er. A dater du 1er octobre prochain, M. Michelot sera inscrit sur le tableau des Sociétaires de la Comédie-Françoise.

Art. 2. Il n'en continuera pas moins, à cette époque, d'être au Théâtre-François sur le même pied qu'il s'y trouve actuellement.

Art. 3. Nous nous réservons de lui assigner plus tard l'emploi qu'il devra remplir.

Art. 4. Il sera statué, au 1er octobre prochain, sur la portion de part dont M. Michelot devra jouir. Avant ce terme, il ne pourra prétendre à aucun des droits attachés au titre de Sociétaire.

Signé : Cte de RÉMUSAT.
Pour copie conforme :
Le Secrétaire du Comité,
Signé : LE MAZURIER. »

& à laquelle les difficultés qu'il eut à furmonter pendant le cours de fon long noviciat fembloient le menacer de ne jamais atteindre, malgré le fervice pénible qu'on exigeoit de lui dans les deux genres. Auffi Michelot fe trouvoit-il fous l'impreffion du découragement, &, pour nous fervir de l'expreffion employée par un critique contemporain : « on voyoit qu'il jouoit moins bien, parce qu'il n'ofoit jouer mieux. »

A partir de fa réception, cet acteur ne fe montra plus qu'à de rares intervalles dans le répertoire tragique, & peut-être eût-il agi fagement en y renonçant tout-à-fait. Il fe confacra prefque exclufivement à la comédie, & ne tarda pas à attirer l'attention des connoiffeurs dans quelques rôles de *perfiffleurs*, dont il reproduifoit le caractère ironique avec un mordant qui n'excluoit ni la légèreté ni la grâce. L'expreffion de fon œil, naturellement fpirituelle & cauftique, ajoutoit encore de la valeur aux épigrammes qui paffoient par fa bouche. Hâtons-nous de dire, toutefois, que c'eft dans ce genre de caractères feulement que Michelot a régné fans partage. Grâce à cette particularité de fon talent, il finit par fe fignaler aux auteurs habituels de la Comédie-Françoife, qui, dès-lors, écrivirent à fon intention un certain nombre de rôles, jetés, il eft vrai, dans le même moule, mais qui, du moins, contribuèrent à fonder fa réputation. On n'a point oublié avec quelle fupériorité il joua le rôle d'Ofcar dans le *Jeune Mari* (4).

(4) Comédie en trois actes & en profe, de M. Mazères, jouée avec un grand fuccès, le 26 novembre 1826, & reftée au théâtre.

Le jeu de cet acteur étoit rempli d'intentions fines & parfois comiques : ſes manières étoient aiſées & annonçoient volontiers l'homme qui fait ſon monde; mais tous ces avantages, ſuffiſants dans un rôle de colonel de 1820, ne l'étoient plus pour jouer Molière, qui exige une étude parfaite du cœur humain. Auſſi lorſque, élevant ſes prétentions, il eſſaya d'abord le grand emploi, il y échoua complètement, notamment dans *Tartuffe*, & des avertiſſements ſévères le convainquirent de la néceſſité de ſe renfermer dans les limites que la nature de ſon talent lui impoſoit.

Il dut renoncer à ſe poſer en ſucceſſeur de Fleury, dont il rêvoit la ſucceſſion : à la vérité, il s'étoit attaqué, pour ſon coup d'eſſai, au rôle de Frédéric dans les *Deux Pages*, où cet acteur éminent s'étoit montré inimitable.

Il portoit fort mal l'habit habillé, & on le vit, dès la deuxième repréſentation de la jolie comédie de *la Suite d'un Bal maſqué*, ſubſtituer au coſtume contemporain de Louis XV le frac des élégants de ſon temps.

Michelot ſe ſentit également mal à l'aiſe dans les drames de la nouvelle école, dite romantique, qui ſe forma vers 1828. Il héſitoit, tâtonnoit, ſe troubloit & ceſſoit d'être lui-même. Il faillit, de la ſorte, compromettre le ſuccès d'*Hernani*, faute de comprendre, tel que l'avoit conçu l'auteur, le rôle de D. Carlos dont il étoit chargé dans cette pièce.

Depuis quelques années, cet acteur éprouvoit un commencement de ſurdité; cette infirmité, qui ne fit que s'accroître, le contraignit à une retraite prématurée, qu'il prit en 1831, après vingt-six ans de services, étant encore dans la force de l'âge (5). Ce fut un regrettable événement pour la Comédie-Françoise, qui, à cette époque, étoit loin d'être florissante. En rentrant dans la vie privée, il laissa derrière lui la réputation d'un acteur agréable, instruit, homme de goût, beau diseur quoique peu naturel, mais qui ne figura pas en première ligne dans la hiérarchie théâtrale, parce qu'il manquoit de cette ampleur qui fait les grands artistes. Justesse d'intentions, sagesse dans le débit, art des détails, tout cela se trouvoit sans doute en harmonie chez lui, mais dans des proportions réduites, & un critique a pu le caractériser d'une manière aussi vraie que piquante en l'appelant *un grand comédien en miniature*.

Quoi qu'il en soit, il faut que son absence ait été vivement regrettée, pour que des auteurs dramatiques, au nombre de quatorze, aient cru devoir demander, par une lettre écrite en 1837, sa rentrée au théâtre. Mais cette démarche n'eut pas de suite.

---

(5) Le 26 décembre 1828, Michelot écrivit au Comité que son intention étoit de se retirer à Pâques 1829, au lieu de 1834 qu'il avoit d'abord fixé dans sa pensée. « Sa résolution, dit-il dans sa lettre, est fondée sur ce que l'administration ayant besoin des parts vacantes cette année, il croit, lui ancien, de son devoir de se retirer pour améliorer le sort de ses camarades nouvellement entrés dans la Société. »

Le vicomte de La Rochefoucauld, chargé du département des beaux-arts, informé par le Comité de cette démission, répondit en ces termes :

« Le service de ce Sociétaire est trop utile à la Société pour que je puisse accepter sa démission, & je m'opposerai, par tous les moyens en mon pouvoir, à la retraite d'un artiste aussi distingué. »

(*Arch. de l'Emp.*)

Michelot, qui avoit été, en 1848, un des promoteurs du club républicain des artiftes dramatiques, eut des velléités de repréfentation nationale qui n'aboutirent point (6). Profeffeur de déclamation fpéciale au Confervatoire depuis 1835, titre qu'il avoit échangé en 1839 contre celui de profeffeur de déclamation *lyrique*, il exerça ce dernier enfeignement jufqu'en 1851. A cette époque, il donna fa démiffion & revint avec empreffement, dit-on, aux études de fa première jeuneffe. Dans les dernières années de fa vie, il étoit devenu un des hôtes affidus de la Bibliothèque impériale.

Michelot eft mort à Paffy le 18 décembre 1856.

(6) Il écrivit aux membres du Comité chargé de mettre fon nom en avant : « Je n'ai point d'antécédents politiques. J'ai vécu en humble artifte, réfigné à fouffrir ce que je ne pouvois empêcher. Je me réveille avec la liberté, je proclame à haute voix le cri de ma confcience. Plus de priviléges politiques & artiftiques, plus de caftes nobiliaire & prolétaire! Egalité pour tout le monde & fortune ouverte à toutes les carrières utiles & honorables! » Ces frais d'éloquence furent en pure perte, puifque fon nom ne figura pas parmi ceux des repréfentants de la France républicaine.

Rôles créés par Michelot.

1805	Mélidore......	*Anaximandre*, d'Andrieux.
1806	Ruben.......	*Omafis*, de Baour-Lormian.
«	Ségefte.......	*Octavie*, de *** (Souriguières).
1808	Un Clerc....	*La Réconciliation*, de *** (Mlle Candeille).
1809	Beauchêne....	*La Fontaine chez Fouquet*, de *** (Dumolard).
«	Henri.......	*La Revanche*, de Roger & C. de Leffer.
«	Sextus......	*Vitellie*, de *** (Selves).
1810	Hervey......	*Le Prifonnier en voyage*, de Delaunay.
«	Charles......	*Les Deux Gendres*, d'Etienne.
1811	Urbin.......	*Les Deux jeunes Amis*, de *** (Souques).
«	Florinval.....	*La Manie de l'indépendance*, de C. de Leffer.
«	Valcour......	*Les Pères créanciers*, de *** (Planard.)
«	Flaminius.....	*Nicomède*, de *** (de Normandie).
1812	Norlis.......	*Le Miniftre anglais*, de Riboutté.
«	Valduc......	*L'Indécis*, de Charbonnières.
1813	Weymour....	*Tippo-Saëb*, de Jouy.
«	Sainville.....	*L'Intrigante*, d'Etienne.
«	Saint-Albe....	*La Suite d'un Bal mafqué*, de Mme de Bawr.
«	Sainville.....	*La Nièce fuppofée*, de Planard.
1814	De Brienne....	*Fouquet*, de *** (Gain-Montagnac).
«	Hongar......	*La Rançon de Du Guefclin*, d'Arnault.
«	Blincour.....	*L'Hôtel garni*, de Défaugiers & Gentil.
«	Mayenne.....	*Les États de Blois*, de Raynouard.
1815	Victor.......	*Les Deux voifines*, de Défaugiers & Gentil.
«	Arundel.....	*Jeanne Gray*, de C. Brifaut.
«	Clarencour....	*Racine & Cavois*, d'Etienne.
«	Antiochus....	*Démétrius*, de Delrieu.
«	Dorfanges....	*La Méprife*, de *** (Mme de Bawr).
1816	Mayenne.....	*Henri IV & Mayenne*, de Théaulon & Rancé.
«	Apelle......	*Alexandre chez Apelle*, de De la Ville.

1816	Haſtrate	*Charlemagne,* de N. Lemercier.
«	Duvernoy fils. . .	*L'Anniverſaire,* de Théaulon & Rancé.
1817	Dolban.	*Le Faux Bonhomme,* de N. Lemercier.
«	Marcus.	*Germanicus,* d'Arnault.
«	Phocion fils. . . .	*Phocion,* de Royou.
«	Le Comte de Saxe.	*Adrienne Lecouvreur,* de *** (A. Charlemagne).
1818	Balzac	*L'Ami Clermont,* de Marſollier.
«	Cléon	*Le Suſceptible par honneur,* de *** (Goſſe).
«	Dalincourt	*Partie & Revanche,* de *** (Rancé).
«	Darlière	*Le Manteau,* d'Andrieux.
«	Le Bⁿ de Roſenthal	*La Fille d'honneur,* d'A. Duval.
1819	Eugène Leleu. . .	*Orgueil & Vanité,* de *** (Souques).
«	Dunois	*Jeanne d'Arc,* de L. d'Avrigny.
«	Nouraddin	*Louis IX,* d'Ancelot.
«	Valère	*Le Frondeur,* de Royou.
«	Pomenars.	*Le Marquis de Pomenars,* de *** (Mᵐᵉ S. Gay).
1820	Mortimer.	*Marie Stuart,* de Lebrun.
«	Fervil.	*Le Flatteur,* de Goſſe.
«	Siagrius	*Clovis,* de Viennet.
«	Le Chancelier . .	*Jean de Bourgogne,* de Formont.
1821	Saint-Léger. . . .	*Le Mari & l'Amant,* de Vial.
«	Saint-Géran. . . .	*Le Faux Bonhomme,* de A. Duval.
«	Favières	*L'Heureuſe rencontre,* de Planard.
«	Belcour.	*La Mère rivale,* de C. Bonjour.
«	Benintande. . . .	*Faliero,* de *** (Goſſe).
«	Raymond.	*Les Plaideurs ſans Procès,* d'Etienne.
«	Claudius	*Sylla,* de Jouy.
1822	Mignard	*Le Ménage de Molière,* de Genſoul & A. Naudet.
«	Publius.	*Régulus,* d'Arnault.
«	Volrade.	*Les Quatre Ages,* de Merville.
1823	Fielding.	*Fielding,* de Mennechet.
«	Damis	*L'Homme aux Scrupules,* de *** (Richard Faber).
«	Clovis	*Le Maire du Palais,* d'Ancelot.
«	Roſambert	*L'Education,* de C. Bonjour.
«	D'Héricourt . . .	*La Route de Bordeaux,* de Déſ., Gerſ. & Gentil.
1824	Haſtings	*Jane Shore,* de N. Lemercier.
«	Mérinval	*Le Méchant malgré lui,* de Du Merſan.
«	Henri Darmley . .	*Bothvell,* d'Empis.

1824	Martian.	Eudore & Cymodocée, de Gary & *** (Pichald).
«	Florbel.	La Saint-Louis à Sainte Pélugie, de Lafite.
«	Derville.	Le Mari à bonnes fortunes, de C. Bonjour.
«	Charles V	Une journ. de Charles V, de Duport père & fils.
1825	Le Roi.	Le Cid d'Andaloufie, de Lebrun.
«	Dupré	Le Roman, de De la Ville.
«	Théléfis	Bélifaire, de Jouy.
«	Dorneville	L'Auteur & l'Avocat, de P. Duport.
«	Lord Davenant. . .	Lord Davenant, de Genfoul, Milcent & Vial.
«	Le Cte de Luzon .	Le Béarnais, de Fulg. (de Bury), Led. & Ramon.
«	Le Duc de Pepoli .	La Princeffe des Urfins, d'A. Duval.
1826	Valmore	L'Amitié des deux Ages, de M. de la Sizeranne.
«	Saint-Clair	L'Agiotage, de Picard & Empis.
«	Dalincourt	L'Argent, de C. Bonjour.
«	Ofcar.	Les Deux Maris, de Mazères.
1827	Louis XI	Louis XI, de Mély-Janin.
«	Stanley.	Lambert Simnel, d'Empis et Picard.
«	Montigny	Les Trois Quartiers, de Mazères & Picard.
«	Leicefter	Emilie, d'A. Soumet.
«	Le Baron d'Olban.	L'Ami de tout le monde, de *** (Mme de Bawr).
«	Poligny.	Le Mariage d'Argent, de Scribe.
1828	Tibère.	Le dernier jour de Tibère, de L. Arnault.
«	Le Colonel.	Jamais à propos, de *** (Empis & Picard).
«	Obolonfki.	Olga, d'Ancelot.
«	Cardavan.	Les Intrigues de Cour, de Jouy.
«	Harper.	L'Efpion, d'Ancelot & Mazères.
1829	Henri III	Henri III & fa Cour, d'A. Dumas.
«	Le Chevalier . . .	Le Bon Garçon, de Mazères & Picard.
«	Le Cte de Grandval	Le Complot de Famille, d'A. Duval.
«	Daranville	Le Protecteur & le Mari, de C. Bonjour.
«	Le Comte d'Effex.	Elifabeth d'Angleterre, d'Ancelot.
«	Courcelles	Les Inconfolables, de Scribe.
1830	Don Carlos. . . .	Hernani, de V. Hugo.
«	Le Cte de Leffeville.	Un An, d'Ancelot.
«	De Formont . . .	La Dame & la Demoifelle, d'Empis.
«	Le Colonel	1760, d'A. de Longpré.
1831	Rougeval.	Les Intrigants, de De la Ville.

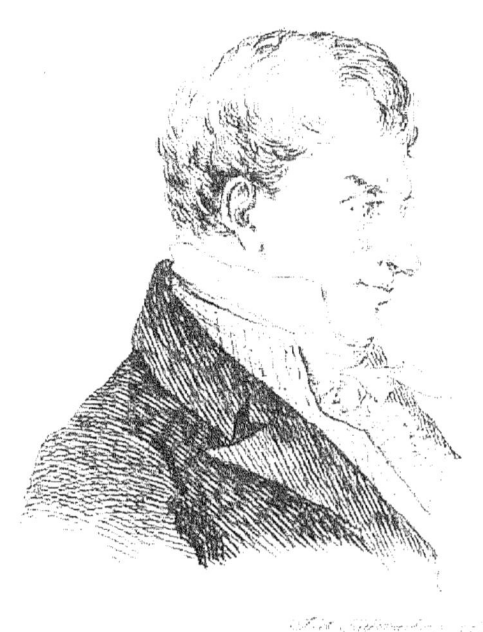

THÉNARD, l'aîné
Comédie-françoise
1807 – 1821

LOUIS PERRIN

dit THÉNARD aîné.

1807 — 1821

THÉNARD étoit depuis deux ans attaché au Grand-Théâtre de Lyon, fa ville natale, où il jouoit les *premiers comiques*, à la plus grande joie des Lyonnois, dont il étoit fort goûté (1),

(1) « Le Lyonnais (dit le Rédacteur du *Bulletin de Lyon*, qui fe décerne volontiers un brevet de perfpicacité) ne fe hâte pas de pro-

---

Extrait des actes de la paroiffe Saint-Pierre, à Lyon : Louis, fils de Marie * Perrin, bourgeoife de Paris, né aujourd'hui rue du Griffon, a été baptifé par moi vicaire fouffigné, ce 24 avril mil fept cent foixante & dix-neuf. Parrain : Louis Blanchard, maître en chirurgie ; marraine, Catherine Blanchard, fille du Parrain : qui ont figné. »

* Les prénoms font indiqués : Magdeleine-Claudine dans fon acte de naiffance cité précédemment.

lorsque le bruit de son succès parvint jusqu'à Paris; & comme La Rochelle étoit mort récemment, Dugazon & Dazincourt arrivés à la vieillesse, on crut faire acte de prévoyance en se mettant en mesure de pourvoir à leur remplacement. Un ordre de début fut donc signifié à Thénard, dont le départ de Lyon fut vivement regretté par les amateurs du spectacle.

Cet acteur débuta donc à Paris, le 3 novembre 1807, dans le *Dissipateur*, par le rôle de Pasquin, & par celui de Desmazures dans la *Fausse Agnès*. Il joua ensuite le Marquis, du *Joueur*, & l'Intimé, des *Plaideurs* (2). Son débit parut de bon goût, mais dépourvu de vivacité, de gaîté communicative; on y auroit voulu trouver plus de cette hardiesse que comporte l'emploi des valets. On reconnut que le débutant comprenoit ses rôles; mais qu'il les entendoit mieux qu'il ne les expri-

noncer ses jugements. Il n'est point enthousiaste, aveugle ni prévenu; il écoute, il examine; mais quand il a reconnu le mérite, il se plaît à lui rendre justice entière..... Le jeu comique de Thénard est inappréciable. Il est à craindre que le Théâtre-François ne nous enlève cet acteur: il en a besoin pour l'emploi des *valets*. C'est là seulement que son talent pourra prendre l'essor dont il est susceptible. La perte de Thénard sera difficile à réparer. » (31 décembre 1806.)

(2) Nous lisons dans une lettre écrite par un habitant de Lyon (Bréghot-du-Lut), qui a laissé un nom honorablement connu dans la magistrature & dans les lettres: « Je viens d'apprendre avec un grand plaisir le succès de Thénard au Théâtre-François. S'il faut s'en rapporter aux journaux, ce succès est des plus complets, & les éloges de Geoffroy, juge difficile à séduire, me font présumer qu'il sera durable... L'aide des bons exemples, de quelques critiques, & les applaudissements des connaisseurs, pourront faire de lui un excellent comédien..... »

moit, &, pour employer l'expreſſion d'un de ſes critiques, « que ſon jeu avoit de la vérité, rien que la vérité, mais pas toute la vérité. »

Les circonſtances, d'ailleurs, ne pouvoient être plus favorables au nouveau venu : auſſi fut-il engagé ſans conteſte (3). Bientôt la mort de Dugazon, & celle de Dazincourt, qui le ſuivit de près dans la tombe, lui laiſſèrent le champ libre. Mais ce jeune acteur, qui n'avoit pas été élevé à l'école des maîtres, à qui le temps avoit manqué pour ſe former par leurs exemples, ſe trouvant inopinément chargé en chef des grands rôles de l'emploi, ne fut pas à la hauteur de cette nouvelle poſition. Le ſouvenir encore vivant de ſes prédéceſſeurs le deſſervit & l'empêcha de prendre confiance en lui-même. Ce n'eſt qu'à la longue que le public pariſien qui, de ſon côté, ne témoigna jamais un enthouſiaſme très-prononcé pour lui, finit par s'y accoutumer, faute de mieux.

On connoît le mot piquant de Mlle Mars qui, durant une ſéance du Comité, avoit prié Thénard de fermer une porte reſtée ouverte : « Mademoiſelle, lui dit-il, me prenez-vous pour un valet? — J'avoue mon tort, répliqua celle-ci. J'avois oublié qu'il n'y a plus de *valets* à la Comédie-Françoiſe. »

Thénard fut nommé ſociétaire le 1er octobre 1810 (4). En s'aſſurant les avantages de ſa nouvelle poſition, il

---

(3) Aux appointements de 3,000 f., qui furent portés à 4,000 en novembre 1808.

(4) A 3/4 de part. En avril 1811 il fut mis à 3/8, & en mai 1812 à demi-part.

n'acquéroit pas ce que la nature feule peut donner, la verve & le *vis comica*. Voulant rappeler Dazincourt, dont il ne poffédoit ni l'efprit, ni la fineffe, il cherchoit à y fuppléer par une foule de petits moyens, dont l'effet comique ne dépaffoit pas la rampe, remplaçant par des grimaces la gaîté qui lui faifoit défaut ; mais le public n'acceptoit pas volontiers cette forme de compenfation.

Il eft un rôle, cependant, où Thénard fe rapprocha de fon modèle. Lors d'une reprife de *l'Abbé de l'Epée*, il joua Dominique, que Dazincourt devenu vieux & qui affectionnoit les rôles en rapport avec fon âge, avoit repréfenté avec ce talent de vérité qu'il conferva jufqu'à la fin de fes jours. Thénard faifit habilement le langage, la tournure, & toute l'habitude de corps d'un ancien domeftique, zélé pour fes maîtres. Un de fes bons rôles, fi ce n'eft même le meilleur, fut encore celui de Dubois, dans les *Fauffes Confidences*, où fon manque de naturel devenoit précifément une qualité.

Monté au rang de chef d'emploi, cet acteur fe repofa fur fes lauriers, & crut n'avoir plus rien à faire. Cartigny vint à débuter, & il ne s'en inquiéta guère ; il le regardoit, non fans raifon, comme un écolier. Les deux valets fe partageoient le fervice de la maifon en bons camarades, *lorfque furvint un troifième larron...* Monrofe, dont la verve, l'aplomb, l'imperturbabilité, conquirent rapidement la faveur publique, ce qui ne contribua pas à relever fon ancien dans l'opinion des connoiffeurs. L'avantage qu'avoit Thénard fur Monrose, & c'étoit le seul, consistoit dans la taille, qu'il avoit mieux appropriée à la grande livrée. Il comprit donc sans peine tout ce qu'offroit de menaçant une pareille concurrence, & usa, sans y réussir, de toutes les ressources de son crédit & de celui de sa mère, l'une des doyennes de la Comédie-Françoise, pour mettre obstacle à la réception de ce dangereux compétiteur.

Le public, qui avoit adopté Monrose avec enthousiasme, devint peu à peu de glace pour Thénard, que, de leur côté, les auteurs délaissèrent.

Cette situation étoit devenue intolérable, & Thénard, tombé dans le découragement, dégoûté du théâtre, donna, sous prétexte de santé, & après quatorze années seulement de service, sa démission, qui fut acceptée par l'Autorité supérieure. Toutefois, par une faveur exceptionnelle, ces quatorze années lui furent comptées comme vingt, dans sa pension de retraite (5).

(5) Le 13 janvier 1820, Thénard déclare au Comité « son intention de prendre sa retraite au 1ᵉʳ avril 1821, pour être à même de donner plus de soin à sa santé, compromise par une blessure qu'il a reçue dans son enfance, que les bains de mer n'ont pas soulagée, & qui fait augurer au médecin que l'exercice prolongé de sa profession peut lui devenir très-dangereux ; qu'il attendra jusques à cette époque, mais qu'il désire profiter, en se retirant, du bénéfice de l'art. 5 du chap. 2 du titre 2 de l'Ordonn. du Roi qu'il regarde comme lui étant applicable, & qu'il espère que la bienveillance de ses camarades pour lui, & leur justice, les engageront à en juger de même. »

Le 2 mars suivant, le Comité lui demandant de spécifier d'une manière positive & claire ce qu'il entend obtenir, il déclare que c'est la pension entière de 4,000 f., ainsi qu'elle a été accordée à feu M. Caumont.

« Thénard s'étant retiré, le Comité ouvre la discussion & reconnoît que l'on ne peut conclure absolument, de ce qui a été fait pour M. Caumont, qu'on doit faire la

Le 13 novembre 1821, eut lieu sa représentation de retraite. Elle se composa de la reprise de *Falkland*, joué par Talma, d'une pièce nouvelle, *La Fontaine chez Madame de la Sablière*, de l'opéra-comique de *Picaros & Diégo* & d'un divertissement par les premiers sujets de l'Opéra. Quoique annoncée deux mois à l'avance, cette soirée fut loin, par ses résultats, de répondre aux espérances du bénéficiaire, qui avoit eu la maladresse de tripler le prix des places. Le parterre seul se remplit, & le vide régna dans le reste de la salle.

Thénard ne jouit pas pendant longtemps des douceurs du repos. Il mourut à Metz, où il s'étoit retiré, le 17 octobre 1825, à l'âge d'environ quarante-six ans, d'une maladie de langueur à laquelle le chagrin ne fut certainement pas étranger.

Avant de jouer à Lyon, cet acteur avoit été à Brest, où il s'étoit marié le 28 floréal an XII (18 mai 1804).

même chose pour M. Thénard, parce que les cas ne sont point exactement semblables. En conséquence, il s'arrête à cet avis : M. Thénard se retirant au 1ᵉʳ avril 1821 avec quatorze années de service, ces quatorze années lui seront comptées comme vingt ; mais, attendu qu'il n'a pas part entière, chacune de ses pensions ne sera que de 75 fr. par année, ce qui fera 1,500 fr. par chaque, & 3,000 fr. pour les deux ; &, comme récompense de son talent & de son bon service, Mgr le duc de Duras sera supplié de lui accorder une représentation à bénéfice, à Paris, & dans laquelle, en considération de la maladie, cause de sa retraite, il aura le droit d'augmenter les prix.

Au reste, le Comité regrette beaucoup qu'une pareille cause prive sitôt la Comédie d'un Sociétaire encore jeune, qui paroissoit appelé à une plus longue carrière, & que son talent, sa probité, sa bonne conduite ont rendu cher à tous ses camarades.

Signé: Sᵗ-FAL, A. MICHOT, DAMAS, DE VIGNY, MICHELOT. »

(*Arch. de l'Emp.*)

C'eſt de ce mariage que naquit un fils (6), qui fut attaché comme chanteur à l'Opéra-Comique.

Un frère cadet de Thénard avoit débuté ſans ſuccès, le 2 juillet 1806, à la Comédie-Françoiſe, dans les rôles d'Hippolyte de *Phèdre*, & d'Auguſte dans *l'Amour & la raiſon*. C'eſt le même (7) qu'on a vu longtemps acteur au théâtre de l'Odéon.

(6) Etienne-Bernard-Auguſte-Perrin, dit Etienne Thénard, né à Lyon le 21 janvier 1807. Marié le 17 novembre 1825 à Gabrielle-Reine Bouzigues, née à Niſmes le 29 mars 1805. Tous deux furent penſionnaires du Vaudeville, que le mari quitta pour entrer aux Nouveautés, puis à l'Opéra-Comique. Enſuite il fut engagé à Bruxelles, où il eſt mort le 8 mai 1838.

(7) Marc-Antoine-Jean-Baptiſte Noury-Grammont, dit Thénard Jeune, né à Paris vers 1783, mort aux Incurables-hommes, le 7 novembre 1853, à l'âge de 70 ans.

Rôles créés par Thénard.

1808 Mercure . . . . . *Plaute*, de N. Lemercier.
 «   Cliton . . . . . . *La Suite du Menteur*, d'Andrieux,.
 «   Germain . . . . . *La Réconciliation*, de *** (Mlle Candeille).
1809 Nicolas. . . . . . *La Fontaine chez Fouquet*, de *** (Dumolard).
 «   Ambroife. . . . . *Les Capitulations de Confcience*, de *** (Picard).
 «   Germain . . . . . *L'Enthoufiafte*, de *** (Valmalette).
1810 John . . . . *Le prifonnier en Voyage*, de Delaunay.
 «   Frédéric . . . . . *Le Vieux Fat*, d'Andrieux.
 «   Lafleur. . . . . . *Les Deux Gendres*, d'Etienne.
1811 François . . . . . *Un Lendemain de Fortune*, de Picard.
 «   Valentin . . . . . *La Femme Mifanthrope*, d'A. Duval.
 «   Lafleur. . . . . . *La Manie de l'indépend.*, de Creufé de Leffer.
 «   Gervais. . . . . . *Les Pères Créanciers*, de Planard.
1812 Mafcarille. . . . . *Mafcarille*, de *** (C. Maurice Defcombes).
 «   Guillot . . . . . . *La Lecture de Clariffe*, de *** (Roger).
 «   Lafleur . . . . . . *L'Indécis*, de Chabonnières.
1813 Frontin. . . . . . *Avis aux Mères*, de Dupaty.
 «   André . . . . . . *La Nièce fuppofée*, de Planard.
1816 En-Avant. . . . . *La Penfée d'un bon Roi*, de Dubois.
 «   Thomas . . . . . *La Fête d'Henri IV*, de Rougemont.
 «   Fabrice. . . . . . *Les Deux Seigneurs*, de *** (Planard).
1817 Ruftaud . . . . . *Le Faux Bonhomme*, de N. Lemercier
 «   Picard . . . . . . *La Manie des Grandeurs*, d'A. Duval.
1818 Giraud . . . . . . *La Réconciliation par rufe*, de *** (Riboutté).
 «   Antoine . . . . . *Partie & Revanche*, de Rancé.
1819 Comtois . . . . . *Orgueil & Vanité*, de *** (Souques).
1820 Marcel . . . . . . *Le Folliculaire*, de De la Ville.

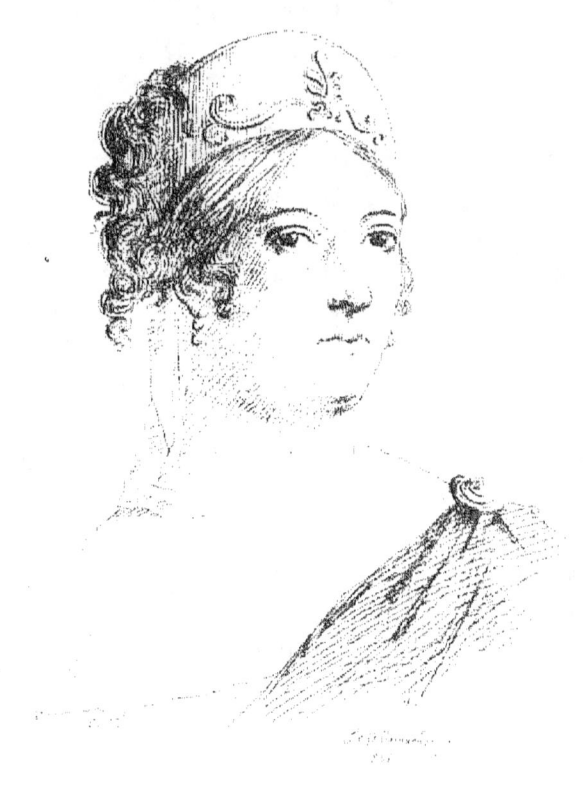

MADEMOISELLE MAILLARD
Comédie-française
1808 - 1813

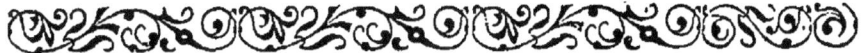

AGATHE-JACQUELINE

MADEMOISELLE MAILLARD

1808 — 1813

CETTE jeune & intéressante tragédienne, moissonnée dans la fleur de son âge, étoit née à Fontenay-sous-bois, près Paris, le 8 mai 1791. Une circonstance fortuite la tira de l'humble demeure paternelle (1) pour la faire monter sur la scène

---

(1) Le père de Mlle Maillard faisoit partie de la maison du duc d'Orléans, en qualité de surveillant.

Extrait des registres de l'état civil de la paroisse Saint-Germain-l'Auxerrois, à Fontenay-sous-bois : « Le dix mai mil sept cent quatre-vingt onze, fut baptisée AGATHE-JACQUELINE, née du huit, fille de CHARLES MAILLARD, demeurant dans l'enceinte du parc de Monseigneur le duc d'Orléans, & de MARIE-CATHERINE POYRIER, sa femme. Le parrain, FRANÇOIS GAILLARD, bourgeois de Paris, y demeurant aux écuries d'Orléans, rue de Chartres; la marraine JACQUELINE CARME, femme de LOUIS-JOSEPH DELMARLE, &c. »

françoife, où, femblable à un météore, elle ne devoit jeter qu'un éclat paffager : puis, retomber dans un oubli fatal qui ne contribua pas peu à hâter fa fin prématurée.

Monvel habitoit l'été, dans ce même village, une maifon voifine de celle des parents d'Agathe Maillard. Ayant cru entrevoir chez cette jeune fille l'inftinct tragique, il prit plaifir à développer & à cultiver le germe des difpofitions qu'il avoit remarquées en elle. Ce n'étoit point à une nature ingrate que s'adreffoient fes leçons; les progrès de fon élève devinrent fi rapides qu'ils déterminèrent fa réfolution de lui faire fuivre la carrière du théâtre, & lorfqu'il eut obtenu le confentement de fes parents, il la mit en état de fe préfenter aux débuts de la Comédie-Françoife.

Le 11 juin 1808, elle aborda pour la première fois cette épreuve redoutable, & parut dans le rôle d'Hermione. Malgré fon émotion bien concevable, Mlle Maillard joua, non en élève bien enfeignée, mais en actrice pénétrée de l'efprit de fon perfonnage, & fut trouver des infpirations qui n'appartenoient qu'à elle-même. Ce n'étoit pas cette déclamation chantée, cette mélopée banale & monotone qui avoit fuccédé à la déclamation pleine de mouvement, de couleur & de vie, des Le Kain, des Du Mefnil & des Clairon : il y avoit chez cette jeune fille du nerf, de l'expreffion, des repos bien compris, une accentuation vigoureufe & nuancée. Ce début devoit donc exciter & excita, en effet, au plus haut degré, l'attention des vieux amateurs de la tragédie, & le bruit qui s'en répandit dans Paris attira, lors de la seconde apparition de la débutante (16 juin), une énorme affluence de spectateurs avides de l'entendre dans ce même rôle d'Hermione. L'effet qu'elle y produisit dépassa encore celui de la première soirée. On s'étonna qu'une *enfant* fût, « sur l'article de l'expression & du sentiment, plus habile que les maîtres de l'art. » On se dit bien que sa taille auroit pu être plus élevée; mais ce défaut n'avoit pas été un obstacle chez la célèbre Clairon, qui n'avoit pas été mieux partagée qu'elle sous ce rapport. On alléguoit aussi que le volume de sa voix atteignoit un diapason qui juroit avec l'exiguité de sa personne. Tous ces dénigrements, nés de l'envie, plutôt que le résultat d'une appréciation impartiale, tombèrent bientôt devant le mérite incontestable de la débutante, qui offrit un moment à la génération contemporaine le prodige renouvelé sous nos yeux, trente ans plus tard, par Mlle Rachel.

Le 22 & le 24 du même mois, Agathe Maillard joua le rôle d'Alzire, beaucoup moins propre à faire ressortir ses qualités, & qui, par conséquent, lui fut moins favorable que celui de l'amante de Pyrrhus, malgré l'effet extraordinaire qu'elle produisit dans la scène où cette princesse retrouve Zamore, après avoir donné sa main à Guzman. Elle parut le 28 juin & le 3 juillet suivant dans le rôle de Roxane, où elle causa une très-vive sensation aux derniers actes. Le 6, elle parut dans Idamé, de *l'Orphelin de la Chine,* & termina le 26 du même mois ses débuts, dans ce même rôle d'Hermione qui les avoit inaugurés d'une manière si brillante.

Quelques jours auparavant, elle avoit dû jouer Emilie dans *Cinna*, pièce qui au moment de l'ouverture des bureaux fut remplacée fur les affiches par le *Cid*. On raconte que cette fubftitution eut lieu à la fuite d'une fcène épifodique d'intérieur, dans laquelle la jeune actrice avoit trop oublié qu'elle ne devoit être l'altière Emilie que fur la fcène, & que, derrière le rideau, elle n'étoit plus qu'une humble novice.

Bien humble, en effet, & furtout bien moleftée ! car, dépourvue d'appuis & de protecteurs, en dépit des épreuves qui lui avoient été fi favorables, elle fut fur le point d'être congédiée, tant il eft vrai qu'un talent nouveau a des luttes à fubir avant de s'impofer. Les premiers pas d'Agathe Maillard avoient été trop retentiffants pour ne pas lui avoir fufcité de jaloufes inimitiés, que le nom de Monvel, fon maître, ne put lui épargner. Il eft vrai que celui-ci ne jouiffoit plus dans fa Compagnie que d'un crédit affez borné, & quand il lui avoit fait étudier un rôle, il croyoit avoir accompli toute fa tâche.

Cependant, un auteur en renom à cette époque, N. Lemercier (2), prit en pitié cette trifte victime des intrigues de couliffes & réfolut d'y intéreffer Talma lui-même, à qui il amena un jour fa jeune protégée. Le grand tragédien lui témoigna une bienveillance extrême & l'engagea à étudier le rôle d'Eryphile, en pro-

---

(2) Népomucène-Louis Lemercier, l'un des poëtes les plus féconds & les plus variés du commencement de ce fiècle ; né à Paris le 21 avril 1771, mort dans la même ville, le 6 juin 1840.

mettant qu'à son retour de la province, où il étoit attendu, il choisiroit pour sa rentrée la tragédie d'*Iphigénie en Aulide*.

Talma tint sa promesse. Au deuxième acte, dans lequel Eryphile paroît, le public, désaccoutumé de voir Mlle Maillard, l'accueillit d'une façon peu encourageante ; mais à peine eut-elle débité les premiers vers d'une voix quelque peu émue, que ce public devint plus attentif. Surexcitée par des sentiments divers, elle fut supérieure à elle-même, & bientôt l'auditoire subjugué passa de l'attention à la sympathie. Trois salves d'applaudissements ne suffirent pas, rapporte l'écrivain (3) auquel nous empruntons cette circonstance, pour exprimer l'enthousiasme des spectateurs. Le vieux marquis de Ximenès, transporté, se leva en s'écriant : « Clairon vient de ressusciter ! » — Le rideau n'étoit pas tout-à-fait tombé que mille voix le firent relever afin d'acclamer la jeune tragédienne, qui vint, ramenée par Talma, pour saluer le public ; & lorsque, de retour dans sa loge, les nombreux amis de l'illustre tragédien s'empressoient de venir le féliciter sur les effets, jusqu'alors inconnus, qu'il avoit rencontrés dans le rôle d'Achille : « Messieurs, leur dit-il, parlez moins de moi & un peu plus de cette petite fille. Elle a le diable au corps ; nous en ferons quelque chose... Elle ira loin ! »

A dater de cette soirée, qui dut lui apporter tant de douces illusions d'avenir, Agathe Maillard, forte de la

(3) Audibert. (*Indiscrétions & Confidences.*)

protection de Talma, joua succeſſivement Emilie, de *Cinna;* Camille, des *Horaces;* Adélaïde Du Guesclin, & tous les rôles de l'emploi des *grandes Princeſſes.*

Dans tous ces rôles, indépendamment de ſes autres qualités, elle ſe fit remarquer par ſon art de bien dire : art qu'elle tenoit de ſon habile maître, & qui exerce une ſi grande puiſſance ſur un auditoire éclairé. Il ſemble, toutefois, qu'on ait été fondé à lui reprocher une certaine tendance vers cette familiarité que l'on confond ſouvent avec le naturel, & dont Monvel a été l'initiateur & le trop zélé proſélyte (4).

Cette recrudeſcence de ſuccès ne ſe ſoutint malheureuſement pas.

« La roche tarpéienne eſt près du Capitole, »

a dit le poète. Soit que les forces phyſiques de la jeune actrice n'aient pu ſeconder la rude pratique d'un art qu'elle aimoit avec paſſion, & dont le feu la dévoroit; ſoit qu'atteinte par le découragement elle ait ceſſé de répondre à ce qu'on étoit en droit d'attendre d'elle, ſa ſanté s'altéra & l'obligea à des intervalles de repos dont ſes adverſaires ſurent habilement profiter pour lui aliéner l'intérêt & la bienveillance du public. On a prétendu que la jeune enfant ſacrifioit à un autre autel en même temps qu'à celui de Melpomène : s'il eſt vrai

---

(4) Conſulter à ce ſujet la notice ſur Le Kain. (*Comédiens de la Troupe de Voltaire*. Lyon, 1861.)

qu'elle ait voulu servir deux maîtres à la fois, elle eut grand tort; c'étoit bien assez d'un pour ses forces.

Quoi qu'il en soit, une obscurité profonde remplaça insensiblement l'éclat passager qui s'étoit produit autour de cette intéressante personne, promise à un avenir brillant, & que le chagrin de se voir méconnue, délaissée, en aggravant encore la maladie chronique dont elle étoit atteinte, fit succomber à une affection de poitrine, le 27 janvier 1813. Ce mal avoit, quelques mois auparavant, enlevé sa sœur aînée (5), qui, à son exemple, avoit embrassé la carrière du théâtre, mais sans grand succès.

(5) Cette sœur, nommée Apoline-Gilberte, étoit née à Fontenay-sous-bois, le 11 janvier 1788; elle avoit débuté à l'Odéon le 5 mai 1812, dans les rôles de *soubrettes*.

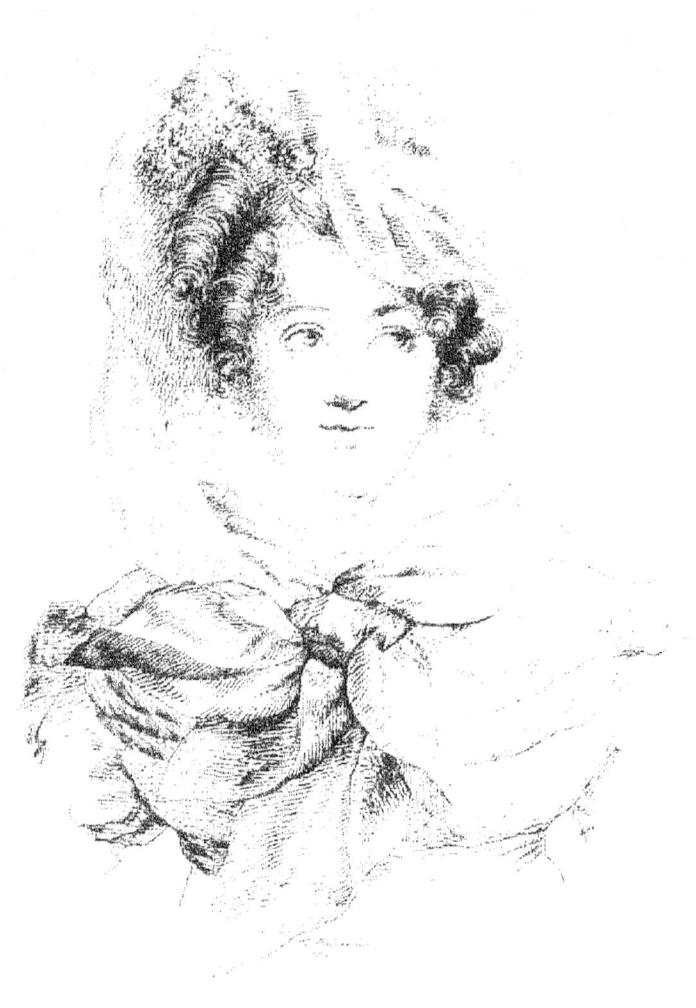

MADEMOISELLE LEVERD

JEANNE-EMILIE

MADEMOISELLE LEVERD

1808 — 1831

CETTE actrice, d'extraction fort obscure, naquit le 14 juillet 1788, à Paris, où son père, originaire d'Avesnes, étoit venu chercher la fortune qu'il n'y trouva pas.

Emilie commença par être modeste danseuse à l'O-

Extrait des regiſtres de la paroiſſe Saint-Sulpice, à Paris : « Le quatorze de juillet mil sept cent quatre-vingt huit, a été baptifée JEANNE-ÉMILIE, née d'aujourd'huy, fille de STANISLAS LEVERD, bourgeois, & de MARIE-CLAUDE BENOÎT, son épouse, demeurant rue du Vieux-Colombier. Le parrain, NICOLAS PIOCHE, débitant de sel & de tabac; la marraine, MARIE-JEANNE-CLAUDE PASQUIER, épouse de JEAN-FRANÇOIS BENOÎT, bourgeois, ayeulle maternelle de l'enfant. Son père absent. »

péra. L'acteur Clozel (1) l'ayant remarquée à cause de sa beauté, la détermina à quitter la danse pour la comédie. Son début en ce nouveau genre eut lieu le 27 octobre 1804, au théâtre Louvois, que dirigeoit alors Picard (2), par le rôle d'Euphrasie dans le *Vieillard & les jeunes Gens*, & celui de Laure dans le *Pacha de Suresnes*. Le 11 décembre 1805, elle établit son premier rôle dans les *Filles à marier*, comédie du Directeur-auteur.

Après deux années de noviciat à ce théâtre, où son talent, en se formant par la pratique, annonçoit pour l'avenir une actrice destinée à tenir un rang supérieur à celui qu'elle y occupoit, Mlle Leverd le quitta en 1806, à la suite d'une mésintelligence survenue entre elle & ce même Clozel, jusqu'alors si unis. Deux ans passés dans une retraite absolue, & pendant lesquels elle reçut les leçons de Florence, perfectionnèrent ses dispositions naturelles. Le 30 juillet 1808, elle hasarda ses premiers pas sur la scène françoise, & réussit; mais ce ne fut pas sans devoir lutter contre de grands obstacles, & sans avoir à combattre de vives résistances, qu'elle conquit la faveur publique.

Elle fit son premier début dans le *Misanthrope* & les *Trois Sultanes*, par les rôles de Célimène & de Roxe-

(1) Pierre-Jean-Baptiste Clauzel, dit *Clozel*, acteur distingué des théâtres Louvois & de l'Odéon. Né à Paris le 22 mars 1776, & mort dans la même ville le 1er janvier 1840. Il étoit fils d'un employé de l'administration des Postes.

(2) Louis-Benoît Picard, né à Paris le 9 juillet 1769; mort dans la même ville le 31 décembre 1828.

lane. Elle fe tira du premier « avec grâce, décence & juftefle, » difent les feuilles du temps. A peine les critiques les plus févères fignalèrent-ils quelques taches ; & tous, au contraire, rendirent unanimement juftice à l'intelligence avec laquelle elle avoit faifi l'efprit général du perfonnage. Le rôle de Roxelane lui valut un fuccès plus fignificatif encore, dû en grande partie à la manière agréable dont elle chanta en s'accompagnant fur la guitare (3). Pour fon fecond début, elle joua Céliante, du *Philofophe marié*, & la comteffe, du *Legs*. Tout en reconnoiffant l'aifance & la gaîté franche que la débutante avoit apportées dans l'interprétation de ce dernier rôle, on lui reprocha, cependant, d'être tombée dans la familiarité. Le 4 août, elle joua Elmire, du *Tartuffe*, & Dorimène, des *Fauffes Infidélités*. Le 8, la *Coquette corrigée* lui fervit de quatrième épreuve, & c'eft furtout dans l'expreffion de ce caractère qu'elle parut réunir l'élégance & la grâce à la fineffe & au fentiment. Auffi y fut-elle applaudie avec une forte de frénéfie ; &, à partir de cette repréfentation, fes débuts

---

(3) Le 16 octobre fuivant, Mlle Leverd jouoit ce même rôle de Roxelane. Au chant elle voulut joindre le preftige de la danfe & exécuta un pas, compofé pour elle par un chorégraphe en renom. Les fymphoniftes féculaires de la Comédie-Françoife, peu exercés à ce genre de divertiffement, paffèrent quelques mefures, ce qui jeta le trouble dans le pas de la danfeufe. Sans fe déconcerter, Roxelane, ufant de fon privilége de Sultane, invita les muficiens à recommencer, & cet acte de fouveraineté fut accompli avec une telle bonne grâce, que l'orcheftre, non plus que le public, ne s'effarouchèrent d'un incident auquel ils s'attendoient peu l'un & l'autre.

attirèrent une foule toujours croiffante, qui les fit prolonger jufqu'au 10 novembre.

Si la Comédie trouvoit fon compte à l'engouement des fpectateurs, l'actrice ne pouvoit auffi qu'y gagner en renommée; car, à chacune de fes apparitions fur la fcène, l'opinion publique fe prononçoit avec plus de force en fa faveur, & un augufte fuffrage ne tarda pas à la fanctionner par le don d'une gratification de trois mille francs, que lui fit remettre l'Empereur.

Un fuccès auffi retentiffant ne pouvoit manquer de fufciter à la nouvelle venue de nombreufes & fecrètes malveillances. On propagea à deffein dans le public que, les cadres étant complets, l'admiffion de Mlle Leverd deviendroit une furcharge pour la Comédie. Ces fourdes menées prolongèrent fon noviciat, mais n'atteignirent cependant pas le but qu'on fe propofoit; car, peu de jours après une repréfentation du *Legs*, où elle avoit fait preuve d'un remarquable talent, Emilie Leverd fe vit, par ordre, admife au nombre des actrices fociétaires (4).

Cette actrice étant mife en poffeffion de l'emploi des *grandes coquettes*, qui étoit devenu vacant peu de mois après, par la retraite de la célèbre Louife Contat, rien déformais ne fembloit devoir entraver une carrière qui s'annonçoit fous de fi brillants aufpices, lorfque Mlle Mars lui contefta l'héritage de leur illuftre devan-

---

(4) Reçue le 1er avril 1809 à 3/8 de part; mife à 1/2 part au mois de novembre fuivant; en janvier 1811 à 5/8; en avril à 3/4, & au même mois de l'année fuivante à 7/8 de part.

cière. La lutte fut vive, obstinée, & le parterre se divisa en deux camps. Peu s'en fallut qu'on ne vît se reproduire les scènes tumultueuses qui avoient signalé, au commencement du siècle, les débuts des deux héroïnes tragiques (5). La querelle s'échauffa, les journaux s'en emparèrent, & des brochures plus ou moins passionnées furent lancées de part & d'autre.

Le bruit de cette guerre de coulisses étant parvenu jusqu'aux portes de Moscou où campoit alors Napoléon, il ne dédaigna pas de se constituer juge suprême de la question, & trancha le nœud gordien en décrétant : « qu'aucun comédien ne pourroit tenir deux emplois en chef. » C'étoit donner gain de cause à Mlle Leverd, qui, par excès de hardiesse, ou plutôt par malice, écrivit au Surintendant des théâtres « qu'elle désiroit le partage des rôles dont elle étoit *officiellement reconnue pour être le chef...* » Et cependant, en dépit de ce triomphe apparent, ce fut en définitive Mlle Mars qui l'emporta, forte de son droit d'ancienneté, &, ajoutons, de son incontestable supériorité. Il n'est pas inutile de constater que ses prétentions se trouvèrent étayées de l'appui du Premier Chambellan surintendant des spectacles, qui, déjà mal disposé à l'égard de Mlle Leverd dont il avoit entravé les débuts autant qu'il avoit dépendu de lui, trouva moyen de rendre un arrêté tout-à-fait contradictoire avec la volonté manifestée par le Souverain (6).

(5) Mlles Duchesnoy & Georges Weymer.

(6) « Le Premier Chambellan, Sur-intendant des spectacles,

Le public, naturellement enclin à l'oppofition, prit fait & caufe pour Mlle Leverd, & pendant un certain nombre de repréfentations à la fuite de cette décifion, ne ceffa de faire entendre les cris de *Leverd!* ou *le Partage!* Sorte de proteftation qui, toutefois, demeura fans effet.

Celle-ci fe trouva donc forcée de fe reléguer dans un genre de rôles en dehors de fon âge & de fon caractère. On conviendra qu'il devoit lui être pénible de

Voulant faire ceffer les débats qui fe font élevés entre Mlles Mars & Leverd, relativement à la manière dont elles doivent être claffées dans l'emploi des *grandes coquettes, premiers rôles & premières amoureufes* de la Comédie;

Reconnoiffant d'un côté que Mlle Mars, d'après fon rang d'ancienneté & l'ordre d'admiffion de Mlle Leverd en date du 30 août 1808, doit être confidérée comme chef de cet emploi;

Et de l'autre, qu'il eft jufte d'affurer à Mlle Leverd la pleine & entière exécution de l'art. 54 du décret impérial du 15 octobre 1812, & de prévenir toute efpèce de conteftation à ce fujet;

Arrête ce qui fuit :

Art. 1er. Mlle Mars fera portée fur le tableau des Sociétaires du Théatre françois pour jouer en chef l'emploi des *grandes coquettes, premiers rôles & premières amoureufes* de la Comédie.

Art. 2. Mlle Leverd fera portée fur le tableau des Sociétaires du Théâtre françois pour jouer en double l'emploi des *grandes coquettes, premiers rôles & premières amoureufes* de la Comédie.

Art. 3. Nous nous réfervons le droit de défigner nous-même au Comité d'adminiftration les trois ou quatre rôles que Mlle Leverd doit jouer chaque mois, conformément à l'article 54 du décret impérial du 15 octobre 1812, & nous ferons ce choix de manière que Mlle Leverd puiffe paroître fucceffivement dans tous les principaux rôles de fon emploi.

Art. 4. Le Commiffaire impérial eft chargé de l'exécution du préfent arrêté.

Paris, le 15 février 1813.

Signé : Cte DE REMUSAT. »

(*Arch. de l'Emp.*)

devenir la victime d'un revirement auffi arbitraire que celui qui, par exemple, l'obligeoit à jouer le rôle de la Tante, dans la *Coquette corrigée*, tandis qu'il livroit à Mlle Mars celui de la Nièce! Vivement froiffée par cet acte d'injuftice, Mlle Leverd fe tint éloignée de la fcène pendant quelques mois : elle annonçoit même l'intention de perfifter; mais, mieux confeillée par fes amis que par fon dépit, quelque fondé qu'il fût, & comprenant que l'abfence amèneroit infailliblement l'oubli, elle céda aux inftances qui lui furent faites & reparut, le 6 mars 1813, dans le rôle principal de l'*Intrigante* (7), comédie nouvelle, dont malheureufement le fuccès fut nul. Quant à l'actrice, fon retour reçut l'accueil le plus favorable. Elle aborda fucceffivement la *Femme jaloufe*, la *Mère coupable*, Mme Patin, rôle dans lequel elle excella, ainfi que dans Mme Evrard, du *Vieux célibataire*. Elle n'eut pas lieu de regretter d'être entrée dans cette nouvelle voie, & le fuccès qui l'y fuivit l'eut

---

(7) Mlle Leverd fe trouvant à Rouen, en 1814, y joua entre autres pièces, cette comédie de M. Etienne, défendue fous l'Empire après la 9e repréfentation, & qui étoit demandée par la preffe rouennaife. Elle parut avec fuccès dans douze foirées, dont la dernière fut à fon bénéfice.

(*Hift. des Théâtres de Rouen*, par le docteur B***) (*).

Elle n'obtint pas un moindre fuccès à Bordeaux où elle alla en 1818. Il fut même fi prononcé, que, lorfqu'arriva le terme des repréfentations pour lefquelles elle étoit engagée, on ne voulut pas confentir à fon départ, qu'elle n'eut folemnellement promis, fur la fcène, d'en donner huit encore.

(*Hift. des Théâtres de Bordeaux*, par d'Etcheverry.)

* Jules Bouteiller.

bientôt consolée de sa défaite dans la lutte engagée avec sa puissante adversaire.

Au commencement de 1813, Mlle Leverd fut attaquée de la petite vérole, qui porta une atteinte funeste à sa beauté. Après une absence d'assez longue durée, elle effectua sa rentrée sur la scène, le 26 septembre, & retrouva la faveur qui ne l'avoit jamais abandonnée. Bien que son visage n'eût conservé que des traces assez affoiblies du mal, elle se préoccupoit sans cesse de l'effet disgracieux que ses ravages devoient, selon elle, avoir produit dans l'ensemble de sa physionomie. Une autre cause, l'embonpoint, auquel elle avoit toujours eu une prédisposition, & qui s'étoit développé avec l'âge, enlevoit également beaucoup de distinction & de charme à sa personne, & lui interdisoit à l'avenir l'accès des rôles jeunes. Elle se résigna donc, mais non sans regrets & sans efforts, à prendre l'emploi des *mères*, dans lequel elle ne réussit que médiocrement. Le chagrin qu'elle ressentit de cette espèce d'échec, plus encore peut-être que la perte de sa beauté, lui inspira un si vif regret du passé, qu'elle annonça, en 1828, l'intention de renoncer à sa profession (8). Elle consentit toutefois à ne pas quitter la Comédie, à cause d'une gratification de 2,000 fr. que le Roi lui fit remettre alors; mais, quelques années plus tard, sur le refus

---

(8) Une représentation extraordinaire fut même donnée à cette occasion à son bénéfice, le 13 décembre de cette année. On y joua pour la première fois un drame en cinq actes & en prose, de Mazères & Ancelot, intitulé l'*Espion*.

qu'on fit de garantir fa part à 10,000 fr., elle prit définitivement fa retraite après vingt-trois ans de fervice. Sa dernière repréfentation eut lieu le 1er avril 1832, & telle eft l'inconftance du public, que fon éloignement de la fcène ne produifit qu'une très-foible fenfation.

Cette comédienne, à qui on a reproché des allures bourgeoifes, étoit fort éloignée, fans doute, de pofféder l'extrême fineffe & le goût exquis de Mlle Mars, dont elle n'avoit pas non plus la voix douce & mélodieufe. La fienne, au contraire, étoit atteinte d'un léger vice de prononciation & d'un graffeyement qui, encore qu'il ne déplût pas pofitivement, devenoit en certains cas un embarras pour fa diction. Elle ignoroit auffi l'art, fi bien connu de fa rivale, de faire reffortir les mots de valeur. Mais hâtons-nous d'ajouter qu'elle rachetoit ce qui lui manquoit fous ce double rapport, par une jufte obfervation des caractères, par un débit large & animé, & par la verve que comportent les rôles comiques. Le jugement qu'on peut, en fomme, émettre fur Mlle Leverd, eft qu'elle fut comédienne moins profonde qu'agréable, mais que fi, par une louable ambition, elle fe propofa Louife Contat pour modèle, elle n'en reproduifit jamais que les fuperficies.

Elle avoit voulu chauffer le cothurne, & en 1829 elle créa le rôle principal dans *Elifabeth d'Angleterre*, tragédie d'Ancelot. On fut généralement furpris de la trouver à la hauteur d'un genre fi différent de celui auquel elle s'étoit vouée exclufivement depuis fon entrée dans la carrière théâtrale.

Mlle Emilie Leverd, après avoir quitté le théâtre, se forma un intérieur qu'elle crut rendre plus respectable aux yeux du monde, en échangeant son nom contre celui d'un mari, qu'après sa mort on découvrit n'avoir été qu'un mari..... de comédie. Cet artifice aidant, comme elle avoit de l'acquis & beaucoup d'esprit naturel, son salon étoit fort recherché par la bonne compagnie, qui savoit y rencontrer un aimable accueil & d'agréables distractions.

Elle s'étoit assuré une grande aisance, grâce à son esprit d'ordre, dû à une circonstance de sa vie qu'elle se plaisoit à rappeler. Elle reçut un jour la visite de sa camarade Mézeray, qui étoit loin de briller par la même qualité, & qui, se trouvant dans la gêne & à bout d'expédients (9), venoit lui confier sa situation difficile. Mlle Leverd lui remit un louis sur l'heure, & se rappela toujours ce foible don, non sans une certaine gratitude pour celle qui en avoit été l'objet; car, dès ce moment, elle prit en elle-même la résolution de se mettre, par une sévère économie, à l'abri d'une éventualité semblable, & elle se tint parole. Elle laissa, en effet, plus de trente mille livres de rente.

On a dit que Mlle Leverd, qui goûtoit volontiers les plaisirs d'une bonne table, étoit morte de suffocation à la suite d'un repas. Sa mort provint d'une toute autre cause. Elle fut provoquée par une discussion d'intérêt

---

(9) On peut voir, dans la notice que nous avons consacrée à cette actrice, quelle a été sa fin lamentable.

fort vive, qui s'éleva entre elle & celui dont elle portoit le nom, & qui lui caufa une telle émotion, qu'elle revint de chez fon notaire où la fcène s'étoit paffée, fans pouvoir prononcer un feul mot. Peu d'heures après, elle expira, n'ayant pas recouvré la parole, le 16 novembre 1843, âgée à peine de cinquante-cinq ans.

Une de fes coufines, Elifabeth Leverd, qui avoit époufé en 1799 le comte de Normont, devint quinze ans plus tard l'héroïne d'un procès en féparation, dont les débats eurent alors beaucoup de retentiffement.

Rôles créés par Mlle Leverd.

1809	Mme Probincour. .	*Les Capitulations de confcience*, de *** (Picard).
«	Céphife	*L'Enthoufiafte*, de *** (Valmalette).
1810	Mme Dalinville . .	*Les Deux Gendres*, d'Etienne.
1811	Mme Dorfange . .	*Un Lendemain de fortune*, de Picard.
«	Belle	*Les Deux jeunes Amis*, de *** (Souques).
«	Mme Alix	*L'Heureufe Gageure*, de Défaugiers & Gentil.
«	Eliante	*La Femme mifanthrope*, d'A. Duval.
1812	Arabelle	*Le Miniftre anglais*, de Riboutté.
1813	Mme Mirval	*Avis aux Mères*, de Dupaty.
«	La B^{ne} de Grandval	*L'Intrigante*, d'Etienne.
«	Mme de Mareuil . .	*La Suite d'un bal mafqué*, de Mme de Bawr.
1815	Julie	*Les Deux Voifines*, de Défaugiers & Gentil.
«	Mme de Sivry . . .	*Racine & Cavois*, d'Etienne.
1816	Campafpe	*Alexandre chez Apelle*, de De La Ville.
«	Clémence	*Le Mariage de Robert de France*, de Vieillard.

1816	Mme Lefranc . . .	*La Penſée d'un bon Roi*, de Dubois.
«	Mme de Clairval. .	*Laquelle des trois?* de Mme Talma.
«	Mme Leblanc . . .	*La Fête d'Henri IV*, de Rougemont.
1817	Mme d'Harville . .	*Le Faux Bonhomme*, de N. Lemercier.
«	Adrienne.	*Adrienne Le Couvreur*, de *** (A. Charlemagne).
1818	Mme Verneur . . .	*Le Suſceptible par honneur*, de *** (Goſſe).
«	Mme de Valbelle. .	*Partie & Revanche*, de *** (Rancé).
«	La Bne de Roſenthal	*La Fille d'honneur*, d'A. Duval.
1819	Mme de Sévigné. .	*Le Marq. de Pomenars*, de *** (Mme S. Gay).
1820.	Elmire.	*Le Folliculaire*, de De La Ville.
«	Mme de St-Géran .	*L'Amour & le Procès*, de Gaugiran-Nanteuil.
1821	Jeanne.	*Jeanne d'Albret*, de Carm., Roch. & Théaulon.
«	Mme Dorbelle. . .	*Le Retour*, de *** (Rancé).
«	Mme de La Sablière	*La Fontaine chez Mme de La Sab.*, de Naud. & G.
1822	Mme Ducroiſy. . .	*Le Ménage de Molière*, de Naudet & Genſoul.
«	La Baronne. . . .	*L'Amour & l'Ambition*, de Riboutté.
«	La Baronne. . . .	*Valérie*, de Scribe & Meleſville.
1824	Marie Stuart . . .	*Bothwell*, d'Empis.
«	Jeannette	*La Saint-Louis à Sainte-Pélagie*, de Lafite.
«	Adèle.	*Le Mari à bonnes fortunes*, de C. Bonjour.
«	Hermance	*Une Journée de Charles V*, de Duport père & fils.
«	Mme de Verneuil .	*Marie*, de *** (Mme S. Gay).
1825	La Baronne. . . .	*Le Château & la Ferme*, de Duport père & fils.
«	Mme d'Eſtourville .	*Le Fantaſque*, de *** (O. Leroy).
«	La Marq. de Mélas	*La Princeſſe des Urſins*, d'A. Duval.
1826	Amélie.	*L'Agiotage*, de Picard & Empis.
«	P. d'Orbeuil . . .	*Pauline*, de Du Merſan.
«	Mme d'Elby. . . .	*Le Jeune Mari*, de Mazères.
1827	La Marquise . . .	*Les Trois Quartiers*, de Mazères & Picard.
«	Eliſabeth. · . . .	*Emilia*, de Soumet.
«	Mme Dorbeval. . .	*Le Mariage d'Argent*, de Scribe.
1828	Mme de Fauchon .	*Jamais à propos*, de *** (Empis & Picard).
«	Hélène.	*Olga*, d'Ancelot.
1829	C. de Médicis . .	*Henri III & la Cour*, d'A. Dumas.
«	Eliſabeth.	*Elisabeth d'Angleterre*, d'Ancelot.
1830	Mme Saint-Ives . .	*La Dame & la Demoiſelle*, d'Empis & Mazères.

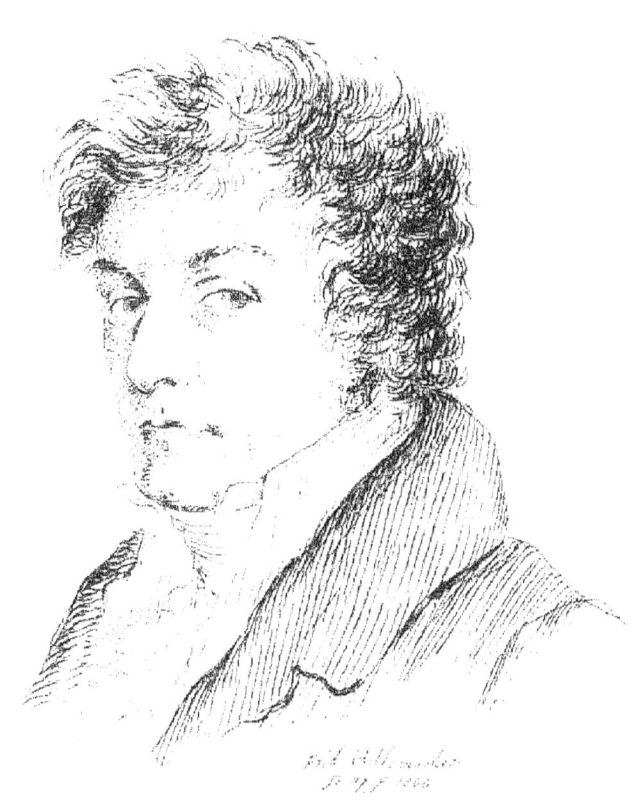

DE VIGNY
Comédie-françoise
1808 - 1830

AUGUSTIN GERVAIS LE CHAUVE

dit DE VIGNY.

1808 — 1830

AUGUSTIN LE CHAUVE naquit à Paris le 25 décembre 1761. Il étoit fils d'un honorable procureur au Châtelet. A l'âge de dix-huit ans, après ſes études terminées, il entra, comme employé de la comptabilité, dans les bureaux de ſon oncle maternel, M. de Neuilly, fermier-général. Privé,

---

Extrait des regiſtres de la paroiſſe Saint-Côme, à Paris : « L'an mil ſept cent ſoixante & un, le vingt-ſix de décembre, a été nommé AUGUSTIN-GERVAIS, né d'hyer, fils de ANNE-GERVAIS LE CHAUVE, procureur au Châtelet, & de dame CATHERINE-VICTOIRE MAUBERT DE NEUILLY, ſon épouſe, &c., demeurant rue du Paon, &c.

par les événements de la Révolution, de fes moyens d'exiftence & de la carrière qui s'étoit ouverte devant lui fous les meilleurs aufpices, il prit le parti du théâtre, & débuta, à l'âge de vingt-neuf ans, à la Comédie-Françoife par le rôle de Dorante, du *Menteur*. Il ne réuffit pas. Succeffivement il joua Valère, de l'*Ecole des Maris*; Almaviva, du *Barbier de Séville*; Damon, de l'*Impatient* (1), & Clarendon, d'*Eugénie*, toujours avec une grande médiocrité. En 1791, il paffa au théâtre Feydeau; mais il ne fit qu'une affez courte apparition au milieu des comédiens fciffionnaires, puifqu'à la fin de l'année il étoit allé tenir l'emploi des *amoureux* au théâtre de la République; il s'y fit remarquer dans le rôle de Luffan, de la *Belle Fermière*, ainfi que dans le *Sot orgueilleux, ou l'Ecole des Eleclions* (2).

Le 3 novembre 1792, De Vigny devint l'un des propriétaires de cette entreprife théâtrale (3), de concert avec Dugazon, Talma, Grand-Mefnil, Michot, Baptifte cadet & Defrozières. Il refta membre de cette affociation jufqu'au moment où, profitant de la faculté donnée par l'acte de fociété du 23 novembre 1793, il la quitta pour fe réunir à une fraction de l'ancienne Comédie-Françoife, raffemblée par les foins de Mlle de Rau-

---

(1) Jolie comédie en un acte & en profe, de Lantier, repréfentée le 3 feptembre 1778.

(2) Comédie en cinq actes & en vers, de Fabre d'Eglantine, repréfentée avant la fin de l'année théâtrale 1791.

(3) Vente faite fous feing-privé, & ratifiée par acte du 15 janvier 1793, reçu par Me Rouen & fon confrère, notaires.

(*Arch. de l'Emp.*)

court, & dont faifoient partie Saint-Prix, Saint-Fal, Vanhove, La Rochelle, Naudet, Mlles Fleury, Mézeray, &c.

Ce troifième théâtre ayant été fermé par ordre du Directoire exécutif (nous avons fait connoître précédemment la caufe de cette brufque fuppreffion), De Vigny, jouet des événements, revint fur la fcène du faubourg Saint-Germain, devenue depuis l'Odéon, où fes camarades fe réunirent fous la direction d'un nommé Leclerc, à laquelle fuccéda bientôt celle de Sageret. Il y joua les comiques, *plaifanterie à part*, comme avoit dit jadis Préville en parlant de Dazincourt; car la critique lui reprochoit de remplacer la gaîté abfente par des charges outrées & de mauvais goût. Il refta dans cette fociété jufqu'au moment où, privés de leur dernier afile par l'incendie qui confuma la falle de l'Odéon, le 18 mars 1799, les malheureux comédiens fe virent réduits à errer de théâtre en théâtre, donnant fur chacun un certain nombre de repréfentations. La rentrée de Mlle de Raucourt à la Comédie-Françoife, qui eut lieu le 1er octobre 1800, mit fin à cette affociation.

Picard ayant pris alors la direction du théâtre Louvois, qui rouvrit fes portes le 6 mai 1801, affocia fon camarade De Vigny à fa fortune; & l'on peut dire avec certitude que celui-ci devint la cheville ouvrière de cette entreprife, où fon zèle fuffifoit à tout: jouant les *jeunes premiers*, les *comiques*, les *premiers rôles* & au befoin les *pères nobles*, il rendit les fervices les plus fignalés au répertoire. Il créa avec bonheur les rôles fort oppofés de Marcellin dans les *Marionnettes;* de Durival dans *Médiocre & rampant;* de M. Mufard dans la jolie pièce de ce nom. Intelligence, aifance, habitude de la fcène, il avoit acquis à un degré remarquable ces diverfes qualités.

Toutefois, lorfque plus tard il revint à la Comédie-Françoife, théâtre de fes premiers effais, il s'y heurta contre la néceffité de fe reftreindre à un emploi déterminé, & contre la févérité des traditions claffiques, qui avoient ceffé de lui être familières. Grand-Mefnil fe faifoit vieux; Caumont, digne d'être nommé après ce grand comédien, étoit, bien que plus jeune, atteint d'infirmités qui rendoient fa retraite imminente. La tâche de leur fucceffeur devenoit donc lourde, & d'autant plus ardue qu'il étoit lui-même parvenu à un âge où il eft difficile d'acquérir.

Le 10 octobre 1808, De Vigny débuta par le rôle de Lifimon dans le *Glorieux,* qui exige beaucoup de rondeur, de la franchife, une gaîté foutenue & communicative. Cette première épreuve ne fut point brillante; il joua fagement, fans doute; mais fi, dans le monde, fageffe eft vertu, au théâtre elle reffemble trop à de la froideur. Le 12, il prit fa revanche dans le rôle de Francaleu, de la *Métromanie,* qui refta toujours fon meilleur perfonnage dans l'ancien répertoire, bien qu'il s'y montrât à une diftance énorme de Grand-Mefnil. Il rendit également avec fuccès celui de Rémi dans les *Fauffes Confidences,* où il reparut les 17 & 24 du même mois. Dans l'intervalle, il avoit continué, le 15, ses débuts par le rôle d'Orgon, dans le *Tartuffe*. Le 21, il rejoua Francaleu, & remplit pour la première fois le rôle de Géronte dans le *Bourru bienfaisant*. Le 3 novembre, il joua Géronte, du *Philosophe marié*; le 12, Chrysale, des *Femmes savantes*, & il termina ses débuts, le 14, par le rôle d'Orgon & par celui de Géronte dans la comédie de Goldoni. Le 9 du même mois, il fut admis à l'essai, aux appointements de 3,000 fr.

On le jugea, généralement, bien inférieur à ses devanciers, & peu capable de consoler de leur perte prochaine. La façon plus que médiocre dont il s'acquitta du premier rôle important qu'il ait eu à établir depuis son admission, celui de Dervières dans les *Deux Gendres* (11 août 1810), ne contribua pas précisément à le relever dans l'estime des connoisseurs. Cependant, si cet acteur ne sembla pas leur offrir la réunion des qualités requises pour faire un bon *financier*, ils lui reconnurent, du moins, un zèle à toute épreuve & une louable ardeur à chercher le mieux. Ses efforts vers ce but étoient manifestes, & s'ils ne furent pas toujours également heureux, le public éclairé lui tint compte de son bon vouloir, & finit même par le voir avec plaisir, sans que, toutefois, il lui ait jamais fait cet accueil chaleureux qui est la pierre de touche de la popularité du comédien.

Le jeu de De Vigny ne manquoit pourtant ni de naturel ni de vérité; mais il étoit dépourvu d'originalité. Un certain embarras dans la prononciation, surtout dans les dernières années, étoit défavorable à son débit.

Grâce aux circonstances qui lui vinrent on ne peut mieux en aide, De Vigny ne fit pas un long noviciat. En avril 1810, il avoit eu promesse de réception pour l'année suivante ; & il fut, en effet, nommé sociétaire le 1er avril 1811, avec attribution d'un quart de part seulement, comme double de Grand-Mesnil, & sous la réserve de se voir assigner plus tard la place qu'il devoit occuper (4).

(4) Le 12 décembre 1816, De Vigny adressa au Comité d'administration une demande tendant à ce que les neuf années 1791 à 1799, pendant lesquelles il avoit fait partie, tant du théâtre de la *République* que de plusieurs sociétés se composant de fractions de l'ancienne Comédie-Françoise, lui fussent comptées à l'époque de sa retraite.

Pièces à l'appui :

De Vigny a débuté avec succès, en 1790, au théâtre du faubourg Saint-Germain ; en 1791, il est entré au théâtre de la République ; le 25 décembre 1796, il le quitta pour entrer au théâtre de la rue de Louvois. Lors de la fermeture de cette salle, le 10 septembre 1797, il passa à celui de l'Odéon, sous la direction de M. Leclerc, ensuite sous celle de M. Sageret. L'insolvabilité de ce dernier entrepreneur réunit les acteurs ci-dessous nommés, Saint-Prix, Saint-Fal, Vanhove, La Rochelle, Naudet, Dupont, Mmes Fleury & Mézeray en société, jusqu'au moment où, privés de leur asile par l'incendie du 28 ventôse an VII, ils se trouvèrent réduits à errer de théâtre en théâtre.

Tous ces faits étant reconnus véritables,

Le Comité reconnoît que ces dites neuf années devront être comptées à M. De Vigny au moment de sa retraite, & réunies, pour faire la quotité de pension à laquelle il aura droit alors, aux années qui se seront écoulées depuis son deuxième début au Théâtre François, qui a eu lieu le 10 octobre 1810.

Les Membres du Comité,

Signé : FLEURY, THÉNARD mère, MARS, ARMAND, LAFON, LACAVE.

(*Arch. de l'Emp.*)

Le fâcheux état de sa santé, & l'âge, dont sa mémoire ressentait la triste influence, lui imposoient la loi de renoncer à la scène. Le 4 mars 1829 eut lieu la représentation à son bénéfice, qui produisit 7,300 fr. de recette. Elle étoit composée de *Henri III*, alors dans sa nouveauté, & du *Malade imaginaire*, où le pauvre De Vigny, bien que paralysé, voulut remplir le rôle d'Argan. L'année suivante, au 1er avril, vit la retraite de ce comédien qui laissa à la scène le renom d'un talent honnête, & dans le commerce privé le souvenir d'un caractère honorable. Membre, pendant plusieurs années, du Comité administratif de la Comédie-Françoise, il le présida plus d'une fois, en l'absence du Commissaire royal, & initié de bonne heure, par sa première éducation, à la connoissance des lois & au maniement des affaires, il se livra à des travaux importants pour l'amélioration du sort de ses co-sociétaires, dont il ne cessa de posséder & de justifier la confiance.

De Vigny s'étoit marié le 31 mars 1800, avec Antoinette-Marie-Victoire-Emilie Maubert de Neuilly (5), sa cousine germaine. Après sa retraite du théâtre, il alla habiter avec sa femme une jolie propriété patrimoniale dans le Loiret, auprès de Jargeau. Mais, accablé sous le poids des infirmités les plus douloureuses, il n'y jouit pas longtemps d'un repos qu'il avoit bien mérité, & succomba le 12 août de cette même année 1830.

---

(5) M. de Neuilly, inspecteur des douanes, sous le premier Empire, & homme fort considéré, étoit son proche parent.

Rôles créés par De Vigny.

1808	Joffelin.	*La Réconciliation*, de *** (Mlle Candeille).
1809	Dubreüil.	*Les Capitulations de confcience*, de *** (Picard).
«	Frédéric	*La Revanche*, de Roger & C. de Leffer.
1810	Dervière.	*Les Deux Gendres*, d'Etienne.
1811	Courchamps . . .	*Un Lendemain de Fortune*, de Picard.
1816	Daricour.	*La Comédienne*, d'Andrieux.
«	Gervais	*La Fête d'Henri IV*, de Rougemont.
«	L'Alcade	*Les Deux Seigneurs*, de *** (Planard).
1817	Montledoux . . .	*Le Faux Bonhomme*, de N. Lemercier.
1818	Lercour	*L'Ami Clermont*, de Marfollier.
«	Le chev. Fiorelli .	*La Fille d'honneur*, d'A. Duval.
1819	Trigoville	*Orgueil & Vanité*, de *** (Souques).
1820	Dubuiffon	*Le Folliculaire*, de De la Ville.
1821	Renard.	*Les Plaideurs fans Procès*, d'Etienne.
1822	La Thorillière . .	*Le Ménage de Molière*, de Genfoul & A. Naudet.
«	Le Mis de Senantes.	*Une Aventure de Grammont*, de *** (Mme S. Gay).
1823	Duval père. . . .	*L'Education*, de C. Bonjour.
«	Jean	*Le Laboureur*, de Théaulon, Dubois & Rancé.
«	Merteuil	*L'Auteur malgré lui*, de St-Rémy (M. de Méru).
«	Bonnard	*L'Ecole des Vieillards*, de C. Delavigne.
«	Le Comte	*La Route de Bordeaux*, de Défaug. & Mufnier.
1824	Durville	*Le Méchant malgré lui*, de Du Merfan.
«	Michau.	*La Saint-Louis à Sainte Pélagie*, de Lafite.
«	Melval	*Le Tardif*, de J. Genfoul.
1825	Thomas	*Le Château & la Ferme*, de Théaul. & Dup. p. & f.
«	Préval	*Le Roman*, de De la Ville.
«	Michaud	*Le Béarnais*, de Fulg. (de Bury), Led. & Ramon.
1826	Marcel	*L'Agiotage*, de Picard & Empis.

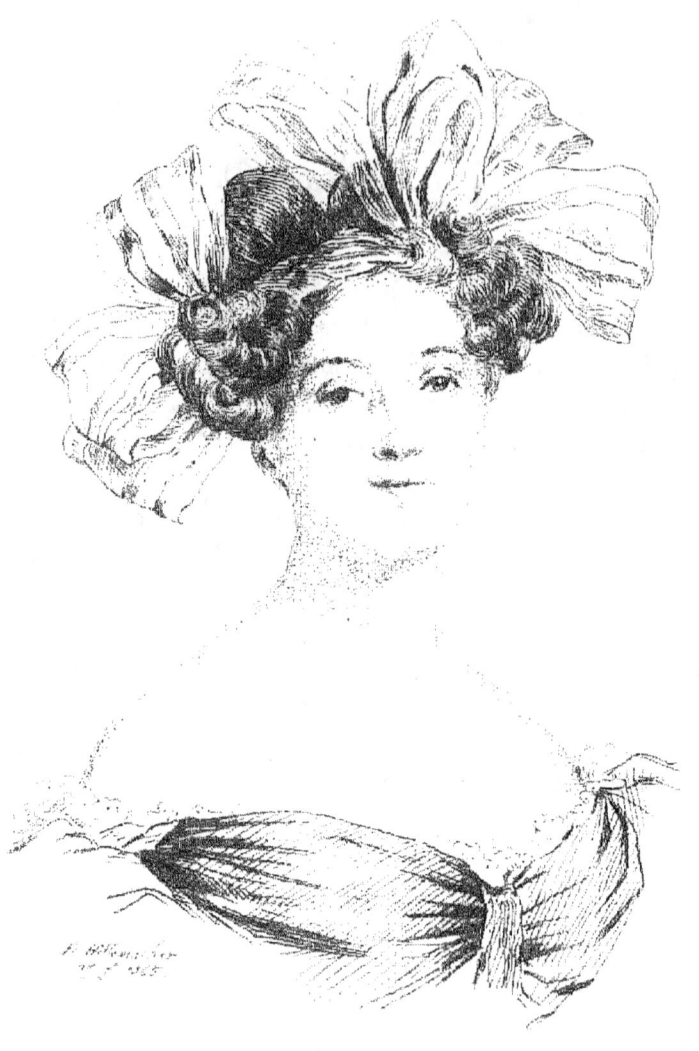

MADEMOISELLE DUPONT
Comédie-française
1810 - 1840

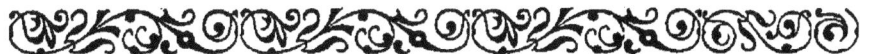

CHARLOTTE-LOUISE-VALENTINE ROUGEAULT DE LA FOSSE

dite MADEMOISELLE DUPONT

1810 — 1840.

C'EST par circonftance fortuite que Mlle De La Foffe, qui n'étoit point deftinée au théâtre, devint actrice. Sa mère, dont le mari étoit depuis longtemps entrepofeur des tabacs à Valen-

---

Extrait des actes de l'Eglife Saint-Géry, à Valenciennes : « L'an mil fept cent quatre-vingt-onze, le trente-&-un may, fut par maître Goffeau, curé, baptifée CHARLOTTE-LOUISE-VALENTINE, née le même jour à cinq heures du matin, fille légitime du fieur CLAUDE ROUGEAULT DE LA FOSSE, entrepofeur de la ferme des tabacs, & de demoifelle MAGDELEINE-FRANÇOISE-VALENTINE DUPOUX, native de Sébourg. Fut parrain : LOUIS-FRANÇOIS CAZIN, chirurgien major du régiment Royal-Suédois; marraine : JEANNE-CHARLOTTE GEOFFROY. »

ciennes, étant devenue veuve, abandonna le séjour de cette ville pour celui de Paris. Elle eut plusieurs fois l'occasion de se rencontrer avec Dupont (1), acteur de la Comédie-Françoise, que le rôle d'Abel dans la tragédie de Legouvé avoit fait connoître avantageusement. Une sorte d'intimité naquit de ces relations, & décida de l'avenir de sa jeune fille, dont Dupont se constitua le professeur jusqu'au moment où il la jugea en état de paroitre sur la scène. Mlle Dupont (elle avoit adopté le nom de son maître) s'y montra pour la première fois le 15 mai 1810, dans les rôles de Finette, du *Dissipateur*, & de Lisette, des *Folies amoureuses*. Son aspect disposa tout d'abord favorablement les spectateurs; c'étoit à cette époque une brune piquante, au minois provoquant, à l'œil vif & décidé, trop décidé peut-être pour son âge, car elle n'avoit pas encore accompli sa dix-huitième année. On démêla chez elle le germe de quelques-unes des qualités propres à l'emploi des soubrettes, mais d'un autre côté on fut frappé de l'absence d'autres non moins nécessaires. Dépourvue d'expérience, elle cherchoit, dans une rapidité de débit qui rendoit parfois sa diction inintelligible, des effets factices qui n'étoient point de bon aloi. En définitive on trouva que la débutante se donnoit trop d'agitation. Ce n'étoit pas de la verve; c'étoit du bruit,

(1) Jean-Denis-Benoît Dupont, né à Paris en 1768. Entré à la Comédie-Françoise en 1791, & reçu Sociétaire l'année suivante, il fut congédié en 1802. Il est mort à Morsang, près de Corbeil, le 18 mai 1856, à l'âge de quatre-vingt-huit ans.

du mouvement ; c'étoit le désir d'aller plutôt vite que bien en besogne. Cependant, pour éviter de porter, dès le premier soir, un arrêt trop hâtif, la saine portion du public qui tient à apprécier avec connoissance de cause, & sans se passionner, résolut d'attendre de nouvelles épreuves avant de se prononcer.

Le 17, Mˡˡᵉ Dupont continua ses débuts dans *Tartuffe* par le rôle de Dorine, & dans l'*Epreuve nouvelle* par celui de Lisette. Dans la première pièce, son infériorité ressortit d'une manière évidente.

Les rôles de Rosette dans la *Coquette corrigée*, & de Marton dans l'*Ecole des Bourgeois*, qu'elle remplit le 19, ne lui réussirent guère mieux. Le 24, elle joua Lisette, de la *Métromanie*, & reparut trois jours après dans le personnage de Dorine, où l'on put s'apercevoir qu'elle avoit mis à profit les critiques dont son jeu avoit été l'objet. Malheureusement, le Théodore des *Deux Pages*, qu'elle représenta dans la même soirée, & où elle montra une grande absence de tact & de convenance, vint gâter cette impression.

Le 28, on la revit dans le *Dissipateur*. Enfin, après avoir parcouru de nouveau la plupart de ces rôles, elle termina ses débuts le 16 juin. Toutes ces expériences successives avoient mis en relief, chez Mˡˡᵉ Dupont, les défauts que nous avons signalés, & dont elle eut la plus grande peine à se corriger. On lui reprochoit aussi un abus de minauderies d'autant plus condamnables que la nature de ses rôles ne les comportoit pas. Mais, comme cette jeune actrice payoit de sa personne, &

que parmi les spectateurs il s'en trouvoit bon nombre qui applaudissoient plutôt les charmes qu'elle possédoit que le talent qu'elle n'avoit pas encore, il ne tint qu'à la débutante de croire à un succès bien constaté.

Quoi qu'il en soit, grâce à l'influence de certaines personnes (2) qui lui portoient de l'intérêt, on l'admit à l'essai, aux appointements de 2,400 fr. (3). Mais, à partir de ce jour, sa position devint tout-à-fait passive, & bientôt les débuts brillants de Mlle de Merson, qui eurent lieu moins d'un mois après les siens, & dont le succès étoit justifié par un talent réel, la reléguèrent dans l'ombre.

Si Mlle Dupont, au lieu de se décourager & de s'irriter, avoit alors prêté l'oreille aux prudents conseils de ses amis, elle auroit pris résolument son parti de cet échec & seroit allée former son jeu par l'étude dans quelque ville de département où elle auroit encore trouvé les traditions & le goût de la bonne comédie, pour ne rapporter à Paris qu'un talent mûri par l'expérience. Elle n'en fit rien : aussi, qu'advint-il ? Il advint que le public, déshabitué de la voir, ne l'accueillit plus qu'avec un déplaisir marqué lorsqu'il lui arrivoit par hasard de remplacer une de ces actrices aimées dans l'emploi des *soubrettes*.

Fatiguée d'une position fausse & si pénible pour elle,

---

(2) Esménard, qui étoit alors chef de la division des théâtres au ministère de la Police, fut particulièrement d'un grand secours à Mlle Dupont dans cette circonstance.

(3) En avril 1812, il lui fut accordé une insignifiante augmentation de 400 fr.

Mlle Dupont eut une idée très-singulière : celle de jeter par-dessus les moulins la cornette & le bavolet de Lisette, & de se lancer dans les *premiers rôles tragiques*. En effet, le 7 mars 1811, elle parut dans ce nouvel emploi, par le rôle de Didon. Cet essai, qui fut unique, & pour bonne raison, n'ayant pas amené le résultat qu'elle espéroit & qu'avoient attendu ses amis, elle s'empressa de reprendre le tablier. Cependant sa rivale, qui la distançoit de toute façon, ayant été promue sociétaire le 1er avril 1813, Mlle Dupont réclama contre une nomination qui lui sembloit attentatoire à son droit d'ancienneté. Mais cette prétention fut encore écartée par un Mémoire en date du 14 novembre 1814, que le Comité d'administration soumit aux Supérieurs de la Comédie, & qui est signé de tous ses membres (4).

Il résulte surabondamment de ce qui précède, qu'à

---

(4) Nous extrayons de cette pièce les passages suivants :

« ... Loin d'être utile à la Société, la réception de Mlle Dupont lui feroit, au contraire, extrêmement nuisible... Le succès de Mlle Dupont a été si peu marquant, qu'elle a jugé convenable de s'essayer dans un genre autre, & qu'elle a commencé un début tragique, le 7 mars 1811. Il est vrai que cette tentative a été encore plus infructueuse pour Mlle Dupont, & elle l'a si bien senti qu'elle s'en est tenue au seul rôle de Didon.

« Renonçant alors aux *princesses tragiques*, elle s'est empressée de jouer de nouveau les *soubrettes* ; le Comité n'a pas besoin de dire avec quel succès ! Il est suffisamment constaté par la délibération du 20 avril 1813.

« Le Comité arrête que Mlle Dupont cessera d'être attachée au Théâtre-François, à partir du 1er avril 1814.

Signé : BERNARD, Comm. Imp. ; FLEURY, St-PRIX, TALMA, MICHOT, DESPREZ, LACAVE. »

(Arch. de l'Emp.)

tort ou à raison Mlle Dupont n'étoit pas vue avec faveur dans la maison de Molière, & il n'a pas dépendu du mauvais vouloir dont on y étoit animé à son égard, qu'elle ne se vît contrainte d'abandonner la place. Elle tint bon pourtant, n'opposant que la force d'inertie au sort qui lui étoit contraire. Enfin, après un noviciat long & pénible, elle fut nommée sociétaire, le 12 août 1815, à deux huitièmes de part.

Pour être impartial sur le compte de cette actrice, il faut bien reconnoître que, si elle ne réforma que lentement & imparfaitement les défauts qui lui étoient reprochés, on doit l'attribuer en partie au manque d'occasions de se produire. Ses rares apparitions sur la scène pendant cinq ans qu'elle resta pensionnaire en firent cinq années perdues pour le travail; car on n'ignore pas que les meilleurs principes théoriques sont à peu près stériles lorsqu'ils ne trouvent pas leur application dans la pratique.

En changeant de position, Mlle Dupont conquit, il est vrai, un peu plus de liberté dans ses allures, puisque, par suite de la retraite de Mlles Devienne & E. Contat, elle n'étoit plus primée que par Mlle De Merson. Mais la meilleure entente ne régnoit pas entre ces deux actrices. Ce ne fut qu'à l'époque où le fâcheux état de sa santé força celle-ci de quitter prématurément le théâtre, que Mlle Dupont hérita, à son tour, de l'emploi en chef & *sans partage*. C'est à dessein que nous appuyons sur le mot; car, oubliant ce qu'elle-même avoit eu à souffrir dans le passé, la nouvelle sociétaire mérita à son tour le reproche de peser tyranniquement sur toutes les prétendantes aux rôles de *soubrettes*.

Mlle Dupont étoit donc placée dans des conditions peu favorables pour se concilier la sympathie du public; toutefois l'expérience de la scène, les exemples dont elle étoit entourée & le piquant de sa physionomie en firent, sinon une comédienne hors ligne, du moins une actrice agréable, qui tint sa place dans les rôles qui cadroient avec la nature de son talent ; mieux de mise, toutefois, dans les *Suivantes* de Marivaux, que dans les servantes de Molière, parce que ces dernières sont la nature prise sur le fait & que les premières appartiennent à un genre de convention.

Peu de rôles saillants ont été créés par Mlle Dupont. Parmi ceux du répertoire moderne, on cite Florine, dans l'*Education*, & Mme Lambert, dans les *Droits de la Femme*. Dans l'ancien répertoire, elle reprit avec succès, après Mlle Mars, le rôle de Julie, dans la *Femme juge & partie*, retouchée par O. Leroy (5).

Jeune encore pour la scène, où elle auroit pu continuer à rendre de bons offices, Mlle Dupont reçut inopinément son congé pour le 1er avril 1840. Il semble que la Comédie-Françoise, dans les conditions fâcheuses où elle se trouvoit alors, ne fit pas acte de bonne administration en délaissant de la sorte le seul sujet en état de tenir le répertoire de son emploi. Notre soubrette ne se résigna pas complaisamment à cette brus-

(5) Cette comédie de Montfleury, réduite à trois actes, fut remise au théâtre avec succès, le 8 mars 1821.

que mife à la retraite, & demanda avec inftance à prolonger fon fervice auprès de dame Elmire & du bonhomme Chryfale ; ou, pour parler fans figure, elle ne ceffa de fatiguer de fes doléances la Direction des Beaux-Arts & le Miniftre lui-même, que lorfqu'il lui fut démontré qu'il n'y avoit pas à efpérer de voir revenir fur cette décifion. Elle s'occupa dès lors de la repréfentation qui devoit avoir lieu à fon bénéfice, & qui fut donnée le 20 mai fuivant. Cette repréfentation fe compofa de la tragédie de *Polyeucte*, d'un *Intermède muſical* & du *Tartuffe*, & produifit une recette de 12,000 fr.

Déformais libre de fes actions, Mlle Dupont contracta un engagement de plufieurs années avec le théâtre françois de Saint-Pétersbourg, & arriva dans cette ville le 12 octobre 1841. De pénibles déceptions l'y attendoient ; car elle y rencontra la concurrence de femmes dont la jeuneffe & la beauté étoient de puiffantes recommandations auprès du public ruffe ; tandis que la foubrette émérite avoit dépaffé l'âge heureux où l'on peut afpirer à de pareils fuccès. Bref, fon talent fut fi mal apprécié dans la cité des Czars, qu'à l'expiration de la première année elle réfilia fon contrat pour revenir en France. Quelques mois après, elle partit pour l'Italie, avec une compagnie de comédiens françois. Cette entreprife ne profpéra pas, & enfin, inftruite par l'expérience, Mlle Dupont jugea à propos de renoncer à cette vie aventureufe pour fe fixer à Paris, où, grâce à fa penfion de retraite dont le chiffre dépaffoit 7,000 francs, elle vécut à l'abri du befoin. Elle étoit, d'ailleurs, très-recherchée dans les réunions du monde, où son talent pour dire les vers l'avoit mise à la mode, & mena de la sorte une existence fort douce, que la mort est venue interrompre, après une courte maladie, le 25 octobre 1864.

Mlle Dupont étoit âgée de soixante-treize ans, cinq mois & quelques jours.

Rôles créés par Mlle Dupont.

1816	Sophie........	*La Fête d'Henri IV*, de Rougemont.
1819	Rosine........	*Orgueil & Vanité*, de Souques.
1820	Finette........	*Le Flatteur*, de Gosse.
1821	Béatrix........	*La Femme juge & partie*, arrang. par O. Leroy.
«	Une jeune Femme	*Jeanne d'Albret*, de Carmouche, Rochef. & Th.
«	Mathurine.....	*L'Heureuse Rencontre*, de Planard.
1823	Florine........	*L'Education*, de C. Bonjour.
«	Enguerrand....	*Le Laboureur*, de D'Artois, Rancé & Théaulon.
«	Emma........	*La Route de Bordeaux*, de Déf., Gentil. & Gerf.
«	Zoé..........	*Le Mari à bonnes fortunes*, de C. Bonjour.
1824	Gaston........	*Une journ. de Charles V*, de Duport père & fils.
«	Marie.........	*L'Héritage*, d'E. Mennechet.
1825	Mme Dorfeuille..	*Le Roman*, de De La Ville de Mirmont.
«	Mme de Fortis...	*L'Auteur & l'Avocat*, de P. Duport.
1826	Raymond.....	*Une Aventure sous Charles V*, de Lafite.
1827	Eléonore......	*Louis XI à Péronne*, de Mély-Janin.
1828	Juliette.......	*Chacun de son côté*, de Mazères.
«	Agathe........	*Jamais à propos*, de *** (Empis & Picard).
1830	Jenny........	*Les Trois jours d'un grand peuple*, de L. Halévy.

1831 Thérèfe . . . . . Naiffance, Fortune & Mérite, de C. Bonjour.
« Mme Florent . . . Les Rendez-vous, d'A. de Longpré.
« Mme Delmar . . . L'Efpion du Mari, de De Comber. & Fulgence.
« Mme Robert. . . . Les Préventions, de D'Epagny & Dupin.
« Mme Jordan. . . . La Reine d'Efpagne, de De La Touche.
« La Fortune. . . . Joffelin & Guillemette, de D'Epagny.
« Mme St-Vallier . . La Fuite de Law, de Mennechet.
1832 Marthe. . . . . . Louis XI, de C. Delavigne.
« Mme Dermilly. . . Clotilde, de F. Soulié.
« Maguelone. . . . Le Roi s'amufe, de V. Hugo.
1833 Catherine . . . . Le Presbytère, de C. Bonjour.
« Mme Delaunay . . La Confpir. de Cellamare, de St-Efteben & d'Ep.
« Suzanne . . . . . La Mort de Figaro, de Rofier.
1834 Alexandrine . . . Une Liaifon, d'Empis & Mazères.
1835 Elife . . . . Les Deux Mahométans, de La Verpillière.
1836 Henriette . . . . Lord Novart, d'Empis.
« Séraphine . . . . Un procès criminel, de Rofier.
« La Maréchale. . . Un Maréchal de l'Empire, de Merville.
1837 Mme Lambert. . . Les Droits de la Femme, de T. Muret.
« Julienne . . . . . Claire, de Rofier.
« Mme Gertin. . . . Les Indépendants, de Scribe.
1838 Mme de Moniftrol . Ifabelle, de Mme Ancelot.
1839 Mme Bouvard. . . Le Comité de Bienfaif., de Duv. & J. de Wailly.
« Frofine. . . . . . Les Serments, de Viennet.
« Mariette . . . . . Mlle de Bellifle, d'A. Dumas.
« Mme Palivert . . . Le Sufceptible, d'A. de Beauplan.

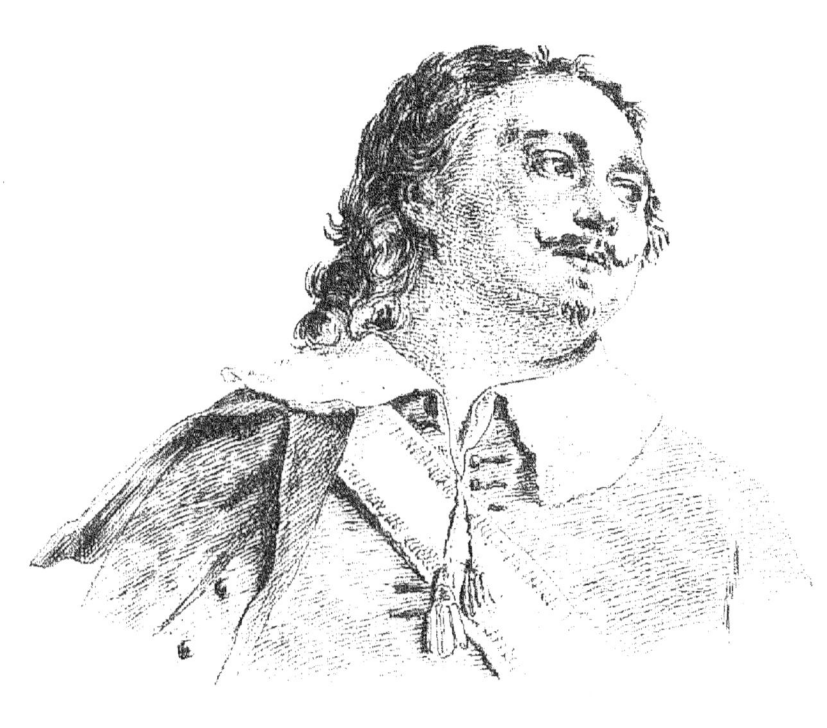

CARTIGNY
Comédie-françoise
1811 - 1831

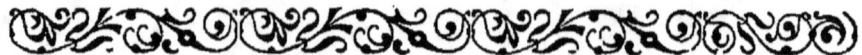

CLAUDE-CHARLES

CARTIGNY

1811 — 1831

ARTIGNY, né à Dieppe dans une famille d'artifans, connut l'infortune prefque en venant au monde. Peu de jours avant fa naiffance, fon père mourut affaffiné, laiffant après lui une veuve jeune, chargée de famille & fans autre reffource que le travail de fes mains. Le petit Charles fut placé en apprentiffage chez un menuifier du voifinage ; mais comme à l'âge de douze ans il vint à perdre fa

---

Extrait des regiftres de la paroiffe Saint-Remy, à Dieppe : « Le fix octobre mil fept cent quatre-vingt-deux, eft né CLAUDE-CHARLES CARTIGNY, fils en légitime mariage de feu PIERRE-CHARLES CARTIGNY, vivant menuifier, décédé, & de MARGUERITE POUPINEL. »

mère, son maître ne voulut plus le garder & le mit inhumainement hors de chez lui. Le pauvre orphelin, désormais sans appui & livré à lui-même, obligé de lutter contre la misère, devint tour à tour manœuvre, maçon, commissionnaire, voire même ramoneur ! Enfin rebuté de ces tristes métiers où il gagnoit à peine sa subsistance, il s'engagea volontairement à l'âge de dix-sept ans, & comme il avoit de l'ardeur, le cœur chaud, & qu'il étoit doué d'un caractère heureux, ce qui ne gâtoit rien, il fut distingué par ses chefs & désigné, en 1807, pour faire partie, avec le grade de sous-lieutenant, d'un corps spécialement affecté à la garde du nouveau roi de Westphalie, Jérôme Bonaparte (1).

Peut-être le futur *Crispin* de la Comédie-Françoise auroit-il fait un chemin rapide dans la carrière militaire, à une époque où tout étoit possible à ceux chez qui la valeur n'attendoit pas le nombre des années, si, peu de mois après, il n'avoit dû y renoncer dans une circonstance où ses sentiments d'humanité blessoient tant soit peu les règles sévères de la discipline. Voici en quelle occasion. Pendant la guerre d'Espagne, Cartigny se trouvant à Madrid, reçut l'ordre de se mettre à la tête d'un détachement pour aller s'emparer du curé

---

(1) *Royaume de Westphalie.* Min. de la guerre, 1ʳᵉ div., 1ᵉʳ bur., caval. n° 419.
Ordre.
« Il est ordonné au sieur Cartigny (Charles), sous-lieutenant au 1ᵉʳ régiment de chevau-légers, de se présenter au capitaine du Bois de Luchet, commandant le dépôt réuni à Cassel. Il sera sous ses ordres, comme faisant partie dudit dépôt. Cassel, le 18 septembre 1809. »

du petit village de Santivanez, aux environs de Burgos, & le faire pendre immédiatement. Le jeune officier ne pouvoit se refuser à cette mission, quelque pénible qu'elle fût. Arrivé à sa destination, il se fit conduire au presbytère où il trouva le bonhomme à table. Celui-ci accueillit l'officier françois de la manière la plus franche, & l'invita cordialement à partager son frugal repas, & le vin tout frais qu'il alloit faire monter de sa cave.

Il devenoit assez difficile de dire à un hôte aussi bienveillant qu'on étoit venu, non pour lui faire raison le verre à la main, mais pour le hisser à une potence. La question se présentoit sous un jour délicat, & notre sous-lieutenant, toute réflexion faite, n'y trouva qu'une solution convenable. « Sauvez-vous, monsieur le Curé, sauvez-vous sans retard, lui dit-il. Je ne puis m'expliquer plus longuement pour reconnoître votre hospitalité; mais, si vous tenez à la vie, hâtez-vous de fuir! »

Le pauvre curé ne se le fit pas dire deux fois, & laissant là le dîner, les flacons, le presbytère & sa servante ahurie, il s'esquiva précipitamment par le jardin pour demander un refuge aux montagnes.

Son expédition terminée de la sorte, Cartigny reprit le chemin du quartier-général, pour venir rendre compte de sa mission, comme il le devoit, au général en chef. Lorsque celui-ci lui demanda ce qu'il avoit fait du curé, il hésita, balbutia; mais, ne pouvant se résoudre à mentir, il confessa son infraction aux ordres qu'il avoit reçus.

« Monsieur Cartigny, lui dit sévèrement le général, vous mériteriez d'être fusillé ; je vous pardonne, cependant. Mais comme il faut dans l'état militaire plus de soumission que de philanthropie, je vous engage à abandonner la carrière des armes. »

Le jeune sous-lieutenant n'ayant rien de mieux à faire que de déférer à cet avis, adressa à qui de droit, peu de jours après, sa démission, qui fut acceptée.

Rentré en France & voyant sa carrière brisée, il dut songer à se créer d'autres ressources. Il falloit vivre, & c'est alors qu'il songea à prendre le parti de la comédie. Il parcourut pendant quelques mois les départements, avec des troupes ambulantes, où il chanta l'opéra-comique. Puis il revint à Paris frapper à la porte de plusieurs théâtres : aucune ne s'ouvrit pour lui. Ce ne fut qu'à la suite de ces tentatives infructueuses que Saint-Fal, à qui il avoit été recommandé, lui suggéra l'idée de se présenter d'abord comme élève au Conservatoire, & de demander plus tard des débuts à la Comédie-Françoise. Il suivit ce conseil & s'en trouva bien. Baptiste aîné devint son professeur, &, grâce à son influence, Cartigny débutoit le 28 mai 1811 par les rôles d'Hector, dans le *Joueur*, & de Labranche, dans *Crispin rival de son maître*.

Voici en quels termes s'exprimoit l'aristarque du *Journal de l'Empire* : « Cartigny est un enfant gâté de la nature par la taille, la figure & l'organe... Si l'art & la culture perfectionnent d'aussi beaux dons, on doit attendre un acteur aussi accompli que l'humaine condition le permet. Dès à préfent, il a un excellent mafque, beaucoup d'aplomb, un jeu franc. On peut le croire deftiné à la *grande livrée*, par la manière dont il a joué Hector & Labranche. »

Le 1er juin 1811, il parut dans le rôle de Figaro, qui ne lui fut pas auffi favorable; il y manquoit de légèreté. Il prit, peu de jours après, une revanche complète dans Maître Jacques, de l'*Avare*. Dans le rôle de Lafleur, de la *Gageure imprévue*, qu'il joua le 12 du même mois, on lui reprocha de la froideur; mais ceux de Scapin, des *Fourberies*, & de Crifpin, du *Légataire univerfel*, le produifirent fous un jour avantageux, & l'on put conftater que fes progrès étoient affez fenfibles. Son talent encore brut, accufoit, il eft vrai, plus de verve que de fineffe. Il y avoit chez lui complète abfence de nuances; mais fon organe étoit mordant; il avoit le gefte facile, & fa diction nette, fa phyfionomie ouverte fembloient promettre pour l'avenir un comédien d'élite.

Reçu comme penfionnaire d'abord, peu de temps après fes débuts, & aux appointements de 2,000 fr., Cartigny fut admis dans la fociété le 1er avril 1814 (2). Malgré cette promotion, fa pofition étoit loin de lui

---

(2) « Art. 1er. A dater du 1er avril 1814, M. Cartigny fera porté fur le tableau des fociétaires, pour jouer l'emploi des comiques.

« Art. 2. Il fera ftatué fur la portion de part qui lui fera affignée, &, jufque-là, il continuera de jouir des mêmes appointements.

« Paris, ce 25 mars 1814.

« *Signé :* Cte DE REMUSAT. »
(*Arch. de l'Emp.*)

assurer, nous ne dirons pas un état brillant, mais la tranquillité si nécessaire aux artistes ; aussi ne cessoit-il de réclamer auprès de l'Autorité supérieure pour obtenir l'amélioration de son sort (3). Nul n'obtint cependant plus de faveurs : dans l'espace de huit ou dix ans, on lui accorda deux représentations à bénéfice à Versailles, une subvention très-forte, un congé annuel de deux mois, une place au Conservatoire.

Au mois d'août 1819, Cartigny demanda officiellement au Comité d'administration à passer de l'emploi des *comiques* à celui des *financiers*. Il lui fut répondu, le 2 septembre suivant, que sa demande étoit agréée ; mais que, dans son intérêt, aussi bien que dans celui de la Comédie, il avoit à faire neuf débuts réguliers, placés à telle époque qu'il jugeroit convenable. C'est

---

(3) « N'étendrez-vous pas jusqu'à moi (écrivoit-il au Premier gentilhomme de la Chambre, le 11 juin 1815) la protection que vous daignez accorder à tous les artistes? Je suis accablé de poursuites, de frais, souvent obligé de me cacher ; mes créanciers ne croient pas qu'au premier Théâtre de la capitale, après quatre années de services, on ne puisse faire honneur à ses engagements... Je ne rougis pas de vous le dire, je suis le seul soutien d'une nombreuse famille... Et comment puis-je lui venir en aide, puisque le mois dernier, retenues faites chez le caissier de la Comédie-Françoise, j'ai touché 119 fr. ? »

Chargé de faire un rapport sur cette demande, le Commissaire impérial, tout en rappelant que le Comité sollicite la réduction des parts à vingt-trois, comme cela étoit autrefois, déclare que, comme M. Cartigny n'est pas heureux, & que la promesse d'un huitième de part le tranquilliferoit & pourroit lui être utile auprès de ses créanciers, il propose de le lui accorder sur les deux parts qui seront vacantes au 1ᵉʳ avril prochain.

(*Arch. de l'Emp.*)

ce qu'il ne jugea pas à propos d'accepter, en se fondant sur ce que de pareilles épreuves lui paroissoient insolites pour un sociétaire ; & il sut faire valoir d'assez bonnes raisons pour y faire acquiescer le Comité (4). Toutefois, revenant sur ses intentions à cet égard, Cartigny déclara peu après qu'il renonçoit au bénéfice de l'autorisation qui lui étoit donnée, attendu que le mauvais état de la santé de Thénard, son chef d'emploi, & de Monrose, son double, lui faisoit considérer comme plus avantageux pour lui de conserver l'emploi des *comiques*.

Lors de la retraite de Michot, il n'en prit pas moins une partie de ses rôles, dans lesquels il devoit être d'autant mieux placé, qu'il avoit à cette époque contracté un certain embonpoint, fort bien approprié à ce genre de caractères. Parmi les personnages qu'il représentoit le mieux, nous citerons particulièrement Bernadille, de la *Femme juge & partie* ; le capitaine Copp, de la *Jeunesse d'Henri V* ; le marin, dans les *Deux Frères* ; & nous ajouterons que dans le *Bourgeois gentilhomme* il est resté, depuis Michot, le meilleur Jourdain qui

---

(4) Le Comité, après avoir ouï M. Cartigny, prit l'arrêté qui suit, à la majorité de cinq voix contre deux :

Au 1ᵉʳ avril prochain, M. Cartigny quittera totalement l'emploi des *comiques*, prendra celui des *financiers, manteaux & grimes*, pour le jouer dans son entier, y compris cinq des rôles de *paysans* qui en font partie, & le jouera comme double de M. De Vigny. Mais, avant que cette mesure soit soumise à M. le duc de Duras, M. Cartigny voudra bien y donner son consentement formel & par écrit.

Ce 23 décembre 1819.

(*Arch. de l'Emp.*)

s'y foit montré de nos jours. Le *Mercure galant* lui fournissoit aussi une occasion de se faire applaudir, principalement dans les rôles épisodiques du procureur Boniface & de l'abbé Beaugénie.

Le 30 mars 1825, Cartigny avoit été nommé professeur suppléant au Conservatoire, où du reste il n'exerça jamais ces fonctions en titre. Trois années après, il sollicita l'autorisation d'ouvrir une école dramatique, à laquelle fut affectée, par faveur spéciale, l'ancienne salle Louvois.

La Comédie-Françoise eut à supporter en 1830 le contre-coup des secousses politiques, comme d'autres établissements, & elle traversa même plus péniblement qu'eux les phases douloureuses de cette époque; car la disposition des esprits & les préoccupations politiques formoient une diversion préjudiciable aux nobles distractions de l'esprit. La vieille institution de Molière paroissoit ébranlée sur sa base séculaire; un malaise général s'étoit emparé des comédiens françois, & sembloit menacer leur société d'une dissolution prochaine. Cartigny, qui, dans des temps meilleurs, avoit prouvé peu de zèle & de dévouement en échange des avantages multipliés qui lui avoient été faits (5), se mon-

(5) Le 29 février 1820, le Comité avoit dû adresser un rapport à M. le duc de Duras, sur le peu de conscience que mettoit en général M. Cartigny dans l'accomplissement de ses devoirs, & sur l'inconvenance d'une lettre récente où il prévenoit que, pour une affaire personnelle, il suspendoit son service pendant quelques jours.

Sur une réprimande à lui adressée par le Sur-intendant, Cartigny avoit qualifié de *dénonciateurs* les signataires de ce rapport. Nouvelle

tra, dans ces jours difficiles, l'un des plus empreſſés à ſe ſéparer de ſes camarades. Il donna ſa démiſſion de ſociétaire, qui ne fut pas acceptée immédiatement; mais ſon inſiſtance devint ſi formelle qu'on fut obligé de céder. Il quitta la Comédie vers la fin de mai 1831 & alla donner des repréſentations au théâtre des Arts, à Rouen. Il parcourut enſuite le midi de la France, où le réſultat de ſes excurſions dramatiques fut bien loin, ſous le double rapport des avantages pécuniaires & des ſatisfactions de l'amour-propre, de répondre à ſon attente. Il paſſa alors en Belgique, où il prit, en 1832, la direction des théâtres de Bruxelles, qu'il conſerva pendant trois années. Cette entrepriſe ne proſpéra pas entre ſes mains. En 1840, il revint à Paris donner ſa repréſentation de retraite, où il reparut dans le rôle de Copp, de la *Jeuneſſe de Henri V;* puis il ſe rendit en Angleterre, & *l'impreſario* Mittchell lui céda l'adminiſ-tration du petit théâtre françois de Londres, qu'il dirigea avec aſſez de bonheur pendant une période de huit années, appelant à lui tous les acteurs françois de quelque mérite. Cartigny prit ſouvent une part active à leurs repréſentations, & ne dédaigna pas de jouer le vaudeville, genre dans lequel il obtenoit plus de ſuccès que dans la comédie. Les événements de 1848, qui eurent leur retentiſſement dans toute l'Europe, rui-

plainte de ceux-ci, qui, en repouſſant cette inculpation, avoient repréſenté au Supérieur de la Comédie qu'ils ne pouvoient adminiſtrer avec ſuc-cès, s'ils n'étoient ſoutenus par l'Autorité.

(*Arch. de l'Emp.*)

nèrent son entreprise, & le forcèrent de revenir en France, plus dénué de ressources qu'il ne l'avoit quittée, & hors d'état, par son âge, de reprendre sa carrière.

Dans les relations du monde, Cartigny apportoit des qualités recommandables. Ainsi que la plupart des gens à tête vive, il avoit le cœur bon, & nous avons eu l'occasion d'en fournir la preuve au début de cette notice. Il n'avoit pas reçu dans sa jeunesse les bienfaits de l'éducation, mais il savoit y suppléer par son intelligence naturelle; ainsi, rien dans sa conversation ne laissoit soupçonner l'insuffisance de ses commencements, & les langues allemande, anglaise, italienne & espagnole, qu'il avoit appris à parler couramment dans ses nombreuses pérégrinations, donnoient beaucoup de piquant à son commerce.

Comme comédien, Cartigny ne doit pas être mis au premier rang; car il fut loin de tenir au théâtre les brillantes promesses qu'avoient données ses débuts, & ne justifia pas constamment, par la suite, les éloges dont il avoit d'abord, à juste titre, été l'objet. Il étoit devenu lourd, & il avoit contracté la mauvaise habitude d'accompagner d'un rire approbatif chaque mot plaisant qui lui échappoit. La réception de Monrose, dont les débuts jetèrent tant d'éclat, au lieu de stimuler son zèle, avoit semblé le décourager; il avoit fini par se contenter de quelques succès de coulisses, qui nuisirent beaucoup à ceux qu'il auroit dû ambitionner sur la scène.

Une sœur de cet acteur avoit débuté, le 8 août 1814, quoique jeune encore, dans l'emploi des *duègnes*. Elle ne réussit pas.

Après avoir, dans les dernières années, habité Versailles pendant quelque temps, Cartigny se rapprocha de Paris & établit son domicile aux Ternes, où il est mort dans la médiocrité, le 12 juin 1852, à l'âge de soixante & dix ans.

Rôles créés par Cartigny.

1812	Un Médecin . . .	*L'Indécis*, de Charbonnières.
1814	Jean Bigot	*La Rançon de Du Guesclin*, de *** (Arnault).
1817	Lafleur.	*La Manie des Grandeurs*, de A. Duval.
1818	Dubois.	*Partie & Revanche*, de *** (Rancé).
1819	Beaupierre	*Orgueil & Vanité*, de *** (Souques).
«	Vincent.	*Les Deux Méricourt*, de *** (Mme Talma).
1820	Champagne . . .	*Le Paresseux*, de Marignié.
«	St-Germain. . . .	*L'Intrigante*, d'Etienne.
1821	Motus	*Le Mari & l'Amant*, de Vial.
«	Jean.	*Jeanne d'Albret*, de Carm., Rochef. & Théaul.
«	Comtois	*La Mère rivale*, de C. Bonjour.
«	Dumont	*Le Retour*, de *** (Rancé).
«	Dumont	*La Fontaine chez Mlle de la Sabl.*, de A. Naudet.
1823	Bellefleur	*La Route de Bordeaux*, de Désaugiers & Gentil.
1825	Marcel.	*L'Héritage*, de Mennechet.
«	Michaud	*Le Béarnais*, de Fulgence, Ledoux & Ramon.
«	Pedro	*La Princesse des Ursins*, de A. Duval.

1827	Lefly	*Louis XI à Péronne*, de Mély-Janin.
«	Martin	*Lambert Simnel*, d'Empis et Picard.
«	Defrofiers	*Les Trois Quartiers*, d'Empis & Picard.
«	Dorbeval	*Le Mariage d'Argent*, de Scribe.
1829	Le Comte	*Le Bon Garçon*, de Mazères & Picard.
«	Pierre	*Une Journée d'élections*, de De La Ville.

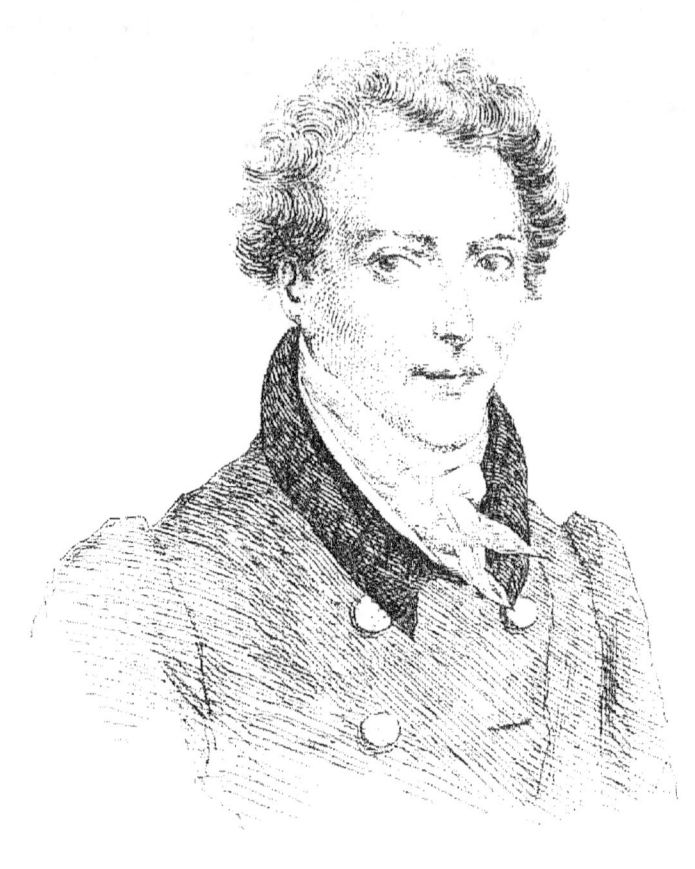

FIRMIN
Comédie-françoise
1811 – 1845

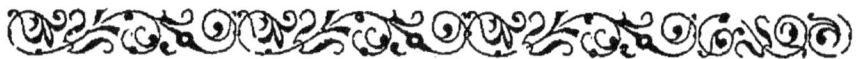

JEAN-FRANÇOIS BECQUERELLE

dit FIRMIN

1811 — 1845

FIRMIN commença, très-jeune encore, à jouer la comédie fur la petite fcène des Jeunes Elèves (1), dont il devint bientôt un des fujets les plus goûtés. Picard, directeur du Théâtre de l'Impératrice, fut frappé de fes heureufes difpofitions

---

(1) Ce théâtre, ouvert le 20 mai 1799, fur l'emplacement qu'avoit occupé le Lycée de la rue Dauphine, ferma en 1807.

Extrait des regiſtres de la paroiſſe Saint-Sauveur, à Paris: « Le mardy fix avril mil fept cent quatre-vingt-quatre, a été baptifé JEAN-FRANÇOIS, né d'aujourd'huy, fils de JEAN-NOEL BECQUERELLE, marchand vinaigrier, & de MARIE-ELISABETH PREVOST, fon époufe, demeurant rue Saint-Denis. Le parrain, JEAN-BAPTISTE COGNY; la marraine, FRANÇOISE CAFFIN, tous deux de la paroiffe Saint-Joffe. »

& s'empreſſa de l'appeler dans ſa troupe. Le 30 mars 1806, Firmin débutoit ſur cette nouvelle ſcène, dans le *Jeune Homme à l'épreuve* (2) & l'*Amour & la Raiſon*. Il obtint un ſuccès tellement complet, ſurtout dans cette dernière pièce, qu'à la fin de la repréſentation Picard voulut le ramener lui-même ſur le théâtre, afin qu'il y reçût les applaudiſſements que les ſpectateurs, encore ſous le charme, ſe plurent à prolonger pendant pluſieurs minutes.

Apprécié chaque jour davantage, Firmin, pendant les quatre années qu'il paſſa à ce théâtre, ne ceſſa d'être l'enfant gâté du public. Son ſuccès, qui ne ſe démentit pas un ſeul inſtant, ne pouvoit manquer d'attirer ſur lui l'attention du Surintendant des ſpectacles, &, au commencement de 1811, il reçut un ordre de début pour la Comédie-Françoiſe. Le 3 juillet de cette même année, il y parut pour la première fois dans *Mahomet* & *les Fauſſes infidélités*. Il s'acquitta du rôle de Séide avec intelligence, ſans doute ; mais il voulut trop bien faire & dépaſſa le but, en déployant dans ce rôle une chaleur déſordonnée, qui lui attira le blâme de la ſaine portion du public & de la critique éclairée. Damis, dans la ſeconde pièce, lui fut plus favorable, parce que, modérant ſa fougue, il y montra de la grâce & plus de vérité. Peu de jours après ſes débuts, Firmin fut admis comme penſionnaire.

(2) Comédie en cinq actes & en ſproſe, de Deſtouches, non repréentée juſqu'alors, & qui avoit été réduite en trois actes, par Andrieux & Ségur Jr.

Stimulé par cette marque de faveur & encouragé par l'accueil sympathique du parterre, ce jeune acteur fit des progrès sensibles qui le placèrent décidément au premier rang. Toutefois, malgré ces précédents, c'est en 1817 seulement qu'il fut admis parmi les sociétaires. La retraite de Fleury & successivement celle de Saint-Fal, de Damas, de Lafon, ainsi que la mort de Talma attribuèrent à Firmin la plus grande partie des *premiers rôles tragiques*. Comme son extérieur assez grêle, le peu d'ampleur de sa voix ne répondoient pas précisément aux exigences de sa nouvelle position, on traita de ridicule cette prise de possession. Arnault, dans la préface des *Guelfes & des Gibelins*, l'accusa de vouloir se poser en successeur de Talma; Firmin répondit à cette agression par une lettre rendue publique, le 11 mars 1828.

Il est certain que si ce brillant héritage n'étoit pas au-dessus de son intelligence, il convenoit médiocrement à ses moyens physiques. Il jouoit la tragédie correctement, mais il cherchoit à compenser, par une exaltation factice, l'insuffisance de son extérieur. Au reste, il ne tarda pas à renoncer de lui-même à ce genre, & le rôle de Tibérius, dans *Junius Brutus*, fut sa dernière création tragique.

Les *jeunes premiers* de la comédie étoient bien mieux appropriés à son talent & à sa nature. Formé à l'école des quelques bons modèles que possédoit encore la Comédie-Françoise lorsqu'il y arriva, Firmin avoit étudié, & avoit conservé le culte des bonnes traditions.

Ce fut là un de ses mérites. Il jouoit bien le *Menteur*, l'*Homme à bonnes fortunes*, quoique souvent on ait été en droit de lui reprocher de confondre la négligence avec la grâce, & le laisser-aller avec l'aisance. Il avoit un feu que l'art & le goût ne réglèrent pas toujours, & bien qu'il ne cessât pas d'être présent à la scène, l'expression de son visage, en écoutant son interlocuteur, paroissoit plutôt celle de l'étonnement que celle de l'intérêt. Il manioit peu habilement l'arme de l'ironie, & dans le rôle de Du Lauret, du *Philosophe marié*, qu'il essaya de jouer après la retraite de Fleury, il manqua tout-à-fait de cette raillerie fine & distinguée que son prédécesseur saisissoit avec tant de bonheur; celui-ci, à la vérité, étoit un comédien consommé dans toute l'acception du mot, tandis que Firmin, avec des qualités incontestables, étoit un acteur incomplet, dont la maturité, & l'expérience qui en est ordinairement le fruit, ne corrigèrent pas les défauts.

Firmin joua aussi le drame, & s'y trouva plus à l'aise que sous le manteau tragique. La *Mort du Tasse*, Saint-Mégrin d'*Henri III*, *Hernani* établirent sa réputation en ce genre; mais, ainsi que l'a fait remarquer un critique judicieux : « Cet acteur appartenoit par ses habitudes, par ses préjugés, à l'école classique : il combattoit vaillamment pour Victor Hugo ou pour Alexandre Dumas, en présence du public ; mais ses convictions étoient ailleurs. Ce n'étoit pas une cause qu'il cherchoit à faire triompher ; c'étoit une pièce, un rôle confiés à son talent, qu'il s'agissoit de faire accepter & de défendre. »

Cet acteur quitta la Comédie-Françoife le 1er avril 1831, & alla donner des repréfentations fur diverfes fcènes des départements, & même de l'étranger. Après deux ans de pérégrinations, imitant l'exemple de Mlle Mars, il revint au bercail comme fimple penfionnaire. Il n'avoit rien perdu de fon ardeur juvénile, & pendant la période affez longue qu'il confacra de nouveau à l'exercice de fa profeffion, Firmin rendit à l'art d'utiles fervices, en remettant fous les yeux du public, que les préoccupations de 1830 en avoient un peu déshabitué, les chefs-d'œuvre de l'ancien répertoire, & en établiffant dans des ouvrages nouveaux un certain nombre de rôles, dont plufieurs lui valurent des fuffrages mérités. Parmi ces derniers, nous citerons principalement Frédéric, de *Bertrand & Raton* (1833); Edouard Lindfay, de *la Popularité* (1838); Candaule, du *Mariage fous Louis XV* (1841); *Don Juan d'Autriche* (1835); Raymond, de *la Calomnie* (1840); enfin, le maréchal de Richelieu dans *Mademoifelle de Bellifle* (1839), où il obtint le fuccès le plus franc & le plus légitime.

La mémoire, chez Firmin, n'avoit jamais été fûre, mais il favoit adroitement diffimuler cette foibleffe par le papillotage de fon débit, furtout dans les rôles de marquis, où véritablement il jouoit de compte à demi avec le fouffleur, fans que le public s'en aperçût. Toutefois, elle devint à la fin rebelle à ce point qu'il comprit que le moment étoit venu pour lui de renoncer à la fcène : ce qu'il fit, le 6 avril 1845. Il reparut quelques mois plus tard dans le *Mifanthrope* & dans le

Legs, lors de fa repréfentation de retraite, qui eut lieu le 6 décembre, & qui produifit 10,800 fr. de recette. Depuis lors, il eut la fageffe de fe fouftraire aux inftances qui lui furent faites pour l'engager à remonter fur le théâtre; &, en cela, il agit prudemment. Généralement, ces retours font des déconvenues pour celui qui les tente & qui ne rencontre parmi les fpectateurs, après un certain temps écoulé, que peu d'auditeurs difpofés à applaudir à des efforts nouveaux, en confidération des anciens fuccès dont ils ont été les témoins. Le célèbre Baron préfente, dans l'hiftoire du théâtre, une exception qui confirme la règle à cet égard.

Firmin alla fixer fa réfidence dans une belle maifon qu'il avoit acquife au Coudray (3), près Corbeil. Devenu veuf, il vécut dans un ifolement prefque abfolu, employant, tant qu'il refta valide, prefque tout fon temps à l'exercice du cheval, qu'il aimoit avec paffion, & dont ne le détourna pas une chute qu'il fit & qui lui caffa la jambe; ou, lorfque l'inclémence de la faifon le forçoit à demeurer au logis, s'adonnant à de petits travaux de tour ou de menuiferie, auxquels il étoit devenu fort adroit.

Etant atteint d'une maladie incurable, il hâta, dit-on, le terme de fon exiftence & de fes maux, en fe précipitant fur le pavé de la cour de fa maifon par la fenêtre de fa chambre à coucher, peu d'inftants après le dé-

---

(3) Cette vafte propriété, qui contenoit plus de trente-fix arpents de fuperficie, avoit appartenu précédemment à la famille Chignard.

part du curé du Coudray, devenu son hôte presque inséparable, & qui étoit, avec son vieux domestique, le seul être humain dont il ne redoutât pas la présence. Nous aimons mieux, pour l'honneur de sa mémoire, croire à une autre version suivant laquelle cet événement auroit eu une cause toute fortuite ; c'est-à-dire que cherchant à manœuvrer péniblement les persiennes de son appartement pour se préserver des rayons du soleil, le malheureux Firmin, en se penchant outre mesure, auroit été entraîné au dehors. Quoi qu'il en soit, cette chute, arrivée le 30 juillet 1859, le laissa mort sur le coup.

Le nombre des rôles dans lesquels s'est montré cet aimable comédien est très-considérable : nous donnons ci-après ceux qu'il a créés dans le répertoire moderne.

Rôles créés par Firmin.

1813	Aribafe	*Ninus II*, de C. Brifault.
1814	D'Artagnan	*Fouquet*, de *** (Guy-Montagnac).
«	Plébi	*La Rançon de Du Guefclin*, de *** (Dorvo).
«	Joinville	*Les États de Blois*, de Raynouard.
1816	Julien	*Henri IV & Mayenne*, de Rancé & Théaulon.
«	Roger	*Le Mar. de Robert de France*, de Vieillard.
«	Varicour	*Laquelle des Trois?* de Mme Talma.
1817	Veranius	*Germanicus*, d'Arnault.
«	Châtelard	*Adrienne Le Couvreur*, de *** (A. Charlemagne).
1818	Déricourt	*Le Sufceptible par honneur*, de *** (Goffe).
1819	Warwick	*Jeanne d'Arc*, de L. d'Avrigny.
«	Erneft	*L'Irréfolu*, de O. Leroy.
«	Léon	*Les Femmes politiques*, de *** (Goffe).
«	Philippe	*Louis IX*, d'Ancelot.
«	Clitandre	*Le Frondeur*, de Royou.
«	Méricourt J^{ne}	*Les Deux Méricourt*, de *** (Mme Talma).
«	Sevigné	*Le Marquis de Pomenars*, de *** (Mme S. Gay).
1820	Saint-Léon	*Le Flatteur*, de Goffe.
«	Saint-Clair	*Le Folliculaire*, de De La Ville.
1821	Erneft	*Le Mari & l'Amant*, de Vial.
«	Varicour	*Le Retour*, de *** (Rancé).
«	Saint-Léger	*Les Plaideurs fans procès*, d'Etienne.
«	De Merville	*La Fontaine chez Mlle de la Sabl.*, d'A. Naudet.
«	Fauftus	*Sylla*, de Jouy.
1822	Brécourt	*Le Ménage de Molière*, de Genfoul & Naudet.
«	Publius	*Régulus*, d'Arnault.
«	Jules	*Les Quatre Ages*, de Merville.
«	Pylade	*Clytemneftre*, de A. Soumet.
«	D'Holborn	*L'Amour & l'Ambition*, de Riboutté.
«	Henri	*Valérie*, de Scribe.

1823	Widſon	*Fielding*, de Mennechet.
«	Le Marquis. . . .	*L'Homme aux Scrupules*, de *** (Richard Faber).
«	Duval fils.	*L'Education*, de C. Bonjour.
«	Maurice	*Le Laboureur*, de D'Artois, Rancé & Théaulon.
«	Saint-Firmin . . .	*L'Auteur malgré lui*, de St-Remy (Mim. de Méru).
1824	F. de Limeuil . .	*Le Méchant malgré lui*, de Du Merſan.
«	Publius	*Eudore & Cymodocée*, de Gary & *** (Pichald).
«	Charles	*Le Mari à bonnes fortunes*, de C. Bonjour.
«	Melval	*Le Tardif*, de J. Genſoul.
1825	Solanges	*La Correspondance*, de *** (Mᵐᵉ de Bawr).
«	Don Elias	*Le Cid d'Andalouſie*, de Lebrun.
«	Achior	*Judith*, de Decomberouſſe.
«	Ch. Duchâtel . .	*L'Héritage*, de Mennechet.
«	Charles	*Le Roman*, de De La Ville.
«	Dermont	*L'Auteur & l'Avocat*, de P. Duport.
«	Sir. C. Davenant.	*Lord Davenant*, de Vial & J. Genſoul.
«	Henri	*Le Béarnais*, de Fulgence, Ledoux & Ramon.
«	Agis	*Léonidas*, de Pichald.
1826	G. Derby	*La Petite Maiſon*, de Mélesville.
«	Le Dauphin . . .	*Charles VI*, de De La Ville.
«	Ovin	*Le Siége de Paris*, de d'Arlincourt.
«	Saint-Léger . . .	*Le Portrait d'un Ami*, de Défaug. & M. Defcloz.
«	Jules	*Le Spéculateur*, de Riboutté.
«	Duroſay	*L'Agiotage*, de Picard & Empis.
«	Guſtave	*Le Duel*, de L. Halévy (& A. J. Sanſon).
«	Olivier	*Marcel*, de Rougemont.
«	Torquato	*Le Taſſe*, de A. Duval.
1827	Quentin	*Louis XI à Péronne*, de Mély-Janin.
«	Bellovèſe	*Julien dans les Gaules*, de Jouy.
«	Delbois	*Les Trois Quartiers*, de Mazères & Picard.
«	Tebaldo	*Les Guelfes & les Gibelins*, d'Arnault.
«	Louis V	*Blanche d'Aquitaine*, d'H. Bis.
«	Olivier	*Le Mariage d'argent*, de Scribe.
1828	Le Comte	*Chacun de ſon côté*, de Mazères.
«	Don Carlos . . .	*Eliſabeth de France*, d'Al. Soumet.
«	Saint-Edmond . .	*L'Ecole de la Jeuneſſe*, de Draparnaud.
«	Albert	*Walſtein*, de Liadières.
«	Théodore	*La Ducheſſe & le Page*, de A. Béraud.

1829	Saint-Mégrin . . .	*Henri III & fa Cour*, d'A. Dumas.
«	Le duc de Grandval	*Le Complot de Famille*, d'A. Duval.
«	Moranville	*Une Journée d'élections*, de De La Ville.
1830	Frédéric	*Guftave-Adolphe*, de L. Arnault.
«	Hernani	*Hernani*, de V. Hugo.
«	Tibérius	*Junius-Brutus*, d'Andrieux.
«	Erneft	*La Dame & la Demoifelle*, d'Empis & Mazères.
1831	Saint-Laurent. . .	*Les Intrigants*, de De la Ville.
«	Camille	*Camille Defmoulins*, de Blanchard & Maillan.
1833	Frédéric	*Bertrand & Raton*, de Scribe.
1834	Léopold	*La Paffion fecrète*, du même.
«	A. Darney	*Une Liaifon*, d'Empis & Mazères.
«	De Bagneux . . .	*Heureufe comme Princeffe*, de L. Gozlan.
«	Charles IX. . . .	*Charles IX*, de Rofier.
«	Georges II . . .	*L'Ambitieux*, de Scribe.
1835	Don Juan	*Don Juan d'Autriche*, de C. Delavigne.
1837	Rolla.	*Le Chef-d'œuvre inconnu*, de C. Lafont.
«	Senneterre	*La Marq. de Senneterre*, de Mélefville & Duveyr.
«	Chéréa	*Caligula*, de A. Dumas.
1838	Lignerolles	*Louife de Lignerolles*, de Goubaux & Legouvé.
«	Deftanges	*Un Jeune Ménage*, d'Empis.
«	E. Lindfay	*La Popularité*, de C. Delavigne.
1839	Richelieu.	*Mlle de Bellifle*, de A. Dumas (Ribbing & Brunfw.)
1840	Raymond	*La Calomnie*, de Scribe.
1841	Dorante	*Le Confeiller rapporteur*, de *** (C. Delavigne).
«	Candaule	*Un Mariage fous Louis XV*, de A. Dumas (Ribbing & Brunfwick).
1842	Alexandre	*Lorenzino*, des mêmes.
«	Robert Bréan. . .	*Le Dernier Marquis*, de Roman.
«	Charles Stuart . .	*Le Fils de Cromwell*, de Scribe.
1843	Le duc de Modène	*Les Grands & les Petits*, d'Harel.
«	Saint-Hérem . . .	*Les D^{lles} de St-Cyr*, de A. Dum. (Ribb. & Brunfw.).
«	Le duc de Kermare	*Eve*, de L. Gozlan.

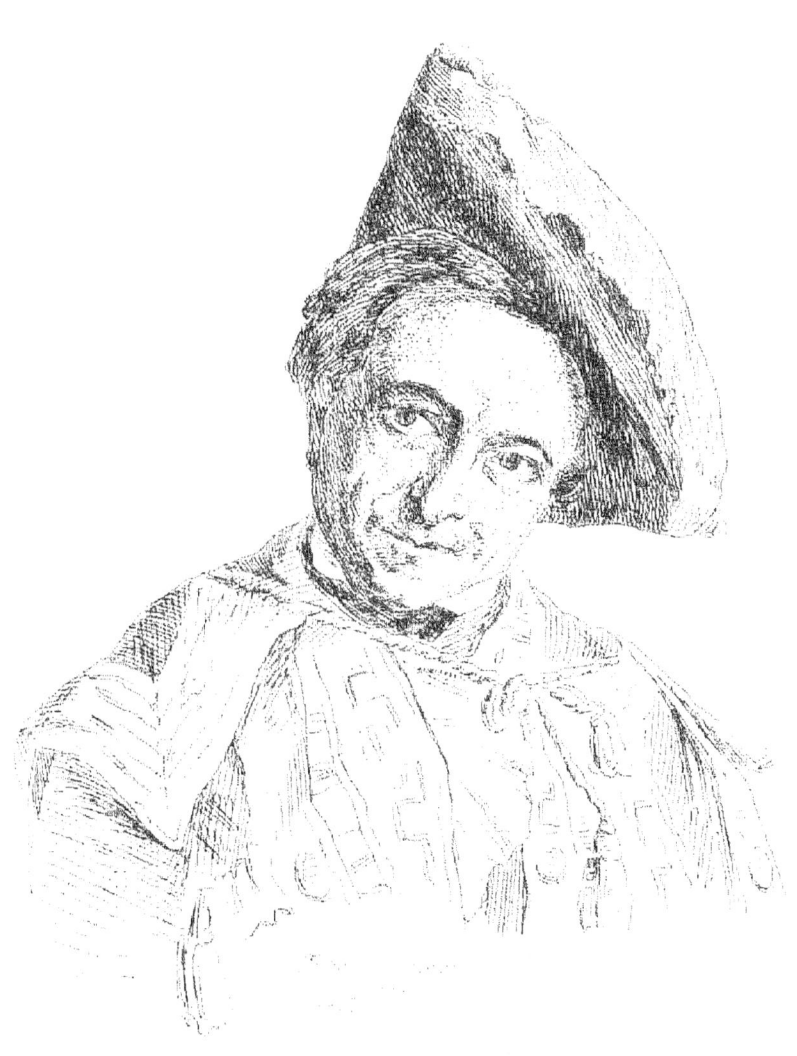

MONROSE
Comédie-françoise
1815 - 1843

CLAUDE-LOUIS-SERAPHIN BARIZAIN

dit MONROSE

1815 — 1843

BIEN que l'acte de naiſſance de Monroſe attribue à ſon père la qualification de marchand, il étoit iſſu d'une famille excluſivement vouée au théâtre; & lui-même manifeſta, dès ſa plus tendre jeuneſſe, un penchant à l'imitation, aſſez prononcé pour donner à croire qu'il ne ſeroit pas infidèle aux

---

Extrait des regiſtres de la paroiſſe Saint-Pierre, à Beſançon : « CLAUDE-LOUIS-SÉRAPHIN, fils de JEAN-FRANÇOIS BARIZAIN, marchand, & de demoiſelle CHARLOTTE-LOUISE CRESCENT, ſon épouſe, eſt né le 6 décembre mil ſept cent quatre-vingt-trois & a été baptiſé le huit du même mois. Son parrain, le ſieur CLAUDE-ANTOINE BERNARD, négociant, & ſa marraine SÉRAPHINE-LOUISE SAINT-AUBERT, épouſe du ſieur DEPOND : Souſſignés avec le père de l'enfant. »

traditions paternelles. En effet, à peine adolefcent, il fit partie, à Paris, de la troupe des *Jeunes-Artiftes*, qu'il quitta plus tard pour entrer chez la Montanfier. Deux ans après, il fut engagé par le directeur du théâtre de Bordeaux; enfuite, par celui du théâtre de Nantes. C'eft à cette dernière fcène qu'il appartenoit, lorfque la tragédienne Raucourt, qui avoit obtenu le privilége des théâtres d'Italie, l'enrôla dans la troupe qu'elle avoit formée, pour y tenir l'emploi des *premiers comiques* (1).

Les événements de 1814 ayant difperfé cette caravane, Monrofe revint en France & foufcrivit un engagement au Grand-Théâtre de Lyon. La renommée de fon talent étant venue jufqu'à la Capitale, il reçut auffi-tôt un ordre de début pour la Comédie-Françoife, où fa première apparition eut lieu le 11 mai 1815 (2), dans l'*Etourdi*, par le rôle de Mafcarille (3). Cette comédie, négligée depuis longtemps, faute d'un comé-

(1) On lit dans les *Souvenirs* de M. Boucher de Perthes (*fous dix rois*) le paffage fuivant de la lettre 31° datée de Gênes, 1807 : « Nous avons ici un fpectacle françois quotidien, dirigé par Mlle Raucourt. Il y a un jeune acteur, appelé *Monrofe*, qui s'annonce bien comme *valet*. »

(2) Elle fe fit, pour ainfi dire, au bruit du canon ; car on fe battoit ce jour-là aux portes de Paris.

(3) L'ordre de début, figné du duc de Duras, étoit du 26 août 1814. Toutefois, le 4 feptembre fuivant, Monrofe, en écrivant au Comité pour le lui communiquer, ajoutoit qu'il ne l'avoit pas follicité, & qu'il n'entendoit jouir de cette faveur qu'autant qu'il feroit informé des avantages qui y feroient attachés (ce à quoi il ne fut pas déféré) & de l'indemnité qui lui feroit allouée pour fon déplacement.

(*Arch. de l'Emp.*)

dien capable d'y déployer la verve, la chaleur, en un mot le *vis comica* néceſſaires, étoit connue ſeulement des érudits. La repriſe qu'on en fit eut pour les gens du monde une ſorte de nouveauté, & le jeu de Monroſe opéra une véritable révolution dans les diſpoſitions des ſpectateurs, qui n'étoient plus accoutumés à ce comique heureux, à cette diction vive, animée, à ce talent d'inſpiration dans l'emploi des *valets*, où un débit guindé & compaſſé avoit pris la place du naturel. La révélation inattendue d'un comédien qui promettoit pour l'avenir un ſucceſſeur aux Préville & aux Dugazon, produiſit une vive ſatisfaction.

Cet acteur continua ſes débuts, le 17 mai, par les rôles de Paſquin dans le *Diſſipateur*, & de L'Olive dans le *Grondeur*. Le 20, il joua Sganarelle du *Feſtin de Pierre*, & Deſmazures de la *Fauſſe Agnès*; puis, ſucceſſivement, tous les rôles de ſon emploi, en terminant ces premiers eſſais le 15 juin, par celui qui les avoit inaugurés, Maſcarille, *fourbum imperator* (4).

(4) Extrait du regiſtre des délibérations du jeudi 15 juin 1815. Le Comité, conſulté par M. le Commiſſaire impérial, d'après le vœu de M. le comte de Monteſquiou, Grand chambellan Sur-intendant des ſpectacles, ſur le mode d'admiſſion à l'eſſai de M. Monroſe, qui termine aujourd'hui ſes débuts, & ſur la manière dont l'acte d'admiſſion à l'eſſai peut être conçu, pour que M. Monroſe puiſſe jouer pendant le temps de ſon eſſai & ſe faire juger par le public :

Conſidérant que l'acte de réception de MM. Thénard & Cartigny au nombre des Sociétaires ne leur aſſigne pas de place fixe & qu'ils ne ſont pas claſſés dans l'emploi, mais que l'ancienneté de M. Thénard & ſes bons ſervices méritent que l'on y ait égard dans la déciſion qui ſera priſe ;

Eſt d'avis qu'après l'admiſſion de

Monrofe, prôné avec exagération par les uns, critiqué avec injuſtice par les autres, ne fut pas tout d'abord apprécié avec impartialité. Toutefois, ſes débuts intéreſſèrent particulièrement les vieux amateurs, étrangers aux coteries, & qui retrouvèrent chez le nouveau venu un reflet de cette ancienne école qui avoit fait jadis de la Comédie-Françoiſe la première ſcène du monde. Le public proprement dit ſuivit promptement l'impulſion & ſe porta en foule aux repréſentations où paroiſſoit Monrofe, qui devint l'acteur à la mode.

Ainſi qu'on peut le préſumer, un ſuccès auſſi dé-

M. Monrofe le ſervice ſoit réglé ainſi qu'il ſuit :

Sur quatre repréſentations d'une même pièce, M. Thénard aura la faculté d'en jouer deux ; les deux autres feront jouées alternativement par MM. Cartigny & Monrofe.

Lorſque M. Thénard jouera le *premier comique*, MM. Cartigny & Monrofe ſeront tenus de jouer le *deuxième* & le *troiſième*, s'il s'en trouve un dans l'ouvrage, ſans pouvoir s'en diſpenſer ſous aucun prétexte ; &, lorſque M. Cartigny jouera le *premier comique*, M. Monrofe ſera tenu de jouer le *ſecond*, de même que lorſque M. Monrofe jouera le *premier comique*, M. Cartigny jouera néceſſairement le *ſecond*.

Si, par une cauſe quelconque, MM. Cartigny ou Monrofe ne pouvoient pas jouer le jour où leur tour ſera arrivé, celui des deux qui aura remplacé l'autre ne perdra point ſon droit pour la repréſentation ſuivante.

Pour copie conforme :

LEMAZURIER,
Secrétaire du Comité.

Le Comité, conſulté par M. le Commiſſaire impérial ſur la quotité des appointements à accorder à M. Monrofe, en le recevant à l'eſſai, eſt d'avis qu'elle peut être de trois mille francs par an.

Approuvé le projet & la propoſition ci-deſſous.

Paris, le 19 juin 1815.

Signé : Le Cte DE MONTESQUIOU, Grand-Chambellan, Sur-intendant des ſpectacles.

(*Archives de l'Empire.*)

cidé porta ombrage à la Comédie, en confidération de deux collègues qu'il touchoit directement en raifon de leur emploi menacé. Auffi les Membres du Comité laiffoient-ils entrevoir des difpofitions peu favorables qui auroient entravé la carrière de Monrofe, fi le parterre, par fon accueil chaleureux, n'avoit forcé en faveur de celui-ci l'adoption d'une mefure commandée par la juftice la moins conteftable : celle de le nommer Sociétaire. Il eft vrai que cette promotion ne reçut pas immédiatement la fanction du Premier gentilhomme de la Chambre du roi, qui prétendit qu'elle avoit été faite en dehors de fes droits de Supérieur de la Comédie-Françoife (5). La réception n'eut lieu, en effet, que le 1er avril 1817.

Cependant cette nomination, tout honorable qu'elle étoit, en annulant de plein droit les difpofitions de l'arrêté du 15 juin 1815, ne plaçoit plus Monrofe qu'en troifième dans l'ordre hiérarchique ; il s'enfuivit qu'on ne laiffoit à fa difpofition, parmi les rôles nombreux de l'emploi des *valets*, que les moins importants & ceux qu'on ne pouvoit pas fe difpenfer de lui abandonner. Il ne fallut rien moins que la faveur publique qui continuoit à entourer cet excellent comédien pour amener un état de chofes plus équitable, en contraignant fes anciens à compofer avec lui. Il fut donc réfolu, d'un commun accord, que Monrofe alterneroit régulièrement avec eux dans les rôles où il avoit jufqu'alors

---

(5) Le gouvernement de la Reftauration avoit cru devoir rétablir, en ce qui concernoit la Comédie, les chofes fur l'ancien pied.

le plus brillé, à favoir Mafcarille de l'*Etourdi*, Crifpin du *Légataire univerfel*, Scapin des *Fourberies*, L'Olive du *Grondeur*, Cliton du *Menteur*, Figaro du *Barbier de Séville* & du *Mariage*, Pafquin de l'*Obftacle imprévu*, & Frontin du *Muet*.

Monrofe étoit de petite taille, mais fouple & agile ; il avoit l'œil fpirituel & malin, la réplique prefte, le gefte prompt, une verve intariffable, la voix mordante & beaucoup de fineffe dans les intentions. On comprend qu'avec des qualités fi éminentes en partage il n'ait pas tardé à effacer fes rivaux, qui fe virent relégués au fecond plan & dont les preffentiments fe trouvèrent de la forte juftifiés ; & cependant Monrofe, mécontent de fa pofition qu'il ne croyoit pas à la hauteur de ce qu'il avoit le droit d'attendre, fongea un moment à quitter la Comédie-Françoife pour entrer au Théâtre des *Nouveautés* (6), ouvert récemment. Mais, par bonheur, il fe ravifa & ne donna pas fuite à cette malheureufe penfée.

Quelques taches, cependant, obfcurciffoient des facultés fi complètes ; & c'étoit leur exhubérance même qui étoit l'écueil contre lequel il auroit dû fe garantir. Ainfi, il cédoit dans certains cas à un entraînement à la charge, fans favoir le contenir ; fa vivacité naturelle, emportée par le tempérament, dégénéroit, furtout

---

(6) Théâtre fondé en 1827, fermé en 1835, & qui, après avoir exploité tous les genres, fans en excepter le genre ennuyeux, devint, en 1840 le Théâtre du *Vaudeville*. Cette falle doit difparoître pour faire place au prolongement de la rue Réaumur.

dans les dernières années, en une agitation fébrile, & l'expreſſion de ſon viſage, dont les traits étoient d'une mobilité extrême, friſoit alors la grimace. Séduit par le caractère factice & brillant de Figaro, dans lequel il ſembloit incarné, il auroit voulu animer tous ſes rôles de ce feu roulant de ſaillies qui ne laiſſent pas au ſpectateur un moment pour reſpirer, & forcent ſes applaudiſſements à chaque fuſée nouvelle. Ces légers défauts prenoient leur origine dans ſa première éducation théâtrale : la province avoit ceſſé d'être alors, comme elle l'avoit été avant la Révolution, l'école préparatoire des comédiens qui devenoient plus tard l'honneur de la ſcène françoiſe. On n'y jouoit plus guères que le mélodrame ou les farces du théâtre des Variétés, & c'eſt à cette ſource que Monroſe avoit puiſé certaines manières & certains lazzis qui n'étoient pas toujours de miſe dans la haute comédie. Nul doute qu'à une autre époque, & avec d'autres modèles ſous les yeux, Monroſe n'eût atteint à l'apogée de ſon art. Ce qui vient à l'appui de notre opinion, c'eſt que dans les ouvrages de l'ancien répertoire, objet de ſes prédilections, il retrouvoit ſes bonnes inſpirations, & qu'il y eſt reſté bien ſupérieur à tous ceux qui s'y ſont montrés à ſes côtés.

Monroſe a créé un bon nombre de rôles nouveaux, parmi leſquels on peut citer ceux du docteur Bernardet dans la *Camaraderie;* de Deſprez dans les *Trois quartiers;* du Notaire dans *Chacun de ſon côté;* & notamment de Dominique dans *Dominique le Poſſédé,* où il s'eſt montré inimitable.

Qui croiroit que cet acteur, d'une gaîté & d'un entrain si communicatifs sur la scène, ait été dans son intérieur un homme profondément mélancolique, devenu même, à la fin de sa vie, un esprit inquiet & soupçonneux? La mort de sa femme ne fit qu'accroître cette fâcheuse disposition (7), puis, l'éloignement forcé de ses enfants, qu'il aimoit avec idolâtrie, ne contribua pas à guérir les plaies de ce cœur d'époux & de père. Enfin ses facultés mentales s'affoiblirent & l'obligèrent à abandonner prématurément l'exercice de sa profession.

On répétoit *Latréaumont*, drame où le rôle principal lui étoit destiné, lorsque les symptômes du mal se déclarèrent. Monrose fut confié aux soins du docteur Blanche, & l'on devoit le croire perdu sans retour pour la scène, lorsque, le 7 janvier 1843, par un miracle de la science, il reparut dans le *Barbier de Séville*, lors de la représentation donnée à son bénéfice. Le public se porta en foule à cette représentation, par intérêt pour le bénéficiaire, dont la situation présentoit une analogie frap-

---

(7) M. Ed. Thierry, qui dirige aujourd'hui le Théâtre-François avec tant de distinction, raconte à ce propos l'anecdote suivante (*Revue françoise*, 1843) : « La mort de sa femme étoit pour Monrose un deuil éternel. Voici un an bientôt qu'il avoit à déjeuner l'un de ses camarades de la Comédie-Françoise; la conversation ne s'écarta pas un moment de ce douloureux sujet. Monrose fit à son hôte les honneurs de la tasse de sa femme : il lui montra son portrait, & tout ce qu'il a conservé d'elle; il pleuroit, il parloit; sa tête s'étoit déjà affoiblie, si bien que, au plus touchant de ses regrets, il s'échappoit en des détails d'une naïveté singulière. A chaque instant, le comique se mêloit au lamentable... Jugez si le déjeuner dût paroître plaisant au convive un peu déconcerté. »

pante avec les dernières phases de la carrière du fameux Préville. Chacun trembloit pour l'événement, mais, chose inconcevable! le pauvre insensé retrouva, pour cette soirée, la verve & les ressources de son talent passé. Hélas! cet effort surhumain n'étoit qu'une lueur qui s'éteignit avec les feux de la rampe, & Monrose, ramené à la maison de santé de Montmartre, y mouroit trois mois après, le 20 avril, n'ayant pas encore atteint sa soixantième année.

Monrose a laissé trois enfants : le second de ses fils & sa fille n'ont fait que paroître sur la scène à Paris; l'aîné, Louis Monrose, aujourd'hui Sociétaire de la Comédie-Françoise, porte honorablement un nom cher aux amis de l'art théâtral.

Rôles créés par Monrose.

1815	Dubois.	La Méprise, de *** (Mme de Bawr).
1816	Durocher	La Pensée d'un bon Roi, de Dubois.
«	Eugène.	Le Médisant, de Goffe.
«	Gervais	Les Deux Seigneurs, de *** (Planard).
1817	Un Notaire . . .	Le Faux Bonhomme, de *** (N. Lemercier).
1818	André	Le Susceptible par honneur, de *** (Goffe).
«	Gillot	Le Manteau, d'Andrieux.
1819	L'Olive.	Orgueil & Vanité, de *** (Souques).
«	Verbès.	Les Femmes politiques, de *** (Goffe).
«	Crispin.	L'Irrésolu, d'O. Leroy.
«	Germain.	Le Marq. de Pomenars, de *** (Mme S. Gay).
1821	Frontin.	Le Mari & l'Amant, de Vial.
«	Germain	L'Heureuse Rencontre, de Planard.
«	Germain	La Jeune Femme colère, d'Etienne.
«	Floridor	Les Plaideurs sans Procès, d'Etienne.
1822	Le Semainier . . .	Le Ménage de Molière, de Gensoul & Naudet.
«	De Thermes . . .	Une Aventure de Grammont, de *** (Mme S. Gay).
«	Charençon. . . .	Les Quatre Ages, de Merville.
«	Petters.	L'Amour & l'Ambition, de Riboutté.
«	Fabricio	La Route de Bordeaux, de Défaugiers & Gentil.
«	Ambroise.	Valérie, de Scribe & Melesville.
1823	Tomson	Fielding, de Mennechet.
«	Blaise	Le Laboureur, de D'Artois, Rancé & Théaulon.
«	Dubois.	L'Auteur malgré lui, de St-Rémy (Mt de Méru).
«	Valentin	L'Ecole des Vieillards, de C. Delavigne.
1824	Ambroise	La Saint-Louis à Sainte-Pélagie, de Lafite.
1825	Dufeuillet	Le Château & la Ferme, de P. Dup., Gerf. & Th.
«	Paget	Lord Davenant, de J. Gensoul & Vial.
«	Fabio	Le Béarnais, de Ledoux, Fulgence & Ramond.
«	Juan.	La Princesse des Ursins, d'A. Duval.
1826	Rinville	Le Portrait d'un Ami, de Défaug. & Musn.-Descl.

1826	Guillaume	*Pauline*, de Du Merſan.
«	Dupré	*Le Spéculateur*, de Riboutté.
«	Germeau	*L'Agiotage*, de Picard & Empis.
«	Châlais	*L'Argent*, de C. Bonjour.
«	Bertrandi.	*Une Aventure ſous Charles V*, de Lafite.
1827	Le Glorieux . . .	*Louis XI à Péronne*, de Mély-Janin.
«	Tony	*Lambert Simnel*, d'Empis & Picard.
«	Deſprez	*Les Trois Quartiers*, de Picard & Mazères.
1828	Bargeot	*Chacun de ſon côté*, de Mazères.
«	Polycaſtre	*La Princeſſe Aurélie*, de C. Delavigne.
«	Blaskooff.	*Olga*, d'Ancelot.
«	Codilar	*Les Intrigues de cour*, de Jouy.
«	Harry-Birck . . .	*L'Eſpion*, d'Ancelot & Mazères.
1829	Petit.	*Iſabelle de Bavière*, de Lamothe-Langon.
«	Plantin	*Une Journée d'élections*, de De La Ville.
1830	Leroux.	*Un An*, d'Ancelot.
«	Victor	*Les Trois jours*, de *** (L. Halévy).
1831	Gerbois	*Les Rendez-vous*, d'A. de Longpré.
«	Dominique. . . .	*Dominique le Poſſédé*, de Dupin & D'Epagny.
«	Charles II	*La Reine d'Eſpagne*, de *** (De La Touche).
«	Levaux.	*La Fuite de Law*, de Mennechet.
1832	Marcel.	*Louis XI*, de C. Delavigne.
«	Vertpré	*Le Mari de la Veuve*, d'A. Dumas (& Durieu).
«	Morinpré.	*Le Duelliſte*, d'A. de Longpré.
1833	Carrache	*Guido-Reni*, de Béraud (& Bouilly).
«	Figaro	*La Mort de Figaro*, de Roſier.
«	Vaucanſon	*L'Alibi*, d'A. de Longpré.
1834	Le Bⁿ Guttemberg	*Une Liaiſon*, d'Empis.
«	Inigo	*Mˡˡᵉ de Montmorency*, de Roſier.
«	Blondy.	*Charles IX*, du même.
«	Trelawney	*Lord Byron*, d'Ancelot.
1835	Brown.	*Charlotte Brown*, de *** (Mad. de Bawr).
«	Berthenot	*Une Préſentation*, de François & N. Fournier.
1836	Le Marquis. . . .	*Le Boudoir*, de Lurine & Solar.
«	Bernardet	*La Camaraderie*, de Scribe.
«	Crépon	*Julie*, d'Empis.
1837	De Rouvray . . .	*Les Indépendants*, de Scribe.
1838	Loys.	*Le Meneſtrel*, de C. Bernay.
1842	Maugaillard . . .	*M. de Maugaillard*, de Roſier.

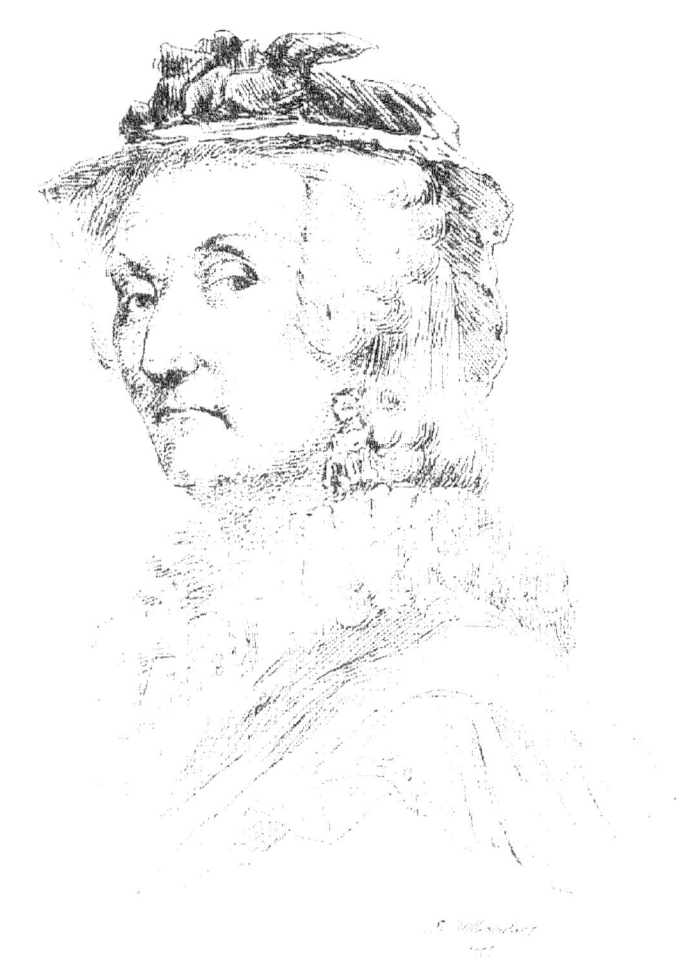

Madame Desmousseaux
Comédie-françoise
1817 – 1852

FRANÇOISE-JOSEPHINE

ANSELME *dite* BAPTISTE

MADAME DESMOUSSEAUX

1817 — 1852

ÉE le 10 mars 1790 à Rouen, où Baptiste aîné, son père, étoit alors acteur au Grand-Théâtre, Mlle Anselme ne pouvoit faillir aux traditions de sa famille, vouée au culte de la comédie depuis plusieurs générations. Après deux années d'é-

---

Extrait des registres de la paroisse Saint-Etienne-des-Tonneliers, à Rouen :
« Cejourd'huy, mardy dixiesme jour de mars mil sept cent quatre-vingt-dix, a été baptisée par M. BÉRAUD, bachelier de Sorbonne & curé de cette paroisse, une fille née aujourd'huy du légitime mariage de M. NICOLAS ANSELME & de dame ANNE-FRANÇOISE GOURVILLE, de cette paroisse. Laquelle fille a été nommée FRANÇOISE-JOSÉPHINE par M. ANTOINE-LOUIS BLANCHE, chirurgien du Roy... en vertu de procuration du sieur JOSEPH-FRANÇOIS ANSELME, dit BAPTISTE, & par dame FRANÇOISE HUS, épouse de M. JOSEPH-FRANÇOIS GOURVILLE, de cette paroisse. »

tudes au Conservatoire de Paris dont Baptiste étoit devenu l'un des professeurs, elle débuta à la Comédie-Françoise, le 21 décembre 1815, par les rôles de Finette dans le *Dissipateur* & de Toinette dans le *Malade imaginaire*. Ce début ne répondit pas à l'attente paternelle, car le public rencontra chez la fille le défaut qui se faisoit remarquer chez le père, celui de surcharger d'intentions le débit de son rôle. En outre, l'extérieur de la nouvelle venue n'étoit pas en rapport avec la nature des personnages auxquels elle se consacroit : son visage sévère n'offroit rien de ce sémillant, de cette vivacité, de cette malice qui sont l'apanage des soubrettes de comédie. En un mot, la Toinette de Molière, non plus que la suivante de Destouches, n'eurent en Mlle Baptiste une interprète fidèle, & quoique la différence entre ces deux personnages soit nettement tranchée, elle n'apporta aucune nuance dans son jeu, représentant l'un & l'autre avec le même sérieux & la même impassibilité, & toujours avec une égale prétention à faire valoir le point & la virgule.

Le 25 septembre, elle joua Finette dans le *Philosophe marié* ; le 27, Lisette dans la *Métromanie* ; le 30, Rosette dans la *Coquette corrigée* & Marton dans l'*Ecole des Bourgeois*. Le 4 octobre, elle parut dans le rôle de Nérine de l'*Obstacle imprévu* ; le 9, dans la Lisette du *Joueur* & dans celle des *Folies amoureuses* ; & enfin, elle termina ses débuts, le 13 du même mois, par le rôle de Dorine dans *Tartuffe*. Toutes ces épreuves successives étoient entachées du même vice, celui du défaut d'appropriation de l'actrice au perfonnage, & nous ne faurions mieux réfumer l'effet défavorable qu'elles produifirent, qu'en donnant ici l'appréciation fpirituellement judicieufe d'un journalifte, qui déclara « que la débutante s'étoit montrée dans les *foubrettes* ce qu'auroit été fon père dans les *valets*. »

Baptifte aîné, tout expérimenté qu'il fût, s'étoit évidemment mépris en deftinant fa fille à un emploi où elle ne pouvoit accufer que les imperfections qui devoient précifément l'en exclure. Il reconnut un peu tard qu'il s'étoit fourvoyé, & il lui fit recommencer fes études en leur imprimant une direction nouvelle.

Deux ans après cet échec, Mlle Baptifte fe préfenta de nouveau devant le public de la Comédie-Françoife; mais, cette fois, dans les *confidentes tragiques* & dans les *caractères*. Elle reparut, le 13 mai 1817, fur la fcène, par le rôle d'OEnone, de *Phèdre*, & celui de la marquife d'Olban, de *Nanine*. Dans ce dernier rôle, particulièrement, où fes qualités extérieures fe trouvoient au moins en harmonie avec le perfonnage, la débutante fit preuve d'une grande aifance & laiffa entrevoir aux connoiffeurs éclairés ce qu'elle pourroit être dans l'avenir. Auffi le parterre crut-il devoir lui donner des encouragements. Peu de jours après, Mlle Baptifte repréfenta Ifménie dans *Mérope*, & débita habilement le récit du cinquième acte. Dans la baronne de Vieuxbois, de la *Fauffe Agnès*, qu'elle joua enfuite, elle confirma les efpérances qu'on fondoit fur elle dans ce nouvel emploi.

Elle termina ses débuts par Mme Pernelle, Mme Patin, Mme Argante & Mme Turcaret; son père exprima ensuite le désir qu'elle fût sur-le-champ admise comme pensionnaire pour cet emploi, assurant que, n'aspirant qu'à être utile, elle consentiroit volontiers à ne recevoir aucune rétribution pour son service.

Cette proposition ne fut pas admise par le Comité (1) & ne pouvoit pas l'être; mais, le 23 novembre suivant, Mlle Baptiste fut mise à 2,000 fr. d'appointements : puis, à la retraite de Mme Thénard, cette actrice, devenue Mme Desmousseaux par son mariage avec le jeune acteur de ce nom, entra en pleine possession de son emploi, où, n'ayant plus désormais à lutter contre les mêmes obstacles, elle fit, à force de travail & de persévérance, de rapides progrès, & surpassa ses dé-

(1) Le Comité, considérant que la Comédie-Françoise n'est point dans l'usage d'accepter aucun service gratuit, & qu'une offre pareille, déjà faite, a été refusée;

Considérant, en outre, que lorsque Mlle Baptiste a débuté, Mme Thénard, qui tient l'emploi en chef, devoit se retirer au 1er avril 1818, & qu'elle reste un an de plus, ce qui rend le besoin dans cet emploi moins urgent, reconnoît qu'il n'est pas possible d'accueillir pour le moment la proposition de M. Baptiste aîné.

Mais, comme le succès obtenu par Mlle Baptiste, dans ce deuxième début, permet de lui donner l'assurance de son sort futur, le Comité fait prier M. Baptiste aîné de rentrer (*), & après lui avoir exprimé les motifs qui ne permettent pas d'accéder à sa demande, s'engage à demander à M. le duc de Duras l'admission à l'essai de Mlle Baptiste pour le 1er avril 1818.

Signé : SAINT-PRIX, THÉNARD mère, ARMAND, DE VIGNY.

5 juin 1817.

Pour copie conforme :

LE MAZURIER.

(*Arch. de l'Emp.*)

(*) Il s'étoit retiré pendant la délibération.

vancières dans un genre de rôles difficile & ingrat. Cependant, malgré son mérite reconnu, elle ne fut reçue sociétaire que le 1er avril 1824 (2).

Mme Desmousseaux étoit douée de grandes qualités : elle possédoit, surtout, à un haut degré, la partie la plus essentielle de l'art, le naturel. Elle entendoit bien les effets de scène ; avoit de la verve, de la rondeur, ce qu'elle a prouvé dans la comédie du *Jeune mari*, où elle a créé d'une manière supérieure le rôle de Mme de Beaufort; & parfois même, lorsque la situation l'exigeoit, elle trouvoit l'accent du cœur, comme, par exemple, dans les *Souvenirs de la marquise de V**** (3). La netteté de l'articulation, la fermeté du débit secondoient merveilleusement chez elle l'énergie du jeu. La seule imperfection qu'on ait pu lui reprocher est l'excès même de ces qualités. On peut ajouter que, dans les dernières années de sa carrière théâtrale, l'usage du tabac donnoit à sa voix, naturellement bien timbrée,

(2) Par arrêté du 19 mars 1822, M. le duc de Duras décida que Mme Desmousseaux seroit reçue Sociétaire le 1er avril 1824. Cette actrice ayant demandé que sa réception fût avancée d'une année, le Comité proposa cette mesure au Supérieur de la Comédie, sous condition expresse que les appointements actuels seroient maintenus, & que la nouvelle sociétaire ne jouiroit jusque-là d'aucun des droits attachés à son titre.

Le duc de Duras répondit : « Je ne vois aucune raison pour avancer la réception de Mme Desmousseaux, & je crois même que le grand travail de classification des emplois, que vous commencez, doit être nécessairement fait avant. »

(*Arch. de l'Emp.*)

(3) Comédie en un acte & en prose, de N. Fournier, représentée le 8 juillet 1840.

des inflexions nasales dont l'effet n'étoit pas toujours heureux.

Après trente-cinq ans d'exercice, pendant lesquelles cette excellente comédienne avoit rendu à la Comédie-Françoise de bons & loyaux services, surtout dans l'ancien répertoire, elle prit sa retraite (4), le 1er avril 1852, laissant au théâtre un vide difficile à combler. Sa représentation à bénéfice eut lieu trois semaines plus tard, le 24 du même mois. La bénéficiaire y remplissoit le rôle de Mme Pernelle, où elle étoit inimitable, & le public lui exprima les témoignages d'intérêt dont son talent la rendoit digne, & qui attestoient en même temps les regrets causés par sa retraite.

Mme Desmousseaux est morte à Paris, le 25 juin 1857, après une courte maladie.

---

(4) Elle avoit, nous l'avons dit, épousé Desmousseaux, qui pris de malheureuse passion pour la Melpomène antique, avoit quitté l'étude d'un notaire pour se consacrer à la scène.

L'analogie de l'emploi qu'occupoient à la Comédie-Françoise Desmousseaux & Saint-Aulaire (*), & le peu de relief qu'ils avoient su y donner, mettoient en gaîté les critiques contemporains. Une biographie dramatique, publiée en 1825, marquoit, au nom de Saint-Aulaire, *voy. Desmousseaux*, & vice versâ, à l'article de celui-ci. Elle rapportoit assez plaisamment, à ce propos, un couplet inspiré par cette confraternité :

A Saint-Aulaire,
Moi, je préfère Desmousseaux ;
Mais lorsque je vois Desmousseaux,
Je crois bien que c'est Saint-Aulaire
Que je préfère.

(*) Desmousseaux (Félicité-Auguste Saillat), né à Dormans, le 28 décembre 1785 ; mort à Passy le 10 août 1854.
Pierre-Jacques Porlier-Pagnon, dit Saint-Aulaire, avoit débuté le 12 mai 1820 par le rôle de Burrhus. Il est mort à Paris, en 1864.

Rôles créés par Mme Desmousseaux.

1819	Mme Gerville . . .	*Les Femmes politiques*, de *** (Goffe).
1820	Mathilde	*Clovis*, de Viennet.
1821	La Nourrice . . .	*Jeanne d'Albret*, de Carm., Roch. & Théaulon.
«	Gertrude	*La Mère rivale*, de C. Bonjour.
«	Mme Dumont . . .	*Le Retour*, de *** (Rancé).
«	Constance	*Faliero*, de *** (Goffe).
1822	Thérèse	*Les Quatre Ages*, de Merville.
1823	Babet	*L'Education*, de C. Bonjour.
1824	Mme Derville . . .	*Le Mari à bonnes fortunes*, du même.
1825	Germaine	*La Jeune femme colère*, d'Etienne.
1826	Christine	*La Petite Maison*, de Melesville.
«	Mme Romberg . .	*L'Intrigue & l'Amour*, de De la Ville.
«	Mme Seraphin . .	*Le Duel*, de L. Halévy (& A.-J. Sanson).
«	Hyacinthe	*L'Argent*, de C. Bonjour.
«	Marguerite	*Une Aventure de Charles V*, de Lafite.
«	Mme de Beaufort .	*Le Jeune Mari*, de Mazères.
1827	Brigitte	*Lambert Simnel*, d'Empis & Picard.
«	Mme Bertrand . . .	*Les Trois Quartiers*, de Mazères & Picard.
1828	Françoise	*Molière*, de François.
«	Mme Herbin . . .	*Jamais à propos*, de *** (Empis & Picard).
«	Dorothée	*La Duchesse & le Page*, de Béraud.
1829	Mme Brochette . .	*Une Journée d'élections*, de De la Ville.
«	Mme Evrad	*Le Protecteur & le Mari*, de C. Bonjour.
«	Mme Frémont . . .	*Le Majorat*, de Cournol.
1830	Mme de Lessoville .	*Un An*, d'Ancelot.
«	La Comtesse . . .	*Les Trois Jours*, de L. Halévy.
1831	Mme de Beaugency	*Naissance, Fortune & Mérite*, de C. Bonjour.
1833	Honora	*Guido-Reni*, de Béraud.
«	Béatrix	*Le Presbytère*, de C. Bonjour.

1834	M*me* de Bagneux .	*Heureuse comme Princesse*, d'Ancelot & Roux.
1835	M*me* de Margry . .	*Une Présentation*, de François & N. Fournier.
«	Dorothée	*Don Juan d'Autriche*, de C. Delavigne.
1836	Lady Louise . . .	*Lord Novart*, d'Empis.
«	La Comtesse . . .	*Le Testament*, d'A. Duval.
«	La Générale . . .	*Un procès criminel*, de Rosier.
«	M*me* d'Herbigny .	*Marie*, de M*me* Ancelot.
1837	La Marquise . . .	*Julie*, d'Empis.
1838	M*me* de Courtenay.	*Isabelle*, de M*me* Ancelot.
1839	La Comtesse . . .	*Les Serments*, de Viennet.
1840	La Marquise . . .	*L'Ecole du Monde*, de Walewski.
«	M*me* de Saverny .	*La Calomnie*, de Scribe.
«	M*me* de Verrières .	*Les Souvenirs de la Marq. de V****, de N. Fourn.
1844	M*me* d'Ervet . . .	*Un Ménage parisien*, de Bayard.
«	M*me* d'Aigueperse .	*Le Mari à la campagne*, de Bayard & J. de Wailly.
1845	Belotte.	*Une bonne Réputation*, d'Arnould.
«	Germaine	*M*me* de Lucenne*, de M*me* A. Comte.
«	La Marquise . . .	*La Tour de Babel*, d'A. Bruant.
«	M*me* Joubert . . .	*L'Enseignement mutuel*, de Desnoyers & Nus.
1846	Barbara	*Don Guzman*, de Decourcelles.

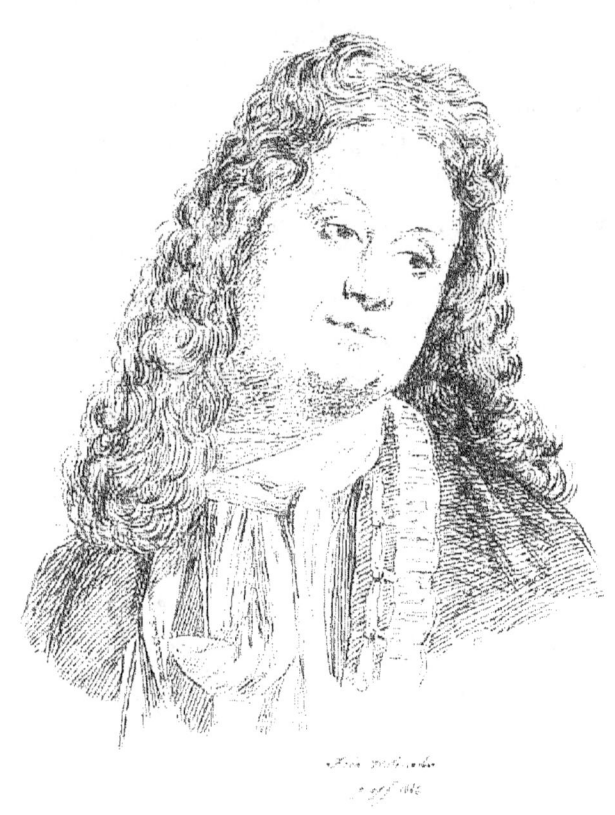

MENJAUD
Comédie-françoise
1819 - 1842

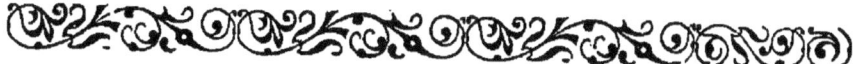

JEAN-ADOLPHE

MENJAUD

1819 — 1842

LE 16 février 1817, l'affiche de l'Odéon annonçoit modeftement, en caractères minufcules, le début de M. *Adolphe* dans le rôle d'Olivier du *Capitaine Belronde*; début, qui tenté pour ainfi dire fous le voile de l'incognito, paffa inaperçu. Mais, deux mois plus plus tard, le jeune commençant, ancien élève du Confervatoire, où il avoit été admis en

---

Extrait des regiftres de l'Etat civil du 6ᵉ arrondiffement de Paris : « Du 28 meffidor an IIIᵉ de la République, acte de naiffance de JEAN-ADOLPHE, né le 25ᵉ jour de meffidor & heure de dix heures du matin, à Paris, rue du Faubourg du Temple, 11, fils de JEAN MENJAUD, liquidateur à la Tréforerie (*), & de ELÉONORE BÉNARD, &c. » Suivent les noms des témoins.

(*) Et précédemment notaire, avant la Révolution.

1812, & avoit l'année fuivante remporté le fecond prix de tragédie, étoit attaché au Grand-Théâtre de Bordeaux (1), fous fon nom de famille, & agréé par le public du lieu dans l'emploi des *jeunes premiers* tragiques & comiques.

Pendant un féjour que Talma & Mlle Mars firent en 1818 dans cette ville, où ils étoient allés donner quelques repréfentations, Menjaud les feconda avec ardeur en fe multipliant dans le répertoire claffique. Son zèle, étayé de quelques heureufes difpofitions, lui concilia la bienveillance des deux célèbres artiftes. Grâce à leur influence, il fut, peu après, mandé à Paris, & joua à la Comédie-Françoife, le 19 mai 1819, & fans être annoncé, les rôles d'Hippolyte dans *Phèdre* & de Derval dans les *Rivaux d'eux-mêmes*. Sa réuffite fut affez peu marquée dans cette épreuve, ainfi que dans celles qui fuivirent : il refta néanmoins attaché à la Comédie, en vertu d'un engagement (2) qui exiftoit déjà.

---

(1) On raconte qu'à fon arrivée dans cette ville, où il devoit débuter dans les *jeunes premiers rôles*, le régiffeur du théâtre lui ayant demandé : « Que favez-vous, jeune homme? — Tout, répondit timidement Menjaud. — Tout le répertoire? Diable! c'eft fuperbe. Nous débuterons demain.

Le lendemain arrive. — Avons-nous choifi nos pièces de début? Voulez-vous l'*Ecole des Maris?* — Je ne la fais pas bien. — L'*Ecole des Femmes?* — J'aurois à la revoir. — Le *Chevalier à la mode?* — Je n'en fuis pas fûr. — Mais vous m'avez dit que vous faviez tout. — Je fais toujours le commencement de chaque pièce ; mais je ne me rappelle jamais la fin. »

(2) En vertu d'une délibération du Comité, du 19 novembre 1818, fur la propofition de M. Talma & de Mlle Mars, ratifiée par le duc de Duras, le fieur Menjaud fut engagé pour le 1er avril 1819, aux appoin-

Ce n'eſt pas que Menjaud manquât de moyens ; mais une timidité naturelle, qu'il ne put jamais vaincre entièrement, étoit alors extrême chez lui. Son jeu terne, incolore, ſa tenue embarraſſée & contrainte avoient fait de lui ce qu'au théâtre on appelle un *repouſſoir*. Auſſi, durant longues années fut-il vu avec indifférence par le public ; & loin de chercher à ſortir d'une poſition auſſi fauſſe que pénible pour ſon amour-propre, il ſembloit au contraire ne chercher qu'à s'effacer.

Cependant, en 1821, il arriva que Menjaud, mécontent de ſon rang d'infériorité, prit ſur lui de contracter un engagement avec le théâtre du Gymnaſe-Dramatique, ouvert récemment & où il devoit paroître au 1er avril de l'année ſuivante. Mais il paroît qu'il ne donna pas ſuite à cette démarche intempeſtive, puiſqu'on voit les directeurs de ce théâtre obligés de recourir aux voies judiciaires (3) pour lui rappeler les termes de ſon contrat. La Comédie intervint pour le retenir, & fit bien.

En 1826, il devint membre de la Société, &, deux années plus tard, lors de la retraite d'Armand, il fut

---

tements de 3,000 fr. pour la première année & de 4,000 fr. pour la ſeconde, pour jouer les *deuxièmes & troiſièmes amoureux* tragiques & comiques.

(*Arch. de l'Emp.*)

(3) Le 5 avril 1822, aſſignation donnée par Claude-Gaſpard Poirſon-Deleſtre & Alphonſe Théodore Cerfbeer, directeurs du Gymnaſe dramatique, pour ſommer le ſieur Menjaud d'exécuter l'engagement qu'il avoit pris avec ceux-ci, parce que, ayant peu réuſſi à la Comédie-Françoiſe, il vouloit ſe livrer à l'art du chant.

(*Arch. de l'Emp.*)

à son tour chef d'emploi. Cette position & l'accueil bienveillant du public auroient dû lui donner plus de confiance en lui-même; & cependant ce n'étoit jamais sans un violent effort qu'il se décidoit à paroître sur la scène; &, lorsqu'il devoit jouer, il avoit besoin de s'y préparer de longue main & de se raisonner plusieurs heures à l'avance. Cette défiance de ses propres forces entrava jusqu'à un certain point l'essor de son talent. Ainsi, après avoir approfondi par une consciencieuse étude le rôle de Tartuffe, il ne put jamais se décider à l'aborder. Y eût-il réussi? c'est une question. Menjaud étoit devenu sans nul doute un agréable *amoureux*, un *jeune premier* très-intelligent; mais dans l'interprétation des rôles de *force*, tels que celui de Misanthrope, il resta au-dessous des qualités nécessaires. Il manquoit de vigueur, d'énergie, de puissance : sa physionomie, toujours placide, se refusoit à la peinture des émotions vives; & quand la situation l'animoit, sa figure, même au milieu des emportements de la passion, conservoit l'air souriant. Aussi étoit-il mieux placé, incontestablement, dans les rôles qui demandoient de la grâce, de la finesse, de la légèreté. Doué par la nature d'un extérieur propre à représenter l'homme de cour au XVIIIe siècle, il portoit à merveille l'habit habillé de ce temps-là. Parmi les caractères dans lesquels il s'est fait remarquer, il en est un surtout, celui de Bolingbroke dans le *Verre d'eau* (1841), qui fit ressortir les nuances distinctives de son talent. Il avoit admirablement saisi le mélange de gravité & d'enjouement qui compose ce personnage. Il y étoit sobre de gestes, & sa gaîté de bon goût n'excluoit pas la dignité (4).

Bien que Menjaud ne fût pas arrivé encore à l'âge où le repos est nécessaire, & que le rang distingué qu'il occupoit à la Comédie-Françoise n'eût pu que le rehausser encore par de nouveaux succès, il manifesta l'intention de se retirer dès l'année 1838. M. Védel, alors directeur, se préoccupa du moyen de le retenir, & y parvint par une représentation donnée à son bénéfice le 30 mai 1839. L'année suivante, une transaction amiable, où le Ministre intervint, le lia pour deux ans encore, à la suite desquels il ne fut plus possible de lui faire changer de résolution. Il joua pour la dernière fois, le 30 mars 1842, dans *Une Chaine*, le rôle de Saint-Géran, qui comptoit parmi ses meilleures créations, & quitta la scène dans toute la plénitude de son talent, & dans une phase où sa présence à la Comédie-

---

(4) Un des premiers, Menjaud pressentit l'avenir de cette Rachel, qui, après avoir commencé obscurément sa carrière dramatique, jeta un si grand éclat sur la scène. Un de nos spirituels feuilletonistes racontoit à ce propos que Menjaud, avec qui il étoit particulièrement lié, lui donna un jour un billet pour la Comédie-Françoise en lui disant : « Vous serez entouré de banquettes vides ; mais allez assister au début d'une jeune fille que j'ai eu occasion d'entendre par hasard. Je ne sais si c'est bon ou mauvais, tant c'est en dehors de toutes les traditions connues ; mais, à coup sûr, ce n'est pas vulgaire, & allez-y voir par curiosité. » C'est ce que fit M. P*** ; & le lendemain, le *Journal de Paris*, dans lequel il écrivoit, parloit avec grand éloge de ce talent nouveau qui venoit de se révéler. Les articles des *gros bonnets* de la presse ne vinrent que plus tard, & achevèrent de mettre en lumière ce qui l'avoit frappé d'abord.

Françoise devenoit plus que nécessaire. Aussi son départ fut-il considéré, eu égard aux circonstances, comme une véritable calamité (5).

Menjaud avoit épousé, en 1822, Mlle Devin cadette (6), alors pensionnaire, comme lui, de la Comédie-Françoise, & à qui il survécut vingt ans. Il se remaria après quelques années de veuvage.

Comme homme privé, il s'étoit concilié l'estime de ceux qui le connoissoient. Naturellement modeste, & poussant même ce sentiment trop loin, il étoit d'un commerce facile & liant; il étoit en outre serviable & se montroit toujours le premier à provoquer une sous-

---

(5) Voici ce qu'on lit dans le numéro du 12 mars 1842, du *Courrier des spectacles*, & que nous reproduisons sous réserve : « Les acteurs du Théâtre-François ont su d'une singulière façon le *chiffre* qui retiendroit Menjaud parmi eux. On parloit des traitements exagérés & on les blâmoit, bien entendu; ce sont là de ces choses qu'on veut bien faire & qu'il faut bien se garder d'approuver. *En riant*, Menjaud dit : « Qu'on me donne 50,000 fr. & je « reste. » Déja, les interlocuteurs se regardoient, lorsqu'une personne qui tient de près à cet acteur s'adressa confidentiellement à ses camarades : « Cinquante mille francs, c'est trop; « il badine..... mais *donnez-lui en* « *trente & je me charge de le faire* « *consentir.* » Un long silence succéda à cet entretien. »

Il est vrai que le même journal revient dans son numéro du lendemain sur son anecdote de la veille, qui n'étoit, dit-il, *qu'un sujet de plaisanterie.*

(6) Armantine-Emilie, née à Paris le 8 novembre 1794, fille de Christophe-Jacques Devin, rentier, & de Jacqueline-Françoise-Armantine Tessier, son épouse. Après avoir joué la comédie de 1807 à 1809 à l'Odéon, & de là à Rouen, puis à Nantes, où elle resta pendant quatre années, elle débuta au Théâtre-François, le 15 juillet 1815, par les rôles d'Eugénie dans la *Femme jalouse* & de Charlotte dans les *Deux Frères*. Elle est morte à Batignolles le 13 avril 1844.

cription, lorſqu'une infortune venoit frapper à la porte du Théâtre-François. Il poſſédoit pluſieurs talents agréables : ainſi, il ſe délaſſoit en ciſelant au tour ; il aimoit paſſionnément la muſique & ſavoit chanter. Il avoit même l'amour-propre de ſe manifeſter au public ſous ce dernier aſpect, & on dit que, de ſon temps, on ne jouoit guères le *Barbier de Séville*, de Beaumarchais, qu'il ne revendiquât comme faveur de dire dans la couliſſe l'air de *Lindor*, que roucoule le comte Almaviva ſous les fenêtres de ſa belle ; & cela, au préjudice des chanteurs de profeſſion que cela concernoit directement, & diſons-le, à plus juſte titre. Il étoit très-flatté des applaudiſſements que lui valoit cette excurſion momentanée hors du domaine de ſes rôles habituels.

Menjaud, en quittant le théâtre, étoit allé fixer ſa réſidence à Tours : il y eſt mort, le 22 novembre 1864, dans un âge peu avancé, des ſuites d'une congeſtion cerébrale.

Rôles créés par Menjaud.

1819	Saint-Clair	*Le Marquis de Pomenars*, de *** (Mme S. Gay).
1820	Olivier.	*Le Pareffeux*, de Marignié.
1821	Eros.	*Zénobie*, de Royou.
«	Germon	*La Mère rivale*, de C. Bonjour.
«	Baftien.	*La Fontaine chez Mme de la Sabl.*, de A. Naudet.
1824	Martian	*Eudore & Cymodocée*, de Gary & *** (Pichald).
1825	Oreb	*Judith*, de Decomberouffe.
1827	Olivier.	*Lambert Simnel*, d'Empis et Picard.
«	Le Comte	*L'Ami de tout le monde*, de *** (Mme de Bawr).
1828	Milord Palmer . .	*Molière*, de François.
«	Le comte Balkoff .	*Chacun de fon côté*, de Mazères.
«	Le duc d'Albe . .	*Elifabeth de France*, d'Al. Soumet.
«	Eugène.	*Jamais à propos*, de *** (Empis & Picard).
«	Tebaldo.	*Olga*, d'Ancelot.
«	Mendoza.	*Les Intrigants de cour*, de Jouy.
«	Henri	*L'Efpion*, d'Ancelot & Mazères.
1829	Mignot.	*Le Bon Garçon*, de Mazères & Picard.
«	Dorlange.	*Une Journée d'élections*, de De La Ville.
«	Henri	*Le Majorat*, de Cournol.
«	Rodrigo	*Le More de Venife*, d'A. de Vigny.
1830	Don Sanche . . .	*Hernani*, de V. Hugo.
«	Monbray.	*Un An*, d'Ancelot.
«	Alfred	*Les Trois jours d'un grand peuple*, de L. Halévy.
«	Arons	*Junius Brutus*, d'Andrieux.
«	Yago	*Le Nègre*, d'Ozaneaux.
«	Charles	*Les Trois Chapeaux*, d'A. de Longpré.
«	Rofa.	*Don Carlos*, de ***.
1831	Solanges	*Naiffance, Fortune & Mérite*, de C. Bonjour.
«	Mirecourt	*L'Amitié des Femmes*, de Lafite.
«	Le Marquis. . . .	*Les Rendez-vous*, d'A. de Longpré.
«	Belcombe	*La Crainte de l'opinion*, de Barrau.
«	Des Arcis	*Dominique le Poffédé*, de D'Epagny & Dupin.
«	Malherbe	*La Famille Lufigny*, de F. Soulié.

1831	Paul	*Les Préventions*, de D'Epagny & Dupin.
«	Hénarès	*La Reine d'Espagne*, de Delatouche.
«	Joffelin.	*Joffelin & Guillemette*, de D'Epagny.
1832	Léon.	*Le Mari de la Veuve*, de *** (A. Bourgeois, A. Dumas & Durieu).
«	Charles.	*Le Duelliste*, d'A. de Longpré.
«	Biffy	*Clotilde*, de F. Soulié.
«	L'Abbé	*Voltaire chez Mme de Pompadour*, de Desnoyers & Lafite.
1833	Edouard	*Plus de peur que de mal*, d'Auger.
«	Cyprien	*Le Presbytère*, de C. Bonjour.
«	Belton	*Clariffe Harlowe*, de Dinaux (Baudin & Goub.).
«	Richelieu.	*La Confpir. de Cellamare*, de St-Efteben & d'Ep.
«	Buckingham . . .	*Les Enfants d'Edouard*, de C. Delavigne.
«	Bagneville	*Le Marquis de Rieux*, de Dupin & d'Epagny.
1834	Eugène	*Une Liaifon*, d'Empis & Mazères.
«	Le duc de Rohan.	*Une Aventure fous Charles IX*, de Badon & Soul.
«	De Nangis. . . .	*Heureufe comme Princeffe*, d'Ancelot.
«	Albert	*Charles IX*, de Rofier.
«	Sir Henry	*L'Ambitieux*, de Scribe.
1835	Richelieu.	*Louis XIII*, de N. Lemercier.
«	Henri	*Charlotte Brown*, de *** (Mme de Bawr).
«	Le Comte	*Une Préfentation*, de François & Fournier.
«	Arthur.	*Un Mariage raifonnable*, d'Ancelot.
«	Montigny	*Un Procès criminel*, de Rofier.
1836	Melcourt.	*Marie*, de Mme Ancelot.
1837	De Varennes. . .	*La Camaraderie*, de Scribe.
«	Chev. d'Arcey . .	*La Vieilleffe d'un grand roi*, d'Arn. & Lockroy.
«	Saint-Charles . .	*Claire*, de Rofier.
«	Le Marquis . . .	*Le Château de ma Nièce*, de Mme Ancelot.
«	Cinq-Mars. . . .	*La Marq. de Senneterre*, de Mélefville & Duveyr.
1838	Le Commandeur .	*Une Saint-Hubert*, d'A. de Longpré.
«	Théodore	*L'Attente*, de *** (J. de Wailly).
1840	Saint-André . . .	*La Calomnie*, de Scribe.
«	Le Duc	*Cofima*, de G. Sand.
1841	Le Chevalier. . .	*Un Mariage fous Louis XV*, de A. Dumas (Ribbing & Brunfwick).
«	Saint-Géran . . .	*Une Chaîne*, de Scribe.

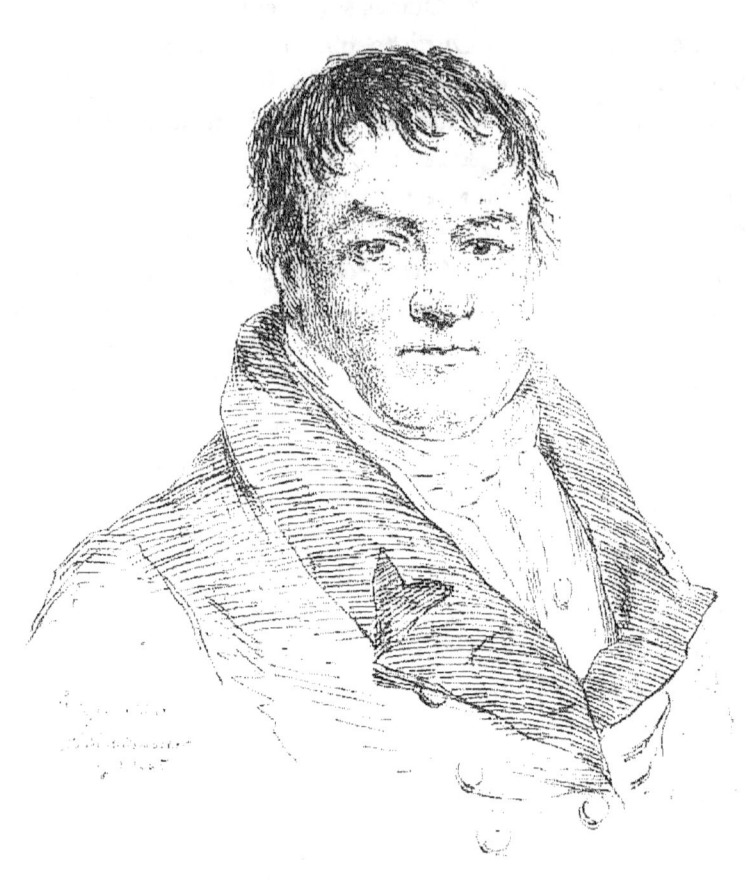

GRANDVILLE
Comédie-françoise
1821-1834

CHARLES-FRANÇOIS GRANDIN

dit GRANDVILLE

1821 — 1834

APRÈS avoir paſſé les premières années de ſa jeuneſſe dans l'étude d'un procureur de la ville de Metz, lieu de ſa naiſſance, Charles Grandin, enlevé par la réquiſition comme tant d'autres jeunes gens de ſon âge, partit pour les armées & reſta ſix ans ſous les drapeaux. Dans cet eſpace de temps, il

---

Extrait des regiſtres de la paroiſſe Saint-Victor, à Metz : « L'an mil ſept cent ſoixante & douze, le treize mars, a été baptiſé CHARLES-FRANÇOIS, né de la veille, fils du ſieur PIERRE-CHARLES GRANDIN, ancien employé des Domaines du Roy, & de dame CATHERINE-ELISABETH VINCENT, ſon épouſe. Parrain, CHARLES-FRANÇOIS GRANDIN, ſon oncle, &c. »

avoit perdu son père, modeste employé des Domaines, que les événements de la Révolution avoient privé de son état & de ses ressources. Le jeune Grandin, en rentrant dans ses foyers, n'y trouva plus que le deuil & la misère. Rien encore, à cette époque, n'étoit reconstitué : reprendre son ancienne profession n'étoit plus chose possible, & pourtant, il falloit se créer des moyens d'existence. Possesseur d'une assez jolie voix, Grandin songea à en tirer parti, & il s'engagea pour chanter ce qu'on nommoit alors les *Trial*, dans une troupe qui se rendoit à Nice & alloit y importer nos opéras-comiques. Il parcourut ensuite plusieurs grandes villes de France en compagnie d'acteurs ambulants. En 1806, il vint à Paris & s'attacha à la fortune d'un théâtre nouvellement établi dans la rue Saint-Martin, sous la dénomination de *Variétés étrangères*, & où on ne jouoit que des pièces traduites de langues autres que la nationale.

Cette entreprise ayant sombré le 13 août 1807 par suite du décret relatif à la suppression de plusieurs théâtres, Grandville (c'est le nom qu'il avoit adopté en se faisant comédien) fut engagé au théâtre de l'Impératrice (salle Louvois), où ses débuts eurent lieu par les rôles de Bonnard, dans les *Amis de collége*; de Pasquin, dans le *Jeu de l'Amour & du Hasard*; de Rigolet, dans les *Conjectures*, & de M. Pincé, dans le *Tambour nocturne*.

Quoiqu'il eût réussi, Grandville ne resta pas long-temps pensionnaire de ce théâtre, qu'il quitta au bout d'une année pour aller de nouveau courir le monde. Il contracta un engagement pour Saint-Pétersbourg, où il fit un séjour de quatre années. Les événements politiques ayant provoqué, en 1812, la dissolution de la Compagnie françoise, cet acteur partit pour Varsovie. Après deux ans passés dans la plus complète inaction, il parvint enfin à former une réunion d'acteurs françois qui restèrent sous sa direction jusqu'au commencement de 1818. Il rentra alors en France, & vint à Paris solliciter un ordre de début à la Comédie-Françoise, afin d'y remplacer Baudrier (1), mort quelque temps auparavant.

Le 10 août de cette même année, Grandville débuta donc dans les *Femmes Savantes* & le *Barbier de Séville*, par les rôles de Chrisale & de Bartholo. A son entrée sur la scène, sa taille élevée ne laissa pas d'abord que de surprendre les spectateurs, dont un visage sec, rude & même un peu sauvage n'étoit pas fait, d'ailleurs, pour lui concilier les sympathies; mais peu à peu cette impression défavorable fit place au désir de juger le nouveau venu avec impartialité. Dans plusieurs parties

---

(1) Benoît Baudrier, acteur dont la génération présente ne connoît même pas le nom, resta trop peu de temps au théâtre pour y être bien apprécié. Il jouissoit à Nantes d'une certaine réputation, lorsqu'il fut appelé à Paris par l'Autorité supérieure. Ses débuts commencèrent le 27 juin 1811 & durèrent jusqu'à la fin de juillet. Nommé sociétaire seulement le 1er avril 1817, après un noviciat de près de six années, il jouit à peine de cette prérogative, car une maladie l'emporta, le 13 octobre suivant, à l'âge de 45 ans. Il étoit né à Lyon, d'une bonne famille, & avoit fait d'excellentes études.

du rôle de Chryſale, Grandville fit preuve d'un talent formé par la pratique, mais novice encore dans le nouvel emploi auquel il ſe deſtinoit ; car, juſque-là, il n'avoit joué que les *valets* & les *comiques* ; & loin d'avoir, en effet, ſaiſi la phyſionomie de ſon perſonnage, il montra trop, ſous l'habit carré du brave bourgeois peint par Molière, l'acteur habitué à endoſſer la caſaque de La Branche, où à chauſſer les grandes bottes de Criſpin. Un ſeul paſſage, celui où Chriſale, pouſſé à bout, s'écrie :

« Qu'importe qu'elle manque aux loix de Vaugelas,
« Pourvu qu'à la cuiſine elle ne manque pas ! »

& qu'il débita avec feu & avec un comique de bon aloi, lui mérita des applaudiſſements ; dans tout le reſte du rôle, il parut incolore. Ce fut pis encore, dans le rôle de Bartholo, où il fut tout-à-fait inſuffiſant, & au réſumé, cette première épreuve le fit paſſer pour foible comédien.

Plus heureux quelques jours après, dans l'*Avare*, qu'il joua le 21 pour ſon deuxième début, il y dénota des intentions juſtes & qui accuſoient une bonne entente du caractère qu'il repréſentoit. Néanmoins Grandville ne fut point admis : on lui préféra un concurrent (2), dont les débuts étoient alors remarqués.

(2) Coffard, c'étoit ſon nom, ſortoit du Conſervatoire, il avoit débuté, le 11 juillet 1818, par les rôles de Géronte, du *Diſſipateur*, & de Sganarelle, de l'*Ecole des Maris*. Il fut remercié en 1822. Après avoir

Grandville, évincé pour l'heure, mais confiant dans l'avenir, retourna dans les départements avec la ferme volonté de fe repréfenter plus tard devant fes juges lorfqu'il fe feroit fortifié par l'étude & par la pratique. Les circonftances vinrent en aide à ce deffein. L'état, pour ainfi dire, conftamment valétudinaire de De Vigny l'éloignant prefque conftamment de la fcène, le Comité d'adminiftration, quelques années plus tard, reconnut qu'il devenoit indifpenfable de fe procurer un fujet qui pût le doubler dans les *financiers*, les *manteaux* & les *grimes*, &, informé que Grandville nourriffoit toujours un vif défir d'entrer à la Comédie-Françoife, il lui fit propofer un engagement à l'effai pour un an. Celui-ci accepta l'offre de grand cœur, &, le 7 mai 1821, il parut de nouveau dans le rôle de Géronte, du *Diffipateur*. Il fe tira de cette épreuve de manière à prouver qu'il avoit mis à profit le temps qui s'étoit écoulé depuis fa première tentative. Le 20 novembre 1822, on le reçut au nombre des Sociétaires.

Ce comédien, qu'on ne placera pas en première ligne, poffédoit néanmoins des qualités réelles : il favoit parfaitement écouter fon interlocuteur & n'étoit pas étranger aux faines traditions qui font le palladium du répertoire claffique. Malheureufement, l'expreffion de fon vifage étoit commune, vulgaire même ; fon jeu étoit entaché d'une forte de trivialité dont l'âge ne le

parcouru la province pendant plufieurs années, on le revit de 1833 à 1834, penfionnaire du Théâtre-François, où il ne fit que paffer. Il eft aujourd'hui retiré à Touloufe.

corrigea pas, bien au contraire, &, dans fes dernières années, le fâcheux état de fa fanté lui avoit inculqué une phyfionomie trifte & mauffade, qui n'avoit rien de bien prévenant.

Ses infirmités l'obligèrent enfin à renoncer, en 1834, à l'exercice de fa profeffion. Il demanda & obtint fa retraite pour le 1er avril, & il alla habiter Sens, où il mourut deux ans après, le 3 décembre 1836.

Grandville eft l'auteur d'un roman intitulé : *Paulin, ou les aventures du comte de Walter* (Paris, Defenne, 1792), 2 vol. in-12, publié fous le voile du pfeudonyme.

Rôles créés par Grandville.

1821	Vicenza	Marino Faliero, de Goffe.
1823	Orville.	L'Homme aux Scrupules, de ***(Richard Faber).
«	Duval	L'Education, de C. Bonjour.
1824	Duceffois	La Saint-Louis à Sainte-Pélagie, de Lafite.
«	Beaumanoir . . .	Une Journée de Charles V, de Duport père & fils.
1825	Duchâtel.	L'Héritage, de Mennechet.
«	Bᵒⁿ de Vieux Manoir	Le Château & la Ferme, de P. Dup., Gerf. & Th.
«	Préval	Le Roman, de De La Ville.
«	Warton	Les Intrigues de cour, de *** (Jouy).
1826	Fréville.	L'Agiotage, d'Empis & Picard.
«	Saint-Albin . . .	L'Amitié des deux Ages, de Monier de la Sizer.
«	Vincent	Pauline, de Du Merfan.
«	Picard	Le Spéculateur, de Riboutté.
«	Roger	Une Aventure de Charles V, de Lafite.
«	Duperrier	Le Jeune Mari, de Mazères.
1827	Galeotti	Louis XI à Péronne, de Mély-Janin.
«	Broughton	Lambert Simnel, d'Empis & Picard.
«	Bertrand.	Les Trois Quartiers, de Picard & Mazères.
«	La Fontaine . . .	Racine, de Brizeux & Bufoni.
1828	Le Mⁱˢ de Polla . .	La Princeffe Aurélie, de C. Delavigne.
«	Wilfon.	L'Efpion, d'Ancelot & Mazères.
1829	Le Bᵒⁿ Fierville . .	Le Complot de Famille, d'A. Duval.
«	Corbineau	Une Journée d'élections, de De La Ville.
1830	Durand	Les Trois jours, de *** (L. Halévy).
1831	De Formont . . .	Naiffance, Fortune & Mérite, de C. Bonjour.
«	Le Préfident . . .	Les Rendez-vous, d'A. de Longpré.
1832	Le Marquis. . . .	Le Prince & la Grifette, de C. de Leffer.
1833	Le Gouverneur . .	Guido-Reni, de Béraud (& Bouilly).

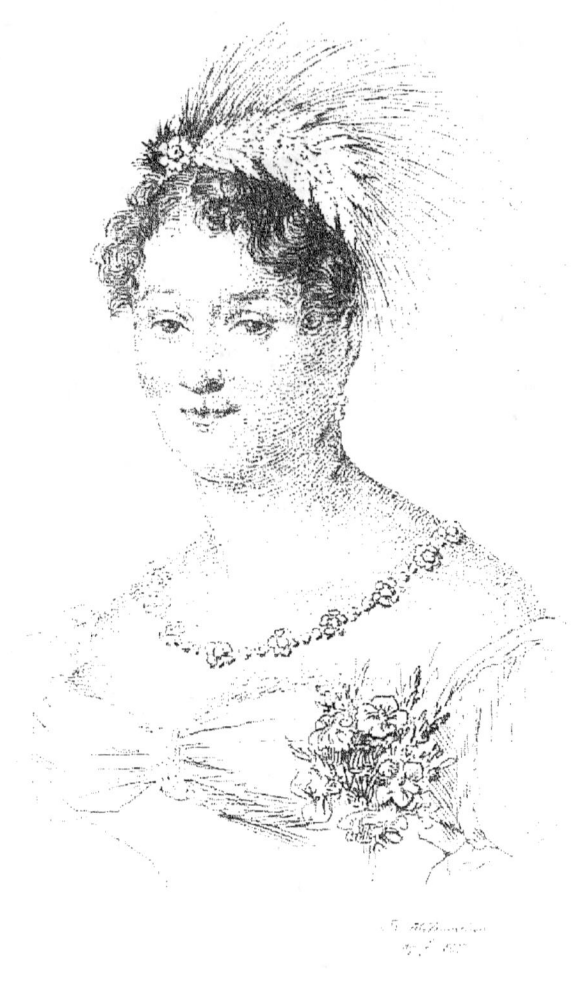

Mademoiselle Mante
Comédie-françoise
1822 - 1849

LOUISE-CHARLES-THÉOPHILE

MADEMOISELLE MANTE

1822 — 1849

E jeudi 12 septembre 1822, une jeune femme d'environ vingt-quatre ans, à la taille avantageuſe & bien priſe, aux traits réguliers, aux yeux noirs, quittoit les bancs du Conſervatoire où elle avoit reçu les leçons de Granger, & débutoit à la Comédie-Françoiſe par les rôles de Célimène, dans le

---

Extrait des regiſtres de l'Etat-civil du 1ᵉʳ arrondiſſement : « Du quinze prairial an VII (3 juin 1799) de la République françoiſe une & indiviſible ; acte de naiſſance de LOUISE-CHARLES-THÉOPHILE (fille), née hyer à deux heures de relevée, rue Croix, n° 537, diviſion de la place Vendôme ; fille de MARIE-JEANNE MANTE, âgée de dix-neuf ans, née à Paris ſur la ci-devant paroiſſe Saint-Euſtache. Témoins : LOUIS-CHARLES MANTE, âgé de vingt-quatre ans, domicilié à Paris, boulevard Cérutti ; JACQUES-JOACHIM-ALEXANDRE VILLET, adjudant-général, &c. »

Mifanthrope, & d'Hortenfe dans l'*Amour & la Raifon*. Cette jeune femme étoit Mlle Mante.

Née à Paris le 2 juin 1799, elle avoit commencé par étudier la peinture, & ce n'eft qu'affez tard qu'elle fe décida à embraffer la carrière du théâtre. Elle entra alors à l'Ecole de déclamation, où, dès la première année, elle remporta le prix de comédie.

Bien qu'elle n'eût jamais mis le pied fur aucun théâtre avant le jour de fon début, elle fe tira de cette première épreuve comme une actrice façonnée depuis longtemps à la fcène. On lui reconnut de grandes difpofitions, des dons que l'exercice ne pourroit que développer. Son organe feul laiffa quelque chofe à défirer : elle avoit, fans doute, une prononciation pure & correcte, une voix forte & bien accentuée, mais toutefois peu flexible & fe prêtant mal-aifément à l'art des tranfitions.

Sauf cette légère reftriction, la critique contemporaine fe montra très-bienveillante à fon égard. « Cette jeune & belle femme, dit le *Journal des Débats*, n'a point la beauté piquante de Mlle Contat, ni le charme irréfiftible de Mlle Mars; mais elle réunit des qualités effentielles qu'il eft rare de rencontrer au même degré chez une jeune perfonne. »

Le foir même de fon premier début, Mlle Mante fut engagée comme penfionnaire, aux appointements de 4,000 fr. Pour fon fecond début, elle joua, le 14 feptembre, Céliante, du *Philofophe marié*, & la Comteffe, du *Legs*; ces deux rôles, où la convention remplace le naturel, lui furent moins favorables que les précédents. Le 18, elle parut dans la *Coquette corrigée* & dans la *Gageure imprévue*, & le 21, elle continua ſes débuts par Elmire, du *Tartuffe*, où ſon ſuccès fut complet, & par Roſine, du *Barbier de Séville*, perſonnage dans lequel on la trouva moins convenablement placée, « parce qu'elle n'avoit ni les traits, ni la taille, ni ſurtout l'organe d'une *ingénue* (1). »

Son cinquième début eut lieu dans le rôle de Julie, du *Diſſipateur*, qu'elle rendit avec une intelligence remarquable, & dans celui de Mme de Beauval, de *Bruéis & Palaprat*. Le 30 du même mois, elle joua de nouveau Célimène & Mme de Clainville, avec plus d'aplomb, de fermeté & de confiance encore que la première fois, & ſurtout avec un excellent ton de comédie. Enfin, elle reparut, le 7 octobre ſuivant, dans ce dernier rôle, après avoir joué la Liſette, du *Glorieux*.

Chacune des apparitions de Mlle Mante accuſoit un progrès & témoignoit du ſoin qu'elle apportoit à ſe corriger des fautes qu'une critique amie lui avoit ſignalées; mais, en définitive, ſon jeu ſémillant, ſon regard vif, ſon maintien aiſé, ſon débit accentué la rendoient plus propre à exprimer la coquetterie que la ſenſibilité, & le rire ſardonique lui convenoit mieux que l'interprétation du ſentiment.

Cependant le ſuccès de la débutante croiſſoit à chaque repréſentation : *vires acquirit eundo*. L'empreſſement du

---

(1) Le *Journal des Débats*.

public étoit extrême, en raison du bruit qui se faisoit autour de son nom, & non-seulement l'orchestre des musiciens se trouvoit envahi toutes les fois qu'elle étoit annoncée, mais même ceux des amateurs qui n'avoient pu trouver place dans la salle achetoient à prix d'or la faveur d'être admis sur le théâtre. Rien enfin ne manqua à l'éclat des débuts de Mlle Mante.

Il advint de cette vogue prodigieuse ce qui se produit d'ordinaire en semblable occurrence : les oppositions jalouses s'éveillèrent & espérèrent, en arrêtant le cours de cette marche triomphale, hâter le moment où, rentrant dans la loi commune, il seroit permis de reléguer la nouvelle venue dans les *troisièmes amoureuses*. Mlle Mars, comme si elle avoit eu la foiblesse de s'alarmer des succès de Mlle Mante, s'étoit retirée sous sa tente, & la malignité publique lui attribuoit, non sans quelque raison, des dispositions peu bienveillantes envers sa jeune émule : sentiments dont auroit dû la préserver la conscience de son propre talent. Cette opinion s'accrédita même assez, pour que Mlle Mars jugeât opportun de la combattre, en paroissant de concert avec la débutante, dans les *Femmes savantes*, où, comme on sait, les deux sœurs Henriette & Armande sont presque continuellement ensemble en scène. Les feuilles de l'époque, en rendant compte de cette représentation solennelle, qui eut lieu le 30 octobre 1822 (2),

(2) La recette dépassa 7,000 fr. Les cent vingt loges de la Comédie étoient toutes louées, fait inouï dans les annales de la location, & jamais affluence ne fut égale à la porte d'un théâtre.

conftatent que la grande actrice fit valoir avec un art infini les charmantes fineffes de fon rôle, & que Mlle Mante ne négligea aucun détail du fien, dont elle avoit faifi & rendu avec bonheur la phyfionomie altière & pédantefque.

La réunion de ces talents d'élite, en cette circonftance, caufa un plaifir fi vif & parut fi piquante que, quelques jours après, à la fin du fpectacle, le public demanda fpontanément & à l'unanimité qu'une deuxième repréfentation de ce chef-d'œuvre de Molière eût lieu de nouveau, avec le concours de ces deux actrices. Le théâtre en prit l'engagement, &, le 15 novembre fuivant, l'affiche convioit à ce même fpectacle le public, dont l'empreffement redoubla, fi cela eft poffible. L'effet de cette foirée fut immenfe. Un moment, Mlle Mars put craindre férieufement de fe voir, finon éclipfée, du moins balancée par ce nouvel aftre naiffant. A peine deux mois s'étoient écoulés, que Mlle Mante étoit admife au rang des Sociétaires.

Lorfque les années, & plus encore un embonpoint précoce lui firent une loi de quitter les rôles où jufqu'alors elle avoit brillé, cette actrice changea d'emploi; la coquette Célimène devint, par la force des chofes, la prude Arfinoé, & Armande abdiqua pour Philaminte. Quelque pénible que lui dut être cette transformation, Mlle Mante avoit trop de reffources dans fon talent pour ne pas s'en tirer à fon honneur. Succédant à Mlle Leverd dans l'emploi des *demi-caractères*, les rôles de Mme Evrard dans le *Vieux Célibataire*, de

Mme Patin dans le *Chevalier à la mode*, de la Baronne dans *Turcaret*, pour l'ancien répertoire : ceux de la Maréchale, dans la pièce intitulée : 1760, de Lady Churchill dans le *Verre d'eau*, pour le répertoire moderne, la montrèrent fous une face nouvelle. Mais aucun perfonnage ne mit autant en relief les qualités qui la diftinguoient, que celui de la Baronne dans *Il ne faut jurer de rien*; elle fut, avec ce port de tête qui n'appartenoit qu'à elle, y réunir à un naturel incifif la fierté ariftocratiquement dédaigneufe, fi ce n'eft impertinente, des femmes de qualité fous l'ancien régime.

Pendant vingt-fept années de bons fervices, Mlle Mante avoit donc tenu une place fort honorable à la Comédie-Françoife. On pouvoit efpérer l'applaudir longtemps encore, lorfqu'une maladie de peu de durée l'emporta, le 25 mars 1849.

Elle laiffa des regrets unanimes; car, en dehors de fon talent de comédienne, c'étoit une femme diftinguée, fpirituelle, inftruite, & cultivant également avec goût & fuccès la mufique & la peinture.

Rôles créés par Mlle Mante.

1823	Célimène	L'Homme aux scrupules, de *** (Richard Faber).
«	Laure	L'Education, de C. Bonjour.
1824	Mme Saint-Phar . .	Le Tardif, de J. Genfoul.
1825	Mme Merval . . .	Le Veuvage interrompu, de Bayard.
1828	Mme Bargeot . . .	Chacun de son côté, de Mazères.
«	Dona Béatrix . . .	La Princesse Aurélie, de C. Delavigne.
1829	Mme Beaugrand . .	Le Bon Garçon, de Mazères & Picard.
«	La Marquife . . .	Le Complot de famille, d'A. Duval.
1830	Mme Méricour . . .	La Belle-Mère & le Gendre, de Samfon.
«	Mme Melcour . . .	Les Trois jours, de *** (L. Halévy).
«	La Maréchale . .	1760, d'A. de Longpré.
1831	La Marquife . . .	Charlotte Corday, de Régnier Deftourbet.
1832	Mme d'Armilly . . .	Clotilde, de F. Soulié.
1833	La Comteffe . . .	La Mort de Figaro, de Rofier.
«	Mme de Terrai . .	L'Alibi, d'A. de Longpré.
1834	Augufta	Une Liaifon, d'Empis.
1835	Mme de Pompadour	Une Préfentation, de François & N. Fournier.
1836	Mme Dumont . . .	Le Teftament, d'A. Duval.
1837	Mme de Maintenon	La Vieilleffe d'un grand roi, de Lockroy & Arn.
«	Mme de Cézanne .	Julie, d'Empis.
«	Mme Dormeuil . .	Claire, de Rofier.
1838	Lady Granville . .	Le Méneftrel, de C. Bernay.
«	La Marquife . . .	Richard Savage, de Defnoyers & Labat.
1839	Mme Damainville .	Le Comité de bienfaifance, de Duveyrier & J. de Wailly.
«	Mme de Prie . . .	Mlle de Bellifle, de A. Dumas (Ribbing & Lhérie.)
«	Mme Defpaillères .	Il faut que jeuneffe fe paffe, de Rougemont.
«	Mme Fabricius . . .	Un cas de confcience, de C. Lafont.

1840	La Marquife . . .	*Japhet*, de Scribe & Vanderburck.
«	Lady Churchill. .	*Le Verre d'eau*, de Scribe.
1841	La Baronne . . .	*La Protectrice*, d'E. Souv. (Brune & Mme Marf.).
1842	Ermanftrude . . .	*M. de Maugaillard*, de Rofier.
«	Mme de Beaufort .	*Un Veuvage*, de Samfon.
«	Madeleine	*Le Dernier Marquis*, de H. Roman.
1843	La Marquife . . .	*Les Grands & les Petits*, d'Harel.
1844	La Comteffe . . .	*L'Héritière*, d'Empis.
1846	Cath. de Médicis .	*Une Nuit au Louvre*, de Vanderburck.
«	La Marquife . . .	*Le Nœud Gordien*, de Mme Cafa-Major.
1847	Mme Roger	*Notre Fille eſt Princeſſe*, de L. Gozlan.
«	La Baronne. . . .	*Bon gré mal gré*, de ***.
«	La Baronne. . . .	*Il ne faut jurer de rien*, d'A. de Muffet.

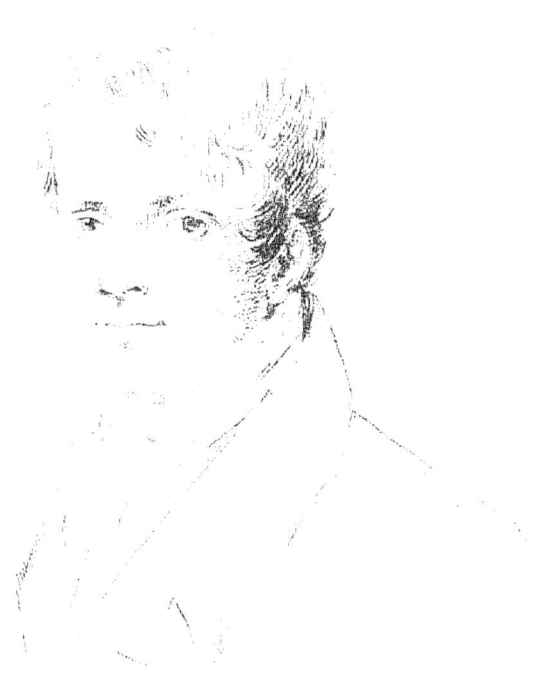

PÉRIER
Comédie-française
1815 - 1845

ANTOINE PÉRIER

1825 — 1845

Il naquit à Lyon le 7 mars 1784. Comme on le destina d'abord au commerce, il fut placé chez un négociant de cette ville, où la réquisition vint le prendre pour en faire un soldat. Réformé du service au bout de deux ans, à la suite d'une blessure grave, Périer revint dans sa ville natale :

Extrait des actes de la paroisse Saint-Martin-d'Ainay, à Lyon : « ANTOINE, né d'avant-hier, fils de JACQUES PÉRIER, pâtissier, rue de la Barre, & de MARIE REY, son épouse, a été baptisé par nous, vicaire soussigné, le 9 mars mil sept cent quatre-vingt-quatre. Le parrain, ANTOINE PÉRIER, oncle paternel de l'enfant ; la marraine, CLAUDINE PALHEAU, ayeule paternelle de l'enfant, qui ont signé avec le père. »

c'eſt alors qu'il ſe fit comédien, moins par goût que par néceſſité. Il s'eſſaya ſur la ſcène des Céleſtins, dans les *amoureux*. Un certain ſuccès, dont il fut redevable à ſon extérieur agréable plutôt qu'à un talent formé, lui valut de la part du directeur du Grand-Théâtre un engagement pour jouer les rôles ſecondaires de cet emploi. Plus tard, on le vit à Bordeaux, à Strasbourg; &, en 1806, il partit pour l'Italie avec la troupe d'acteurs qu'avoit formée Mlle de Raucourt, qui en étoit la directrice.

Après la diſſolution de cette Société, Périer débuta, le 2 avril 1813, à l'Odéon, dans le *Menteur* & les *Amours de Bayard*, par les rôles de Dorante & de La Paliſſe. Quinze mois plus tard, il faiſoit partie du Théâtre de la Porte-Saint-Martin, ouvert de nouveau le 26 décembre 1814.

Mais déjà cet acteur avoit paru, le 16 ſeptembre, à la Comédie-Françoiſe, dans la tragédie du *Cid*; début malheureux pour lui. Faiſant abus du geſte, il lui arriva fréquemment, dans le cours de la pièce, de heurter Elvire, de froiſſer Chimène, & il couronna ces maladreſſes par une gaucherie plus malheureuſe encore; car, n'étant pas maître de ſa pantomime, il lança le bras avec tant de véhémence que l'interlocuteur qui repréſentoit le Roi, atteint par ce coup imprévu, faillit être renverſé & perdit ſon manteau. Il advint de cet incident que le parterre, qui avoit commencé par rire de ce Cid groteſque, finit par prendre la choſe au ſérieux & fit entendre des ſifflets.

Quatre jours après cet échec, Périer joua le *Menteur*, & Derval dans les *Rivaux d'eux-mêmes*; mais Thalie, comme on difoit alors, ne le confola pas des rigueurs de Melpomène. Ce n'étoit pas l'habitude de la fcène qui lui faifoit défaut, mais bien l'intelligence du rôle, & tout, dans l'interprétation du caractère de Dorante, ne révéla qu'un médiocre comédien. Périer ne fut point engagé.

Il quitta alors Paris & fe rendit à Bordeaux, puis à Nantes. Dans l'intervalle, il avoit adreffé à la Comédie une requête tendant à ce qu'on lui accordât la faveur de continuer ou de reprendre fes débuts. Il ne reçut qu'une réponfe négative, motivée fur la non-vacance de l'emploi, & il s'engagea alors à Rouen pour remplacer Granger qui, en 1818, faifoit à la fcène fes adieux définitifs.

Plus heureux devant ce public affez difficile, qu'il ne l'avoit été ailleurs, Périer étoit goûté par les Rouennois, mais ne perdoit pas de vue, cependant, le but auquel tendoit fon ambition : il follicitoit de rechef un ordre de début pour le Théâtre-François, ce qui lui fut accordé en février 1820. Or, fur les entrefaites, l'Odéon, récemment reconftitué comme annexe du premier théâtre, avoit fait avec Périer un traité fort avantageux pour celui-ci (1), & auquel il lui fembla fort dur d'avoir à renoncer, ce qui fut caufe qu'il déclina l'honneur de paroître à la Comédie-Françoife, bien qu'elle lui offrît

---

(1) 8,000 fr. de traitement, 2,000 fr. de feux & un congé d'un mois.

les grands appointements de 4,000 francs, les feux & les jetons; il auroit voulu qu'on lui garantît fa réception (2). C'eft à quoi le Comité ne put accéder, & après divers pourparlers, l'Autorité fupérieure, ne pouvant de la forte tolérer une atteinte à fes droits (3), impofa à l'acteur récalcitrant l'obligation de déférer à l'ordre qu'il avoit reçu.

Il fallut donc s'exécuter. Périer choifit le rôle d'Alcefte, du *Philinte de Molière*, qu'il joua le 17 août 1820. On trouva qu'il y remplaçoit la nobleffe par l'emphafe, & la chaleur par la déclamation; qu'il fe préoccupoit trop des effets fecondaires & pas affez de l'enfemble.

Une taille avantageufe, une figure ouverte, quoique empreinte plutôt de franchife que de vivacité, un maintien qui ne manquoit pas d'aifance, étoient certainement d'utiles auxiliaires pour l'emploi qu'il abordoit; mais, comme ombre à ce tableau, fa voix, qui bien que pleine offroit peu de flexibilité & s'enrouoit faci-

---

(2) Documents fur le Théâtre-François. (*Arch. de l'Emp.*)

(3) Le duc de Duras écrivoit à ce fujet au comte de Pradel: « ... quand même la Comédie feroit difpofée (ce qui n'eft pas) à difpenfer le fieur Périer de fon début, je ne puis fupporter qu'il me manque à ce point. Je vous prie donc de faire fignifier à M. Picard que le fieur Périer ne pourra débuter à l'Odéon qu'après qu'il aura débuté à la Comédie-Françoife. Son début n'engageant à rien, il fera fort le maître de ne point accepter les propofitions de la Comédie, fi elle lui en faifoit, & de s'engager au fecond théâtre; mais il ne donnera pas l'exemple du mépris de l'Autorité, & de ne demander un ordre de débuter que pour pouvoir fe faire accorder des conditions plus avantageufes au fecond théâtre. »

« *Signé*: Le duc de DURAS. »

(*Arch. de l'Emp.*)

lement; ses gestes souvent mal réglés, mal distribués, & particulièrement la froideur compassée de son jeu, étoient des défauts que quelques qualités ne suffisoient pas à compenser. On le laissa donc libre de s'attacher à la fortune de l'Odéon, où il entra le 9 mai 1821.

Après quatre années passées à ce théâtre, Périer vint pour la troisième fois frapper aux portes de la Comédie-Françoise, qui, enfin, s'ouvrirent à deux battants devant lui : atteinte par des pertes successives, elle sentoit le besoin de combler les vides qui s'étoient faits dans son sein. Périer reparut donc, le 26 septembre 1825, devant un auditoire pour lequel il n'étoit pas un nouveau venu, tant s'en falloit, dans le rôle de Tartuffe & dans *Nanine*. Ses défauts habituels, habilement palliés, semblèrent moins choquants, & bien que, dans le chef-d'œuvre de Molière, il parût encore loin du comédien regrettable qu'il étoit destiné à remplacer, de Damas, dont il ne possédoit ni le foyer chaleureux ni les fécondes ressources, on rendit justice aux progrès que l'on crut reconnoître en lui. Il fut moins heureux dans le rôle du Comte d'Olban, ainsi que dans ceux de Saint-Alme de l'*Abbé de l'Epée*, & d'Armand de l'*Avocat*, qu'il joua quelques jours après.

Périer fut reçu sociétaire le 1er avril 1828, à quart de part, sans classification, pour jouer les *premiers rôles*, les *pères nobles*, les *raisonneurs* & les *troisièmes rôles*. En effet, on le vit remplir tous ces emplois, même ceux de la tragédie de la nouvelle école littéraire : témoin le rôle d'Yago, dont il se tira avec assez de bonheur dans le *More de Venise*, d'Alfred de Vigny (4). Lorsque l'âge lui eut interdit la représentation de certains personnages, il tenta d'adopter les *financiers*, dans le domaine desquels il avoit fait jadis une excursion par le rôle du Commandeur, lors de la reprise du *Père de Famille* ; & il parut, en 1836, dans l'*Avare*, & dans Arnolphe de l'*Ecole des Femmes*. Mais cet essai dans un emploi si différent de celui qu'il avoit principalement rempli ne lui réussit pas : il se sentit mal à l'aise sous la casaque d'Harpagon & y renonça désormais.

Somme toute, ce comédien, doué d'une belle représentation, d'un air de bonne compagnie, d'une tournure dégagée, posséda longtemps les dons extérieurs requis pour jouer ce qu'on appelle au théâtre les rôles *étoffés*. Toutefois, sa gesticulation incohérente (défaut dont il ne se corrigea jamais), sa diction saccadée, hachée, un je ne sais quoi de dur & de cassant, & par-dessus tout, le malheur d'altérer fréquemment la mesure du vers, toutes ces imperfections graves ont mis obstacle à ce qu'on ait pu le placer au rang des illustrations de la scène françoise.

Périer, qui s'étoit retiré le 1er avril 1845, est mort à Tours, qu'il habitoit depuis quelques années, le 6 juin 1863, dans sa 79e année.

(4) Le Comité d'administration réclama, de l'Autorité supérieure, l'allocation de 2,000 fr. comme récompense des services de ce Sociétaire

Cette demande étant restée sans réponse, le Comité la renouvela avec plus d'instance, arguant du zèle montré par Périer, & citant à l'appui les suffrages qu'il avoit obtenus dans le rôle d'Yago.

Délib. du 17 nov. 1829.

(*Arch. de l'Emp.*)

Rôles créés par Périer.

1826	Surville.	*Le Jeune Mari*, de Mazères.
«	Belmonte.	*Le Taffe*, d'A Duval.
1827	Varney	*Emilia*, d'A. Soumet.
«	Chapelle.	*Racine*, de Brizeux & Bufoni.
1828	Le Directeur . . .	*Molière*, de François.
«	Le Cte de Seffanne	*La Princeffe Aurélie*, de C. Delavigne.
«	Le Vicomte . . .	*Jamais à propos*, de *** (Picard & Empis).
«	Glanvil.	*L'Ecole de la Jeuneffe*, de Draparnaud.
«	Le Comte	*La Ducheffe & le Page*, de A. Béraud.
1829	Frimont	*Une Journée d'élections*, de De La Ville.
«	Yago.	*Le More de Venife*, d'A. de Vigny.
1830	Melcour	*Les Trois jours*, de *** (L. Halévy).
«	Lord Nelvil. . . .	*Corinne*, d'Ancelot.
«	De Froger	*La Dame & la Demoiselle*, d'Empis & Mazères.
«	Le Maréchal . . .	*Les Trois Chapeaux*, d'A. de Longpré.
1831	Robefpierre . . .	*Camille Defmoulins*, de Maillan & Blanchard.
«	Formont.	*L'Amitié des Femmes*, de Monier de la Sizeranne.
«	Monville.	*La Reine d'Efpagne*, de Latouche.
«	Law	*La Fuite de Law*, de Mennechet.
1832	Commines	*Louis XI*, de C. Delavigne.
«	Voltaire	*Voltaire chez Mme de Pompadour*, de *** (Lafite & Defnoyers).
«	François Ier. . . .	*Le Roi s'amufe*, de V. Hugo.
1833	Vincent	*Le Presbytère*, de C. Bonjour.
«	La Popelinière . .	*L'Alibi*, d'A. de Longpré.
1834	Henri IV.	*Mlle de Montmorency*, de Rofier.
1835	Le Père Jofeph. .	*Richelieu*, de N. Lemercier.
«	Lavater	*Lavater*, de C. Bonjour.
«	De Verpy	*Un Mariage raifonnable*, d'Ancelot.
1836	Foreftier.	*Marie*, de Mme Ancelot.

1837	Dormeuil	*Claire*, de Rofier.
1838	Forlis	*Une Saint-Hubert*, d'A. de Longpré.
«	Dambleville . . .	*Ifabelle*, de M*me* Ancelot.
1839	Deffignant	*Les Serments*, de Viennet.
«	Mireville	*Le Sufceptible*, de *** (Beauplan).
«	Defpallières . . .	*Il faut que jeuneffe fe paffe*, de Rougemont.
«	Fabricius.	*Un Cas de confcience*, de C. Lafont.
1840	Jouvenel	*Les Souvenirs de la Marq. de ****, de *** (Fourn.)
1841	Corniquet	*Le Confeiller rapporteur*, de *** (C. Delavigne).
«	Le Commandeur .	*Un Mariage fous Louis XV*, d'A. Dumas.
1842	Gédéon	*Ofcar*, de Scribe.

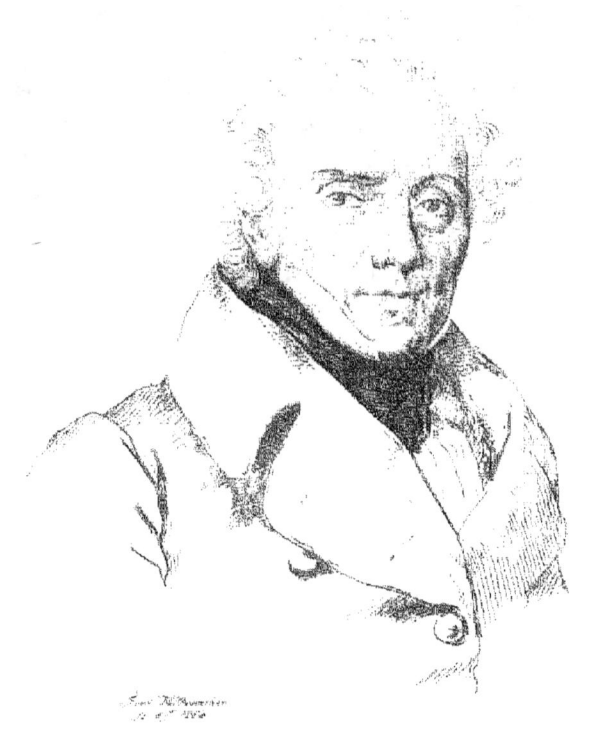

Joanny
Comédie-françoise
1825 — 1841

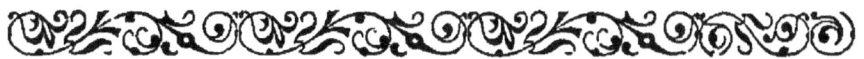

JEAN-BERNARD BRISSEBARRE

dit JOANNY

1825 — 1841

LE plus jeune des quatre enfants d'un artiste de la Sainte-Chapelle, à Dijon, Jean-Bernard Brissebarre, naquit dans cette ville le 2 juillet 1775. A l'âge de huit ans, on le voit à Paris parmi les pages de la *Musique du Roy;* toutefois il montra assez peu de dispositions pour qu'on dût renoncer à l'espoir d'en faire jamais un musicien. Le peintre Vin-

---

Extrait des registres de la paroisse Sainte-Bénigne, à Dijon : « Le deux juillet mil sept cent soixante & quinze, a été baptisé JEAN-BERNARD, fils de JEAN-BERNARD BRISSEBARRE, musicien de la Sainte-Chapelle du Roy, à Dijon, & de MARIE-CHARLOTTE ERARD ; né le même jour de légitime mariage. Il a eu pour parrain PIERRE-BARTHÉLEMY BRISSEBARRE, fils de PIERRE BRISSEBARRE, bourgeois de Dijon, & pour marraine MARIE-LOUISE BRISSEBARRE, sa sœur, lesquels n'ont pu signer à cause de leur bas âge. Signé : J.-B. BRISSEBARRE, & DESCHAMPS, vicaire. »

cent l'ayant admis, quelque temps après, au nombre de fes élèves, il fuivit fes leçons avec affez de fuccès, lorfque, venant à peine d'atteindre fa feizième année, il céda à l'enthoufiafme qui entraînoit en ce moment la jeuneffe fous les drapeaux, & s'engagea dans le premier bataillon de Paris, où déjà l'aîné de fes frères l'avoit précédé. En 1793, il paffa dans le 7e régiment de huffards (1), qui fut, bientôt après, envoyé à l'armée de la Mofelle. Un coup de feu qu'il reçut à la main gauche, & qui néceffita l'amputation d'un doigt, le fit réformer du fervice. Il entra alors, comme employé, dans l'Adminiftration des Domaines; mais la bureaucratie convenoit peu à fes goûts artiftiques, & il l'abandonna pour reffaifir fes pinceaux. Travaillant avec ardeur, la feule diftraction qu'il fe permettoit (c'eft lui-même qui nous l'apprend dans un écrit de fa main) confiftoit dans la lecture d'un vieux bouquin dépareillé, qui renfermoit de nombreux extraits de Corneille & de Racine. Cette lecture ne tarda pas à éveiller fa véritable vocation (2). Il s'effaya d'abord

(1) A ce même régiment des huffards de Berchiny, où Briffebarre devint maréchal-des-logis-chef, fe trouvoient appartenir en même temps, par une coïncidence bizarre, Gavaudan, fimple huffard, & Bofquier-Gavaudan, coufin de celui-ci, comme muficien-timballier; qui, tous les deux, & chacun dans fon genre, fe font fait par la fuite un nom au théâtre.

(2)   « Qui le croiroit! Ce fut un vieux bouquin,
     « Que de notre atelier recouvroit la pouffière,
       « Qui de notre illustre Le Kain
       « Me fit embrasser la carrière. »

(*Biographie d'un pauvre acteur, écrite par lui-même.*)

fur diverfes fcènes bourgeoifes, &, plus tard, il joua la tragédie en amateur au petit théâtre des Délaffements comiques (3). Réfolu à fuivre la carrière théâtrale & à s'y faire diftinguer, il rechercha les confeils de Mlle de Saint-Val l'aînée, & c'eft fous fes aufpices qu'il débuta, le 4 juin 1797, au Théâtre de la République, dans l'*OEdipe à Colonne*, de Ducis. Par condefcendance pour fa famille, fort oppofée à fes projets, Briffebarre adopta à cette époque le pfeudonyme fous lequel il s'eft depuis rendu juftement célèbre.

Les divifions inteftines, nées de difcuffions d'intérêt, ayant amené la fermeture de ce théâtre, & difperfé fes acteurs, Joanny partit pour Bruxelles, où il accompagna Talma en qualité de *confident tragique*. Il revint enfuite feul en France, y mena une exiftence nomade & eut à traverfer les épreuves les plus pénibles. Se trouvant à Nancy en 1803, il y refta forcément pendant cinq longs mois, d'avril à octobre, « fans emploi, fans argent, fans crédit, en un mot, dans la mifère la plus profonde. Tous fes pauvres effets en gage ; n'ayant qu'une paire de bottes qui prenaient l'eau, une mauvaife redingote rapée, point de linge, un vieux chapeau à la *Robert-Macaire* ; les trois quarts du temps,

---

(3) Ce théâtre, anciennement fitué fur le boulevard du Temple, & dont la dénomination exiftoit encore, il y a quelques années, a été, après de nombreufes viciffi_ tudes, démoli en 1862, pour l'ouverture du nouveau boulevard du prince Eugène, & transféré dans un quartier de Paris bien oppofé, rue de Provence, où le marteau de l'expropriation eft venu encore l'atteindre en 1864.

ne fachant où aller dîner & s'en paſſant quelquefois (4). » Cependant, trop fier pour ſe plaindre, & ſortant le moins poſſible du grenier percé à jour qui lui ſervoit d'aſile, avec une malle vide pour ſiége, un mauvais matelas ſur un lit de ſangles, & une centaine de brochures pour mobilier, il étudioit ſans ceſſe & ne déſeſpéroit pas de l'avenir.

En effet, deux ans plus tard, vers 1805, commençoit à Lyon & à Marſeille (5) une réputation qui devoit grandir d'année en année. Un ordre de début appela Joanny à la Comédie-Françoiſe, où il parut le 10 juillet 1807, mais précédé d'une renommée trop grande déjà pour n'être pas conteſtée. Les critiques du temps & les eſprits d'élite le jugèrent ſainement : tout en reconnoiſſant en lui de belles inſpirations & le germe de hautes qualités, ils lui reprochèrent « de forcer ſes moyens & de n'obtenir ſouvent ſes effets qu'aux dépens d'une expreſſion noble & élevée. »

Joanny, en homme intelligent, comprit que le mo-

---

(4) *Ma confeſſion*, opuſcule en vers, avec notes.

(5) A Lyon notamment, où Joanny obtint de très-grands ſuccès, de 1806 à 1807, le jeu de ce tragédien provoqua une polémique très-animée, dont un journal local de l'époque, le *Bulletin de Lyon*, contient les pièces à l'appui. Un critique anonyme (*), entre autres, ſembloit avoir pris à tâche de pourſuivre de ſes diatribes les plus acerbes, tempérées par de rares éloges, l'acteur tragique, qui rencontra dans d'autres correſpondants, également anonymes, de moins rudes cenſeurs de ſes défauts, & des appréciateurs plus équitables & plus éclairés de ſon talent.

(*) H. T., dont ces initiales cachoient le nom, étoit un médecin aſſez obſcur de la ville.

ment n'étoit pas venu encore pour lui de prendre à la Comédie la place qu'il fe fentoit appelé à y tenir; il retourna dans les départements, où il vit croître en peu d'années fon bien-être (6) & fa réputation. Rouen, Bordeaux, Lyon, Marfeille, l'applaudirent tour à tour; fa renommée dépaffa celle de Lafon & rivalifa même parfois avec celle de Talma.

L'Odéon ayant été érigé en 1819 en fecond Théâtre-François, Joanny fut engagé pour y tenir en chef le grand emploi tragique. Il débuta, le 4 octobre, dans Vendôme d'*Adélaïde du Guefclin*. Le 23 octobre fuivant, il établiffoit dans *les Vêpres Siciliennes* le rôle de Procida. On fe rappelle encore la manière fombre, ardente, énergique, avec laquelle il l'interpréta. Son fuccès eut tant de retentiffement que la Comédie-Françoife voulut l'enlever à l'Odéon (7). On prétendit que, dans un

(6) La tragédie *ambulante* étoit d'un très-bon rapport dans le premier quart de ce fiècle. Il réfulte d'un bordereau de l'année 1818, que nous avons eu fous les yeux, que fix villes de province ont ajouté à la couronne tragique de l'acteur nomade Joanny un fleuron de vingt-cinq mille francs.

(*Courrier des Spectacles.*)

(7) Du 18 octobre 1819. « Le Comité, confidérant : 1° Qu'un de fes premiers devoirs eft de foutenir la Comédie-Françoife en y appelant fucceffivement tous les acteurs qui ont de la réputation, foit dans les théâtres de Paris, foit dans ceux de la province, & que d'après l'article 6 de l'ordonnance du 21 juillet 1818, relative au théâtre de l'Odéon, annexe du Théâtre-François, ce théâtre eft celui où la Comédie-Françoife eft appelée le plus fpécialement à fe recruter, puifqu'il doit jouer les mêmes genres; 2° que M. Joanny, actuellement acteur à ce théâtre, a, depuis, l'ouverture, été diftingué par le public, & qu'il y a juftifié la réputation qu'il a apportée de la province;

A reconnu qu'il étoit convenable & néceffaire d'attacher M. Joanny

dîner donné chez Mlle Mars, on avoit fait signer à notre comédien un engagement brillant & tout préparé d'avance avec le premier théâtre : engagement qui ne reçut pas, il est vrai, la ratification de l'Autorité supérieure. Cette affaire eut, à cette époque, beaucoup de

au Théâtre-François & que l'art. 6 de l'ordonnance précitée en donnoit les moyens, puisqu'il permet aux pensionnaires de ce théâtre de passer à la Comédie-Françoise, sous la seule condition de prévenir six mois d'avance les sociétaires du théâtre de l'Odéon.

Mais attendu qu'il est résulté des éclaircissements donnés par M. Joanny, qu'il étoit entièrement libre, n'ayant contracté d'engagement que jusqu'au 1er mai 1820, le Comité, se trouvant également libre de traiter avec M. Joanny, a examiné à quelles conditions M. Joanny peut être admis, & a adopté les suivantes, à l'unanimité :

M. Joanny sera reçu sociétaire sans début & sans essai, au 1er mai prochain, avec promesse d'un quart de part en 1821 & de part entière en 1822.

Les motifs de cette détermination sont qu'un acteur aussi distingué que M. Joanny, qui a déjà débuté deux fois au Théâtre-François ; qui est arrivé dernièrement à Paris, précédé d'une réputation honorable acquise dans la province, & qui s'est soutenue depuis qu'il est au théâtre de l'Odéon,

n'a point besoin de début ni d'essai, ayant fait plus que suffisamment ses preuves.

Quant à son admission comme Sociétaire, le Comité, considérant qu'il existe plusieurs exemples d'une conduite semblable, entre autres, ceux de Préville, de M. Fleury, de Mme Thénard & surtout d'Aufresne, qui fut reçu immédiatement à demi-part, & que les circonstances actuelles, bien plus impérieuses que celles où se trouvoit alors la Comédie-Françoise, forcent absolument la Société à s'écarter des règles qu'elle a dû suivre en d'autres temps, pourvu qu'elle y soit autorisée par son Supérieur immédiat ;

Arrête, vu le cas d'exception visible où se trouve M. Joanny, dont les talents sont reconnus nécessaires au Théâtre-François, & sans que cet exemple puisse tirer à conséquence en d'autres cas ; vu l'adhésion de M. Joanny annoncée ; que M. le duc de Duras sera supplié de vouloir bien accorder son admission au Théâtre-François, aux conditions ci-dessus expliquées, &, à cet effet, déroger expressément & pour ce cas seul, à toutes dispositions contraires

retentiſſement, & partagea pour ainſi dire l'opinion publique en deux camps. Les uns approuvèrent la Comédie-Françoiſe d'appeler à elle un homme d'un talent éprouvé ; les autres la blamèrent, en imputant ſa démarche moins à la louable ambition de fortifier ſes rangs, qu'à un parti pris de nuire à une entrepriſe rivale ; imputation que, pour le dire en paſſant, l'avenir juſtifia juſqu'à un certain point. Les choſes en vinrent à un tel degré d'animation, que le duc de Duras aviſa le Comité adminiſtratif de la Comédie, que le déſir du Roi étoit qu'elle reſpectât l'inſtitution du ſecond Théâtre-François, & que Joanny ne ceſſât pas, par ſon fait, d'être attaché à ce théâtre ; & en même temps il exigeoit de cet acteur une déclaration publique (8),

de l'ordonnance du 14 décembre 1816, notamment aux articles 8 & 9 du chapitre 6 du titre 5.

Signé : SAINT-FAL, MICHOT; DAMAS, DE VIGNY, ARMAND, P. MICHELOT.

Pour copie conforme :

LE MAZURIER.

(*Arch. de l'Emp.*)

(8) « Les bruits contradictoires (écrivit Joanny) que l'on a répandus ſur les embarras de ma ſituation entre les deux théâtres-françois me déterminent à fixer l'opinion par une déclaration franche & poſitive. Je déclare donc que, ſéduit par les avantages qui m'avoient été préſentés au nom de la Comédie-Françoiſe, je les avois peut-être trop légèrement acceptés. J'ai reconnu depuis que les termes de mes précédents engagements avec M. Picard étoient trop précis pour me permettre d'y manquer. Eclairé d'ailleurs par le vœu du public, dont le ſuffrage avoit éveillé l'attention du premier théâtre, j'ai penſé qu'il étoit de mon devoir de reſter attaché à la fortune du ſecond, & je me ſuis empreſſé de prier M. le duc de Duras de vouloir bien s'interpoſer entre la Comédie-Françoiſe & moi, pour obtenir la réſiliation de mon engagement avec elle. » (5 novembre 1819.)

Quelques jours plus tard, le Comité, aſſemblé dans la ſalle de ſes

dont la sincérité peut être regardée au moins comme douteuse.

Ce tragédien fut donc forcé de rester au théâtre de délibérations, recevoit une lettre de Joanny, par laquelle il demandoit que la Comédie-Françoise consentît à la résiliation amiable de l'adhésion souscrite par lui le 28 octobre, plutôt, disoit-il, que de s'exposer aux chances d'un procès. Le Comité, sans répondre à cette lettre, la transmit à M. le duc de Duras, mais le signataire renouvela ses conclusions par exploit d'huissier, qui n'amena pas plus de résultat.

(*Arch. de l'Emp.*)

Il advint de tous ces tiraillements que la Comédie-Françoise jugea à propos de publier un mémoire afin de rétablir sous leur vrai jour les faits dénaturés par l'opinion : mémoire tiré à huit mille exemplaires & envoyé, au nombre de mille, à chacun des huit journaux existant alors dans la capitale.

« Pour reconnoître (est-il dit dans ce factum) que l'acquisition de Joanny étoit nécessaire, il n'a fallu à la Comédie qu'un moment de réflexion. Sans doute, elle possède encore MM. Talma & Lafon ; mais M. Talma a fini ses trente ans de service, & le nouvel engagement qu'il a contracté se terminera dans trois ans ; personne ne peut savoir s'il lui conviendra d'en contracter un autre. Quant à M. Lafon, bientôt il aura fini son premier engagement de vingt ans. Tous deux pourroient aspirer à la retraite, & sous peu de temps, la Comédie-Françoise se trouveroit privée de premier rôle tragique. »

Après d'autres considérations, le Mémoire ajoute : « que l'ordonnance royale du 21 juillet 1818, en déterminant l'organisation du théâtre de l'Odéon, avoit eu pour objet de donner à la Comédie-Françoise les moyens de se recruter; que M. Joanny ayant débuté à l'Odéon d'une manière brillante, & le public s'étant prononcé en sa faveur, elle avoit tourné ses regards vers lui, & que son Comité avoit reconnu *à l'unanimité* qu'il étoit convenable d'offrir à M. Joanny le titre de sociétaire : ce qu'il a fait, après avoir pris l'avis de son Supérieur, M. le duc de Duras, qui autorisa le Comité à faire toutes les démarches nécessaires aux intérêts de la Société.

« Libre d'agir en conséquence de cette autorisation, le Comité chargea MM. Armand & Thénard de transmettre à M. Joanny le vœu de l'Administration. M. Joanny, répondant à ces Sociétaires, leur déclara qu'il regardoit la proposition qui lui étoit faite au nom de la Comédie-Françoise, par le Comité d'adminis-

l'Odéon, où les rôles de Chilpéric dans *Frédégonde & Brunehaut* de N. Lemercier, en 1821 (9), de Saül, en

tration, comme l'époque la plus honorable & la plus flatteuse de sa vie.

« A la question : Etes-vous libre ? — Je n'ai d'engagement avec l'Odéon que jusqu'au 1ᵉʳ mai 1820 ; à cette époque je suis libre. Seulement, j'ai donné ma parole pour des propositions qui m'ont été faites il y a dix jours, & qui avoient besoin de la sanction de M. le comte de Pradel ; mais depuis ce temps je n'ai pas reçu de réponse.

« Rassuré sur ce point, puisque aucune parole n'est valable qu'autant qu'elle se rapporte à un engagement réciproque, & qu'il n'y avoit pas là de réciprocité, rien n'empêchoit le Comité de conclure une affaire sur laquelle les deux parties contractantes étoient d'accord..... Mais pour éviter jusqu'au plus léger reproche, le Comité jugea convenable de laisser à M. Joanny le temps de la réflexion, & l'invita à prendre jusqu'au 28 octobre. Dans cet intervalle, le Comité s'empressa de rendre compte de toute sa conduite à l'Autorité supérieure, qui lui donna son entière approbation.

« Le jeudi 28, MM. Michelot & Cartigny se transportèrent chez M. Joanny pour lui donner connoissance de la délibération, en date de ce jour, du Comité d'administration. M. Joanny la lut deux fois &

déclara qu'elle étoit entièrement conforme à ses désirs. En conséquence, tous les trois se transportèrent chez le notaire de la Comédie, qui lui remit l'acte de Société, dont il prit également lecture. Après quoi, le notaire dressa l'acte d'adhésion & M. Joanny le signa. Tout ceci se passoit *avant l'heure du dîner ;* ce qui prouve évidemment combien ont été faux les récits de ce prétendu repas, à la suite duquel une signature auroit été surprise. »

Viennent, comme complément de cet exposé, plusieurs arguments tendant à repousser les insinuations de la malveillance & les reproches adressés à la Comédie-Françoise pour s'être cru en droit d'user de la faculté que lui donne l'ordonnance royale du 21 juillet 1818.

Suivent les signatures.

(*Arch. de l'Emp.*)

(9) Il dut aussi remplir le rôle principal dans la *Démence de Charles VI*, du même auteur (25 octobre 1820), pièce qui fut interdite par décision ministérielle. M. Lemercier attribua dans cette circonstance à De la Ville, auteur d'une tragédie sur le même sujet, représentée en 1826 & qui est le dernier ouvrage dans lequel ait paru Talma, des torts que l'opinion publique ne voulut pas reconnoître.

1822, & de Verrina dans *Fiesque*, en 1824, lui valurent des triomphes mérités (10).

Enfin, le 1er octobre 1825, Joanny revint définitivement à cette Comédie-Françaife, où lui feul fembloit propre, finon à remplacer Talma dont le trifte état de fanté laiffoit preffentir la fin prochaine, du moins à lui fuccéder honorablement (11). Plufieurs rôles nouveaux qui lui furent confiés ne tardèrent pas à montrer toutes les reffources de fon talent & à donner une haute idée de fa manière de comprendre un caractère tragique. Ceux qui le mirent tout d'abord en relief furent le duc de Guife, dans *Henri III* (11 février 1829),

(10) Il paroîtroit toutefois que, nonobftant le rang qu'il occupoit à l'Odéon, Joanny n'étoit pas fatisfait de fa pofition. C'eft ce qui réfulte de certains paffages d'une lettre adreffée au baron de La Ferté : « Lors de la réorganifation du fecond Théâtre-François, j'ai été le feul maltraité. 4,000 fr. de mes appointements ont été convertis en feux, mais calculés fur 130 repréfentations : ce qu'un acteur jouant le grand emploi tragique ne peut fournir en une année... Comment, d'ailleurs, pourrois-je les fournir dans un théâtre où la pareffe femble être en permanence? Il n'exifte chez nous ni ordre, ni harmonie, ni fubordination. Les engagements mal conçus femblent autorifer un défordre dont il réfulte abfence de répertoire, défaut d'enfemble, & nullité dans les recettes. » (*Coll. Laverdet.*)

(11) Lorfque Talma ne fut plus, la Comédie apprécia toute l'utilité dont étoit pour elle Joanny. On lit dans un long rapport, adreffé le 12 novembre 1826 par le Commiffaire royale au Vte S. de la Rochefoucauld, le paffage fuivant : « La préfence de M. Joanny nous a été très-néceffaire pour la formation de plufieurs fpectacles où nous aurions donné *relâche*, fans lui. Mais elle eft bien autrement importante depuis la mort de Talma. En ce moment, il a dix rôles nouveaux à étudier... »

(*Arch. de l'Emp.*)

En vertu d'une claufe fpéciale & exceptionnelle, les cinq années qu'il venoit de paffer à l'Odéon, lui furent comptées pour la penfion.

& Othello, dans la traduction d'Alfred de Vigny (24 octobre de la même année). Plus tard vinrent Don Ruy Gomez, d'*Hernani* (25 février 1830), qu'il joua avec autant d'ampleur que d'originalité ; Junius Brutus, d'Andrieux (3 septembre même année), un de fes plus beaux rôles, & dans lequel ce fimple hémiftche :

« . . . . ô patrie ! ô nature ! »

prenoit dans fa bouche un accent de vérité qui déchiroit l'âme ; Saint-Vallier, dans *le Roi s'amufe* (12), à propos duquel l'auteur a écrit : « que Joanny n'avoit pas feulement joué le rôle, qu'il l'avoit infpiré » ; Tyrrel, des *Enfants d'Edouard* (18 mai 1833), auquel il donna un cachet tout particulier. En abordant des rôles de nature & d'école fi oppofées, Joanny obéiffoit à une difpofition innée qui recherchoit le progrès dans l'art, fans abandonner ce que l'art lui-même & le goût avoient confacré. Auffi a-t-il prouvé une égale fupériorité dans l'ancien répertoire & dans fes nombreufes créations du théâtre moderne.

En effet, dans le répertoire claffique, le fouvenir de ce tragédien fe rattache à tous les grands rôles. Perfonne, depuis Monvel & Talma, n'a interprété avec plus d'âme & de vérité ceux d'Augufte, du vieil Horace, de Burrhus, dans lequel il favoit allier la franchife du foldat à l'onction du vieillard, comme l'a conçu Racine.

---

(12) Drame en cinq actes & en vers, de V. Hugo, joué le 22 novembre 1830, & interdit le lendemain de la première repréfentation.

Joanny excelloit particulièrement dans l'expreffion de ces beaux caractères dont Corneille poffèda le fecret.

Ce n'eft pas à dire cependant que la critique n'ait pas à revendiquer fa part dans l'appréciation qu'on fera de ce tragédien. Son jeu offroit parfois des écarts brufques, foudains, inattendus, qui heurtoient à la fois le regard & la délicateffe du fpectateur. Son organe, plein & fonore, n'étoit pas toujours flexible ; fa diction, quelquefois emphatique, étoit entachée d'un léger vice de prononciation, qu'un travail perfévérant avoit, du refte, fait difparoître prefque complétement dans les dernières années. Son vifage ne préfentoit peut-être pas, non plus, toute la nobleffe défirable ; mais l'acteur y fuppléoit par le jeu de fa phyfionomie. Ces inégalités s'oppofèrent à ce qu'il pût atteindre à la hauteur de Talma, cet artifte fublime, fi maître de lui-même & fi bien doué par la nature. Mais, d'un autre côté, que de brillantes compenfations ! quelle énergie puiffante ! quelle chaleur communicative & quelle intelligence de la fcène !

Joanny avoit voulu aborder auffi le genre comique, & fans parler de fes effais à Rouen, en 1799, où notamment il repréfenta *Tartuffe*, on le vit, lors de fon féjour à l'Odéon, en feptembre 1821, jouer Dorfan dans la *Femme jaloufe* ; puis Alcefte dans le *Philinte de Molière* ; Damis dans la *Métromanie* ; Léandre dans le *Babillard* ; Moncade dans l'*École des Bourgeois*, & il obtint dans ces divers rôles un fuccès complet, fauf pour le dernier, où il fut moins heureux. Toutefois, il s'en tint à ces tentatives au fecond Théâtre ; mais à la Comédie-Françoife, il aborda le drame, & les fouvenirs qu'il a laiffés en ce genre n'ont rien à envier à la mémoire de Talma. Nous nous bornerons à citer, dans le répertoire ancien, le *Père de famille*, le baron Hartley, d'*Eugénie*, Vanderk père, du *Philofophe fans le favoir*, & enfin dans le répertoire moderne, le Quaker de *Chatterton* (1835), & le général La Grange, de *Louife de Lignerolles* (1838), qui eft l'avant-dernier rôle qu'il créa.

Après une carrière théâtrale fi bien remplie, Joanny prit fa retraite le 1er avril 1841, & avec lui difparut de la fcène un des talents les plus confciencieux de notre temps (13). Rendu à la vie privée, il alla habiter Bourg-la-Reine, à trois lieues de Paris, où, pour l'acquit de fa confcience, fon premier foin fut de demander à l'Eglife la confécration de fa liaifon avec une femme (14) dont il vivoit féparé depuis de longues années. Mais ce rapprochement n'eut pas les fuites heureufes qu'il étoit en

---

(13) On lit dans la *Revue de Paris*, du 16 mai 1841 : « ... Dans les regrets que Mlle Mars emporte avec elle il feroit injufte de ne pas faire une large part à M. Joanny. N'oublions pas, n'oublions jamais qu'il a eu le talent le plus vrai que la fcène françoife ait poffédé depuis Talma ! »

(14) Adélaïde-Marie-Jeanne de Malherbe, née à Saint-Cloud en 1772.

C'étoit une actrice du théâtre de Breft, qu'il avoit époufée le 16 février 1802, malgré les fages remontrances de fes amis, & dont il s'étoit bientôt féparé. C'eft pour obéir au vœu exprimé par la fuite, au lit de la mort, par fa première femme (*), que le rapprochement avec la feconde fut tenté par lui, mais fans fuccès.

(*) Marie-Françoife Bornet, veuve Nadal. Il l'avoit époufée le 22 juin 1796 & divorça d'avec elle le 22 décembre 1800.

droit d'espérer, & une nouvelle séparation, cette fois définitive, ramena au bout de deux ans Joanny à Paris, où ses dernières années s'écoulèrent doucement au milieu de la famille & de l'amitié. Jouissant d'une honnête aisance, fruit de ses travaux, il avoit ouvert son salon à un petit nombre d'amis qui s'y rencontroient toutes les semaines avec le même plaisir. Bizarrerie de l'esprit humain ! parmi les distractions auxquelles Joanny aimoit à se livrer, la pratique de la musique devint pour lui un bonheur tardif & une illusion, car il chantoit sérieusement & avec la voix la plus fausse du monde les beaux airs d'*Anacréon* & d'*OEdipe à Colone*.

Convive aimable, il ne dédaignoit pas la bonne chère & se faisoit du jeu un honnête passe-temps (15). Il compta au nombre de ses amis plusieurs personnages illustres, notamment MM. de Martignac & Peyronnet,

(15) Nous tenons de la bouche de M. D...l, qui en fut un des héros, le récit d'une anecdote assez piquante, à ce propos.

En 1815, à l'époque de l'invasion, Joanny étoit allé donner quelques représentations à Rouen, bien que dans les circonstances du moment le spectacle fût peu suivi. Un soir donc qu'il devoit représenter Othello, les portes du théâtre étoient ouvertes depuis longtemps, qu'il n'y avoit encore qu'un spectateur unique dans la salle, où il sembloit s'être fourvoyé. L'heure de lever le rideau étant dépassée, le spectateur solitaire, mais tenace, réclama non la restitution du prix de son billet, mais la tragédie annoncée par l'affiche. — Je ne puis cependant pas jouer pour un seul spectateur, objecta notre tragédien, lorsque le directeur alla lui transmettre le vœu du *public* réduit à sa plus simple expression. Quel est cet amateur opiniâtre ? Le connoissez-vous ? — C'est un des plus riches négocians de cette ville, & des plus considérés. — Hé bien, si cet honorable monsieur persiste absolument dans le désir de m'enten-

qu'il avoit intimement connus, à Bordeaux, & qui, parvenus aux grandeurs, lui confervèrent les fentiments de leur jeuneffe.

C'eft feulement en 1846 que Joanny réclama le bénéfice de fa repréfentation de retraite : elle eut lieu le 15 avril de la même année. Il y reparut dans le rôle du vieil Horace, & le public lui montra, par fon accueil chaleureux & fympathique, qu'il étoit loin de l'avoir oublié. Redemandé avec acclamation après que le rideau fe fut abaiffé, il vint recevoir une dernière fois les applaudiffements dus à fes longs travaux & à fon talent.

Trois années après cette foirée, le 5 janvier 1849, Joanny mouroit prefque fubitement à la fuite d'un

dre, ce dont je ne puis au refte être que flatté, retournez vers lui & propofez de ma part cette tranfaction amiable : qu'il me faffe l'honneur de venir dans ma loge & d'accepter le café. Je me ferai un plaifir de lui réciter à *huis-clos* quelques paffages de mes meilleurs rôles. »

Cette propofition originale fut accueillie avec empreffement. Après un premier échange de compliments, la confiance s'établit bientôt, &, le café pris, Joanny, fidèle à fa promeffe, s'exécuta de bonne grâce en récitant des fragments de *Cinna*, de *Coriolan* & d'*Orefte*. Mais comme il n'eft fi doux plaifir qui n'ait fon terme, quand l'un eut bien récité & l'autre bien écouté, on fe fit apporter des cartes & on commença une partie de piquet. Bref, le jour renaiffoit que nos deux joueurs improvifés les tenoient encore, & qu'Othello honteux & confus, avoit perdu près de 4,000 fr. Cette petite cataftrophe devint l'origine fingulière d'une liaifon qui n'a ceffé qu'avec l'exiftence de Joanny.

Un littérateur émérite, à qui nous avions, naguères, raconté cette hiftoriette, a jugé à propos, en changeant le lieu de la fcène, de fe l'approprier dans une brochure intitulée : *Epaves*, fans en fignaler l'origine. Nous reprenons notre bien. *Suum cuique*.

spasme nerveux & en l'absence de secours immédiats. Il avoit demandé dans son testament à être inhumé sous le suaire & dans la terre du pauvre, & formellement exprimé le vœu qu'aucune allocution ne fût prononcée à cette cérémonie. Nonobstant ce désir, ses dépouilles mortelles, déposées d'abord au cimetière Montmartre, ont été transportées depuis au cimetière de l'Est, où sa famille lui a érigé un monument.

Dans les loisirs que lui avoit faits sa retraite, Joanny avoit composé un certain nombre d'opuscules en vers, publiés pour la plupart sous le voile de l'anonyme, & qui n'étoient destinés qu'à un petit nombre d'amis. Il faut bien reconnoître, en les parcourant, que chez lui le poëte ne fut pas à la hauteur du comédien ; telle n'étoit pas non plus sa prétention, & ces lignes rimées n'étoient pour lui que d'innocentes distractions.

Parmi les pièces inédites qu'il a laissées, nous citerons un poëme intitulé l'*Emeute*, inspiré par les événements de 1848, dont l'auteur étoit loin d'être partisan ; & un *Journal théâtral de ses représentations, du 1er août 1809 jusqu'au 15 avril 1824, avec supplément du 2 mai 1824 au 15 mai 1840*. Les feuilles publiques ont rapporté quelques extraits intéressants de ce journal, à propos d'une vente publique d'autographes dans laquelle il fut compris il y a quelques années, & où il fut alors acquis par un amateur anglais fort connu.

Rôles créés par Joanny.

1819 Procida . . . . . *Les Vêpres Siciliennes*, de C. Delavigne.
1820 Cliffon. . . . . . *Charles de Navarre*, de C. Brifaut.
 « Frédéric . . . . . *Frédéric & Conradin*, de Liadières.
 « Arbace . . . . . *Artaxerce*, de De La Ville de Mirmont.
 « Don Carlos . . . *Don Carlos*, de Lefèvre.
1821 Baudouin . . . . *Baudouin*, de Montbrifon.
 « Chilpéric . . . . *Frédégonde & Brunehaut*, de N. Lemercier.
 « Orefte . . . . . . *Orefte*, de Mély-Janin.
 « Louis IX . . . . *Louis IX*, de N. Lemercier.
 « Jean-fans-Peur . . *Jean-fans-Peur*, de Liadières.
 « Idamore . . . . . *Le Paria*, de C. Delavigne.
1822 Attila . . . . . . *Attila*, d'H. Bis.
 « Ephraïm . . . . . *Les Machabées*, d'A. Guiraud.
 « Saül . . . . *Saül*, d'A. Soumet.
1823 Lufignan . . . . . *Mathilde*, de D. de Locmaria.
 « Julien . . . . . . *Le Comte Julien*, d'A. Guiraud.
 « Maxime . . . . . *Maxime*, de Draparnaud.
 « Rodolphe . . . . *Le Tribunal fecret*, de L. Thieffé.
1824 Antoine . . . . . *Cléopâtre*, d'A. Soumet.
 « Biron . . . . . . *Le Maréchal de Biron*, de D. de Locmaria.
 « Verrina . . . . . *Fiefque*, d'Ancelot.
 « Clodius . . . . . *La Veftale*, de Lockroy & Flamarion.
1825 Alcine . . . . . . *L'Orphelin de Bethléem*, de Le Dreuil.
 « Le Père de Jeanne. *Jeanne d'Arc*, d'A. Soumet.
 « Céfar . . . . . . *La Mort de Céfar*, de Royou.
 « Blanchard . . . . *Alain Blanchard*, de Dupias.
1826 Camille . . . . . *Camille*, de N. Lemercier.
 « Ordamant . . . . *Le Siége de Paris*, de d'Arlincourt.
 « Cléomène . . . . *Léonidas*, de Pichald.
 « Marcel . . . . . . *Marcel*, de Rougemont.
1827 Chabannes . . . . *Louis XI*, de Mély-Janin.
 « Cléonas . . . . . *Julien dans les Gaules*, de Jouy.
 « Virginius . . . . . *Virginie*, d'A. Guiraud.

1827	Doria	*Les Guelfes & les Gibelins*, d'Arnault.
«	Charles	*Blanche d'Aquitaine*, d'H. Bis.
1828	Macron	*La Mort de Tibère*, de L. Arnault.
«	Dormilli	*L'Ecole de la Jeuneſſe*, de Draparnaud.
«	Walſtein	*Walſtein*, de Liadières.
1829	Charles VI	*Iſabelle de Bavière*, de Lamothe-Langon.
«	Le duc de Guiſe	*Henri III*, d'A. Dumas.
«	Lætus	*Pertinax*, d'Arnault.
«	Sentinelli	*Chriſtine de Suède*, de Brault.
«	Waſſili	*Le Czar Démétrius*, de L. Halévy.
«	Othello	*Le More de Veniſe*, d'A. de Vigny.
1830	Clovis	*Clovis*, de N. Lemercier.
«	Guſtave	*Guſtave-Adolphe*, de L. Arnault.
«	Ruy Gomez	*Hernani*, de V. Hugo.
«	Bertold	*Françoiſe de Rimini*, de G. Drouineau.
«	Brutus	*Junius Brutus*, d'Andrieux.
«	Don Carlos	*Philippe II*, de Talabot.
1831	Thévenot	*Le Bachelier & le Théologien*, de d'Epagny.
«	Alméida	*La Reine d'Eſpagne*, de De La Touche.
«	Kervéguen	*La Fuite de Law*, de Mennechet.
1832	Coitier	*Louis XI*, de C. Delavigne.
«	Saint-Vallier	*Le Roi s'amuſe*, de V. Hugo.
1833	Tyrrel	*Les Enfants d'Edouard*, de C. Delavigne.
1835	Le Quaker	*Chatterton*, d'A. de Vigny.
«	D'Epernon	*Richelieu*, de N. Lemercier.
«	Jacques II	*Jacques II*, d'E. Vanderburck.
1837	Michel-Ange	*Le Chef-d'œuvre inconnu*, de C. Lafont.
1838	Lagrange	*Louiſe de Lignerolles*, de Goubaux & Legouvé.
1839	Scorocoulo	*Laurent de Médicis*, de L. Bertrand.

FIN

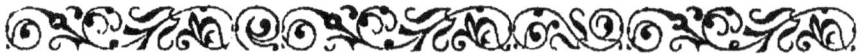

TABLE DES MATIÈRES.

	Pages.
Avant-Propos.	v
Augé.	1
Mlle de La Chaffaigne.	7
Dazincourt.	13
Vanhove.	27
Mlle Olivier.	37
Mme Thénard.	43
Saint-Prix.	49
Saint-Fal.	57
Mlle Candeille.	67
Mme Talma.	75
Mlle Fleury.	87
Talma.	95
Mlle Desgarçins.	119
Mlle Lange.	129
Michot.	137
Mlle Mézeray.	147
Baptifte, le cadet.	157
Damas.	169
Baptifte, l'aîné	181
Caumont.	193
Mlle Mars.	197
Armand	221
Lafon	229
Mlle Bourgoing	247
Mlle Volnais.	261
Mlle Duchefnoy.	271
Michelot.	287
Thénard.	297
Mlle Maillard.	305
Mlle Leverd.	313
De Vigny.	325
Mlle Dupont.	333
Cartigny.	343
Firmin.	355
Monrofe.	365
Mme Defmouffeaux	377
Menjaud.	385
Grandville.	395
Mlle Mante.	403
Périer.	411
Joanny.	419

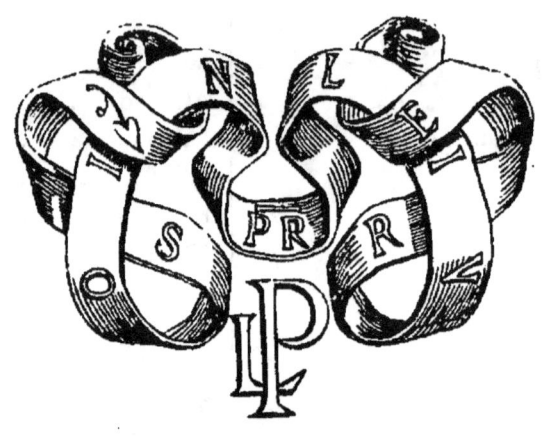

www.ingramcontent.com/pod-product-compliance
Lightning Source LLC
Chambersburg PA
CBHW052233220526
45471CB00001B/28